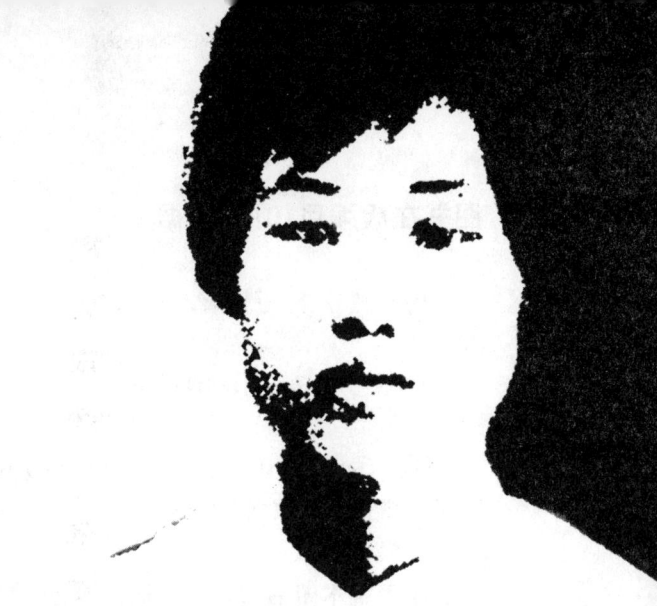

杨开慧
Yang Kaihui

陈冠任 著

人民日报出版社

图书在版编目(CIP)数据

杨开慧 / 陈冠任著. -- 北京：人民日报出版社，2011.5
　　ISBN 978-7-5115-0412-8

　　Ⅰ．①杨… Ⅱ．①陈… Ⅲ．①杨开慧(1901～1930)—生平事迹 Ⅳ．①K827=6

中国版本图书馆 CIP 数据核字(2011)第 076282 号

书　　名：杨开慧
作　　者：陈冠任

出 版 人：董　伟
责任编辑：曹　腾
封面设计：木鱼书籍设计

出版发行：人民日报出版社
社　　址：北京金台西路2号
邮政编码：100733
发行热线：(010)65369527　65369512　65369509　65369510
邮购热线：(010)65369530
编辑热线：(010)65369523
网　　址：www.peopledailypress.com
经　　销：新华书店
印　　刷：环球印刷(北京)有限公司

开　　本：787 毫米×1092 毫米　1/16
字　　数：500 千字
印　　张：29.75
印　　次：2011 年 6 月　第 1 版　2011 年 6 月　第 1 次印刷

书　　号：ISBN 978-7-5115-0412-8
定　　价：49.80 元

内容提要

　　毛泽东诗词"我失骄杨君失柳"的怀念亡妻之作,就是纪念夫人杨开慧的。杨开慧是出身于长沙一家书香门第的闺秀,不仅是毛泽东早年革命活动的伴侣,也是一位贤妻良母,同时还是中国共产党最早的女党员之一。

　　杨开慧在毛泽东早期情感生活中占有重要位置,是毛泽东风华正茂时浪漫爱情另一半的营造者,而她29岁短暂的生命历程,又与我党波澜起伏的革命斗争历史紧紧相联,她的一生是革命的一生、战斗的一生。

　　杨开慧的名字虽然为很多人熟悉,然而,她留给世人的东西太少。真正了解、知晓她的人不多。本书从纷繁的史料中细心探寻,并采访众多历事件的亲历者,以最真实、最准确的事实,记述了杨开慧鲜为人知的一生以及她与毛泽东的生死之恋,展现了这位不屈的中国共产党人的爱与恨和不平凡的人生。

　　谨以此书献给建党90周年和杨开慧诞辰110周年。

目 录

第一章　板仓杨家

1. 杨家是书香门第,向家是诗书世家 /002
2. 父亲与革命党有染,东渡日本 /004
3. "我将来只做我愿意做的事" /006
4. 海归父亲不当厅长当先生 /010
5. "这是什么船?为什么这样横冲直撞?" /012
6. 世交的孩子也成了挚友 /013
7. 湘潭学子毛泽东的坎坷求学路 /015

第二章　初识润之

1. "君不言救国则已,救国必先重二子" /020
2. 杨开慧与毛泽东是如何相识的 /024
3. 她按住胸口说:"我也要去济世救民!" /027
4. 学生要驱逐校长,毛泽东差点被开除 /032
5. 一个征友启事,只征得三个半朋友 /034
6. 杨家兄妹相约:袁大头要复辟,就起来革他的命 /037
7. 毛泽东第一次去板仓,就待了一个半星期 /040
8. "俄国这一回改天换地了!列宁真伟大!" /043
9. 杨开慧太小,没参加新民学会 /046
10. 罗章龙东渡:去而复返 /050

I

第三章　红线牵

1. "要是毛泽东能到北京来,该有多好!" /053
2. 北海桥头的初恋 /055
3. 杨、毛通信,称呼"润"、"霞" /062
4. 五四的激流:长沙和北京的互动 /067
5. "没有穷人的穷,哪有富人的富?" /072
6. "忽然一天一个炸弹跌在我的头上" /075
7. 驱张到京:"张氏不出湖南,誓不罢休!" /079
8. 毛泽东当了杨家准女婿:扶柩到武汉 /083
9. 杨开慧是女子中学第一个剪短发的 /088
10. 杨开慧不上《圣经》课,不做礼拜 /091
11. "校方不能干涉我们爱国!" /095

第四章　毛、杨结成连理枝

1. 把父亲留给母亲的奠仪费拿出来给了毛泽东 /100
2. "我听得'向蔡同盟'的事,为之一喜" /106
3. 无政府主义者在书社闹事,被杨开慧斥走 /107
4. 省学联的女领袖 /111
5. "我为母亲而生之外,是为他而生的" /114
6. 毛泽东有过一次包办婚姻:从没同居过 /117
7. "书可以不读,学生运动非搞不可!" /119
8. "女工们的工作状况真恶劣" /122
9. 黄爱、庞人铨大闹长沙 /129
10. 毛泽东和何叔衡行动"突然",拒绝众人送上轮船 /133
11. 建党,建党! /139
12. 长沙"开放女禁"急先锋 /143
13. 20 岁生日前入党,为"中共女党员第二人" /144
14. "最好的合法形式就是去搞平民教育" /146
15. 黄、庞殉难:杨开慧表兄妹与亲戚对着干 /151

第五章　激情燃烧的岁月

1. "没有代表工人的这一竖,天地就不分" /159
2. 清水塘是毛泽东夫妇的第一个家 /162
3. "开慧姐真好,这里是革命的大家庭!" /167
4. "先建立工会,彻底斗垮鲁班庙" /169
5. 杨开慧有一只神秘的小木箱 /173
6. 杨开慧细声地问道:"先生,你找谁?" /178
7. 毛泽东与省长代表谈判赢了他 /184
8. 毛岸英出生第三日,毛泽东才急匆匆地赶到医院 /189
9. 省长对毛泽东一个劲点头:"工人采取这种主义,极为得当!" /192
10. "就是要像开慧姐那样生活,那样战斗!" /195
11. "润之!你快从后门走" /198

第六章　在上海的日子

1. 毛泽东第一次进入了中央领导核心 /202
2. 杨开慧心有幽怨,赌气不给毛泽东回信 /206
3. 三户楼的生活:表面平静实际上生龙活虎 /212
4. 引爆五卅运动烈火的顾正红是杨开慧的"学生" /218
5. 杨开慧当天就把远道而来的张琼送走 /221
6. 毛泽东等14人集体上书孙中山 /224

第七章　韶山风云

1. 柳直荀和李淑一结成良缘 /229
2. "在外做了大官"的毛泽东携妻带子回韶山 /231
3. "我们夫妻俩也打个大虫给你们看看" /239
4. 杨开慧在毛氏宗祠办起了夜校 /244
5. 妯娌情深:共同为毛泽覃操办婚事 /248
6. 韶山第一个党支部成立,杨开慧是监誓人 /253

7."顾正红"的名字映入杨开慧眼帘 /258

8."工农商人与学生,报仇雪耻一条心"/263

9.讲演队向农民进行革命宣传 /267

10.教育会长唐默斋成了过街老鼠 /271

11."雪耻会的章程,兄弟照办,绝无二言"/278

12."他抓他的,我走我的"/286

13.杨开慧筹办韶山党总支,追悼汪先宗 /289

第八章　在广州

1.毛泽东做了国民党中央代理宣传部长 /295

2."不要紧,天不会塌下来"/298

3.毛泽东夫妇默认了弟弟的"二婚"/304

4.柳直荀强硬接收团防局 /307

5.湖南农运牵动杨开慧的心 /311

第九章　回到长沙

1.大浪淘沙:昔日同学对农民运动看法不一 /315

2."毛先生泽东奔走革命,卓著勋绩"/322

3.特务掏出手枪:"毛润之在里面吗?"/325

第十章　疾风骤雨

1.督府堤41号:风雨欲来的紧张日子 /333

2.杨开慧第三个儿子出生 /338

3.毛泽东夫妇登上黄鹤楼:心潮逐浪高 /342

4.未来的亲家:毛泽东与刘谦初、张文秋与杨开慧仅见过一面 /344

5.马日事变后,杨开慧打开后门接送战友 /348

6.蔡和森被撤职,在毛泽东家养病 /354

7."上山可以造成军事势力的基础"/356

8.杨开慧作了最坏的打算:把岸青送回了老家 /360

9."我不愿意跟你们去住高楼大厦"/363

10."抓我的人就在车上,我哪能做声"/365

11.此时长沙的气氛十分紧张 /367

12.毛泽东杨开慧最后诀别于月黑风高之夜 /372

第十一章　板仓的战斗

1."人手少,可以暗地搞破坏活动"/378

2.秋收起义一路进军,杨开慧天天"打牌"/381

3.杨开慧指挥的"夺枪行动"/384

4.表弟向钧被杀:"穷人翻身的希望只能寄托在斗争上面"/389

5."工人农民一定会有翻身解放的一天"/392

6.板仓与井冈山之间的信鸿 /396

7.噩耗接二连三传来,杨开慧欲哭无泪 /400

8.杨开慧与省委失去联系 /407

9.长沙各地关于杨开慧有各种各样的传说 /411

10.毛泽东否决了湖南省委的意见 /413

11.念我远方人,复及数良朋 /419

第十二章　为有牺牲多壮志

1.新年伊始,传来杨开明出事的噩耗 /427

2.红军攻打长沙又突然撤走了 /431

3.何键挖了毛泽东的祖坟,又要抓杨开慧 /434

4."要记住郑姨是怎么牺牲的"/440

5."霞仔被捕了"/445

6.狱中一月 /449

7.开慧之死,百身莫赎 /460

杨开慧
Yang Kaihui

第一章 板仓杨家

1. 杨家是书香门第，向家是诗书世家

板仓冲，位于长沙县东北隅，离长沙城约120里，与平江、湘阴两县交界。这里群山环抱，飘峰、影珠两山，挺立于板仓东西，巍峨峭拔；山上松竹茂密，树影婆娑。冲前的板仓溪，清澈见底，经汨罗，入洞庭，源远流长。

这个山清水秀的江南山村，就是毛泽东的第一个夫人杨开慧的故乡。

板仓原属长沙县清泰都，后属东乡，分上、下板仓。杨家就住在下板仓屋。杨家的房舍分为上、中、下三幢，平行排列，前高后低，全是坐西朝东，

杨开慧的父亲杨昌济先生

由泥土砖砌成，盖小青瓦，前筑有防护矮墙，形成一个较大的院落。院落三面环山，屋坪前是两口明镜的水塘，再往前面是一片宽敞的稻田，板仓溪就在稻田中逶迤流过。杨家下屋四周风光十分秀丽。

1901年11月6日拂晓，南方初冬一个可爱的早晨，万朵红霞，簇拥在飘峰山顶，似山花，如火焰，把板仓冲映得通红。这时，从杨家下屋右侧的厢房里，传出了一个新生婴儿的啼哭。

20世纪初叶，正是中华民族灾难深重的年代。1894年中日甲午战争失败，1898年戊戌变法兴起，1900年义和团运动和八国联军侵略中国的战争，使得民

族矛盾和国内矛盾异常尖锐激烈,各地变法、图强大潮暗动。

在这一过程中,湖南地处中南腹地,被帝国主义视为"铁门之城"。自从20世纪初年,岳州、长沙被辟为商埠之后,封建豪绅和外国列强进一步勾结,加深了湖南人民的痛苦,同时也增强了湖南人民反帝反封建的斗争。"衡州教案"和"辰州教案"迭次发生,以长沙泥木工人带头掀起的长沙"抢米"风潮和各地的农民起义,风起云涌。清泰东乡虽然偏于一隅,民风开放而又激进,也受到各地反帝反封建斗争浪潮波及。

婴儿的父亲,叫杨昌济,字华生,1871年4月21日生于板仓。

杨家世居板仓,书香门第。

杨昌济的高曾祖父是清代太学生。祖父杨万英是邑庠生,于1861年去世。父亲杨书祥,字书樵,捐过一个例贡生,饱读诗书,没有做过什么官,一生在家以授徒为业,生有四个子女:长子昌运,字荣生,第二个是女儿,嫁给金井郑姓人家,杨昌济是老三,老四杨昌恺,字瑞生。杨书祥之弟叫杨小吾,因无子,杨昌恺过继给他做儿子。因此,杨昌济与杨昌恺等虽是亲兄弟,杨昌济却有时称兄弟们为"堂兄"、"堂弟"。

杨昌济的母亲向氏是平江县石洞人。向家乃诗书世家,与杨家世代联姻,对杨家子弟影响甚深。

杨昌济7岁时进馆发蒙,蒙师就是自己的父亲杨书祥。然而,他不幸8岁失恃,14岁失怙。母亲、父亲相继去世,给他早年的生活留下了不少阴影。1888年,杨昌济17岁时,与舅父前妻所生的二女儿向振熙结婚。向振熙出自诗书世家,有大家闺秀的风范,与杨昌济成亲后,生有一女,取名杨琼,但是,杨琼出生后不久即不幸夭折。婚后第二年,杨昌济参加长沙县学试,一举考上邑庠生。1890年应试举人不第,便出门授徒,边教边学,三年后再次乡试,又不第,心情苦闷,日渐消沉。随后,在乡里授徒,在板仓附近的巷子山陈家当塾师,偶尔到长沙居住一段时间。

1898年,杨昌济进入长沙岳麓书院读书。此时康有为、梁启超发动的戊戌变法兴起,杨昌济参加了谭嗣同、唐才常等在湖南组织的维新改良活动,成为他们组织的南学会的"通讯会友",借此机会,他向谭嗣同、唐才常

等请教、交流。

唐才常,字伯平,号绂,浏阳县人,贡生出身,先后肆业于长沙校经、岳麓及武昌两湖书院。甲午战争中国惨败后,康有为在北京发起公车上书,维新变法变为变法救亡。此时正在武昌求学的唐才常,在救亡热潮的激励下,满腔热血地回到长沙,积极参与湖南的维新活动,成为湖南维新运动的中坚人物。

戊戌变法经历108天后,昙花一现,风卷残云而去。变法失败后,已接触新学的杨昌济,看破了科举功名的虚伪和无用,从此绝意仕进。正好这时,他的家庭生活也发生了变化。8月25日,儿子杨开智出生,杨昌济半喜半忧怅怅回了板仓,从此又隐居乡间设学授徒。

到1901年11月,他设学教徒又过了3年,此时女儿出生,家里又添了人丁,他十分高兴。

杨昌济先生虽是个教书先生,却是一个忧国忧民的知识分子。因为婴儿出生的这天早晨飘峰山上红霞万朵,他感慨中华民族处于苦难深重的年代,对后一辈寄托着殷切的希望。于是,给女儿取名开慧,号霞,字云锦,期望女儿在这凄风惨雨的艰难世道中犹如灿烂的云霞,美丽而火红。

杨开慧生于一个风雨如晦的岁月,但是,她的降生却给波澜不惊的板仓杨家,尤其是隐居不快的父亲杨昌济平添了一些平淡生活的亮色。

2.父亲与革命党有染,东渡日本

家里添丁添口,杨昌济生活的负担骤然增加。

这时,杨昌济的大哥杨昌运也考上了秀才,但鸦片烟瘾不断,长期窝在家中。杨昌济岁岁课徒,用自己的薪俸维持一家人的生活,并帮助兄长解决生活困难。

国破河山碎,岁月如晦。杨昌济隐居乡间,感到彷徨无主,前途无适,一时又变得苦闷之极。1902年年底,又传来唐才常领导的自立军起义惨败的消息,杨昌济受到极大震动。

原来,1898年9月戊戌政变发生时,唐才常正应挚友谭嗣同之邀去北京帮助办理新政事宜。谁知才到武汉,就传来了戊戌政变失败、谭嗣同遇害的消息。唐才常悲愤不已,忍不住失声痛哭,决心"剩好头颅酬死友","拔刀誓斩佞臣头",然后,由上海辗转香港、南洋,最后到达日本东京。第二年,他得到康有为的2万元捐款,准备回国利用会党在长江流域起事。深秋时节,孙中山、梁启超都来送别。饯别宴会上,唐才常慷慨激昂,表示回去要"冒死发难,推行大改革",听者无不动容。

回国后,唐才常在上海租界成立了正气会,次年春,正气会改名为"自立会",印发"富有票",广泛联络会党。自立会的会员称作"会友",每人持有"富有票"一张,作为会员凭证。会中还设立军事、政治两部。其中坚人物以湖南人为多,长沙地区的有不少。忧国忧民的杨昌济虽在板仓一隅,但也是其会员之一。不久,自立会人士在长江流域奔走布置,以哥老会会员为基础,组织自立军,共计10万余人。唐才常自任诸军督办,总机关设于汉口。1900年8月9日,驻大通的自立军负责人长沙人秦力山,率军"讨贼勤艾",占领大通县城,但因得不到响应,孤军奋战,于11日失败。以后,自立军寡不敌众,相继败散。

8月下旬,湖广总督张之洞破获自立军设在汉口的总机关。唐才常正在总部,闻讯后,跟随他多年的战友李荣盛劝他走避,但他却坚定表示:

"我决心为国捐躯,你自己快走吧。"

李荣盛感动得大声痛哭,说"先生舍生忘死,我怎么能做怕死鬼!"也留下不走。旋而清兵赶到,唐才常神态自若,笑着昂首受缚。夜半被押至武昌天府庙,临刑前,唐才常激动地大呼:"天不成我的大事!天不成我的大事!"从容就义,时年才33岁。

随后,唐才常的弟弟唐才中、望城靖港人谭翥等其他长沙义士均被先后杀害于长沙浏阳门外。唐才常等志士殉难,一时引起湘人巨大的震动。

唐才常的壮烈牺牲，自立军烈士们的鲜血，也擦亮了杨昌济的眼睛：想通过清廷来拯救中国，无异于"与虎谋皮"。这时，杨昌济的密友杨毓麟已暗中鼓吹和串联进行革命，并于1902年6月东渡日本求学。在时代思潮的感召下，在杨毓麟和其他亲友的鼓励支持下，杨昌济也决定离乡背井，东渡日本。

临行前，他改名怀中，表示自己虽身在异邦，却心怀中华。

1903年农历二月初，杨昌济告别生活了近32个春秋的家乡，离开亲爱的妻子和儿女，从长沙乘船赴日本。同行的湖南留学生有30多人，其中包括陈天华、刘揆一、李侃、李肖聃、柳午亭等。这群人中，以32岁的杨昌济年龄最大，学识也最渊博，大家对他十分尊敬，称他为"怀翁"。

杨昌济到达日本后，进入东京弘文学院学习。开始读的是速成师范科，不久便转入普通科。他学习十分刻苦，生活非常简朴，但是特别喜欢旅行。在留学期间，他以古人"行万里路，胜读万卷书"为勉，每当假日，便去游览日本的名山大川，丰富阅历，陶冶情趣。这一点对后来的毛泽东有极深的影响。

杨昌济在弘文学院的学习成绩优良，深得院长的赏识。1906年，他在弘文学院结业后，升入东京高等师范学校学习教育学，修业期限为4年。不久，清政府派往欧洲的留学生总督蒯光典，在杨毓麟、章士钊的极力推荐下，调杨昌济去英国继续深造。1909年春，杨昌济进入苏格兰泥北淀大学哲学系，专攻哲学、伦理学和心理学。与在该校学习的长沙老乡章士钊等人为同宿好友。

3. "我将来只做我愿意做的事"

当杨昌济带着自己忧国伤时的情绪远涉重洋留学去时，女儿杨开慧还

不满3岁。小开慧跟着母亲向振熙在乡下明山静水的田园风光中一岁一岁地成长。

板仓离长沙城100多里,这里虽然看不见列强的洋枪洋炮,却到处都能看到干涸的稻田、农民的泪眼、大人携儿带女逃荒的景象。杨开慧家的邻居叫缪四叔,他三儿三女,一家八口,租种着几十担谷的田,从春忙到夏,又从秋忙到冬,却总是填不饱肚子。小开慧喜欢到缪家去玩,春天,缪四婶剁猪菜,她便坐在旁边帮着拣菜;夏夜,明月当空,正是乘凉时候,缪四婶端出麻篮,在月下织麻,她便挥舞着蒲扇,替四婶驱蚊子;秋天,缪四叔在禾场晒谷,她便帮着守鸡扫草。小开慧在自己家不用做什么,却在缪四叔家学会了一些简单的劳动。然而,好学喜欢思考的她,心里有一个问题总是得不到满意的解答:他们怎么有这么多做不完的事啊?

杨开慧长到7岁时,杨昌济从国外来信,要她上学读书。她家斜对门的杨公庙,办了长沙县第四十初级小学。山冲里从来不让女孩读书,学校破例为杨开慧等7个女孩子单开了一个班。

学校放学很早,农家小孩回去都要做事,杨开慧学着他们的样子,也帮着妈妈做些杂事:扫地,择菜,刷锅,洗碗。她看见一些同学放学后都去扒松毛柴,也和哥哥杨开智弄了

少年杨开慧

个笊笆子学着去扒。有一次,她和哥哥到家旁边棉花坡上去扒毛柴,一不小心,踩踢了脚下的泥,滑到塘里去了。哥哥急忙把她救上岸,见她一身水淋淋的,便说:"霞仔,你年纪还细,莫去扒了,家里又不是没得柴烧。"

杨开慧摇摇头说:"不怕,扒得。只怪我自己不小心哩!"

以后,她还是照样去扒毛柴。

杨开慧在杨公庙小学只读了3个学期,便转到离板仓5里多路的隐储学校去了。

隐储学校比杨公庙小学大,是由从日本留学归来的一位姓黄的人创办的,学校比较开明,图书也多。杨开慧很聪明又很用功,课余时间就借书看。她爱好文学书籍,也喜欢浏览有关社会科学书籍,这些书籍扩大了她的知识视野。但是,她读的书越多,脑子里考虑的问题也就越多。她不满意书上的答案,也不满足于老师的讲解,求知的愿望变得更加强烈起来。

在隐储学校,杨开慧有两个要好的同学,一个叫郑家奕,一个叫黄蕊。其中,郑家奕家无地无房屋,靠父亲教书收入维持全家生活。黄蕊则家境较好。

此时,父亲杨昌济经常来信给家里,不仅倾诉思乡思国之情,而且常在信中讲一些国外的有趣事情。他很关心儿女的学业,鼓励开智和开慧兄妹留心国事,认真读书。开慧更加勤奋了。有一次,她因病缺了课,心里十分着急,就给一位同学写信,信中说:"校中功课堆积,偶一思及颇为之焦灼也。"老师和同学看了这封信,都称赞她努力学习的精神。

1911年10月,武昌起义,终于引发了声势浩大的辛亥革命,全国风气为之一新。不久,杨开慧和郑家奕、黄蕊从隐储学校转到了衡粹女校。这个学校办了实业科,可以学编织、缝纫、绣花等。学校的校长是留学日本回来的,他亲自上课,有时给学生讲日本的明治维新,有时讲广州的黄花岗七十二烈士,还讲兴中会、同盟会和辛亥革命的事情。对这些新知识,杨开慧总是全神贯注地倾听。她盼望革命早些成功,祖国早日强盛起来。

一天,黄昏时候,晚霞映红了半边天,操坪里凉爽极了。

杨开慧坐在操坪旁边的石板上,和几个同学谈天。

一个同学问道:"我们长大了做什么事呀?"

"我就做这号事。"年纪大一点的郑家奕把手一拱说。她是学编织的,正在编一只草帽顶。

"那我做衣服也要得。"学缝纫的同学黄蕊也跟着说。

"做事,我还不晓得该做什么事呢!"一位女同学不在实业科,她有些担心地说。接着,她又说:"将来要我做什么事,我就做什么事。"

大家你一句,我一句,越讲越起劲。惟独杨开慧在一边没有做声,大家便问她道:

"霞仔,你呢?长大了做什么事?"

杨开慧沉静地想了想说:"我也还不晓得将来要做什么。爸爸来信要我读书,精通一门学问,长大了好服务社会。"停一停,她又说:"我将来只做我愿意做的事。我不愿意做的事,死人也不做。"

郑家奕反问了一句:"那什么事你愿意做,什么事你不愿意做呢?"

杨开慧回答说:"爸爸常对我讲,一个人从小就要有理想,有气节。事情愿不愿做,要看对救国有没有好处。"

……

随后,衡粹女校要迁到长沙去,杨开慧和大多数同学便转学到麻林桥附近的县立第一女子高小,一直读到毕业。郑家奕因家境困难则回了乡。

杨开慧上学期间,父亲每两年从国外回来一次,给她讲述一些国外见闻和简单的道理,教她博览群书,把读书当作汲取新知识、新思想的一项重要方法。在父亲的鼓励下,杨开慧刻苦自学,阅读了不少社会科学、自然科学方面的书籍,打下了良好的文学基础,并练出了一手好毛笔字。她从小爱读《木兰辞》,向往那种戎马倥偬的征战生活,希望有朝一日,自己也能一展身手。

少女年华的开慧,出身书香门第,加上她自幼聪明好学,养成了一身傲骨,独具超凡脱俗的个性。但是,她不仅有花木兰那样不让须眉的爱国壮志,在她的感情世界里,更多的是大家闺秀的缠绵悱恻。对客居海外的慈父的思念,对家境日蹙的感伤,对学海无涯的焦虑……这一切使体弱多病的她，不时泛起难以自已的孤寂和伤感，结果，她过早地成熟，陷入青年人都曾有过的理想与现实冲突的烦恼之中。

因此，进入县立第一女子高小后，她非常渴望得到知心朋友的规劝，向她们诉说内心的苦闷，获取力量和安慰。在为数不多的杨开慧的遗墨中，有这样一封信。信曰：

裕英我最爱之姐姐鉴：

许久未晤，甚以为念。近维起居多祜，学业日蹭为颂！现妹发头昏，且生痒子，请医诊治，总难见效。校中的课堆积，偶一思及，颇为之焦灼也。妹与吾坤至好，素承规劝，有暇望赐数行，以慰系念。天气将寒，惟珍重不一。

此问大安

愚妹杨开慧书上

其中所称的姐姐为叔父杨昌恺之女杨开仁（裕英）。这封信写于1912年深秋，杨开慧才12岁。

此后，杨开慧虽然年龄在增长，但这种缠绵的情感分毫未减。后来，更平添一种对爱情的渴望。这或许是开慧以后选定身体强健、意志坚强、情感丰富的毛泽东为终身伴侣的原因吧。

4.海归父亲不当厅长当先生

1912年夏天，在苏格兰的杨昌济结束了在阨北淀大学3年的学习生活，获得文学士学位。随后，他又往德国进行了9个月的考察。在此期间，他还去瑞士游览了一番。在德国，杨昌济重点考察了它的教育制度，但是

对政治、法律等各项制度也无不留意。考察完毕后,便启程返回了阔别10年的祖国。

一年前,武昌起义的枪声曾使身居国外的杨昌济先生深受鼓舞。可是,当他兴致勃勃地回到祖国时,仅仅存在了3个月的南京临时政府,已经让位给袁世凯控制的北京临时政府,辛亥革命已被中外反动派绞杀,革命成果落入窃国大盗袁世凯之手,到处仍是民不聊生,死气沉沉。面对疮痍满目的祖国,杨昌济心情悲愤,毅然决定回到长沙去。

这时,有人劝他说:"湖南已为立宪派头子谭延闿所控制,不如留在大城市工作好。"

杨昌济坚定地回答说:"我不入地狱,谁入地狱?"

杨昌济一到长沙,已经登上都督宝座的谭延闿立即闻声而来,邀请他做湖南的教育厅厅长。

谭延闿,字组庵,湖南茶陵人。辛亥革命前,曾任湖南谘议局议长,是湖南立宪派的首脑人物。但是,杨昌济不屑与军阀为伍,严词拒绝了他。相反,他却接受了湖南省立第四师范学校的聘请,自愿到那里去当一名教员。

湖南省立第四师范学校,原属城南书院的旧址,是一所公费培养小学教师的著名学校。它座落在长沙南门外书院坪,前面是奔流北去的湘江,背后是树木葱郁的妙高峰,左边是沟通南北的粤汉铁路,对面便是巍峨雄伟的岳麓山。学校附近的黑铅炼厂、造币厂和电灯公司,是长沙仅有的几家大工厂。

杨昌济一到校,一个留洋十年的人,有官不做却到一个师范学校做教书先生,一些图名图利的知识分子看不起他,甚至讽刺他。为了表达自己的志向,回答社会上一些人的攻击,杨昌济在黑板上写了一副对联:

自避桃源称太古
欲栽大木柱长天

杨昌济决心用毕生精力,培养一批改造社会的中坚。他对聪明懂事的两个儿女更是寄予了殷切的期望。这时儿子杨开智已在长沙第一高等小学校读书,女儿杨开慧也在县立第一女子高小读书,于是杨昌济归来不久,全家便于1913年春天搬到长沙城。

杨昌济一家住在离四师不远的天鹅塘。为了便于识别,杨昌济特意制了一块小小的铜牌,刻着"板仓杨"三个工工整整的隶书字,钉在门外。因此,长沙人又称他为"板仓先生"。

5."这是什么船?为什么这样横冲直撞?"

经过辛亥革命洗礼的长沙,骨子里依旧没有多少改变。古老的长沙城内残垣断壁上贴着阴森森的"告示"、花花绿绿的"广告"。狭窄的麻石街道上,衣衫褴褛的人群,啼饥号寒;如狼似虎的军警,欺压百姓;铺面萧条冷落,街头卖唱算命之声贯耳。一阵黄风吹来,街道立时变得灰蒙蒙的。

杨开慧进城后,没过多久,刚进城时那种欢喜的神情就被长沙大街小巷的灰暗之景罩上了一层阴影。她想着:辛亥革命最先响应而又宣告独立的省城,怎么会这样不景气?

第四师范是一所免费的中级师范学校,这里聚集着徐特立、王季范等一批在湖南名孚众望的进步教师。湖南许多出身穷苦的有志青年,大都在这里求学。

杨开慧跟随父母来到长沙不久,就高小毕业了。但是,不知为何,杨昌济没有让女儿去继续上学。杨开慧在家自修,然而却毫不懈怠,在父亲指导下,致力自学英文,阅看许多东西方新文化的书籍。

一天晚饭后,杨昌济带着女儿登上妙高峰。

天色晴朗,夕阳正红。湘江里驶过一艘艘帆船,被微风吹送着缓缓移

动。水波粼粼,长岛如画。杨开慧喜看这美丽的河山,不觉心旷神怡。突然,她发现一艘冒着浓烟的军舰,从北边开过来,发出可恶的怪叫。湘江里顿时波涛翻滚,附近的木船被巨浪掀得东倒西歪。军舰加大马力,从几艘渡船中闯过,河心里发出几声凄厉的叫喊,一只较小的渡船被浪头打翻了。

"啊呀!"开慧惊叫了一声,她睁大圆圆的眼睛,指着军舰愤愤地问:"爸爸,这是什么船?为什么这样横冲直撞?"

杨昌济十分悲愤地说:"霞仔,你看,那船上不是挂着膏药旗吗?这就是日本军舰。"

接着,他指着湘江码头船上的米字旗、星条旗……将帝国主义侵略中国的行为,一桩一件地说给她听。在父亲的指点下,杨开慧望着水陆洲上"日清"、"太古"、"怡和"等外国公司的大洋房,脸色变得格外严肃,呼吸也变粗了。但是,她没有说话,陷入了沉思。

下山后,父女俩一起回家,在南门口那边,不断传来小贩的叫卖声、小孩啼饥号寒的哭声、乞丐沿门讨饭的哀求声。开慧不禁抬起头来问:"爸爸,这就是长沙,这就是我们号称开风气之先的长沙吗?"

杨昌济先生点点头,有些悲愤地说:"霞仔,政局在动荡,民众在受苦,军阀混战,洋人横行,中国已没有一块完整的地方了!"

杨开慧满怀疑虑地低头沉思着。

父亲也深深叹着气。

妙高峰上和南门口看见的情形,深深地印在杨开慧的脑子里,使她久久难忘。从此以后,她除广泛地阅读各种书籍外,更加关心起时事来,但是,杨开慧却因此变得沉默寡言,忧忧寡欢了。

6.世交的孩子也成了挚友

一天,杨开慧正在家里自修,突然,门一开,在板仓时的童年好友柳直

杨昌济世交柳午亭的儿子柳直荀

荀来了。

柳直荀又叫柳克明,比杨开慧大3岁,和杨开智同年,他家是东乡高桥的方塘冲。柳家和杨家是世交,两家都世居长沙东乡,相距不远,在东乡被称为"春色两家分"。

柳直荀的父亲,叫柳大谧,字午亭,曾和杨昌济一同在日本留学。杨昌济去英国后,他继续在日本学习,前后共10年时间。在日本期间,他曾陪同在日本进行"排满革命"的老乡黄兴,会晤革命先行者孙中山先生,这次会面后,黄兴创办的华兴会和孙中山创办的兴中会合并为同盟会。辛亥革命的第二年,柳午亭回国。在湖南,他亲身体察到立宪派谭延闿篡夺了政权,革命后成立的政府换汤不换药,大为失望。谭延闿想劝诱他当官,他婉言谢绝了,然后,隐居乡间,以教书为业。柳午亭学问精深,在教育界有很高的声望。他刚强正直,热爱祖国,不愿做官,与杨昌济志趣相投,因此,在清泰一带,在人们眼中,东乡两家出了两个"怪人"。

由于父辈是世交,杨、柳两家小孩从小就互有来往。杨开慧见到柳直荀来到己家,非常兴奋,两人问长问短,很是亲热。

此时,柳直荀和他的大弟离开了方塘冲,在长沙广益中学读书。

以后,柳直荀经常来杨家。这时,杨开智还在长沙第一高小读书,大家年纪都差不多,杨氏兄妹和柳氏兄弟常常聚在一起。一天,杨开智和柳直荀谈论学校的事情,十分开心,杨开慧听得羡慕死了。看着他们热烈的样

子,杨开慧说:"直荀哥,你就搬到我们家来住吧!"

杨开慧的主意正合两个少年的心意。

于是,杨开智向父亲要求柳直荀搬到家里来,与自己同住一块。

杨开慧也帮着搭话。

柳杨是世交,杨昌济欣然同意,最后托人带信给柳午亭先生。

柳午亭正为儿子在长沙读书不放心,早就有心把儿子托付给杨昌济,听杨昌济一说,他也不讲什么客气了,欣然应允。不久,柳直荀就寄居在杨昌济的家里。

他和杨开慧兄妹经常在一起,并且成了最好的朋友。

7.湘潭学子毛泽东的坎坷求学路

杨昌济全家迁往长沙时,在离长沙不到100里的湘潭韶山冲,一位字润之、名叫毛泽东的年轻人也来到了湖南第四师范求学。

毛泽东长杨开慧8岁,生于1893年12月26日。他的家乡韶山冲是和板仓冲没有什么差别的湖南农村,但是,他的父亲毛贻昌并不是一位像杨昌济这样学问高深的人。毛家世代务农,毛贻昌虽然读过几年私塾,但从17岁时就开始当家理事,算算数记记账还行,他对什么书呀、学问呀概无兴趣。

杨家在板仓是书香世家,几代大户;而毛家在当地只能算是暴发户。毛家一直家境贫困,毛泽东的高祖父叫毛四端,当家时他不满贫穷,借债买田,结果欠下一屁股还不清的债,到祖父毛翼臣时,毛家仍被债所累,生活艰难。后来毛贻昌靠贩运谷子做买卖,毛家才发了起来。到1903年时,毛贻昌在韶山冲拥有田产22亩,每年收稻谷80担。毛贻昌娶妻文氏,共生5个儿子。长子、次子早在襁褓中就夭折,因此,毛泽东排行老三,实际却是长子;毛贻昌还有二子,即老四毛泽民、老五毛泽覃。

毛贻昌靠勤俭苦干发家,吃苦耐劳,性格刚毅顽强,但是苛刻、吝啬,并且家长作风严重。他每月十五对雇工们特别开恩,给他们鸡蛋下饭吃,可是对儿子们却从来既没肉也没蛋吃。对于孩子们的读书,他更是没兴趣。少年时的毛泽东因为读书常常与他发生冲突。

毛泽东从小就具有旺盛的求知欲,而毛贻昌让儿子上学的目的就是只要他能记账、会引用经书去赢得官司就可以了。结果,毛泽东读了5年私塾后,父亲就不让他再上学。在辍学的两年多时间里,毛泽东白天干农活,晚上除帮助父亲记账外仍然如饥似渴地苦读。

毛泽东不仅爱读书,而且年轻气盛,好打抱不平。一次,他抖落了族长毛鸿宾倒卖粮谷的行为,毛贻昌怕儿子惹出事来,打算送他到湘潭一家米店里当学徒。

毛泽东勤劳而又吝啬的父亲毛贻昌

可是,16岁的毛泽东却渴望到湘乡新式的学堂东山小学去读书。结果,父子之间又发生了矛盾。最后,母亲文氏夫人站在儿子一边,并请来亲朋邻居说情。最后,毛贻昌只好答应了儿子读书的要求。

东山高等小学堂是湘乡戊戌以前最早兴办起来的新式学堂之一,学堂虽然也教经书,却主要实行新法教育,讲授新学内容的历史、地理和自然科学。校长李元圃和杨昌济一样,是一个有着爱国思想的知识分子,在早晚点名时,经常向学生讲一些近代以来中国遭受外国列强侵略、欺压的历史。毛泽东听了,深为祖国的命运而忧虑。

东山高等小学堂给了毛泽东新知识的同时,更向他展示了一个比韶山冲广阔得多的世界,这激起了毛泽东更强烈的求知欲望,唤起了他远大的政治抱负。1911年春天,毛泽东挑着行李走到湘潭,跟着东山学堂赴长沙任教的贺岚岗老师来到了长沙。经贺岚岗老师推荐,他顺利地考入了湘乡驻省中学。

长沙是湖南政治、经济、文化的中心,毛泽东初到长沙,便被这里激荡人心的革命气势所感染。但是,他在湘乡驻省中学没学几个月,武昌起义爆发,于是,毅然投笔从戎。10月底,他在长沙新军二十五混成协五十标第一营当了一名列兵。然而,革命很快过去,当兵又成了混日子。1912年春,毛泽东决然离开兵营,继续去求学。

随后,他报考著名的湖南全省高等中学(后改名省立第一中学),并以第一名的成绩被录取。然而,入校后,毛泽东觉得学校的课程有限,校规也非常呆板。其间,国文教员借给他一本《御批通鉴辑览》,他读了以后,得出结论:不如独自看书学习。6个月后,他退了学,寄居于长沙城新安巷的湘乡会馆,然后订了一个自修计划,每天到湖南省立图书馆去自读。

谁知这种自学生活没有坚持多久,就不能继续下去了。因为他住的湘乡会馆里,不但住着许多学生,同时也住着许多退伍或者被遣散的士兵。他们既没有工作,又没有钱,经常和学生吵架。一天晚上,还爆发了一场战斗,士兵们袭击学生,甚至企图杀死学生。毛泽东躲在厕所里,直到战斗结束才出来。这时,父亲毛贻昌也认为他这样自读是不务正业,拒绝供给生活费用;除非毛泽东继续进学校读书,他才寄生活费。

毛泽东只好寻找新的住处,并认真地考虑自己的职业。最后,他选择了教育。他觉得自己最适合教书。此时,正好湖南省立第四师范学校登出了招生的广告,广告宣称不收学费,膳宿费低廉,而且是培养小学教师。这引起了毛泽东的兴趣,他的这一计划也很快得到了父亲的同意。

1913年春,20岁的毛泽东以第一名的成绩考入了湖南省立第四师范学校。在此,他认识了来自湘潭马家河的罗学瓒,两人同学。

毛泽东考入第四师范时,杨昌济正在这里执教,教授伦理学。此时他

少年毛泽东

还兼任湖南高等师范学校、省立第一女子师范学校的伦理学、教育学教授。于是,杨昌济成为毛泽东的伦理学老师。

毛泽东考入师范以后,仍是非常好学,他的作文写得特别好。每每他的作文一出,往往是全校轰动,教员把它贴在学监室的对面走廊墙壁上,课余时,让其他同学传读。但毛泽东并不自恃聪明骄傲自满,相反,他更加用功,晚上学校规定的自修时间短了,他就在寝室里继续读书,学校吹号熄灯了,他就自备一盏灯,下面用一节竹筒垫起,坐在床上看书,有时通宵不眠。

毛泽东在学校里虽也照例上课,但很注重自修,订有自己的读书计划,他喜欢社会科学,对其他不切实用的功课兴趣不大。其中,他对历史和文学很喜欢。

长沙城里曾有人举办过"船山学社",每星期日设座讲学,讲王船山的"知"与"行",毛泽东常去听讲。王夫之的民族意识特别引起他的注意。

与此同时,毛泽东对杨先生教授的伦理学、哲学和教育学也产生了浓烈的兴趣,渐渐地,他开始向杨先生请教。

杨昌济看到毛泽东这个农家出身的学生,好学深思,成绩优异,十分赞赏。而毛泽东因杨昌济学识渊博,诲人不倦,也非常敬佩。没过多久,师生之间就开始频繁往来了。

毛泽东与杨昌济的交往,无形中为毛泽东与杨开慧以后的相识、相知架起了一座桥梁。

第二章 初识润之

1. "君不言救国则已,救国必先重二子"

1914年春,第四师范合并于第一师范。四师春季开学的学生和一师秋季开学的学生同编入一班。毛泽东先编在预科三班,后转入本科第八班。由于四师和一师合并,杨昌济也来到了第一师范执教。

毛泽东转学到一师后不久,就认识了同在一个年级的蔡和森、张昆弟和陈昌。陈昌是二班生,蔡和森、张昆弟是六班生,毛泽东、罗学瓒是八班生。几个人由此相识并志同道合。

就读湖南一师之初的毛泽东(二排左三)与同学们的合影

蔡和森是 1913 年秋考入了湖南一师的。值得一提的是，他来长沙读书也与毛泽东一样有着一番故事。

蔡家是湘乡永丰的一家大户，开设的蔡广益酱园兼南货店，以经营"永丰辣酱"出名。祖父蔡寿崧弃商从戎，投入曾国藩的湘军，曾当过哨长。但是，其子蔡蓉峰却从小不善读书，长大又不善经商，长年在家无所作为，直到 30 多岁时，才利用父亲参加过湘军以及岳母是江南机器制造总局的总办聂缉椝的亲戚的关系，远道到上海，在江南机

毛泽东的好友蔡和森

器制造总局捞到了一官半职，并得到清廷诰授"奉政大夫，州同衔，补用从九"的衔称，被局里同仁尊称为"蓉峰大爷"。他就是蔡和森的父亲。蔡和森的母亲叫葛兰英，出身于湘乡荷叶乡望族，与革命女侠秋瑾为好友，与蔡蓉峰生有 5 个儿女，蔡和森为老五。

1911 年秋，蔡和森 16 岁时才进双峰初等小学堂。第二年春，又进了双峰高级小学。1913 年春节刚过，他同表兄葛光宙从永丰动身，步行 180 华里，经湘乡到湘潭，搭小火轮沿江而下，来到湖南省会长沙求学。结果，双双考入新开办的长沙铁路学堂。然而，好景不长，这年 8 月北洋军阀卷土重来，铁路学校停办。蔡和森只读了半年书，被迫又回到了家乡永丰镇。

此时，父亲蔡蓉峰已弃官回乡。他不事生产，坐吃山空，日子越来越不好过，加之思想守旧，和葛兰英母子之间的裂痕越来越大。蔡和森从长沙辍学回来时，蔡蓉峰受人 500 块银洋的聘礼，将三女儿蔡咸熙许人为小媳妇。结果，葛兰英母子和蔡蓉峰发生激烈的冲突。然而，蔡蓉峰却利令智昏，竟然持刀要杀葛兰英母女。最后，在亲友和邻居力劝下，这场风波才暂

告平息。

蔡蓉峰的做法使妻子葛兰英深深感到,这样的家庭实在不能再维持下去了。她决心同儿子一道,离开永丰,离开蔡蓉峰,到长沙去学门职业,谋自己的独立生活。

此时,葛兰英已年近50了。这样的年纪,远道求学,也极大地鼓舞了两个女儿。三女儿蔡咸熙,决心不让父亲把自己推进火炕,要求母亲同去长沙;嫁在衡山刘家的大女儿蔡庆熙,丈夫已去世,而婆家平日待己苛刻,也取出自己的全部积蓄,

葛兰英

决定带着3岁的小女儿刘千昂,同母亲一道去长沙。

1913年秋季,葛兰英带着儿子蔡和森,女儿蔡庆熙、蔡咸熙和外孙女刘千昂,一家三代共5人,来到了长沙。

辛亥革命后的长沙,风气较为开放,思想较为活跃。在读书救国的呼声下,各种学校纷纷设立。这时为了教授妇女职业知识而设立的"湖南女子教育养习所"正招收有一定文化基础的知识妇女入学,它正适合葛兰英的要求,于是,她改名葛健豪,前去报考。然而,学校见她年已50,又是小脚妇女,没有同意。但是葛健豪求学决心已定,结果,蔡和森替母亲写了个呈文,递到长沙县署,指控学校不准公民行使受教育的权利。长沙知县看到50岁的葛健豪竟然领着儿女,到县衙门来要求进学校,认为这是值得大为提倡的事,欣然提笔在呈文上批了"奇志可嘉"4个字,并派人通知养习所破格录取。随后,蔡咸熙则改名为蔡畅,也进了周南女校初级班,蔡庆熙先入自治女校缝衣班,后转衡粹女校,外孙女刘千昂则进了周南女校附设的

幼稚园。随后,蔡和森考入省立第一师范学校。蔡家三代人赴长就学,一时传为佳话。

蔡和森是湘乡永丰人。毛泽东的外祖母家亦在湘乡,并且他曾在湘乡东山学校读书。同乡观念使他们很快相识,并成为挚友。

蔡和森在一师,与张昆弟等同学编在第六班。张昆弟,桃江人,1913年考入一师。二班生陈昌,字章甫,浏阳县人,1911年考入长沙中路师范学校,后中路师范学校改名湖南第一师范学校,他因此也在湖南一师。

此时,毛泽东、蔡和森、陈昌、罗学瓒、张昆弟等人正值青春年少,都胸怀大志。在学校里,他们勤奋好学,严格要求自己,生活俭朴,不修边幅;他们经常一起交流读书心得和对时政以及社会问题的看法,对学校的一些陈规陋习,提出批评和建议。在这5人中,毛泽东学识渊博,为人奔放,才华横溢,他的远大抱负使蔡和森他们深为钦佩;而蔡和森学习勤奋,修身严谨,见事敏锐,说理透彻,也是"内有恢恢之志"的志诚青年,毛泽东和他两人尤为相知。面对政治腐败和社会黑暗,他们深为国家担忧,萌发了救国救民的革命思想。

杨昌济在第一师范主要是教伦理学、心理学、教育学和哲学。尽管他曾在日本留学6年,又在英国留学4年,但始终不离中国的理学传统,喜讲周、程、朱、张。杨昌济教书不善辞令,但他道德学问好,知识渊博,也不装腔作势,因此,他得到了学生们的尊敬和钦佩。

渐渐,以他为中心,身边聚集了以毛泽东、蔡和森为首的一群认真思想、认真求学的学生。

不久,毛泽东、蔡和森、陈昌、罗学瓒、张昆弟等组织了一个哲学研究小组,介绍读物,讨论读书心得。毛泽东和蔡和森邀请杨昌济担任指导。

杨昌济欣然答应。

以后每逢星期六或星期日,毛泽东、蔡和森、陈昌、罗学瓒、张昆弟等人就集合在一起讨论有关读书、哲学问题。大家每次聚到一起,就把自己一个星期的看书心得自由地进行讨论,有时也随手拿起旁边一个人的日记看看;然后,进行探讨;遇有问题,便向杨昌济请教,杨昌济则耐心解答。

时间一久，杨昌济和一师的徐特立成了毛泽东和蔡和森最为敬佩的老师，而在杨昌济先生的门下，也有两位最器重的学生，一位就是毛泽东，另一位是蔡和森。后来，杨昌济在1915年给好友章士钊的信里介绍毛泽东和蔡和森时，写道："吾郑重语君，二子海内奇才，前程远大，君不言救国则已，救国必先重二子。"

2.杨开慧与毛泽东是如何相识的

关于杨开慧是如何认识毛泽东的，史料上无确切记载。

毛杨见面的时间应为1914年春。其见面的情况，根据许多人的回忆，各种说法大致差不多，即杨开慧先看了毛泽东写的文章后才见面的。

1914年春天的一个下午，杨开慧正在房中看书，忽听见父亲在外面屋子里连声叫好。

杨开慧赶紧放下书，从内房轻轻走了出来，只见父亲手里拿着一本学生的笔记，坐在那儿，边看边赞不绝口。她轻轻走到父亲身边，惊讶地问："爸爸，这是谁写的呀？"

杨昌济合上笔记本，递给女儿说："你看看，你好好看看！"

杨开慧接过笔记本一看，只见上面题着"讲堂录"3个大字，下面署名：毛泽东。

于是，她坐在父亲身旁，打开《讲堂录》。谁知她一看就被里面的内容吸引住了。这本《讲堂录》是一些听课笔记和读书笔记，共1万多字。笔记所及，有外国的人和事，如拿破仑、恺撒、福泽渝吉、牛顿、富兰克林等，但大部分是中国的历史人物和历史典籍记载的人物，从殷周的伊尹、周公、孙武、孔子、孟轲，秦汉的张良、司马迁、严光，唐宋的李白、杜甫、范仲淹、朱熹、程颢、程颐、张载、周敦颐、郑樵等，到明清的王船山、侯朝宗、魏禧等

共百余人;涉及的古文典籍有先秦哲学、楚辞、汉赋、史记、汉书、唐宋古文、宋明理学及明末清初一些思想家、文学家的言论和著作。

杨开慧仔细阅读《讲堂录》,她看着这厚厚的笔记,文字誊写工整,对人对事的看法十分深刻,既钦佩毛泽东的学习态度,又被他深刻的思想所吸引。看完这本日记,杨开慧便对毛泽东产生了一种敬佩之情,心里暗暗希望能见到他。

一个星期天,朝雾还没有散尽,太阳刚刚露出头,毛泽东同蔡和森、陈昌、罗学瓒、张昆弟等几位好友一起来到了板仓杨寓。他们是应杨昌济之约,前来杨家一起讨论有关读书和哲学问题的。

众人一到,杨昌济满面笑容地将他们迎进客房。开慧正在房内看书,听到说笑声,也从里面出来。这时客厅里热热闹闹的。她看见其中有一位一米八多的青年,格外显眼:他身材高大,蓄着稍长的头发,穿着洗旧了的灰布长衫,十分朴实大方。杨昌济见杨开慧进来,马上向学生们介绍:"哦,这是小女开慧,正在家里自修。"

然后,他又向杨开慧逐个介绍青年们的名字。这时,开慧才知道这位高个子青年正是毛泽东。毛泽东、蔡和森、陈昌、张昆弟都热情地与杨开慧打招呼。毛泽东说:

"开慧同学,听杨老师讲,你在家发愤自修,已经读了很多书了。"

杨开慧人虽小,却在父亲的学生们面前一点也不拘束,她调皮地回答说:"'闭门求学,其学无用'呀!"

"闭门求学,其学无用"正是毛泽东的主张,毛泽东一怔,马上问道:"你怎么也知道我说过这句话?"

"我看过你的《讲堂录》呢!"杨开慧笑着回答说。

大家一见杨开慧用毛泽东的话回答他,顿时都笑了起来。这时杨昌济对大家说:"让开慧也参加你们的讨论吧,学点见识!"

"欢迎,欢迎,我们正好没有女同学呢!"陈昌说。

他话音未落,突然门"吱呀"一声开了。"怎么没有女同学?还有我们两个哩!"

原来,是在第一女子师范学校读书的向俊贤、陶毅也来到了杨家。

向俊贤出生于湘西溆浦一个富商之家。她自幼聪明好学,排行老九,几个兄长曾留学日本,大哥向仙钺是湘西同盟会负责人,向俊贤自幼受其兄的影响,追求新知识。1912年秋,从常德女子速成师范学校转入湖南省立第一女子师范学校。

陶毅,字斯咏,湘潭人,也是富家出身,家里很有钱,此时也在第一女子师范读书,她与向俊贤既是同学又是好友。向俊贤和陶毅都是杨昌济的学生,并且经常来杨家。1914年5月13日杨昌济曾在自己的《达化斋日记》中记载了自己19岁的女学生向俊贤:

> 昨至第一女子师范学校……见本班二年生向俊贤之日记颇有抱负……可谓是教育界中之人才。

开慧见她们来了,连忙上前:"俊贤姐,斯咏姐,你们来啦!"

"我们也是赶来参加讨论的。"向俊贤说,因为昨日杨先生已告诉了她们今日毛泽东他们来家讨论的事情。

大家围坐在杨昌济身旁。

这是一群豪情洋溢、奋发有为的青年学生,他们满怀改造社会的雄心壮志,急切地探求救国救民的真理。大家放眼世界,纵情畅谈,从治学的方法,谈到做人的道理,从国家的兴亡,谈到自己的理想。

杨开慧坐在凳子上,两手撑住下巴,静静地听着他们的发言,生怕漏掉了一句话,一个字。她听着大家的讨论,仿佛步入了一个崭新的、从未见识过的世界里。

大家发言畅谈之后,杨昌济开始给大家讲《达化斋读书录》。这时,杨开慧才悄悄离开客房,协助妈妈向振熙为大家准备中饭。青年们畅谈了一整天。

傍晚,毛泽东、蔡和森和向俊贤他们走后,杨开慧立即打开笔记本,兴奋地记下这一天的心得。

以后，毛泽东和好友蔡和森、陈昌、张昆弟等，经常到杨昌济家聚会。

不久，他们的聚会又吸引了一个老秀才。此人名叫何叔衡，号瞻岵，宁乡人，1902年考中秀才，但"感时局之汹汹，人情之愤愤"，拒不到县衙门任职，宁愿在乡下种地、教书。辛亥革命爆发时，他热烈响应。革命失败后，他又毅然辞掉在云山高等小学堂的教职，赴省会长沙寻找新的出路。1913年春，37岁的他和毛泽东同时考入四师，后又一起并入一师，与毛泽东成为挚友，都是杨昌济的门生。

何叔衡

毛泽东、蔡和森等人在杨家畅谈治学之道，纵论天下大事，探求救国救民的真理，一谈就是一整天。他们的座谈和聚会，吸引着杨开慧，也吸引着杨开智和柳直荀。此时，杨开智和柳直荀已考入了长郡中学，两人成为同班同学。他们都主动参加这些聚会。

杨家充满着青春的活力，也使杨开慧的自修学习发生了新的变化。

3.她按住胸口说："我也要去济世救民！"

杨昌济周围聚集着毛泽东、蔡和森等一群青年，他对他们的影响不仅在学问上，而且对他们的人生和生活规则也产生着巨大影响。

杨昌济反对封建的腐败生活，提倡民主和科学的新生活。他废止朝食，行深呼吸，主张静坐，常年行冷水浴，冬天也不间断。毛泽东、蔡和森等人也模仿他，跟他学习。大概有一年多，毛泽东等人与老师一样都不曾吃早饭。暑假，毛泽东、蔡和森、罗学瓒及张昆弟几人一起住在长沙对河岳麓山上的爱晚亭里读书、休养，每天只吃新蚕豆饭一顿，既废朝食，也不晚餐，每天清早还在山上打坐，然后下来去塘里或河里洗冷水澡。他们一直坚持到假期满后才回校，甚至到冬天11月，他们还不停止山上打坐、野外住宿和洗冷水澡。

以后，毛泽东更扩大浴的范围：在太阳下面，在大风里，在大雨下，赤着让身体晒、让吹、让淋。对此，毛泽东叫作"日浴"、"风浴"、"雨浴"。

凡此，目的都是为了锻炼身体。

毛泽东在日记里写道：

> 与天奋斗，其乐无穷！
> 与地奋斗，其乐无穷！
> 与人奋斗，其乐无穷！

在锻炼和学习期间，杨昌济和毛泽东等人师生交往十分密切。聚会之余，毛泽东和杨昌济还经常一起座谈和交流。

1915年4月15日，杨昌济的日记中有这样的记载：

> 毛生泽东，言其所居之地为湘潭与湘乡连界之地，仅隔一山，而两地之语言各异。其地在高山之中，聚族而居，人多务农，易于致富，富则往湘乡买田。风俗纯朴，烟赌甚稀。渠之父先亦务农，现业转贩，其弟亦务农，其外家为湘乡人，亦农家也，而资质俊秀若此，殊为难得。余因以农家多出异材，引曾涤生、梁任公之例以勉之。毛生曾务农二年，民国反正时又曾当兵半年，亦有趣味之履历也。

此前,他们在一师过了一年多平静而有序的学习生活之后,一天,突然传来一个消息:毛泽东的同班同学易昌陶不幸在衡山家中病逝。

易昌陶,又名易咏畦,博学多识。消息传来,由校长张千、学监王季范、教员杨昌济发起,于5月23日召开全校追悼会。易昌陶少年去世,使毛泽东陷入深深的痛惜之中。他在致友人的信中说:

"同学易昌陶君病死,君工书善文,与弟甚厚,死殊可惜。"

追悼会结束后,王季范和杨昌济又将师生致送的挽诗挽联256幅,编印成册,题名《易君咏畦追悼录》。毛泽东的一副挽联和一首挽诗也收录其中。

杨开慧在家里也听父亲说起学生易昌陶去世的消息,一想到一个这么年轻的学生就去世了,几天都心情不爽,沉默少语。一天,她看到父亲从学校带回一首挽诗:

挽易昌陶

去去思君深,思君君不来;
愁杀芳年友,悲叹有馀哀。
衡阳雁声彻,湘滨春溜回;
感物念所欢,踯躅南城隈。
城隈草萋萋,涔泪侵双题;
采采馀孤景,日落衡云西。
方期沆瀁游,零落匪所思;
永诀从今始,午夜惊鸣鸡。
鸣鸡一声唱,汗漫东皋上;
冉冉望君来,握手珠眶涨。
关山蹇骥足,飞飚拂灵帐;
我怀郁如焚,放歌倚列嶂。
列嶂青且茜,愿言试长剑;
东海有岛夷,北山尽仇怨。

荡涤谁氏子,安得辞浮贱;
子期竟早亡,牙琴从此绝。
琴绝最伤情,朱华春不荣;
后来有千日,谁与共平生?
望灵荐杯酒,惨淡看铭旌;
惆怅中何寄,江天水一泓。

杨开慧读过毛泽东写的文章,想不到他的诗也写得这么好!诗中的思友之情切切。失友的惆怅之感,深深地感染了杨开慧,使她感到一种莫名的悲伤。接着,她又随手翻开前面的挽联看,其中又有毛泽东写的挽联:

胡虏多反复,千里度龙山,腥秽待涤,独令我来何济世;
生死安足论,百年会有役,奇花初茁,特因君去尚非时。

毛泽东的这副挽联虽也饱含失友的悲伤,却隐约显露一种豪放之气,杨开慧不看则罢,一看就立刻体味到了毛泽东那种藐视千古,济世忧国的情怀!这种因失友而引发的济世豪情深深地把杨开慧震撼了!心灵敏感的她隐隐地感受到毛泽东灵魂深处不凡的忧国忧民之情怀。

确实,这时毛泽东的志向已转向了如何振兴积弱的国家和民族。

早在1月份,日本以赞助窃国大盗袁世凯复辟帝制为诱饵,提出了灭亡中国的二十一条,即:一、承认日本接管德国在山东的一切权利,并加以扩大;二、延长旅顺、大连两港和南满、安奉两铁路的租借期为99年,并承认日本在南满及内蒙东部的土地租借权或所有权,以及居住权、工商经营权、建筑铁路和开采矿山的独占权;三、汉冶萍公司改为中日合办;四、中国沿海港湾及岛屿,一概不得租借或割让给第三国;五、中国政府须聘请日本人作政治、军事、财政及各方面的顾问,中日合办中国警政和兵工厂等。这二十一条是灭亡中国的条件,是要把中国变为日本独占的殖民地。

5月7日,日本提出最后通牒,限48小时内答复。袁世凯急于做皇帝,

想取得日本支持,5月9日,除第五部分"容日后协商"外,其余各条全部答应日本政府,并逐条签字。

这是中国的奇耻大辱,举国上下无比愤慨。北京新华茶馆店主马国麟跑到中央公园持刀自杀,遗书:"痛心国事!"长沙一店员闻讯"二十一条"被签字,投湘江自尽。

消息传到湖南第一师范,全校师生义愤填膺,立即掀起了如火如荼的反日反袁运动,并迅速集资编印了《明耻篇》一书,以揭露日本侵华和袁世凯的卖国罪行。

毛泽东认真地阅读了这本书。

卖国贼袁世凯

阅读时,除加了不少圈点和着重号以外,他还写了许多批语,如"此文作得好!""说得痛快!"等等。尤其是在阅读了卷首的《感言》后,他特地在该文的后面题词道:

此文为第一师范学校教习石润山先生作。先生名广权,宝庆人。当中日交涉解决之顷,举校愤激,先生尤痛慨,至辍寝忘食,同学等爰集资刊印此篇,先生则为序其端而编次之,云云。

《救国刍言》亦先生作。

对"五·七"国耻,毛泽东既痛心又非常愤慨。最后,他奋笔在《明耻篇》的封面上又题写了一首明志的短诗:

五月七日,民国奇耻;
何以报仇?在我学子!

这些题词和题诗，充分体现了青年毛泽东强烈的反帝思想和炽热的爱国感情，并充分表达了他雪耻救亡的决心和意志。

《明耻篇》刊印后，毛泽东又广为寄赠和推荐。

在这一段时间的杨家聚会中，毛泽东、蔡和森、何叔衡与杨昌济讨论的话题全是青年为什么要求学，立什么样的志，国家这样积弱，民众这样贫困，青年应当怎么办等问题。在讨论中，杨开慧一边听着他们的发言，一边想起湘江上横行的日本军舰、长沙城遍地饥饿的孩子，感同身受，常常提出许多问题。杨开智和柳直荀也对国是时事纷纷发问。对于他们的问题，毛泽东常常深入浅出地解答，启发他们认真思考，鼓励他们发表自己的见解。

俗话说"近朱者赤，近墨者黑"。毛泽东的这些道理和思想，对于杨开慧来说，闻所未闻。每次通过毛泽东等人的解答，她顿然觉得眼前别有天地，眼界大为开阔。

现在，杨开慧读着毛泽东的挽联，胸中涌起一股忧国忧民的情绪，产生了要去救国救民的愿望。她按住胸口说：

"我也要去济世救民！"

4.学生要驱逐校长，毛泽东差点被开除

不久，毛泽东又做了一件叫杨开慧敬佩不已的"大事情"。

1915年上学期快要结束的时候，第一师范宣布了省议会颁发的一项新规定：从本年秋季起，师范学校学生每人缴纳10元学杂费。

本来，师范学校是免费的。突然之间要10元学杂费，这对大多数穷学生来说，是一个不小的数目。学生们议论纷纷，群起反对。

第一师范的校长名叫张干，字次崙。他在学校礼堂里挂着"大总统"袁

世凯的"训令",学生在礼堂集合时,总要求学生背读"训令"。学生对此十分反感。此外,张干还官气十足,到校上下班都要坐着三人抬的大轿,学生的举动稍不顺他的心,动辄要遭训斥,甚至挂牌除名。师范学校收学杂费令一出,有人即传出说这个规定就是张干为讨好当局而向政府建议的。本来,原四师的部分同学因合校后要多读半年书,对张干早就有不满情绪,于是,一场反对校长的学潮发生了。

九班学生首先组织全校宣布罢课。其他同学四处散发传单,揭露张干不忠、不孝、不仁、不悌之类的事实。毛泽东也在驱张的学生之列。但是,他一看传单,认为这没有击中要害,对同学们说:"我们不是反对张干当家长,而是反对他当校长,要把他从校长的宝座上拉下来。"

"那,如何把他拉下来呢?"有的同学问。

毛泽东说:"揭发他对上阿谀奉承,对下专横跋扈,办学无方,贻误青年的事实。"

大家认为毛泽东的驱张主张有道理,纷纷赞同。接着,毛泽东在第一师范后山君子亭起草了一份《驱张宣言》,经与罢课发起人商量后,立即派人坐守在印刷局连夜印刷,清晨带回学校,广为散发。

这时省教育司已派督学来校调处,要学生复课。学生不同意,纷纷递上纸条:

"张干一日不出校,我们一日不上课。"

督学没法,只好答复说:"这个学期快完了,你们还是上课,下学期张干不来了。"

然而,校长张干看到《驱张宣言》,又听到督学对学生们的答复,生怕自己真的失去校长宝座,恼羞成怒,要查办为首"闹事"的学生。一个学生告密,说传单是毛泽东写的。张干也从笔力雄浑的文风中,断定是毛泽东写的,于是马上挂牌开除包括毛泽东在内的17名学生。

杨昌济、徐特立、王季范等教员对学生的正义行动十分同情。消息传出,学生群情激愤,杨昌济、徐特立等也为此愤愤不平。为此,他们发起和召集全校教职员工会议,抗议张干开除学生的决定。后学监王季范和袁仲

谦等教员也反对,在巨大的压力前,张干不得不收回成命。开除毛泽东等人没有成为事实。

毛泽东起草气势磅礴的《驱张宣言》,给无理开除学生的校长张干迎头一棒。杨开慧知道后拍手叫好。

张干收回成命后,不久,杨昌济辞去了一师的教职,去湖南高等师范学校任教。

但是,他和毛泽东等一师学生的亲密联系并没有因此中断。这年7月5日,杨昌济举家迁往河西岳麓山下。为了方便毛泽东等人前往他家学习和讨论,他还在家里专门辟了一间客房。每当这些学生来后,亲密的谈话一聊就是几个小时,吃饭时坐下来一大桌,去留都十分随便,不分彼此,亲如一家。

5.一个征友启事,只征得三个半朋友

经过抗议"二十一条"和驱张斗争,毛泽东渐渐地感到,要彻底改造一个社会决不是一件容易的事,也决不是三年五载所能完成的,更不是少数几个人的力量所能办得到的;一定要有许多志同道合的人,结成一个强有力的团体才行。为此,他决定去找志同道合的人,结成牢固的革命团体。

志同道合的人,到哪里去找呢?

对于这件事,毛泽东想了很久,终于想出一个办法:先从找朋友入手。

1915年暑假后,毛泽东向长沙各校发了一则《征友启事》。

启事是他自己刻蜡板油印的,约七八百字,内容大意是:愿意和有爱国热情的青年结为朋友,愿意和那些不怕艰苦、不怕困难,能够为国家为民族献身的志士通信联络。启事中有一句话是"效嘤鸣之求,步将伯之呼",以表示迫切求友的心情。启事的署名是"二十八画生",因为毛泽东三

个字的繁体是二十八画;通信地址是"来信由第一师范附小陈章甫转交";在邮寄启事的信封上还写着"请张贴在大家看得见的地方"。

这个《征友启事》,毛泽东不仅将它寄往长沙的各个学校,而且在长沙的几个城门口和墙壁上也贴了,此外还在报纸上登了出来。

但是,毛泽东这样做,一时难为一般人所理解。

一些头脑守旧的人,觉得"二十八画生"一定是个怪人,征友是不怀好意,于是把启事没收,不准张贴。第一女子师范学校的马校长,竟然认为这个启事是为了找女学生谈恋爱的。他按照启事上写的通信地址亲自去一师附小找到了陈昌,又亲自去第一师范找到校长,打听"二十八画生"究竟是个什么人。结果,他从陈昌和一师校长那里打听到"二十八画生"就是毛泽东,了解到毛泽东并不是什么怪人,而是一个品学兼优的好学生,是全校师生都很尊敬的一个人,这才打消了他心中的疑问。

毛泽东发出二十八画生《征友启事》,在家里的杨开慧也得到了一份。她握着那张油印的信笺,看着那刚劲有力的字迹,读着那只有两三百字的热情洋溢的内容,心里充满了自豪。毛泽东征求有爱国热情的青年做朋友,邀请能耐艰苦,能为祖国牺牲的志士和他通讯联系,使得她十分仰慕,她暗暗祝愿毛泽东能找到志同道合的朋友。

罗章龙是最早响应毛泽东《征友启事》的一个人。

罗章龙,字璈阶,浏阳人,正在长郡中学读书,他给自己取了一个气度不凡的名字叫"纵宇一郎",此时他正好19岁。

罗章龙是在学校会客室里,偶然发现二十八画生的《征友启事》

罗章龙

的。他看到这份启事,用的是古典文体,而书写工整,字又漂亮,也很认真;认为启事是经过考虑,不是随便写的,明白这是一种不平凡的举动。于是,他回到寝室后,立即按着启事的内容、地址,写了一封古典文的回信。

罗章龙的信从邮局发出后的三四天,就得到了毛泽东的回信。信里约好星期日上午到定王台湖南省立图书馆见面。

后来,毛泽东和罗章龙都按时赴约,整整谈了3个多小时。临分手时,毛泽东说:"我们谈得很好,'愿结管鲍之谊',以后要常见面。"

此后,毛泽东和罗章龙便经常来往,在一起谈时事,谈政治,谈学习,谈思想。每次两人都谈得很详细、很恳切。不久,罗章龙又把长郡中学一位叫李隆郅的同学介绍给毛泽东。

李隆郅,醴陵阳三石人,由醴陵渌江中学并入长郡中学而来到长沙的。一个星期天的上午,李隆郅去定王台省立图书馆会见毛泽东。毛泽东事先到定王台,手里拿着一张报纸坐在凳上看。李隆郅凑上去,自我介绍说:"我就是李隆郅。"

毛泽东听后,立即站起来握手表示欢迎。

当时,毛泽东和许多提倡新风俗的青年一样,见面不谈客套废话,没有寒暄。随即,他就态度严肃地和李隆郅谈起了对国家大事和读书修身的看法。毛泽东比李隆郅大6岁。一谈话,李隆郅觉得毛泽东是一位"大先生",而自己则是一个从县城里来的"小学生",因而十分拘束;加之,他在县城里能知道的国家大事十分有限,在毛泽东的宏论面前,几乎是插不上一句话。于是,听完毛泽东的讲话后,他无话可答,交谈几句就走开了。

若干年后,毛泽东回忆此事说,他的一个征友启事,只得了三个半朋友。李隆郅就是那个"没有明白表示意见"的"半个朋友"。

毛泽东和罗章龙等人成为了挚友,但是,在这年秋季开学时,蔡和森却离开了湖南一师。

原来,1915年4月,湖南高等师范学校设立了专科文学部,杨昌济、徐特立等在驱张学潮之后转去了高等师范学校文学部任教。蔡和森素来爱好文史,心想如果能进高师的专修文学部,一则可以摆脱一师多课程的束

缚,二则有时间可以专心致志读自己爱读的书,于学业上更有好处。于是,在秋季开学前离开一师,考进了湖南高等师范学校,并被编入文史专科乙班,与邓中夏同学。

蔡和森离开一师后并没有与毛泽东疏远,他们照旧一起去导师杨昌济家进行聚会讨论,并经常一起交流思想。

经过几年的艰苦努力,毛泽东终于在自己的周围逐渐聚集了一批志同道合的朋友,其中主要有蔡和森、何叔衡、张昆弟、罗学瓒、陈昌、萧子暲、萧子昇、邹彝鼎、陈书农、何俊贤、陶毅等十来个人。他们多数是第一师范和长沙各中等学校的学生,也有已经毕业了的陈昌等长沙各中小学的青年教师。

这一群年轻人仍然照旧到板仓杨寓聚会,聆听杨昌济的讲学。杨开慧看着他们聚集的人越来越多,也为自己是其中的一分子感到骄傲。她暗暗下定决心:也要像这些大哥哥、姐姐们一样,在天昏地暗的世界里寻找光明,从层层罗网的包围中展开双翅,去成就一番事业,为救国救民做出自己的贡献。

一次,杨开慧把自己的这个理想讲给毛泽东听。

毛泽东听了,拍手叫好,高兴地说:"我支持你去实现自己的理想!"

此时,随着交往增多,毛泽东也常常和杨开慧畅谈自己的看法。毛泽东有什么文章发表或有新的读书笔记就一定带过来,和她一块讨论。杨开慧不仅向他请教问题,也把自己写的日记和读书笔记拿出来,送给毛泽东看,非常诚恳地请毛泽东批改指点。他们之间的了解,一步一步地加深。

6.杨家兄妹相约:袁大头要复辟,就起来革他的命

1915年秋冬,袁世凯为了实现皇帝梦,玩弄"收揽名士"的把戏,企图

陈独秀主编的《新青年》杂志

以此来装潢门面。听到袁世凯要复辟帝制,再当皇帝,杨开慧十分气愤,对哥哥杨开智说:"袁大头要当皇帝,一定会摔下来!"

此时,杨开智和柳直荀已中学毕业,考入了长沙雅礼大学预科。他们和杨开慧一样,在毛泽东的引导下,思想开始变得激进起来。

此前,9月15日,陈独秀主编的《青年杂志》(自1916年9月起,《青年杂志》改名《新青年》)创刊,毛泽东立即成为极热心的读者。在很长一段时间内,他每天除上课、读报之外,看书,看《青年杂志》,谈话,谈《青年杂志》,思考,也思考《青年杂志》上所提出的问题。陈独秀、李大钊、胡适等宣传新文化的一派先进人物,一时便成为毛泽东心目中崇拜的偶像。不久,他抛弃了康有为和梁启超的改良思想,认为中国需要从政治、经济、思想、文化、制度、风俗、习惯等各方面,进行根本改造、彻底改造。他的思想,由早年的"以下为为己任"的忧国忧民、救国救民的观念,逐渐发展到了必须用彻底革命的手段来根本改造国家和社会的观念。在此期间,毛泽东也向杨开智和柳直荀推荐了宣传"社会彻底改造"、"阶级斗争"的《青年杂志》。

雅礼大学是一所美国办的学校,学校当局极力反对革命思潮,禁止学生阅读进步书刊,杨开智、柳直荀进校门时,就把《青年杂志》插在裤袋里,进校门后,又把它藏在枕头套中。晚上自修一结束,就跑步回到宿舍,从枕头套中抽出《青年杂志》,趁熄灯前的时间,躲在蚊帐里,抓紧一分一秒,如饥似渴地阅读。他们从《青年杂志》中学习思想革命、文学革命、劳工神圣、妇女解放等科学与民主的革命主张。并且,他们还把杂志送给杨开慧看。

现在,杨开智听开慧这么说,也说道:"这袁大头要复辟,我们就起来革他的命!"

"好,就这么说定了!"杨开慧和哥哥相约。

这时,一师教师黎锦熙离湘到京不久,应聘在北京教育部的教科书编纂处任教科书特约编纂员,风传他也被袁世凯拉了过去。毛泽东对这件事非常关心,11月9日,他专门致信黎先生,劝他不要受骗上当,赶快离开北京回湖南讲学。他写道:

黎锦熙

前月从熊君传来足下一书,教诲良多。兹有欲为足下言者:方今恶声日高,正义蒙塞,士人于此大厄,正当龙潜不见,以待有为,不可急图进取。如足下之事,乃至崇之业。然彼方以术愚人,今反进以智人之术,其可合邪?收揽名士政策,日起日巧,有自欲用天下之志者,乃反为人所用欤!元凯臣舜,服善也;扬刘臣莽,附势也。辩夫今之为舜欤抑莽欤者,则所以自处明矣!北京如冶炉,所过必化。弟闻人言,辄用心悸。来书言速归讲学,并言北京臭腐,不可久居,至今不见征轺之返;又闻将有所为,于此久居不去。窃大惑不可解,故不敢不言,望察焉,急归无恋也。

事实上,黎锦熙并没有被袁世凯所笼络,毛泽东后来弄清楚了是讹传,才如释重负,并又给黎先生写信道歉。

但是,袁世凯为了爬上皇帝的宝座,却已是铁下了心,他不顾全国人民反对,指使各地的走狗爪牙,到处成立所谓"筹安会",大肆进行"劝进"。湖南督军汤芗铭和劣绅叶德辉等,首先响应,设立湖南筹安分会,电劝袁世凯复辟帝制。湖南拥袁和反袁斗争炽热化,反袁人士在长沙小吴门附近的船山学社,公开进行反袁演说。毛泽东和一师进步师生经常到此处参加活动,杨开慧和哥哥杨开智也经常前去听演讲。

全国反袁称帝复辟的斗争一浪接一浪,就连昔日主张君主立宪的康有为、梁启超和汤化龙也起而响应,并公开发表了反对袁氏称帝的言论。毛泽东将以上3人有关时局的言论汇编成《汤康梁三先生之时局痛言》,请好友萧子昇题写书名,然后印刷出来。

这个反袁小册子编印出来以后,毛泽东又组织同学在校内外进行散发,向友人寄赠。杨开慧和杨开智、柳直荀闻讯,也上街参加了散发反袁小册子的活动。

帝制不得人心。1916年6月6日,袁世凯在做了83天皇帝梦后,在全国人民的一片唾骂声中呜呼哀哉。全国人民同声庆祝,杨开慧也为之而欢欣,她兴奋地对哥哥说:

"嘻嘻,我说过袁大头想当皇帝,会摔下来吧!"

7.毛泽东第一次去板仓,就待了一个半星期

1916年暑假来临时,杨家办了一件喜事,即给杨开智与父亲好友和世交李傥的女儿李一纯订婚,并且两人拟于明年结婚。

李一纯与杨开慧是闺中好友,现在好友即将成为一家人,杨开慧十分高兴。为了对未过门的嫂子表示一点心意,她特地把一册精装的诗韵送给了李一纯。作为回谢,李一纯买了两盆菊花回送开慧,还附了一首诗。两盆怒放的菊花在桌上挺立着,一盆洁白如凝脂,玲珑娇柔;一盆鲜丽如彩霞,

高贵清雅,一丝丝淡淡的幽香在空气中飘荡着。开慧托腮凝视着菊花,吟哦片刻,挥笔给李一纯和了一首诗:

高谊薄云霞,温和德行嘉,
所贻娇丽菊,今尚独开花。
月夜幽思永,楼台入幕遮,
明年秋色好,能否至吾家?

订亲之后,杨昌济先生带全家回了东乡板仓居住。

暑假来临,毛泽东决定回乡看望因病卧床已久的母亲。6月25日,他离开长沙。26日9时,到达湘潭。接着,又步行70里,夜宿离韶山约30里的银田寺。此时湖南军阀纷争,各路走马灯似的都督更替,湘军与桂系军阀混战,沿途一片战乱的景象,使毛泽东感慨不已。

回到家乡韶山冲,见到了久卧病榻的母亲,毛泽东的游子之心得到了极大的宽慰。然而,他的心仍然系念着时局,尤其是湖南的形势,不久即又回了长沙。

此时杨开慧也随全家来到了板仓乡下度假。一天,突然毛泽东风尘仆仆,一把雨伞、一双草鞋,来到了板仓杨家下屋。

这是毛泽东第一次来板仓。

毛泽东的到来让杨开慧全家惊喜不已。毛泽东告诉他们他是从长沙城出发,步行走路来的。

"120多里耶!"杨开慧禁不住喷

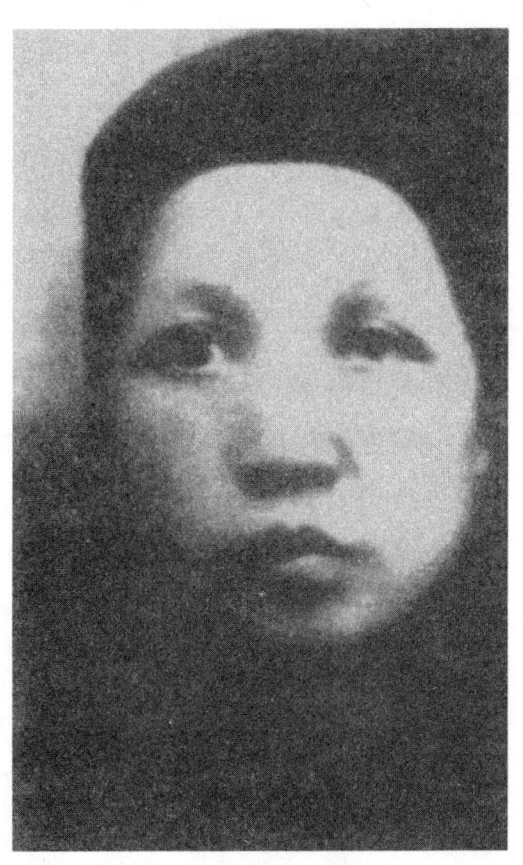

毛泽东的母亲文七妹

啧舌说。在她的印象中,毛泽东真吃得苦。

杨昌济向毛泽东询问了他家中的情况,对他的这种步行之法很为赞赏。

在板仓,毛泽东不仅见到了别后不久的杨开慧,而且还以很大的兴趣浏览了杨昌济的藏书,特别是他所订阅的各种新书报刊。然后,他又和杨先生讨论了一些学术问题和社会问题。

一天晚上,杨开慧、毛泽东、杨开智和李一纯坐在院子里乘凉闲谈,大家无意中谈起了也回了家乡的柳直荀。这时,杨昌济对毛泽东说:"柳午亭先生也是一位体育运动的热心倡导者和实践者。他从日本留学归来一直住在高桥方塘冲。"

"这里去有多远?"毛泽东问。

"距板仓40多里路。"杨开慧抢着说。

体育问题是这时毛泽东悉心研究的问题之一。第二天,他和杨开慧兄妹前往高桥去访问柳午亭先生。

柳家在高桥乡叫方塘冲的地方,离高桥三五里路。他们从高桥顺着小道就到了柳家。

柳家是一栋土砖砌成的老屋,三面是山。山上,杉树满岭,翠竹满坡,风景优美。门前不远,有口方塘,塘水清澈。东面,有条蜿蜒的小道,其环境及布局颇与杨家相似。

柳先生非常高兴地接待了毛泽东和杨开慧兄妹,并与他们进行了内容广泛的交谈。

回到板仓杨家下屋后,毛泽东跟杨昌济谈到了此行的印象,称赞说:"柳先生在体育的研究和实践上有较高的造诣,许多地方值得效法。"

毛泽东在板仓呆了一个多星期,然后才回长沙。

又过了十多天,杨昌济才率领全家返回长沙。此次板仓之行,使毛泽东对板仓杨家有了一个较为充分的了解。

8."俄国这一回改天换地了！列宁真伟大！"

11月8日,傍晚,杨开慧正捧读着《伦理学原理》。

《伦理学原理》是德国哲学家、伦理学家鲍尔生主要代表作《伦理学体系》的一部分。1909年,蔡元培将日译本译成中文,由商务印书馆出版。杨昌济在第一师范讲授修身课时,将此书作为教材。全书中译本约10万字,毛泽东在书上作了1万多字的批注。这些批语,有的是提要,有的是表示赞成或否定。赞成之处,毛泽东密加圈点,眉批有"切论"、"此语极精"、"此意甚切"、"此为确论"、"此说与吾大合"、"至真之理,至彻之言"、"诚然、诚然"等语。否定或怀疑之处,则批为"诚不然"、"此节不甚当"、"此谓空言无益"、"此处又使予怀疑"、"吾意不应以此立说"、"此说终觉不完满"等。

在这1万多字的批语中,大量的是结合书中观点的论述。这些论述中,毛泽东联系当时的社会思潮,阐发了自己的哲学观和伦理观。这些批注是毛泽东对宇宙、对人生、对国家深刻思索的结晶。

早几天,毛泽东带着《伦理学原理》来到岳麓山下的板仓杨寓。

杨开慧为毛泽东开门,发现他腋下夹着一本书,问道:"润之哥,你带了一本什么书呀?"

"《伦理学原理》。"毛泽东边说,边递过来。

杨开慧接过毛泽东手中的书,翻开一看,只见字里行间,天地空白,圈圈点点,朱墨纷呈。她一边高兴地翻阅,一边

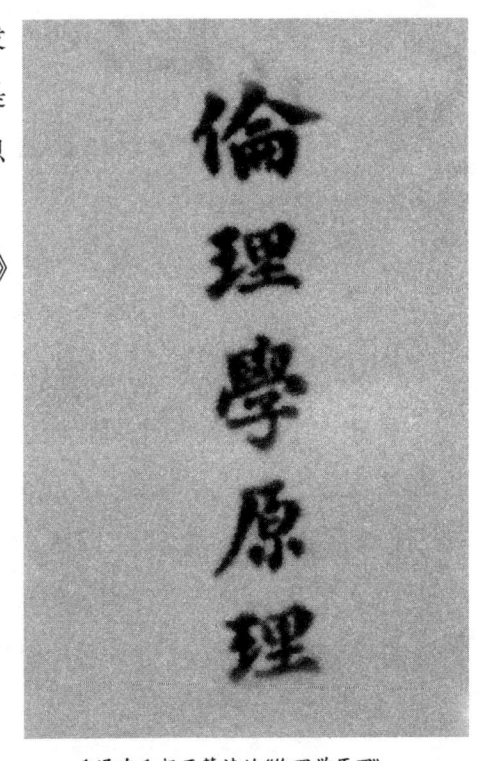

毛泽东和杨开慧读的《伦理学原理》

喜形于色地说：

"难怪我爸爸总夸奖你，你真是'不动笔墨不看书'呀！"

接着，她一页一页地看下去，几乎每一页都写着各种批语。杨开慧不禁问道："为什么你对同一个人写的文章，有的那么称赞，有的却那么批评呢？"

毛泽东站在旁边，看着杨开慧解释说："写书的人总是带着自己伦理的偏见，说的话不可能都是对的。况且古今不同时，事物多变化，我们不能一味迷信古人或洋人，也不应该全盘否定前人成果。因此读书时要好生想一想，对的，才相信它；不对的，就应该摒弃它，而且毫不可惜！"

杨开慧一听，觉得毛泽东说得真对。于是，她向毛泽东借了这本《伦理学原理》进行阅读。

杨开慧正津津有味地看着《伦理学原理》，一边体会着毛泽东的批注。突然院子里传来一阵急促的脚步声。她立即放下书迎出去，来人原来是毛泽东！

他手里拿着一张报纸，举得高高的，脸上露出异常兴奋的神情，兴冲冲地踏进门来。他一见到杨开慧，大声地说："霞仔，有好消息了！"

杨昌济和向振熙闻讯也从内室出来，杨昌济问："润之，这么高兴，有什么喜讯呀？！"

"他带来了一个好新闻。"杨开慧兴奋地代之回答。

"什么好新闻？快说说看！"杨昌济问。

接着，毛泽东兴奋地向他们报告了十月革命成功的消息。

原来，今天他在一师阅报室，翻看《大公报》时，看到上面刊登的《俄京二次政变记》新闻，知道11月7日俄国无产阶级推倒了克伦斯基临时政府，他对这"搅天撼地之波澜"、"欧战中之一大变局"大为振奋，实在抑制不住内心的激动，不顾阅报室"不准高声谈论"的规则，和同学们展开热烈的议论。随后，他又四处奔走，向同学们报告这个震惊世界的好消息。最后，他来到了板仓杨寓。

听罢毛泽东的介绍，杨昌济也兴奋地谈开了。他说："俄国革命搞了几

次,这次一举成功,却是形势迫然,大势所趋啊!"

杨开慧也忍不住拍着手说:"俄国这一回改天换地了!列宁真伟大!"

"看把你们都乐成这样的!"向振熙有些责怪地说。

"师母,俄国的工农兵夺取了政权,工人阶级不再受压迫了!全世界的无产阶级都受到鼓舞,很振奋呢!"毛泽东坚定地说,"我们也要发动工人们起来斗争。"

虽然这时报纸对列宁领导的十月革命褒贬不一,并且多是抑贬之辞,但是,伟大的十月革命的胜利却使毛泽东和杨家都沉浸在一片欢乐的气氛中。

俄国十月革命的领袖列宁

这天晚上,杨开慧思绪如潮,夜不能寐。她深深地被十月革命胜利的消息所鼓舞,毛泽东的话更使她信心百倍。灯下,她写了心得笔记,再打开《伦理学原理》,翻到第三章,结果又看到了毛泽东写在书上的批语:"吾尝虑中国之将亡,今乃知不然。……吾意必须再造之,使其物质之由毁而成,如孩儿之从母腹胎生也。"

杨开慧看着这段批注联想到列宁领导的俄国革命,感觉好像有一只战鼓一声声铿锵地敲击自己的心扉,她赶紧把这段批语抄录在自己的笔记本上,然后反复领会,直到夜深人静。

十月革命的火炬,毛泽东的卓识远见,照亮了杨开慧的心田,原来她对昏暗的长沙、纷乱的时局颇感失望,此刻她觉得眼前展开了一条宽广的大道。

9.杨开慧太小,没参加新民学会

1918年初,杨昌济为儿子杨开智举行了一场规模不大的婚礼。李一纯和杨开智结为夫妻。

这时,经过杨昌济和其他进步老师长期的教育和熏陶,毛泽东、蔡和森、何叔衡、罗学瓒、萧子昇、陈昌、张昆弟等人的政治观点和学术观点渐趋成熟。经过反复讨论,他们深感要使个人和社会向上,不仅要有统一的思想,还必须结成有严格组织纪律的团体。于是,新民学会在这个春天应运而生。

1918年3月,毛泽东起草了新民学会章程第一稿。然后,发给了有关人员传阅,并征求修改意见。

根据大家的修改意见,毛泽东又草拟了新民学会章程第二稿。

筹备工作完成后,4月14日,星期天,在岳麓山下蔡和森的家里,新民学会召开了第一次会议,即成立会议。

蔡和森一家是在去年9月份迁居到了离岳麓山两里半远的刘家台子住的。此时,他的父亲蔡蓉峰也从永丰来到长沙,同他们住在一起。刘家台子又叫周家台子,距岳麓山两里半,是一栋墓庐式的青砖瓦屋,门上悬挂着"沩痴寄庐"的横匾,屋的右侧有一槽门,门外有株两人合抱的大枫树,左侧有几株苦楝树,屋前的小草坪中隆起一座古坟。因此,一般人家都不愿住在这里。但是,这里的房租低,环境又安静,宜于学习和钻研,所以蔡和森一家就搬到这里来了。蔡和森虽然和毛泽东每个星期日去杨家,但是此时他却已走向了另一条自学之路。

在前一年6月,蔡和森在湖南高等师范学校毕业了。他本想从事教育事业,并且写信把这种想法告诉毛泽东,征询意见。然而,毕业即失业。当他毕业后满怀热情地走向社会时,竟然连个小学教员的位置也找不到。最

毛泽东与蔡和森等人经常去的岳麓山爱晚亭

后,他好不容易找到一个私塾性质的"乡馆",打算先把自己安置下来,然而乡馆却是春季开学,秋季不增添教员,蔡和森这个希望又落了空。

面对现实,蔡和森经过一番思考,决定不再为找职业而奔波,集中时间阅读书籍和研究社会问题。他的这一想法得到了母亲葛健豪的同意,然后全家在岳麓山下的刘家台子租了几间房子,都在这住了下来。

在刘家台子,蔡和森一家只是靠着蔡畅在周南女校任教所得的微薄收入维持生活,有时甚至无米为炊,其困苦可想而知。然而,生活的重担并没有压垮蔡和森一家人,他们在这样艰苦的环境中,坚持着,斗争着,经受着磨炼。

蔡家是毛泽东、张昆弟、杨开慧等好友常去的地方。

关于新民学会的成立经过,现在湖南仅存的一份《新民学会会务报告》(第一号)有详细的叙述。学会成立前,他们曾就"如何使个人及全人类

生活向上",尤其是"自己生活向上"等重大问题,进行了长时间的讨论。当时,参加讨论的约有十五六人,几乎"有遇必讨论,有讨论必及这类问题。讨论的情形至款密,讨论的次数大概在百次以上"。讨论的结果,认为要"集合同志,创造新环境,为共同的活动",于是产生了组织一个学会的提议。

新民学会之所以能够组成,有以下几个因素:

一是大家觉得自己品性要改造,学问要进步,因此求友互助之心十分热切。

二是此时国内的新思想和新文学已经发起了,旧思想、旧伦理和旧文学在诸人眼中,已一扫而空,"顿觉静的生活与孤独的生活之非,"希望追求"一个翻转而为动的生活与团体的生活"。

三是"诸人大都系杨怀中先生的学生,与闻杨怀中先生的绪论,作成一种奋斗的和向上的人生观"。

基于这三点,新民学会乃从此产生。

蔡和森等人给学会取了"新民"二字的名字。对于这一名称,蔡和森说:"梁启超先生在《新民是当务之急》一文中对'新民'二字有解释:所谓'新民',就是'采补其所本无而新之,以建设中国一种新道德,新思想,新精神'。'新民'二字本身,就包含着进步与革命的意义,并且能够反映参加学会各同志的共同愿望。"他的这一提议很快得到大家的赞同。

第一次参加大会的有萧子暲、萧子昇、何叔衡、陈赞周、毛泽东、邹彝鼎、张昆弟、蔡和森、邹蕴真,陈书农、周名弟、叶兆真、罗章龙等,表示参加而没有到会的有陈昌、熊琨甫、周世钊、罗学瓒、李维汉、曾以鲁、傅昌钰、彭道良等人。这21人是新民学会的基本会员。其中,值得一提的是李维汉,他也是长沙东乡高桥火烧坝人,与杨开慧是同乡,他于1916年考入湖南一师第二部,与毛泽东等人相识,1917年暑假毕业后在一师附小教书。

会上讨论通过了新民学会的章程。

章程确定"以革新学术,砥砺品行,改良人心风俗"为学会宗旨;规定新会员入会,要由5人以上之介绍及过半数之承认;会员必须严格遵守道

德上、生活上的几条戒律,即不虚伪、不懒惰、不浪费、不赌博、不狎妓;"会员有不正行为,及故违本简章者,经多数会员之决议,令其出会"。

在这次会上,萧子昇当选为总干事,毛泽东、陈书农当选为干事。

中午,蔡和森的母亲葛健豪、妹妹蔡畅,特意为大家做了一顿丰盛的午餐,庆祝新民学会的成立。

下午,大家来到湘江边的沙滩上座谈。

新民学会的成立,固然有着深刻的时代和社会的根源,但也与杨昌济的巨大影响分不开。新民学会从酝酿到成立,即从1915年到1918年,杨昌济不仅热情地向毛泽东、蔡和森等人介绍和传播中外各种流派的政治、哲学和伦理思想,同时,还和他们一道讨论当前的时事政治,鼓励他们参加正在蓬勃兴起的新文化运动,练就强健的体魄。新民学会成立时的21个"基本会员",除了罗章龙是长郡中学的学生外,其余20人都是一师的学生,都曾或多或少地"与闻"过杨昌济的讲学。罗章龙与毛泽东建立密切联系以后,也经常去板仓杨寓聆教。新民学会章程中确定的"革新学术,砥砺品行,改良人心风俗"的宗旨,和"不虚伪"、"不懒惰"、"不浪费"、"不赌

毛泽东在湖南一师时与同学的合影

博"、"不狎妓"等纪律,正是和杨昌济一贯的主张相吻合的。因此,可以说,杨昌济是新民学会的精神导师。

杨开慧听了新民学会成立的消息,为毛泽东他们的举动所振奋。一天,她问毛泽东:"润之哥,新民学会有没有女生参加?"

"现在还没有。"

杨开慧有些失望地低下了头。

此时,杨昌济说:"是可以考虑吸收一批女同学,像向俊贤、陶毅、任培道她们。蔡畅、开慧年轻,可以慢点。"

"是有这个考虑。下次吸收社员,邀请一些够条件的女同学。"毛泽东笑着说,"开慧,到时一定邀你入会。不过先要申请。"

开慧笑了:"润之哥,好呀!我一定参加!"

10.罗章龙东渡:去而复返

新民学会成立后,讨论最多的一个问题是会员出省、出国问题。这时会员大多已经毕业和即将毕业。应该选择一个什么样的职业,才能更好地施展他们的抱负,成为了会员们迫切需要解决的问题。此时,大家都不满意湖南这个闭塞的地方,他们认为湖南交通不方便,政治文化落后,所以,不愿意"堆积"在湖南一地,希望散到中国乃至世界各地去考察,去开辟"一个方面",去打开各方面的"阵"。

很快,学会决定派罗章龙去日本学习。因为此时国内有种流行的看法,即认为日本是辛亥革命的策源地,孙中山先生组织兴中会、同盟会和武昌起义都是受了日本的影响的,并且,日本是东西方科学文化的桥梁地带,维新早,接受西方的科技早,因此,去日本既能学到新知识,又能学到革命思想。

罗章龙经济上有困难，毛泽东、何叔衡积极为之筹款，从各方面想办法予以支持。临行前，毛泽东等新民学会会员在长沙北门外的平浪宫聚餐，为其壮行。毛泽东以"二十八画生"的笔名，作《送纵宇一郎》诗一首，表达他此时的情怀：

    云开衡岳积阴止，天马凤凰春树里。
    年少峥嵘屈贾才，山川奇气曾钟此。
    君行吾为发浩歌，鲲鹏击浪从兹始。
    洞庭湘水涨连天，艨艟巨舰直东指。

然而，罗章龙到达上海后，正好碰上5月7日国耻日。这时，日本政府警察侮辱、殴打中国的爱国留学生，迫使他们回国。结果，罗章龙没有去日本，又只好折回了长沙。

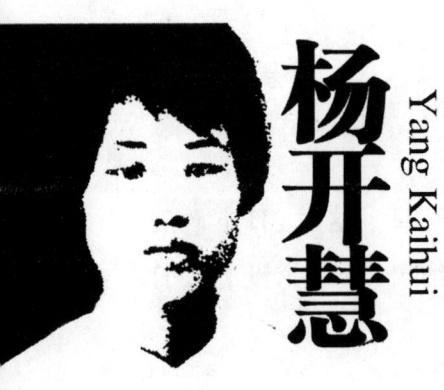

第三章 红线牵

1. "要是毛泽东能到北京来,该有多好!"

这时,杨昌济在全国教育界很有影响,尤其是在伦理学研究上知名度很高。他一边教课,一边主持创办湖南大学。辛亥革命前,他和好友章士钊就曾酝酿过创办湖南大学。归国后不久,在公开发表的第一篇文章——《余归国后对教育之所感》中,又提出创办湖南大学的设想。1916年底,北洋政府成立了"湖南大学筹办处",由杨昌济主持其事。

然而,由于经费困难,湖南大学的筹建工作一波三折。1917年,章士钊在北京大学担任图书馆馆长,兼逻辑学高级讲师;他向校长蔡元培推荐杨昌济到北大出任伦理学教授。蔡元培同意,函邀杨昌济前往北大执教。此时,杨昌济早对军阀张敬尧在湖南的倒行逆施不满,又向往北大的民主自由学风,接到蔡元培的邀请后,便欣然应聘。1918年6月初,他举家迁往北京。

临行前,毛泽东、蔡和森、萧子昇、罗学瓒、张昆弟、陈昌、已改名为向警予的向俊贤、陶毅、蔡畅等人前来送行。杨开慧看见他们,心里依依不舍,怅然若失地说:"我们到了北京,只怕难得见面。"

说罢,她望着即将分别的毛泽东,那双明亮的大眼睛仿佛在期待着什么。

但是,众目睽睽,毛泽东没有说什么。

上车时,杨开慧又说:"我真想留在长沙,和你们在一起。"

向警予说:"到了北京后你可要多来信,报告好消息啊。"

杨开慧若有所指地回答:"你们要记得我!"

"你也要多写信和我们联系呀!"这时毛泽东会意地回答,"我们会想着你的。"

到达北京以后,杨昌济住在鼓楼附近的豆腐池胡同9号。

在北大,杨昌济负责讲授两门学科,一门是"伦理学",这是本科的必修课;一门是"伦理学史",这是选修课。他讲授伦理学用的教材是德国人鲍尔生写的《伦理学之根本问题》。这本书是他自己从日文翻译过来,并由北京大学出版部正式出版。他讲的《伦理学史》,则主要是用日本东京高等师范学校教授吉田静致的《西洋伦理学史讲义》。在长沙期间,他把这本讲义译成中文,当作高师学生的教材,但是没有翻译完。此书1919年北大出版时稍有添补。1920年他逝世以后,又曾经再版。胡适在再版的《跋》中,对该书作了很高的评价。

豆腐池胡同在鼓楼后面,9号是一座典型的四合院。杨昌济在门上仍挂着一块铜牌"板仓杨"。

来到北京后,杨开智转入北京汇文学校就读。杨开慧仍然在家。

这时杨开慧已经17岁了。母亲向氏为她做了一件杏花绸的薄棉衣,一

20世纪初的北京大学

件漂亮的浅灰色绸料夹衣,杨开慧不穿,给了嫂嫂李一纯。妈妈想给她打几件首饰,她也不要,笑说母亲是"俗人之举"。

在北京,杨开慧没有改变以往在长沙时的习惯,她不讲吃,不讲穿,不追求个人享受,仍然穿着粗衣布裙,梳着普通的蝴蝶头。她无意于京城的繁华、古建筑的美好,却非常关心时局的发展。

时代在向前发展。这时的北京大学成为了新思潮的会聚地点。一些进步的知识分子,常到这里讲学,宣传革命道理。《新青年》、《每周评论》等倡导新文化运动的革命刊物到处都是。

杨开慧认真阅读这些刊物,如饥似渴地学习各种新知识,吸收各种新思想。

但是,在北京的日子里,她又总是觉得像缺少了什么似的,常常怀念起在长沙的那些难忘岁月。究竟缺少了什么呢?她开始还不甚明白。后来,她才越来越强烈地感到,家里缺少过去那种生气勃勃的讨论会,北京缺乏长沙那些谈得来的朋友,在学习上,也没有像毛泽东这样的兄长做老师。于是,在家里,她更加拼命地看书学习,以求摆脱孤寂无朋的落寞。

然而,每当她碰到新问题,百思而不解的时候,便又禁不住想起毛泽东深入浅出地为她剖析疑难的情景,突然之间,杨开慧有一种感觉:那是多么幸福的时刻!毛泽东铿锵有力的谈吐、和蔼可亲的面容、高瞻远瞩的议论,犹在她的眼前耳边,立即,她又精神一振。

有时,读书感到疲劳了,她合上书本,用手支撑着下颔,不禁在想:"要是毛泽东能到北京来,该有多好!"

2.北海桥头的初恋

杨开慧全家一走,1918年6月,毛泽东也在湖南一师毕业,结束了他

的学生时代。

从一师毕业后,毛泽东面临着新的生活道路的选择。

不久,他就接到在北京大学任教的杨昌济的来信。信中,杨昌济告诉毛泽东说,北京正在筹组留法勤工俭学,这是一条很好的发展之路。

留法勤工俭学运动是蔡元培、吴玉章和李石曾等人倡导的。

第一次世界大战期间,法国曾在中国招募了十五六万华工去作战争勤务,由于华工们吃苦耐劳,后来法国又继续来中国招募工人。居留法国的蔡元培、吴玉章、李石曾等人,立即创办勤工俭学会,以"勤以工作,俭以求学"为号召,倡导国内青年利用此机会在法一面工作一面求学;并且,蔡、李还联络法国文科大学教授欧乐、众议院议员穆岱等组织了一个华法教育会,由蔡元培任会长,吴玉章为会计,李石曾任书记,在华工中开展教育

远在湖南的毛泽东

工作。1917年,蔡元培、吴玉章、李石曾等回国后,又在北京设立了总会,宣传勤工俭学的主张,并在东城方家胡同创办留法预备学校,由法国铎尔先生教授法文,专门组织国内有志青年前往法国勤工俭学。

杨昌济来到北京大学任教后,从蔡元培处得知华法教育会召集留法勤工俭学活动消息,马上将此事写信告诉了远在湖南的毛泽东。

毛泽东听到这个消息,十分振奋。这时湖南政局乱极,走马灯式的军阀更迭,教育被摧残殆尽,几至无学可求。在这种情况下,新民学会向外发展,才有出路。新民学会成立时就已讨论过出国问题,现在这个问题又一次引起毛泽东的注意。

6月下旬的一天,新民学会会员毛泽东、蔡和森、萧子暲、萧子昇、何叔衡、李维汉、陈赞周、周世钊等人,在第一师范附属小学陈赞周、萧子昇处,集中讨论"会友向外发展"问题,大家一致认为留法勤工俭学十分必要,应尽快进行,并决定蔡和森、萧子昇"专负进行之责",先行前往北京。

临行前不久,蔡和森对母亲葛健豪和妹妹蔡畅说:"我此次计划留京4年,每年回长沙一次,以与各界联络。"

葛健豪和蔡畅也十分支持他的北京之行,并且对留法勤工俭学暗暗心动。

蔡和森和萧子昇到达北京后,寄住在豆腐池胡同9号杨昌济家里。

经过杨昌济的介绍,蔡和森和萧子昇专门拜访了北京大学校长蔡元培,还见到了李石曾。

在拜访中,蔡和森向蔡元培、李石曾等详细谈了湖南青年要求赴法勤工俭学的愿望,表示迫切希望得到华法教育会的支持。蔡元培也把自己计划"网罗海内人才"的想法告诉蔡和森,鼓励他多做联络进步青年的工作。在此之后,蔡和森还会见了李大钊、章士钊等人,并就赴法勤工俭学的事,同杨昌济作了多次的研究。

然而,此时的华法教育会,对如何组织青年赴法勤工俭学,没有具体的措施和安排,蔡和森感到有许多复杂的问题,如最重要的是赴法经费、出国护照和补习法文等问题,亟待解决。因此,蔡和森想着请毛泽东长驻

蔡和森（画像）

北京，一面主持湖南青年赴法勤工俭学之事，一面组织新民学会会员对国内问题进行自由研究。而他自己则打算到法国去，集中精力了解国外的革命形势，进行革命理论的探讨，并扎扎实实学习几年。杨昌济支持他的想法，并要他催促毛泽东早日来京。于是，蔡和森在北京多次给毛泽东写信，及时转告自己的活动情况，以及对一些问题的看法。然后，他在信中催促说："严兄事已与杨师详切言之，师颇希望兄入北京大学，弟以一面办报一面入学为言，师甚然之。"

1918年8月15日，毛泽东同罗章龙、张昆弟、萧子昇、罗学瓒、陈赞周、李维汉等25名青年一起，其中包括曾与蔡和森在省高师文史专修科的同学邓中夏，由长沙启程前往北京。但是，车行至河南郾城时，正遇沙河涨水，铁路被冲断，火车无法通行，在郾城城郊停留一天一夜，第二天步行到许昌。

结果，直到19日，毛泽东一行才抵达北京。

杨开慧在北京时的留影

这是毛泽东第一次来到北京。

大队人马来到北京后,毛泽东住在杨昌济家中,其他会员则散居在湖南一些县设在北京的会馆里。

对于毛泽东的到来,杨开慧有一种莫名的感觉。虽说分别只有3个月,仿佛几年似的,现在同毛泽东在一起了,好像有说不完的话,但又不知从何说起,一时竟然默默无语。结果,还是毛泽东先开口:

"你最近自学如何呀?《新青年》看了没有?"

"每期都读了,里面好多文章好极了,我几乎能背下来。"

"我写了好几封信给你,收到了吗?"

"收到了。你的信写得真好,我当文章读呢。妈妈还要了你的信去看哩。"

"他们对我们通信有什么意见?"

"爸妈说你人品好,才学高,有志气,踏实果敢,要我多向你学点。"杨开慧顽皮地笑着。

"真的?"

杨开慧羞怯地点点头。

毛泽东住在杨家,他与开慧的感情交流日益增多。严肃的杨昌济终于发现了自己的掌上明珠与得意弟子之间的感情,他没有为难他们,他珍爱女儿,也喜欢这位激进、睿智、不修边幅而又抱负非凡的学生。毛泽东与自己女儿日益接近,对此,杨昌济采取了默许的态度,在这一期间,三人时常在客厅中一起座谈。

"润之,小女向我推荐了你的一篇文章,《体育之研究》。"一天,杨昌济稍顿一顿,瞥了女儿一眼说。

杨开慧脸色微红,垂下眼帘摆弄衣襟。毛泽东谦逊地笑道:"那是去年写的,是受先生野蛮体魂思想的影响而作的。"

杨昌济又说:"其中,'非动其主观促其对于体育之自觉不可',讲得好。促使国家富强的活力蕴藏在每个社会成员身上,只有激励个人的主动性才能迸发出来。"

"是呀,个人是社会的一分子,个人强健,社会才有希望。"

"嗯,'夫命中致远,外部之事,结果之事也,体力充实,内部之事,原因之事也。'从《心之力》发展到这一段论断,这是你个人研究经历的成果。"

然而杨昌济说罢,略一沉吟,又换一种疑问的口气:"不过,你说'夫体育之主旨,武勇也',这里的意思……开慧,你是怎么看的呢?"

原来杨先生发现在他与毛泽东谈话时平时一贯喜欢插言的杨开慧一直坐在旁边沉默,此举意在也引发杨开慧加入讨论之列。杨开慧沉默了片刻,然后说道:"人家用枪炮来了,你不用枪炮对付又怎么办?体不坚实,见兵而畏之……我看这个有道理。"

毛泽东听到此话,悄悄地望一眼杨开慧,他感觉杨开慧的心与他是相通的。接着,他说道:"这篇文章之所以有些幼稚,就是国人除了强体之外,还得有强健的头脑才行,否则还是难免受到列强欺压。"

"是的,社会必须彻底改造。"杨昌济赞同地点点头。

住在杨家的日子里,毛泽东与杨开慧建立了恋爱关系。两人经常漫步在北海桥头,欣赏着古都风光,体验着初恋的甜蜜。

但是,由于每天来往奔波,学习和商量工作都很不方便,不久,毛泽东和蔡和森、萧子昇等8人搬到了一起,住在三眼井吉安东夹道7号。这是一个破旧的小院,8个人聚居一间很小的房子里,睡在大炕上,同盖着一条大棉被。生活虽然很清苦,但毛泽东仍然感到生趣盎然。他后来回忆说:

> 我自己在北京的生活条件很差,可是在另一方面,古都的景色是鲜艳而又生动的,这对我是一个补偿。我住在一个叫做三眼井的地方,同另外七个人合住在一间小屋子里。当我们大家都挤在炕上睡觉时,挤得几乎透不过气。每逢我要翻身,往往得先同两旁的人打招呼。但是,在公园里和故宫广场上,我却看到了北方的早春。当北海仍然结着冰的时候,我看到白梅花盛开。我看到北海的垂柳,枝头悬挂着晶莹的冰柱,因而想起唐朝诗人岑参咏雪后披上冬装的树木的诗句:"千树万树梨花开。"北京数不尽的树木引起了我的惊叹和赞美。

一天早饭过后,杨开慧来到了毛泽东他们的住地,她看到毛泽东、蔡和森、萧子昇、罗学瓒等8人住一间小房,挤在一个炕上,笑嘻嘻地说:

"8个人挤在一起,切磋琢磨,抵足而眠,多热闹。"

毛泽东笑道:"这叫做'隆然高炕,大被同眠',连翻身都要事先打招呼!"

蔡和森:"霞仔是来看润之的吧。"

杨开慧:"我是来看大家的,爸爸问你们在北京有什么困难,尽管说,不要客气。"

蔡和森诡秘地一笑说:"我们的困难,润之一概全知,让他出去告诉你吧。"

毛泽东会心地笑了。他带着开慧,走出了小屋,漫步林荫道上。

3. 杨、毛通信,称呼"润"、"霞"

毛泽东等人到京后,湖南先后到京准备赴法勤工俭学的青年达四五十人,是全国来人最多的省,并且萧子昇还做了李石曾的秘书。由于华法教育会准备工作没有作好,一时还不能赴法,一部分人出现急躁情绪。毛泽东一方面安慰大家,反复说明充分准备的必要性,一面和蔡和森等人一起,频繁奔走于有关方面。在杨昌济的协助下,蔡元培同意为湖南先办一预备班,共60人。预备班在方家胡同开了隆重的成立大会,由蔡元培主持,杨昌济讲了话,一批湖南名流也应邀参加。

会后,并在报纸上发表了消息。

湖南的留法勤工俭学活动,在全国引起了很大反响。其他各省的青年,也陆续来到北京。

不久,华法教育会把预备班分设3处。一处在北京大学,一处在保定

毛泽东、蔡和森、罗章龙等新民学会会员在北海留影

育德中学,一处在河北蠡县布里村。其中,萧子暲、萧子昇、陈赞周、罗学瓒在北京,蔡和森在布里村,张昆弟、李维汉等人在保定。预备班一面学习法文,一面进工厂实习,学习操作机器等,为赴法勤工俭学作准备。

此时,毛泽东留在北京。同行来京的罗章龙已考进了北大预科,杨昌济本来希望毛泽东也去报考北大。但是,教育部有一个规定,中等师范毕业生不能马上考大学,先要服务几年。毛泽东只好暂时搁下了这一想法。进不了北京大学,生活费用也没有来源,毛泽东很想找个职业。最后,经过杨昌济的联系,北京大学校长蔡元培写了一个条子,交给北大图书馆主任李大钊:

毛泽东君实行勤工俭学计划,想在校内做事,请安插在图书馆。

10月间,毛泽东被李大钊安排在北大图书馆当了一名助理员。每天的工作除打扫外,还在第二阅览室登记新到的报刊和前来阅览者的姓名,管理15种中外报纸。

这时北大教授的月薪大多为二三百元,毛泽东每月薪金只有8元。但因为可以阅读各种新出书刊,毛泽东对这个工作相当满意。

北京是新文化运动的中心。北京大学人才荟萃,又是新文化运动的发源地。各种思想、学术在这里争奇斗艳,新文化运动渐渐进入高潮。在这里,毛泽东不仅读到了许多过去从未读到过的书刊,而且参加了北京大学新成立的新闻学研究会、北京大学哲学研究会。他还见到了新文化运动中的著名人物,如陈独秀、李大钊、胡适等。他在湖南一师时就常读他们的文章,这时也不放过当面请教的机会。他组织在京的十几个新民学会会员在北大同蔡元培和胡适座谈,"谈话形式为会友提出问题,请其答复。所谈多学术及人生观问题"。并且,他还结识了陈独秀,并受到他的很大影响。

由于在李大钊手下工作,李大钊的言论和行为给毛泽东以最直接、最深刻的影响。此时马克思主义、社会主义作为一种新学说开始受到关注,李大钊是中国热情讴歌俄国十月革命的第一人,毛泽东在天安门广场亲耳听了他《庶民的胜利》的演说,并且阅读了他刊登在《新青年》杂志上的

党的创始人之一李大钊先生

毛泽东工作的北大图书馆

文章《布尔什维主义的胜利》,开始具体地了解十月革命和马克思主义。

并且,毛泽东还认识了谭平山、王光祈、陈公博、张国焘等一些后来颇为著名的人物。

在北大期间,毛泽东和罗章龙、邓中夏经常在一起。由于和毛泽东谈恋爱,杨开慧也经常去北大,与他们常在一起交谈、讨论问题。

毛泽东一边在北大图书馆工作,一边主持湖南青年留法勤工俭学之事。

为了帮助赴法勤工俭学的湖南青年筹措旅费,杨昌济又协助毛泽东、蔡和森等人,找到旅京湖南人士熊希龄、范源濂,说服他们将手中的一笔前清户部应退还湖南粮、盐两税超额余款的利息提了出来,作为旅法的开支费用。杨昌济对留法勤工俭学的热情赞助,使湖南留学青年十分感激,也得到了社会舆论的普遍赞扬。不久,新民学会的第一批留法勤工俭学成员即将启程法国。

然而,正在这时,杨昌济却病倒了。他多年胃病发作,全身浮肿,最后不得不搬到了西山卧佛寺疗养,全家也转搬到此,杨开慧和母亲一起侍候在病榻前。

杨昌济生病后,毛泽东等人常来探望。

一天下午,毛泽东来卧佛寺看望过杨昌济,杨开慧送他出来,她知道萧子升等第一批赴法勤工俭学的青年马上要从上海启程了,关心地问道:"你真的不到法国去吗?"

毛泽东点点头:"是的。"

"你为赴法勤工俭学作了这么多的工作,为什么自己又不去呢?"

对此,毛泽东有自己的想法,他回答说:"现在国是危难,要有人到外国去,学习新东西,研究外国有用的学问,拿回来以改造社会和中国;但是全出去也不行,还要有人留在本国,研究本国的问题。"

"所以,你就留在国家?"

"是的。"毛泽东顿了顿,接着又说:"我原以为对中国很了解,现在北大这一段时间,反觉得自己对中国了解得太少,留在国内,可以花更多的时间,作些切实的研究,对国内问题作一些更深入的了解。"

杨开慧被毛泽东这种胸怀全局、心忧天下的感情深深感动了:"你觉得留在国内更好,我也支持你!"

山坡山岭上披着绚丽的晚霞,夕阳下,高大的毛泽东和娇小的杨开慧,一高一矮地走着,娓娓而谈。最后,毛泽东告诉她:"我马上要回湖南去了。"

杨开慧说:"你还是忘不了你那个湖南啊!"

毛泽东笑着说:"希望你也快些回到湖南去呀。"

湖南赴法勤工俭学的青年们就要启程出洋,毛泽东打算去上海送行;并且,入春以来,他的母亲文氏病情日益加重,他准备从上海送完萧子升他们后再回湖南。

"我也向往湖南,只是父亲的病……"杨开慧说。

1919年3月12日,毛泽东告别杨家,离开北京前去上海,送别了萧子升等湖南赴法青年后,他又拜访了被北洋政府逼到上海的《新青年》主编陈独秀。4月6日,毛泽东带着许多刚刚学到的新思想和活动经验回到长沙,住进了修业小学。

此时,他的同班同学、新民学会的会员周世钊在修业小学任教。经周世钊推荐,校方聘请毛泽东担任历史教员,每周上6节课。

毛泽东与杨开慧分别时,两人曾约好以后互相通信,交流思想。毛泽东回到了湖南后就马上给杨开慧写了信,杨开慧回信。这时杨开慧写给毛泽东的信,称呼就是一个字:"润"。毛泽东的回信,称呼也是一个字:"霞"。

4.五四的激流:长沙和北京的互动

这时,第一次世界大战战胜国正在巴黎召开和会,为了实现瓜分世界的企图,主导会议的英、美、法、日、意等国无视中国也是战胜国的地位,拒绝中国代表提出的废除外国在华势力范围,撤退外国在华军队,取消"二十一条"等要求,相反,竟然将德国在中国山东获得的一切特权转交给日

北京学生举行反对《二十一条》的游行示威

本。腐败的北洋军阀政府的代表居然准备在损害中国主权的《凡尔赛和约》上签字。

消息传到北京,举国震惊。

5月3日,北大学生闻讯而起,2000多人在法科礼堂报告巴黎和会情况,会上众情激昂,一位学生咬破手指,断裂衣襟,血书"还我青岛"4字,与会者声泪俱下,热血沸腾,当场议决通过了通电全国,联合力争,通电巴黎公使、拒不签字,举行集会游行等4项决议,并推出干事十余人,邓中夏被推举为北京学生联合会总务干事。然后,学生们分头联合各校学生,电致巴黎专使,要求拒绝日本要求。

5月4日,北京学生爆发声势浩大的反帝游行示威。罗章龙、邓中夏等人参加了火烧赵家楼、痛殴卖国贼章宗祥的行动。但是,学生的爱国行动遭到反动军警的镇压。罗章龙、邓中夏幸而逃脱。

五四运动爆发时,杨昌济先生的病很重,杨开慧终日守候在父亲的病榻前。当日晚上,当她听到北大学生火烧赵家楼的消息时,不禁拍手叫好!当她获悉北京学生大批被捕、军阀政府正在加紧镇压学生运动时,又止不住义愤填膺。

杨昌济虽在病榻上,没有亲身参加5月4日的游行示威,但是也为学生的爱国行动震撼,他对杨开慧说:"中国本是战胜国,巴黎和会竟把德国的山东特权转手交给日本。北大学生之壮举,可歌可泣,又是中国当局的可悲!"

杨开慧激动地对父亲说:"外交失败,是因为中国奴才太多。我们决不可站在旁边看热闹!"

第二天,她和嫂子李一纯去了北大校园。在北大,到处都是"还我青岛"、"还我河山"、"誓死不做亡国奴"的标语和传单,一些学生还在校园里慷慨激昂地演讲。她们俩找到了罗章龙和邓中夏,并和他们一起参加了声讨会。

但是,晚上她回到西山卧佛寺后,杨昌济的病情又加重,她不得不在家和母亲侍奉父亲。心处静室,杨开慧的心仍飞向火热的运动。她兴奋地看着北大同学捎来的快报、传单，爱不释手，并把那一篇篇动人心弦的《消息》、《宣言》、《通电》、《讲演词》和报刊评论，逐字逐句地读给病床上的父亲听。杨昌济、杨开慧、李一纯、杨开智等一家人都为这不断高涨的爱国运动而热血沸腾。

中国巴黎和会外交失败，全国为之悲痛和愤怒。在北京爆发五四学潮时，毛泽东和新民学会的会员们在长沙也进行了许多反帝和内争主权的活动。"请救山东人的性命！""请看我国之危险！"的传单，撒遍了长沙城。

5月7日，长沙各校学生举行纪念"五七"国耻游行大会。

长沙街头声援北京运动一景

5月9日，长沙的报纸冲破湖南督军张敬尧的新闻封锁，纷纷报道5月4日北京学生的爱国运动。《大公报》以醒目的大号字登载了五四游行的消息："驻日公使章宗祥，被学生殴伤甚重，性命已在旦夕，北京学生现被捕三十余人，大学校长蔡元培愿独自抵罪。"消息震动了全长沙城。

为促成全国反帝浪潮，北京学生联合会派出学生代表分赴各省活动，进行联络、发动。邓中夏回湖南联络。

邓中夏和另一同学来到长沙后，毛泽东立即和他们商量成立新的湖南学生联合会、发动湖南学生响应北京的爱国运动诸事项。

据当时新民学会会员蒋竹如回忆："5月23日晚上，我正在一师十三班的自习室里复习功课，忽然毛泽东把我叫了出去。并告诉我：北京派来了两个代表……现在要商量一下怎样响应北京的学生运动。于是，他邀我和陈书农、张国基等几个人，到一师后山操坪里，在月光下商谈了一阵。决定通过新民学会会员的活动,每个学校举一个或两三个代表,于25日上午到楚怡小学开会。第二天,我们便分途进行,通知各校推派代表。"

5月25日,一师学生张国基,湖南商业专门学校学生易礼容、彭璜等20余名各校学生代表汇集楚怡小学,毛泽东向他们介绍了邓中夏后,便由邓通报北京学运情况。

会议最后决定:成立新的湖南学生联合会,发动学生总罢课。

3天后,湖南学生联合会正式成立。会址设在湖南商业专门学校,因为毛泽东已不是学生,会长由该校学生、新民学会会员彭璜担任。它的工作人员也大多是新民学会会员。毛泽东住的修业小学离商专很近,他有时就住在商专就近指导,实际上,他就是这个富有战斗性的新的学生组织的"实际领导者"。

6月3日,在学联的组织下,长沙20所学校学生统一罢课,向北京政府提出了拒绝巴黎和约、废除一切不平等条约等6项要求。"六三"罢课引起了湖南当局的恐慌,湖南督军张敬尧马上发布"训令"、"忠告",声称学生如有言辞过激、逾越常轨者,"即按照戒严规则,一律逮捕,以保公安"。

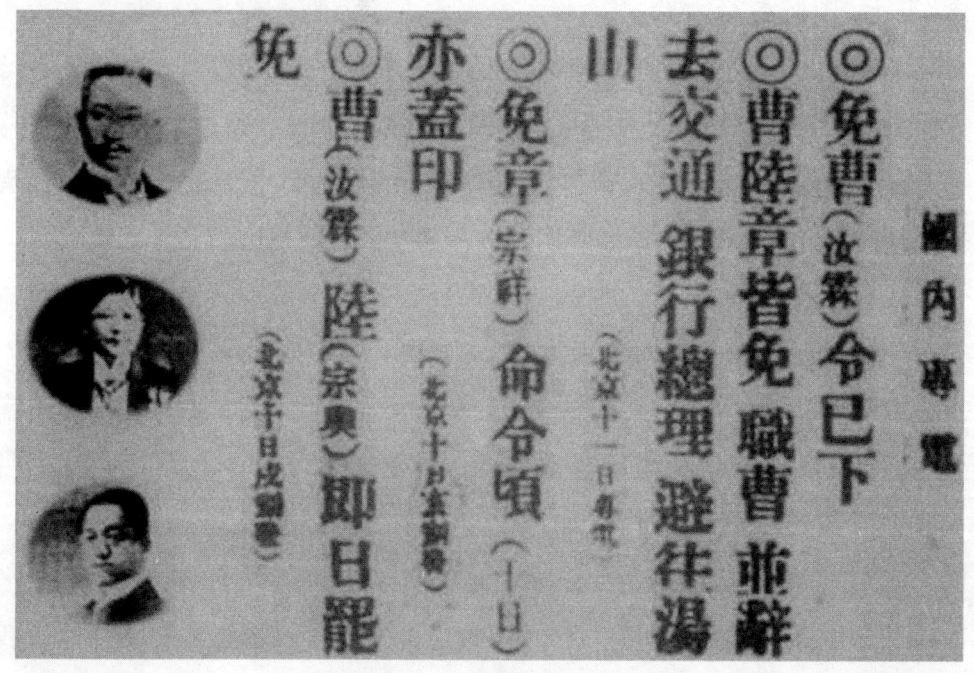

五四运动以卖国贼被免职、北洋政府拒绝在条约上签字而获得胜利

但是,各校学生在学联的领导下,照样走上街头,开展以抵制日货为内容的反日爱国运动。学生纷纷组织讲演队、检查团和戏剧队,每日轮流到街头和沿江码头进行活动。

7月7日,学联和国货维持会联合举行烧毁日货游行示威大会。

7月9日,由湖南学联发起,成立湖南各界联合会。

五四运动汹涌的洪流,冲破了封建主义固守的千里堤坝。长期被禁锢思想的中国人开始觉醒,新思潮随即猛烈地传播开来,各种宣传新思潮的刊物如雨后春笋般涌现。几乎是一夜之间,长沙各校出现了《新湖南》、《女界钟》、《岳麓周刊》等十多种刊物,毛泽东看后,却觉得大多仍然锐气不足。为了更好地推动湖南爱国斗争和新思潮的宣传,也为自己创造一块发表政见的阵地,他提出创办一个新的刊物。根据毛泽东的提议,湖南学生联合会决定创办《湘江评论》,由毛泽东任主编。

7月14日,《湘江评论》创刊号正式出版了。它四开一张,以宣传最新思潮为主旨,辟有"东方大事述评"、"西方大事述评"、"湘江杂评"、"世界杂评"、"放言"、"新文艺"等栏目,全用白话文。毛泽东全力投入《湘江评论》的编辑工作。但是,预约的稿子常不能收齐,他常常只好自己代笔补白。这时正是酷暑时节,蚊叮虫咬,一般人不胜其苦,而毛泽东挥汗疾书,常至夜半。一天早上,太阳出来老高了,商专学生易礼容来找毛泽东时,他还未睡醒。易礼容掀开蚊帐,不料惊动了一群臭虫,"它们在他用作枕头的暗黄色线装书上乱窜,每一只都显得肚皮饱满"。

这样的情况,不止一夜。然而,一个多月内,毛泽东竟为《湘江评论》写了40篇文章。文章写好了,他自己编辑,自己排版,自己校对,有时还亲自上街叫卖。

《湘江评论》在长沙引起轰动,牵引着湖南的知识分子、学生和工人向着新思潮奔进。

毛泽东把自己编辑的《湘江评论》也寄给了远在北京的杨开慧。

如火如荼的五四运动也点燃了开慧的心。这期间,她虽然仍在家护理病中的父亲,没有能同爱国学生一起游行演说,但是她那满腔的爱国热

忧,完全同爱国学生融合在一起。

毛泽东寄来的《湘江评论》,给了关心时局的杨开慧以巨大的影响。她细细地阅读着,思想也随着毛泽东的思想向前跳跃。并且,她还经常写信告诉他北京五四运动的进展。

两人鸿雁传书,北京的情况、长沙的情况,两人都相互知道。而杨开慧的心,则早就随着毛泽东湖南传来的各种消息,飞向了湘江两岸。

5."没有穷人的穷,哪有富人的富?"

1919年秋冬之际,留法勤工俭学运动进入高潮。

此时,原在长郡中学曾应征毛泽东"征友"的李隆郅也加入了赴法勤工俭学行列。

李隆郅1917年长郡中学毕业。之后,回乡做了小学教师。他是一位血气方刚的年轻人,在暑假小学教师会上,他发表演说,揭露已升任醴陵县教育会会长、原渌江中学守旧校长的劣迹,并敲着桌子痛骂这个"醴陵的绅士",结果,新学期一开始,他被逼出走,离开学校。最后,李隆郅跑到衡山,投了醴陵老乡程潜的护国军,当了一名普通士兵。由于他有文化、办事勤恳、为人爽快,营连长和普通士兵都喜欢他,不久他就当上了差遣(相当于连队的文书)。一次他去程潜司令部办事,正赶上程潜和一个人下棋。他不便说话,就站在旁边观棋。这盘棋程潜得胜了。李隆郅笑了一下,引起了程潜的注意:"你会下棋吗?"

李隆郅连忙谦虚地说:"不会!不会!"

尽管如此,程潜还是强拉李隆郅对弈起来。结果大出意外,素称高手的程潜竟输给了这个年轻的士兵,这使得程潜大为吃惊,继而问起李隆郅的身世。谁知不问不知,一问吓一跳,他们不仅是醴陵同乡,而且李隆郅的

父亲还是程潜的"同年"。有了这层关系,程潜立即对李隆郅另眼相看,随即把他调来司令部当差。又过了一段时间,程潜有意培养李隆郅,对他说:"你不要在这里当兵了,我给你一些钱,你去北京大学深造。"

李隆郅拿着程潜给他的一些地方纸币回了家,准备去北京读书。然而,纸币贬值很快,当他兑换成银洋时,除去北京的路费之外,就所剩无几了。

1919年春李隆郅到达北京后,交不起学费,进不去大学。正在走投无路的时候,发现了留法勤工俭学这条门路。于是,他就去报了名,进了法文专修馆的留法勤工俭学预备班。这年秋天,李隆郅的父亲李昌硅卖掉了祖传的16亩土地,为他筹得银洋200元作路费,10月16日李隆郅和48名湖南青年踏上了赴法勤工俭学的途程。半个月后,张昆弟、杨开慧的清泰东乡火烧坝老乡李维汉等162人也启程前往法国。

然而,此时杨昌济的病却一日比一日重。

杨昌济的病情传到了长沙板仓,清泰乡的几个舅舅等亲戚前来北京探病。

这一天,杨开慧坐在屋子里,正在认真琢磨《湘江

毛泽东在湖南主编的《湘江评论》

评论》上的一篇文章。突然,听见几个亲友在父亲的病房内同妈妈一起谈论老家的人和事,于是,她也走了出来。这时,向振熙叹息着说:

"这些年,亲戚的家境不如过去了,穷了。"

大舅向理卿说:"有的亲戚在穷下去,有的在富起来。我的叔祖母就比过去富。"

六舅向明卿提出了疑问:"为什么富的富,穷的穷呢?"

另外几个同来的亲友都回答说,有些人穷,主要是懒,有些人富,主要是会盘家。

这时,杨开慧抬起头来对着大家说:"我看是一些人穷了,另一些人才变富了。没有穷人的穷,哪有富人的富?说人变穷是懒,天下这么多穷人,难道都是懒人?说变富了是会盘家,好像还有几分道理。别人的东西都被他盘到自己家里去,他还不富了?"

亲友们看见一向沉默寡言的杨开慧变得爱说爱讲,都很高兴,称赞她讲得有道理。

然而,她的大舅向理卿却叹息着说:"唉,这年头,有的人穷,有的人富,这个现实谁又改变得了?"

杨开慧本来不想多说,看见大舅像有意要找她争论,便接下去说:"社会现实总有一天会改变的。革命潮流,任是什么力量,也不能阻住。有些人跟不上革命潮流,就是因为不懂社会革命的大道理。要是能懂得革命的大道理,懂得社会要向哪个方向发展,而且为之奋斗,那就有可能改变这个现实。俄国的无产阶级,不是推翻了有产阶级吗?"

向明卿和其他人都认为外甥女的话驳倒了大舅,谁知向理卿却说:"霞仔,就算你讲得有道理,却有点像'过激派'的言论。"

这时,军阀政府和反动报纸,对十月革命横加攻击诬蔑,马克思主义被称为"过激主义",布尔什维克党被称为"过激党"、"过激派"。这些反动宣传在社会上造成一种恐怖心理,好像"过激派"就是洪水猛兽。"过激"在人们心中多半是贬义的。

杨开慧听舅舅说她的话是"过激派"言论,并没有生气,笑了笑说:"大舅,你也怕'过激派'啰!"

没等向理卿回答,杨昌济却在病床上接上了话,说:"你怕也好,不怕也好,潮流总是要随时势变换的,'过激派'是会来的。"

这时,杨开慧对大舅说:"不要怕'过激派'。"

然后,她给大家解释说:"什么'过激派'呀?只不过是一批舍命救国的

有志之士。"

最后,她劝大舅说:"你也要研究'过激党'的情况呢!闭着眼睛,跟在别人后面瞎说一气。那样做,既害了人家,也害了自己。"

一席话,使亲友们觉得开慧长大了。大舅向理卿高兴地说:"霞仔现在说起话来一套一套的,比我们还懂道理了。"

杨开慧见大舅认了她的理,高兴地说:"我自己现在还站在革命潮流的外边,离'过激派'的要求还很远哩!"

这时,在内心里,杨开慧很佩服、羡慕毛泽东,羡慕他置身在伟大的革命潮流里,在湖南领导了五四运动,佩服他驾驭风云,敢于同旧势力搏斗的雄伟气魄。她多想长上翅膀,和毛泽东一起去击风斗雨啊!在亲友们离开北京去湖南时,她悄悄地托六舅向明卿给长沙的毛泽东捎去了一封信。

6."忽然一天一个炸弹跌在我的头上"

人生的道路多有曲折,人们的恋爱也多有波折。

杨开慧在与毛泽东的恋爱过程中,也出现过波折。

在杨开慧的《自传》中,有一段这样的记述:

> 过了差不多两年的恋爱生活,忽然一天一个炸弹跌在我的头上,微弱的生命,猛然被这一声几乎毁了!但这是初听这一声时的感觉。他究竟不是平常的男子,她爱他,检(简)直有不顾一切的神气;他也爱她,但他不能背叛我,他终究没有背叛我,他没有和她发生更深的关系,反而因此他的心盖,我的心盖,都被揭开了……

事情是这样的:1919年秋,新民学会在周南女校召开年会,吸收了一批女教员、女同学参加学会。

周南女校是湖南早期一所很有名的女子学校,坐落在长沙城北泰安里。1904年夏,曾同杨昌济一起留日的周家纯学成归国,在长沙望麓园宁乡速成师范任教,学生有徐特立、谢觉哉等。

周家纯是个教育救国论者,又是一个极有思想的人,回到长沙后他并不满足于在宁乡速成师范教书,决定兴办女学以解放长年来被束缚在家的妇女。

1905年春,周家纯在自家的蜕园的一角,招集30个女生,办起女学,并取《诗经·国风·周南》之义,正名为周南女学堂。1908年,省政府准定名为周南女子师范,于是该校名气大振,学生由39人增加到380人。辛亥革命后,周家纯改名为朱剑凡,以全部身心投入周南女子师范的兴办和教学之中。

1913年,黄兴深为朱剑凡毁家兴女学精神所感动,特捐银千两,以表赞助。与此同时,朱剑凡兼任了湖南省立第一女子师范学校的校长、长沙市小学校董事会会长。在朱剑凡的苦心经营下,周南女校在全省女学中很有名气。

然而10月份,湖南督军汤芗铭来湘后,与窃国大盗袁世凯同声呵气,大肆逮捕革命人士,迫害进步势

"周南三杰"之一向警予

力,师生偶谈国事者即遭诬陷和杀害,因此人们称他为"汤屠户"。朱剑凡不愿与汤芗铭同流合污,1914年冬,愤而辞去省立第一女师校长之职。

正在省立一女师读书的向俊贤,听到朱校长辞职的消息后,异常惊骇。她一向钦佩朱校长,曾经目击一女师在朱校长的领导下生气勃勃、蒸

1919年11月6日新民学会部分会员在周南女校合影,后排左四为毛泽东,前排左三为陶毅

蒸日上的景象。现在朱校长辞职,她与好友陶毅等同学一商议,立即离开省立一女师,转学到朱剑凡创办的周南女校。此外,她还特意将自己的名字由俊贤改为"警予",以表示对封建复辟势力的警惕与反抗。

在周南女校,向警予与蔡畅结下了最深厚的友谊,向警予、陶毅和蔡畅被称为"周南三杰"。毕业后,向警予回家乡溆浦办学,但她经常与周南女校保持密切联系。她有事来长沙时,即住已在周南女校任女生舍监的陶毅处。1918年9月,蔡畅去信邀向警予来长沙组织女子留法勤工俭学,向警予欣然答应,旋即离开溆浦来到了长沙。不久,她与陶毅一道加入了新民学会,成为该会最早一批女会员。以后,女生魏璧、周敦祥、劳君展等也相继入会。

在新民学会的活动中,毛泽东英姿焕发的风采和办事细心果断的气质,为一批女教员所钦佩。其中,同为湘潭的同乡,陶毅更是对他倾慕不已。

陶毅,1896年出生,曾是周南女校的高才生,毕业后留校工作。她是一

位新型女性,思想激进,主张教育救国,并且家境富有,又是在新民学会的活动中,她十分倾慕毛泽东,常常有意地接近毛泽东,并且开始追求他,于是,密切的交往使他们之间产生了爱慕之情。

毛陶相爱之事让杨开慧知道后,她很是伤心了一番。

其实,在与毛泽东的恋爱过程中,杨开慧也时常遇到朋友的追求。她年轻漂亮,又是杨昌济教授惟一的女儿,在杨昌济的门生中,很多北大学生如霍春等都喜欢她,并且追求过她。然而,当他们提出要与开慧约会时,都被婉言谢绝。因为杨开慧早已心有所属。

毛泽东与陶毅虽然同为湘潭人,并且志向也相同,但是家境却十分悬殊。陶家是湘潭一带有名的富户,陶毅与毛泽东的交往立即遭到了父兄的强烈反对。结果,由于女方家庭的反对,毛泽东和陶毅初萌的爱慕关系很快便戛然中止,没有持续下去。

毛陶分手后,友情仍存。1920年7月,毛泽东创办文化书社,陶毅是主要投资人之一;同年10月毛泽东建议由湖南革命政府召集湖南人民宪法会议制定湖南宪法,陶毅是附议人之一。毛泽东发起驱张运动,也多次与陶毅、易礼容等通信。毛陶分手后,湖南省学生联合会主席彭璜曾热烈追求陶毅,但遭拒绝。陶毅终生未嫁,后来去了上海,在那里从事教育工作。1931年去世,年仅35岁。这是后话。

毛陶相恋一度使痴心的杨开慧闷闷不乐很长时间,在情感上受打击很大。

杨昌济夫妇只生有一儿一女,素来看得很重。开始时杨昌济对女儿与毛泽东的交往是赞同的,但经过这次毛陶相恋之事,他开始有所顾虑,并且因毛泽东比开慧大七八岁而专门与她谈过一次话。但是,事后杨开慧向母亲表白:"我是为母而生之外,是为他而生的。"

母亲明了女儿的心迹,赞同了杨开慧的选择。

毛陶分手后,毛泽东与杨开慧和好如初,并且更加亲密了。杨昌济见开慧与毛泽东的恋爱关系越来越深,也最终打消了顾虑。

于是,杨开慧与毛泽东的亲事,在杨家内部定了下来。

7.驱张到京:"张氏不出湖南,誓不罢休!"

1919年12月10日,正是严冬腊月,北京已是一派天寒地冻的景象。

这天杨开慧又接到毛泽东的来信,高兴地跳起来:"妈,润之快来北京啦!"

向振熙说:"润之不是在长沙很忙吗?"

"他们反对湖南督军张敬尧,要来北京请愿驱张。"

对于湖南近期的驱张运动,杨家这时也已有所闻。

辛亥革命以后,袁世凯篡夺政权,中国形成南北对峙的局面。湖南一直是南北军阀长期混战的地方,曾先后3次被北洋军阀汤芗铭、傅良佐和张敬尧统治。

张敬尧系皖系军阀。1917年直皖联军和湘桂联军发生战争,最后,北胜南败,张敬尧于1918年3月进入湖南,既做督军又兼省长,与兄弟张敬舜、张敬禹、张敬汤杀人放火,奸淫掳掠,勒索搜刮,摧残教育,简直无恶不作。湖南流传这样一首民谣:

> 堂堂乎张,
> 尧舜禹汤,
> 一二三四,
> 虎豹豺狼!

湖南人民对张敬尧残暴黑暗的统治愤恨至极,一致认为"张毒不除,湖南无望"。1919年8月中旬,《湘江评论》被张氏兄弟查封,湖南学生联合会也被解散,毛泽东就和彭璜、何叔衡、易礼容、夏曦(一师16班学生)等一批积极分子转入地下,开始进行驱逐张敬尧的秘密活动。11月16日,湖

湖南军阀张敬尧

南学联重新组成,推选公立政法学校学生徐庆誉为会长,恢复公开活动,并发表了重组宣言,宣言提出人民对于国事应"自主自决",号召湖南人民起来推翻张敬尧的黑暗统治。

不过,此时学联的主要活动仍然坚持反日爱国,以抵制日货为中心。12月2日,长沙举行焚烧日货的示威游行队伍,除学生外,还有工人、店员,共约1万多人参加。雅礼大学的柳直荀和长郡中学学生陈子博等人也参加了游行。

当学生联合会会长徐庆誉和各校学生代表在台上演讲之后,正欲举火焚烧日货时,张敬尧的四弟兼参谋长张敬汤带领军警和大刀队千余人冲进会场,从内外两层将学生团团围住。

张敬汤狠狠往台上一站,就破口大骂:"你们这般东西,……怎么敢挡外人,不怕惹起交涉么?在此瞎闹!你们要知道我们张氏兄弟拿钱给你们读书,还要我们怎么样?我们兄弟是军人,只知道杀人放火,你们再不解散,我就把你们做土匪办,一个个拿来枪毙!我从前只知道湖南有男土匪,今天才知道湖南还有土匪婆(指女学生)。"

听了这些诬蔑的话,徐庆誉和代表们立即愤怒地反驳。

然而,大家"语未毕,即被军警拘缚至教育会内,张敬汤以手枪相拟,谓之曰:你们怕死否?随即各拍一照,声将骈戮。又有长郡中学职员向张敬汤发言,谓今天学生出于爱国至诚,焚毁日货,并无不法。张即手批其颊,立呼答责,卫兵攒殴,并令员殴杀,枪柄、刺刀、拳足四向纷飞。可怜文弱学

生,身受重伤者数十人,即数龄小学生,亦同遭毒打。驱逐解散者,不下数千名。哭声载途,为学界未有之惨剧"。

惨剧发生后,毛泽东领导新民学会会员和学联骨干分子日夜进行紧张活动,进行反抗,自12月6日起,长沙的许多大学、中学、师范和一部分小学相继罢课。湖南学生联合会代表中等以上学校的13000多学生,发布了激昂慷慨的罢课宣言。

在总罢课、总罢教成功以后,毛泽东又和各校师生商定:立即组织驱张代表团,分赴北京、上海、衡阳、郑州、广州进行宣传、联络和请愿等活动,扩大驱张运动。毛泽东前去北京,临行前他先给杨开慧写了一封信。

向振熙听说毛泽东要来北京,赶紧对杨开慧说:"这次他来了好,你爸爸病一日比一日重,趁早把你们的事订下来,让他也高兴。"

"妈妈——"杨开慧羞涩地跑开了。

12月18日,毛泽东率领驱张代表团到达北京。

湖南各路驱张代表团于12月7日分途出发。彭璜率领代表团去上海;何叔衡、夏曦率领代表团赴衡阳;毛泽东率领30多人的代表团前往北京。新民学会的会员出动了近20人,分别主持各代表团的领导工作。

当毛泽东第二次抵达北京时,杨昌济由于病情加重,已经由西山转到了北京德国医院。

毛泽东闻讯急忙赶到病房去看望杨昌济。此时,杨昌济因为疾病比以前更加消瘦了,但精神尚好。他见到毛泽东,憔悴的脸上露出了笑容。毛泽东与杨开慧打招呼时发现她眼睛红红的,他知道杨先生已是病重难起了,他先问起先生的病况。

杨昌济回答说:"我想不要紧,还有许多事没完。《西洋伦理学史》,还要做些修改,几本译稿也没有完……"

"只要安心治疗,一定会慢慢好起来的。"毛泽东安慰说。

"湖南的情况如何?"杨先生问。

毛泽东向杨先生叙述五四运动在湖南如火如荼开展的情况,新民学会成员在运动中的表现,以及军阀张敬尧镇压群众运动的罪恶。最后,他说:

"张氏兄弟,在湖南横行霸道,巧取豪夺,磨牙吮血,百姓恨之入骨。这次为民请命,不达目的誓不罢休。"

杨昌济点点头,说:"我在湖南时张氏兄弟就已把湖南弄得乌七八糟,此次驱张斗争,无论情况如何复杂,都要坚持下去。"

毛泽东点点头:"我们会坚持到底的,张氏不出湖南,誓不罢休!"

这时,杨开慧关切地问道:"听说伯母病逝,家里一切还好吧?"

毛泽东说:"母亲是10月5日谢世的,我回家安排了丧事,又赶回长沙。现在斗争火热,正是关键时候,顾不上家了。"

"驱张是大事,忠孝两难全呀!"杨开慧说,接着她又说道:"但是现在情况复杂,你也要注意保重自己啊。"

"驱张不是一天两天的事,有湖南3000万民众支持,我不怕!你照顾好杨先生。"

毛泽东说完,匆匆离开了。

毛泽东离开德国医院后,立即和代表团成员一起,四处奔走。他们不但四下联络在京的湘籍议员、名流学者和绅士,而且到处联络北京学生,一支强大的驱张战线不几日就组成了。12月21日,北京各校学生代表在北京大学召开慰劳湖南学生代表大会。23日,学生代表团即递呈文于大总统徐世昌及国务院教育部,"以张敬尧摧残教育,迫恳撤惩,以全教育而纾民害"。第二天,又举代表12人,求见徐世昌和总理靳云鹏,徐、靳都推托不敢见代表,教育次长被迫出面接见湖南代表。

这时蔡和森等人的留法之行也有了结果。早在10月,向警予、蔡畅等筹集了旅资,与蔡畅、蔡母葛健豪一道离开长沙前往上海,准备乘船去法国。葛健豪早就对出国留学心动,当向警予、女儿蔡畅准备去法国勤工俭学时,她叫大女儿从衡山婆家要来400块银元,又借了200银元,也随蔡畅她们一同赴法。然而,她们到达上海后,留法俭学会通知:每个赴法学生需备的旅费,由原来200元增加到400元。向警予等原先筹措的旅费就不足,现在又要增加一倍,在上海,人地生疏,一时无从设法,遂困居沪上。11月13日,湖南在沪候轮的赴法勤工俭学生推举代表晋谒在沪的湘省同乡会,要求同乡会设法帮助,但是没有结果。

葛健豪于是找到居住在上海的亲戚聂云台,借银洋600元,旅费终于筹齐。随即,蔡和森从北京赶到上海。1919年12月25日,第12批即蔡和森、向警予、蔡畅、葛健豪等留法勤工俭学生50余人,从上海乘法国邮船"央脱莱蓬"号在杨树浦码头启碇赴法,踏上了勤工俭学的留法之途。

29日,湖南驱张代表团召集在北京的湖南同乡1000多人,在湖南会馆召开驱张大会。

蔡和森

在大会上,代表们要求湖南议员在驱张决心书上签字,"语甚激烈"。当时大门紧闭,"会场不准先出,在场之议员见无可脱,乃书'担负驱逐张敬尧完全责任,如不能达到目的,则全体辞职以谢湘民'云云。"会议还决定设旅京湖南各界委员会为驱张机关,推定委员会委员20余人。

北京驱张斗争渐入高潮。

8.毛泽东当了杨家准女婿:扶柩到武汉

1920年,在毛泽东等人火热的驱张运动中到来。然而,杨昌济的病情却始终不见好转,反而一日比一日加重。因为父亲病情,杨开慧元旦都没与毛泽东在一起。新年后的一天,李大钊来病房看望杨昌济。谈话之中,杨

昌济向李大钊提起毛泽东,说:"毛润之领导湖南驱张运动很有魄力。"

李大钊说:"润之很不错,去年在图书馆,读了许多马克思主义和社会主义的书籍,这次来京,我也与他长谈过。他进取心很强,眼光远大。"

就在这次李大钊看望他3天之后,杨昌济突然进入病危状态,不仅疼痛难忍,而且滴水难进。北京的蔡元培、范源濂、杨度、章士钊等名流和湖南的朱剑凡、李肖聃、徐特立、黎锦熙等好友相继来医院探望。杨昌济的病情也牵动着毛泽东,他经常匆匆赶来病房,又因驱张工作繁忙而又匆匆赶回去。

一天晚上,毛泽东又赶来病房。向振熙、开智、开慧等都在暗暗抽泣。杨昌济见毛泽东来了,示意他坐下,然后,抖索着从身上掏出一块怀表,递给毛泽东:"润之,这块表跟我多年,在日本、英国一直戴着,送给你作个纪念吧。"

毛泽东双手接过,热泪盈眶。这时,杨昌济又说:"你和开慧的事我全知道,开慧年轻幼稚,你要多照顾她……"

杨开慧一听这一遗嘱性的话,忍不住抽泣起来。

"先生,您放心!我会对她好的。"毛泽东坚定地回答。

1920年1月17日上午5时,病魔夺走了杨昌济先生的宝贵生命。他临终前与友人谈话,说:"吾意正畅。"

言罢,便溘然长逝,时年虚数50岁。

杨昌济逝世,对杨开慧一家来说无异于泰山崩塌。毛泽东也十分悲痛。1920年1月22日,《北京大学日刊》上,刊登了杨开智兄妹的讣告:

敬启者:

家父杨昌济先生于一月十七日在北京德国医院病故,开智开慧等,亲视含殓,暂停北京宣武门外西砖胡同法源寺内。定期本月二十五日,在寺设祭。择日扶柩回南,安葬长沙板仓故里。

知关预注,哀此讣闻。

同一日，蔡元培、范源濂、杨度、章士钊、黎锦熙、毛泽东等29人，在《北京大学日刊》联名发表启事：

> 湖南杨昌济先生，于本年一月十七日午前五时病殁于北京德国医院。先生操行纯洁，笃志嗜学，同人等闻其逝世相与悼惜。溯自先生留学日本东京弘文学院及高等师范学校，复留学于英国苏格兰大学。既毕业，赴柏林考察教育，亦逾一年。辛亥冬季，全国与革命之师，先生于是时归国，既回长沙，任高等师范及第一师范教授。雍容讲坛，寒暑相继，勤恳不倦，学生景从，如是者七年有余。戊午岁，长沙被兵事，师范学校亦驻兵，教育事业将随弃无可为，先生乃来北京，任国立大学伦理学教授，参稽群籍，口讲之暇，复有译述，精神过劳，因遂致病。始为胃病，继以泛肿，养疾西山，逾夏秋两季。入冬以后，病势日剧，居德国医院受诊治。医者谓其脏腑具有伤损，医疗匪易，而先生之病亦竟以不治。以吾国学术之不发达，绩学之士寥落如晨星，先生固将以学终其身，天不假年，生平所志，百未逮一，为教育，为个人，均重可伤也。先生既无意于富贵利达，薪资所储，仅具薄田数亩，平日生计，仍恃修俸，殁台遗族尚无以自存。先生服务教育十年，揆诸优教员及尊重学者之意，同人等拟对遗族集资以裨生活，积有成数，或为储蓄，或管生产，俾其遗孤子女略有所依恃。伏翼诸君子知交，慨加赒助，此则同人等所感盼者也。诸维亮察不尽。

杨昌济病逝在教育界引起了强烈震动。他逝世的第二天，湖南《大公报》刊载了《杨昌济先生于北京逝世》的消息，同时，发表了李肖聃写的关于杨昌济生平的详细介绍。湖南教育界和北京大学师生称颂先生师德、哀悼一代名师之时，毛泽东家里又噩耗传来，他年仅51岁的父亲毛贻昌，也于1920年1月23日因伤寒突发，病逝于韶山冲。他与杨昌济，两人之逝仅差短短的一个星期。然而，因为驱张之事和杨昌济的病逝，毛泽东无法赶回韶山，只得去电长沙让大弟毛泽民主持父亲的丧事。

25日，阴雨绵绵，在法源寺举办丧事。

在法源寺追悼会上，徐特立、黎锦熙、李肖聃、方叔章、朱剑凡、陈夙芳

毛泽东

等上百位杨昌济生前亲朋好友前来吊唁,许多人送了挽联。蔡元培在挽联上说:"学不厌,教不倦,本校失此良师。"

  杨昌济一生埋头教育事业,无意富贵利达,家境十分清寒。他在西山养病时,因不能去学校讲课,按照北京大学的惯例没有工资,蔡元培特别加以照顾,按月给他发生活费用。同乡好友章士钊、杨度、李觊、方叔章、黎锦熙、梁焕奎、胡迈等人,则集资供给医疗费用。杨昌济去世以后,"遗族尚无以自存"。在这种情况下,为了解决杨昌济家属的生活困难,蔡元培、胡适、马寅初、陶履恭4人联名在《北京大学日刊》上发表启事,号召北大教职员及同学募集帛金。2月4日,北京大学评议会决定:"杨昌济教授及刘师培教授身后恤金,应根据田北湖、朱蓬仙教授先例,各赠送两月俸金。"

  办完丧事,杨昌济的灵柩将南归回长沙板仓安葬。

在此期间,上海新民学会给毛泽东发来信件,通知4月份全国各地的学联到上海开会;北京驱张代表团开会决定由他前去上海继续开展驱张活动,并参加会议。

这样,毛泽东陷入了进退两难的境地:如果全程护送恩师灵柩回湘,则来不及到上海参加全国学联会;如果要按时到上海参加会议,就不能护送灵柩到长沙了。恩师生前对他如同慈父,如果不全程护送,他于心不忍,然而,驱张之事又万万放松不得,一放松,将前功尽弃……他陷入矛盾之中,不知取舍。

这时,杨家正为返湘而忙碌着。杨开慧收拾着父亲遗物,神情像大病了一场苍白而憔悴。在旁相助的毛泽东也愁眉不展,心神不宁。

"润之……你有什么心事?"杨开慧略停手中的活低声问。

毛泽东欲言又止。

"润之,你我同遭厄运,也算是同病相怜,你还有什么事不能告诉我的?"说到这,杨开慧不禁潸然泪下。

毛泽东忙伸出手为她拭泪,然后把自己又要去长沙又要去上海左右为难的心事说了出来。

杨开慧一听毛泽东因为上海与会与扶柩南归在时间上有冲突,马上就说:"润之,父亲的丧事你已经尽心尽力了。父亲在世时,不止一次对我说过,凡事要以你的事业为重。现在驱张之事关系重大。你就送到武汉吧。这样两边都没误。"

"霞仔!"毛泽东感激地握住她的手,"只有你理解我!我一定要克服一切困难,不把张毒驱逐出去,决不罢休!"

"会成功的。到了上海,无论什么情况,都要注意保护身体,不可熬夜,要吸取我爸爸的教训。不可一到上海就把我的话给忘了。"开慧叮嘱说。

这理解和关切的话语给毛泽东极大的安慰,同时他又感到一种无比的柔情和温存。

几天后,向振熙与杨开智、杨开慧、李一纯、学生陈赞周,还有从长沙赶来的向明卿扶柩南归,毛泽东一路护送到武昌,然后折往上海。

9.杨开慧是女子中学第一个剪短发的

杨开慧和哥哥杨开智安葬了父亲后,在板仓住了半年多,1920年春返回长沙城,住在下学宫街15号的六舅妈严嘉家里。六舅向明卿毕业于湖南高等实业学堂土木工程系,在长沙上班,妻子严嘉也是长沙人,毕业于长沙早稻田女子师范学校,在衡粹女子中学任教员。夫妻俩十分喜爱杨开慧。

这时,杨氏兄妹离开长沙已经两年,长沙变化很大。湖南驱张斗争已发展为广泛的反帝、反封建运动,滚滚风雷激荡在湘江两岸。工人罢工,学生罢课,商人罢市,一浪高过一浪;提倡爱国,抵制日货,反对强权,打倒军阀,已成为人民大众的普遍要求。张敬尧在湖南的日子一天比一天难过。杨氏兄妹受到形势的鼓舞,想进一所学校读书,投入学生运动的洪流。

杨开慧先剪掉了盘在耳边的辫子,留了一头齐耳短发。

此时,长沙的中学都是男女分校。随着五四运动的深入和发展,学校里革新与保守的斗争非常激烈。仅有的几所女校,因为闹过几次学潮,学校当局对新生入学卡得很严。杨开慧因短发齐耳,被看成"过激派",一些学校都不愿收。

这时,和父亲一起留学日本的好友李肖聃先生,在长沙商业专门学校教文学,并在福湘女子中学兼教国文。他的女儿李淑一已进了福湘女中,他正想将故人之女杨开慧也接来与女儿同学。结果,这与杨开慧上学之愿相合,于是,李先生便一力承担了杨开慧的进校事宜,并为她联系了福湘女中。

福湘女中坐落在长沙兴汉门外的长春巷,1913年由美国基督教长老会拿亚女士创办,是一所教会学校。福湘女中有两个特点,一个是英文好,外国人当教员,教员用英语教课;另一个特点是校规章法森严,校规、守则

杨开慧就读过的福湘女中

到处张贴,如若违犯,轻则处分,重则开除,并且是红毛洋人做学监,每天还应唱赞美诗。

这一天,杨开慧迈进了福湘女中大门,走着走着,看到教员西装革履,女生们见了洋教员低头垂手,一旁让路,墙壁上到处张贴着校规、守则,一股沉闷的感觉向心头袭来。"这地方像一座教堂!"她心里咕哝着。

学校注册有专门的办公室。杨开慧走进报到注册办公室,一位戴眼镜的教务主任把她从上到下仔细地打量了一番,然后皱了皱眉头,有些不高兴地问道:"你就是杨开慧吗?"

"我是的。"杨开慧回答。

"你来进教会学校?"

"对！是李肖聃先生介绍我来的。"

"嗯！"教务主任姓施,她这一声"嗯",不知是从鼻孔里哼出来的呢,还是从喉咙里呼出来的。接着,她便用一个指头点了点杨开慧,说:"你的头发为什么剪得这么短？在我们教会学校,这是不允许的。"

原来,像杨开慧这样剪短发的,在长沙还很少,福湘女中更是一个也没有。这个教会学堂的教务主任平时就是守旧分子,哪里看得惯？因此对她说话时声音都是怪怪的。

"剪什么头,穿什么衣,我有我的自由！"杨开慧觉得这个教务主任太不讲理,也硬硬地说。

李肖聃先生

一听这话,施主任马上用指头抬了抬架在鼻梁上的眼镜,惊讶地注视着杨开慧,眼前这位学生朴素大方,深思熟虑的眼神,外表似乎不爱作声,讲出话来却十分干脆,她马上想:这样的学生靠不靠得住？只怕是"过激派"。

"收不收呢？"她去找校长凌支尼磋商。

凌支尼是一个美国牧师的老婆,对中国的新思想、新事物统统看不惯,听了教务主任说的情况,马上连连摇头:"头发剪得那样短,男不男女不女的,不是'过激派'是什么？"

这话被李肖聃听见了。他过来对凌支尼说:"什么'过激派'不'过激派',她父亲是我的朋友,北大教授,留学日本和苏格兰,刚刚去世。朋友死了,我应该照顾她。是我让她来的。"

李先生曾留学日本早稻田大学,又在梁启超任司法部长时做过他的秘书,在长沙是有名的国文教员,社会声望很高。现在他出面了,校长和教务主任也不好硬性阻拦,只好同意让杨开慧入学。

但是,凌支尼仍然不放心,跟着教务主任来到注册办公室,看到杨开慧,带着几分教训的口吻说:"你就报到注册去。把头发要蓄起来,不要再剪了!"

杨开慧没有理睬她,注了册。

进校的一番周折算是过去了。杨开慧被编入选修班,选学英文、数学。

这时,杨开智由于受赴法勤工俭学的影响,打算远赴他乡去求学,因一时没有找到合适的学校,暂时滞留在长沙六舅家自修。

10.杨开慧不上《圣经》课,不做礼拜

杨开慧办完入学手续后,从六舅家搬来了简单的行李。

寝室是一间较大的楼房,住了10多个同学。李淑一的床就在她的旁边。学校虽显得阴森森的,但寝室里却是另一番景象。这里没有板着面孔的洋教员,也没有传道的牧师;同学们都围着她有说有笑,无拘无束。

整理好了床铺后,一位同学说:"今天看见你这一头短发,不少人说你是北京来的'过激派'呢!"

"'过激派'也没有什么不好呀!秋瑾当年不也是'过激派'吗?"杨开慧笑着说。

"是呀,秋瑾也是'过激派'呢!"女生们一起议论开了。

杨开慧和大家很快便互相熟悉了。

"头发长,见识短,你们也剪短发吧。"杨开慧看着她们,开着玩笑说。

"短发就是比这长尾巴好看多了!我们也去剪个'过激派'!"同学们叽叽喳喳,都要剪杨开慧的这种发型。

新的生活开始了。第二天一早,学校还没有敲起床钟,杨开慧就飞快起了床,提着一桶冷水,到浴室里洗冷水浴,然后走到操坪里,舒展两臂,

做体操。李淑一看见她洗冷水浴,惊奇地问:"春寒似剪呐,你冷不冷?"

她回答说:"不冷,我已经洗了好几年,洗惯啦!"

原来她和毛泽东一样早就实行了冷浴和晨操。杨开慧做完体操,很快洗了个脸,整整头发,还用手在脸上擦一擦,为的是增进血液循环。

李淑一好奇地问:"开慧,你这是擦的什么粉呀?"

杨开慧笑一笑,风趣地回答说:"我在擦'自来粉'哩!"

她的这一席话逗得大家格格地笑起来。

吃早饭的时候,大家挤进食堂。菜摆在桌上,装好饭,红毛的洋教员走进来了,然后领大家唱早祷:"诚心诚意,感谢上帝,赐我饮食,养我身体。"开慧皱着眉,没有开口。

同桌的李淑一见状,小声地对她说:"学着唱唱,也好玩!"

杨开慧回答说:"这叫数典忘祖呢!到底谁赐我们饮食?这些洋教员连大米和蔬菜怎么长出来的都不知呢!"她偏不唱。

学生们才吃完早饭,集合铃就响了。同学们纷纷走进礼堂,列队站好。

新中国成立后毛泽东与杨开慧的好友李淑一在长沙合影

这时又换了一个洋教员,她走上台去,弹起钢琴,领着大家唱赞美诗。什么主呀,神呀的,杨开慧一听就不喜欢,她木然地站在那儿。接下去又是念圣经,做祷告……这一套好像没完没了。她感到不耐烦了,就问旁边的同学:"天天这样搞吗?"

那同学说:"有时隔天搞一次,这叫做小礼拜。每逢星期天,全校同学要整队出发,到北门正街天主教堂去做大礼拜。除了唱赞美诗、念《圣经》、做祷告以外,还得听校长的老公讲解《圣经》。"

"我们在这里读书,还得听校长的男人讲《圣经》?"开慧感到奇怪地问。

"是呀,她老公是牧师。"

杨开慧心想,五四运动在这个学校好像一点影响也没有,同学们还受着这样的教育,这是怎么回事呢?隔一会儿,她又问那个同学:"这一套有人喜欢听么?"

同学说:"哪个喜欢听?我们又不是教友,但是不来不行,不来就犯了校规啊!"

杨开慧想了想又问:"是不是可以请假?"

那同学说:"除非有病才准假。"

做完小礼拜后,学生进入教室,头一堂课便是校方规定必修的《圣经》课。

教《圣经》的女教员施德氏,是一个笃信宗教的美国人,她遇事必做祷告,经常用软的一手来分化学生。杨开慧心不在焉地顺手翻着《圣经》,看见那里面写着"慈悲的天父"、"上帝"、"基督"和"我主耶稣"之类,想起当年和父亲看到湘江上发出怪叫的外国军舰,心里禁不住说:"原来是这么回事啊!洋人一边用洋枪洋炮打我们,一边又在宣传'慈悲'、'博爱',用这类鬼话来骗我们。"她暗自决定以后上《圣经》课,就带别的书来看。

一天的学生生活过去了。福湘女中的一切,在杨开慧心里粗略地画出了一个轮廓。后来,她对毛泽东说:"福湘这个学校有两个特点:一是洋人控制很严,利用宗教进行奴化教育;一是鼓吹尊孔守旧,害怕新的思潮。"

福湘女中的学生合影

一个月过去了。春去夏来,杨开慧和同学们在校园漫步,在寝室谈心,感情进一步亲密起来。她了解到,同学中有的参加过驱张运动,有的上街烧过日货,有的和校方作过斗争。只是因为张敬尧的残酷镇压,加上校方的威胁软化,学生运动才消沉下来。杨开慧渐渐产生了一个想法:这个堡垒要不攻破,学校就会是死水一潭,青年们就没有出头的日子。于是,她对同学说:

"福湘女中虽然在长沙很有名气,但是洋人对我们是奴化教育。我们是中国人,要做自己的主人。"

然而,校方这时却还抓住杨开慧的一头短发不放,校长凌支尼多次叫她蓄发,她却把头发剪得更短,有的同学也跟着剪了短发。并且,杨开慧不上《圣经》课,不做礼拜,每逢做大礼拜的日子,便推说有病,躺在寝室里看进步书刊,一些同学也悄悄地模仿她。

有一次,施德氏发现杨开慧又没来做礼拜,便打发一个同学催杨开慧去做礼拜。

这位同学来到寝室,发现杨开慧正坐在床边看《湘江评论》,自己也坐下和她看了起来,结果,连她也压根儿忘了做礼拜的事。

看完《湘江评论》之后,杨开慧又打开箱子,拿出好多书来,里面有《新青年》、《新潮》、《新湖南》等进步报刊,还有《世界观》、《Out-look》那样的英文杂志。随后,在这个同学的带动下,大家都争着来借书刊看。

杨开慧带来的新思想、新文化的春风,吹散了福湘校园的沉闷空气。接着,她又在福湘校刊上发表《呈某世伯的一封信》等文章,用生动、通俗、泼辣、有力的白话文,揭露不合理的社会现象,抨击封建军阀的反动腐朽,宣传救国救民的道理。这又引起师生争相传阅。

进步思想开始在福湘女子中学传播开来了。

11.."校方不能干涉我们爱国!"

1920年夏天,由于湖南人民的强烈反对、全国舆论的猛烈抨击,张敬尧惶惶不可终日,终于像热锅上的蚂蚁了。这时,谭延闿等人的湘军节节进逼长沙,张氏兄弟抵抗不住,准备逃跑。但是,逃跑之前,他仍不忘敲诈,强提全城房产税,勒索银行现款,并且命令长沙市民交出银洋80万元。威胁说如果不照数交出来,就要把全城变成一片焦土!

长沙市民听到这个消息,异常愤怒,纷纷上街举行示威游行。

长沙街头连日爆发游行示威,震撼着福湘女中。杨开慧和一些进步同学立即商量,主张冲出校门,去参加游行示威。她们的想法得到同学们的响应。

"那我们立即上街!"杨开慧断然地说。

同学们马上响应,人数越聚越多,于是,她们举着旗帜去上街游行。然而,走到校门口时,忽然发现通向长春街的两扇黑漆大门被锁上了。

大家马上推选出高年级的同学为代表,去找校方交涉。校长凌支尼十分狡猾,一听学生们要外出游行,知道众怒难犯,马上躲到丈夫的教堂里去,避而不见。校务由英文教员史庄克代理。

这个史庄克,人称宋小姐,是一个十分顽固的家伙。学生代表去办公室找她,要她打开校门。准备出发游行的队伍,勉强按捺住火气,集合在操

坪上等候。不一会儿,只听学生代表在里面大喊:"洋人打人了!洋人打人了!"

学生们怒不可遏,蜂拥着向史庄克的办公室跑来,包围了办公室。杨开慧挺身而出,高喊:"不许洋人打人!"

同学们立即同声怒吼:"不许洋人打人!"

"史庄克滚出去!"

接着,有几个人扶着挨打的学生代表下去休息,其余的人紧紧围着办公室,要史庄克出来讲理。

史庄克除教英文外,还兼教理化课。她神气十足地走出来,煞有介事地说:"同学们,我刚给大家准备好化学实验的课目,大家快跟我来,到实验室去!"

谁也没有理睬她,她一扭屁股要走,几个同学马上拦住她的去路。这时,一个威严的声音质问道:

"你为什么打人?"

史庄克循声一看,只见对面站着一个瘦瘦的女学生,上穿稍长的青布衣,下穿较短的青布裙,剪着齐耳的短发,两眼放射出愤怒的光,很有些声威夺人的气势。她自然认识这就是选修班的杨开慧。

史庄克故作镇静,问道:"杨开慧,你们要干什么?"

"我们要去参加驱逐张敬尧的游行,你把校门打开!"

"学校的事情归我们做主,你们是学生……"

"驱张是中国人的事情,外国人无权干涉!"

"学校有权利不放行。"

"游行是学生的事情,校方不能干涉我们爱国!"

史庄克被杨开慧和几个进步同学驳得理屈词穷,然而,她仗着自己是教员,耍起了无赖,蛮横地说:"我不许你们去,你们就休想去!"

同学们一听愤怒起来,有的高喊着要把她拖下来,有的要撕她的衣服,还有的要拉她去向学生代表赔礼道歉。这时,校长凌支尼从教堂匆匆赶回来。原来她和丈夫正躲在远处观望,她还是初次看到福湘学生这么厉

杨开慧与史庄克据理力争(画像)

害,见学生们要对洋教员动手,吓得出了一身冷汗,一边摇着那双胖手,一边喊着跑了过来。她边跑边喊:"同学们,同学们!不要闹,不要闹!"

她的洋老公也跟在她后面赶过来,嘴里不住地说:"喔唷,野蛮人!野蛮人!"

学生们正围住史庄克讲道理,忽然听见他骂同学们是野蛮人,便一齐质问道:"谁是野蛮人?谁是野蛮人?"

凌支尼在一旁吓坏了,连忙又大喊:"不要闹!不要闹!"

杨开慧见凌支尼和她的洋老公要来阻止学生上街,马上指着她说:"你胡说!打人的才是野蛮人!破坏学生运动,锁上大门的,才是野蛮人!"

凌支尼不太懂中国话,看见带头质问她的学生就是剪短发的杨开慧,"过激派"的印象又在她脑子里浮动起来,急得瞪大两眼,连声说:"以后再

讲,以后再讲!"

学生们第一次看见校长那么狼狈,士气更加高涨,有的学生开始推大门了,这一下凌支尼生怕学生把大门弄坏了,忙叫史庄克:"宋小姐,快开门,快开门!"

大门一开,福湘女中的学生扛着旗帜向大街上一拥而去。从此,平静的福湘校园再也不平静了,福湘女中的学生们也投入了学生运动的洪流。

在湖南人民的愤怒声讨中,6月11日晚上,北洋军阀张敬尧放火焚烧"镇湘楼"和军火库,在冲天大火和震耳欲聋的爆炸声中,这个刽子手乘船逃往岳州,随后便滚出了湖南。

17日,湘军总司令、湖南督军兼省长谭延闿进驻长沙,长沙的高压气氛骤然得到缓和。

此时杨开智决心离开家乡,赴上海学习法文,以赴异国求学。在上海,他拜见了父亲生前的挚友章士钊先生。章先生嘉其志向,但是,劝他到北京大学深造,并写信给在北京的杨度等人,请他们帮助这位故人之子,于是,几个人都同意共同出资给杨开智作学膳费。

这样,杨开智前往了北京。

第四章 毛、杨结成连理枝

1. 把父亲留给母亲的奠仪费拿出来给了毛泽东

在张敬尧逃离长沙时,毛泽东还在上海。

张敬尧被逐出长沙后,湖南政局发生重大变化。如何在湖南建设民治这个新问题,立刻提到湖南人的面前。这时,毛泽东将原先写好的《湖南改造促成会发起宣言》发表于上海《申报》。

紧接着,毛泽东又在上海《时事新报》上接连发表《湖南人再进一步》、《湘人为人格而战》、《湖南改造促成会复曾毅书》等文章,阐明他对湖南政局建设的主张,倡导湖南自决自治。

这时陈独秀正在上海同李达、李汉俊等筹组上海共产党早期组织。毛泽东向陈独秀谈了"湖南改造促成会"的一些计划,得到了陈的赞同。在谈话中,两人又谈到了马克思主义的问题,共同探讨了许多湖南和中国的问题。

这次谈话,陈独秀对毛泽东影响很大。后来,毛泽东回忆说:"他对我的影响也许超过其他任何人……陈独秀谈他自己的信仰的那些话,在我一生中可能是关键性的这个时期,对我产生了深刻的印象。"

7月7日,毛泽东从上海返回长沙。

第二天,刚下过一场雨,酷热的长沙一下子变得清凉,毛泽东身穿薄薄的旧长衫,迈着轻快的步伐来到福湘女中。在选修班的教室旁边,他找到了杨开慧。

杨开慧与久别的毛泽东重逢了。

这次见面后不久,一师校长任命毛泽东为第一师范附小主事。这一职

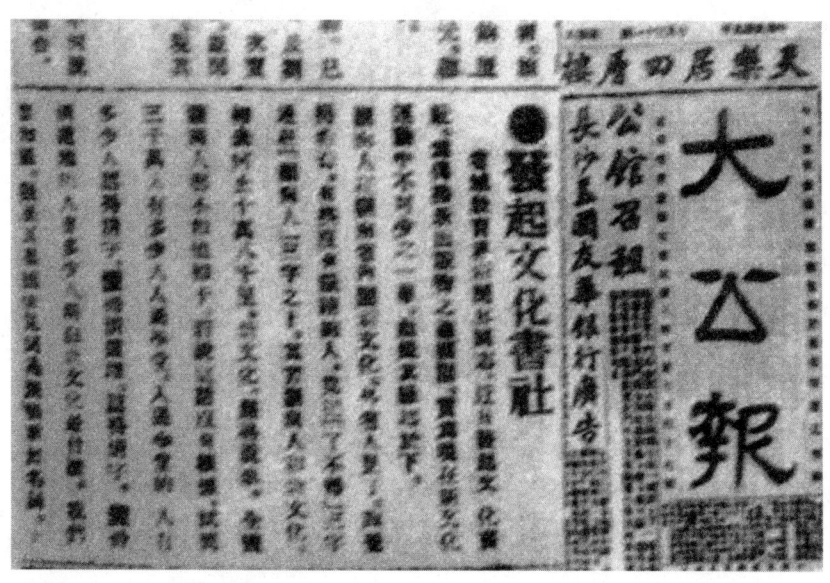

毛泽东在湖南《大公报》上发表的《发起文化书社》

位使毛泽东在长沙获得相当地位,有了比较宽裕稳定的收入。然后,毛泽东把大弟毛泽民安排到第一师范搞校务,管理师生的伙食;此时二弟毛泽覃已在第一师范附小高14班读书,读书费用全由他支付。

一天,杨开慧来到了毛泽东在妙峰山惜阴街的住处。

这时,毛泽东正在翻阅最近的报纸,看见杨开慧进来,随即说:"霞仔,你来得正好。先看看这个吧!"

杨开慧接过报纸,快速浏览了一下,报上一则题目叫《文化书社缘起》的报道吸引了她。这篇文章中写道:

> 没有新文化,由于没有新思想,没有新思想,由于没有新研究,没有新研究,由于没有新材料。湖南人现在脑子饥荒,实在过于肚子饥荒,青年人尤其嗷嗷待哺。文化书社愿以最迅速,最简便的方法,介绍中外各种新杂志,以充青年及前进的湖南研究的材料。

原来,毛泽东从上海回来后,已着手筹办文化书社。这是他们所写的文化书社即将成立的宣传启事。看了这篇《缘起》,杨开慧十分兴奋地说:"太好了,我们也快有自己的书社了!"

"是呀,宣传新文化、新思想必须要有一个阵地,书社就作此用。"毛泽东说。

但是,杨开慧对毛泽东说:"究竟什么是新文化、新思想,很多青年还搞不清楚。有的同学认为实用主义也是新思想,还有的把'教育救国'、'科学救国','实业救国'那一套,当作救国救民的法宝来传播。现在长沙很多人在讨论社会主义,有的拥护科学社会主义,有的却拥护基尔特社会主义,还有人拥护无政府主义。这些思潮,阻碍着马克思主义的传播,须得加以澄清才好。"

毛泽东点了点头,说:"青年人有这些看法并不奇怪。欧洲从文艺复兴到产生马克思主义,经历了几百年的思想变化,中国人要在几年内接受这些东西,时间未免太匆促。值得注意的是,一些人就是害怕十月革命,害怕马克思主义在中国生根。"

"我们要让马克思主义在中国生根。能不能办到呢?"杨开慧问。

毛泽东回答说:"只要努力去做,就能办到。因为现在中国工人阶级已登上了政治舞台,显示了坚强的战斗力。随着工人阶级觉悟的提高,迫切地需要马克思主义作指导。通过五四运动,全国人民更加认清了列强的侵略本性,中国人民迫切需要找到一条挽救自己国家危亡的道路。俄国十月革命成功,立即宣布废除一切不平等条约,很自然地引起中国人民对俄国革命的向往,要求了解俄国,了解马克思主义。"

毛泽东的分析,使杨开慧感到欢欣鼓舞,她指着《文化书社缘起》这篇启事,无限深情地说:"原来,要马克思主义在中国生根,这才是你的真正用意啊!"

毛泽东站起身来,爽朗地笑了。杨开慧说:"你这番用意,连书社的一些发起人也不一定知道哩!"

随后,杨开慧又问道:"润之,文化书社什么时候能开张呀?"

毛泽东说:"开张还有一段时间。现在创办书社的经费还不足。几个有志于革命的同事,也只能靠很少的教薪来维持生活,拿不出多少钱。为了解决经费问题,扩大社会影响,我已经找了文教界、新闻界、工商界的一些

知名人士,筹集了400多元,但除了文化书社以外,要办的事情还很多,还有不少困难,经费是大问题。"

毛泽东碰到了困难,杨开慧立即记在心上。从毛泽东的住处离开后,她一边往回走,一边心里盘算着如何帮助毛泽东。这时,她自己还在读书,哥哥开智也还在读书,母亲也没有工作,家里没有一点收入。父亲去世后,家境一直不宽裕。她左思右想,没有一个得到钱的路子。

突然,她想起爸爸去世的时候,北京的一些朋友给母亲寄来过一笔奠仪费至今还没有用完。于是她决定回家劝母亲把这笔钱拿出来。这时全家的生活重担全压在母亲身上,杨开慧感到叫母亲拿出父亲的奠仪费难以开口。然而,她转而又想到毛泽东有了困难,自己不为他分担,让谁为他分担?最后,她决定还是向母亲求援。

回到家,她向母亲提起了毛泽东。

向振熙一边煮饭,一边听着,最后问道:"他还是那么忙吗?"

"是的,他正在创办一个书社呢!"

向振熙烧着火,头也没抬,只是说:"他总是为大家的事忙啊,忙得衣服也顾不上洗,饭也顾不上吃。这样不好啊!"

开慧见母亲没问书社的事,有些急了,直接了当地说:"妈妈,润之现在办书社缺钱,搞革命没有经费!"

"要是你爸爸在世,就好办啰!"向振熙叹息一声,没有再说下去。在她的眼中,毛泽东办的事都是好事。然而,此时她不知道女儿说此番话还另有目的。

"是啊,可惜爸爸死得太早。"杨开慧见母亲的脸上挂着泪珠,知道七八个月过去了,她还没有完全习惯父亲去世后的生活,所以提起父亲就伤心,于是安慰母亲说,"妈妈,要是爸爸还在,看见润之干了这么大的事业,该多高兴啊!"

向振熙擦去眼泪,点着头"嗯"了一声,表示赞同。

"妈妈,要是爸爸还在,他会怎样支持润之的事业呢?"

向振熙抬头看了看女儿,回答说:"他会尽他的力量去做的。"

"那么,我们也尽力去帮助他吧。"

"霞仔,"向振熙望着女儿,"你们在恋爱。我从来也没有拦你们的路吧!"

"不,妈妈,我说的不是这个事。"杨开慧看见母亲误会了她的意思,随即说,"现在他办书社遇到了困难,我们把剩下的那笔奠仪费拿出来,给他做经费吧!"

向振熙一听,沉默了。现在两个孩子读书,又要吃饭,她本人没有工作也没有其他的收入,现在一分钱都很宝贵啊!开慧见母亲没做声,又说道:"妈妈,润之志向远大,现在他正为宣传新思想、新文化办书社,许多人都支持他,但是,文化书社因为缺钱还是办不起来,他遇到了困难,我们帮帮他吧!"

向振熙听女儿说得很动感情,也很有道理,但是一想家里生活的困难又忍住了话头,轻轻地说:"霞仔,你们还要办婚事啊!"

杨开慧说:"妈妈,你放心,我们商量好了,不做新衣,不坐花轿,不举行婚礼。一句话,不作'俗人之举',婚事新办!"

向振熙再也没什么话可说了,她走进内房,打开抽屉,拿出那笔奠仪费交给了女儿。

杨开慧手捧银元,禁不住泪水交流!她感激地望着母亲喊了一声:"妈妈,好妈妈!"

随即,她一阵风似的跑出了屋子。向振熙看见平时沉着稳重的女儿竟高兴成这个样子,也忍不住掉下了欢乐的泪水。杨开慧走后,她才想起她饭还没吃,自言自语地说:"为了润之的事业,把什么都忘了,总得吃一口饭再走哇!"

杨开慧一点也没感到饿,一口气赶到惜阴街,将那包银元交给了毛泽东。毛泽东接过银元,非常感动。钱虽然不多,但在革命工作最困难的时候,她们母女俩的帮助却是显得特别珍贵。这时好友陶毅也掏出了一笔钱资助他,文化书社终于可以办起来了。

9月9日,文化书社正式开始营业了。

书社在潮宗街 56 号。总经理是毛泽东的好友易礼容,长郡中学的新民学会会员陈子博等 3 人为营业员。书社租借原湘雅医学专门学校的 3 间房子,楼上楼下,都打扫得干干净净。中间是大屋,做了宽敞的阅览厅。书架上,很醒目地摆着《马克思资本论入门》、《社会主义史》、《新俄国之研究》、《劳农政府与中国》等介绍马克思主义的著作。阅览台上,摆着《新青年》、《劳动界》、《新生活》、《时事新报》、北京《晨报》等几十种进步报刊。

这是长沙市最先公开发行马克思主义书刊的场所,来的人特别

文化书社总经理易礼容

踊跃。文化书社的 3 个工作人员,既要拿书、收款,又要作宣传,还要读报刊,忙得不亦乐乎。

杨开慧既是热心的读者,又经常来义务帮助。毛泽东担任了书社的"特别交涉员"。他们常常协助书社工作人员,亲手把马克思主义书刊送到读者手里。

文化书社创办以后,没有多久,在平江、浏阳、宝庆、衡阳、宁乡、武冈、溆浦等县都成立了分社,在长沙城内的一师、一师附小、楚怡、修业等学校,也设了贩卖部。并且,它还和上海、北京、广州、武汉等全国各革命团体及出版机构建立了密切联系。

以后,文化书社成了毛泽东开展建党建团工作的重要联络地点,也是杨开慧刻苦攻读马列著作的课堂。毛泽东和杨开慧,常在这些地方跟其他革命同志联系。

文化书社成立后,杨开慧遵从毛泽东的安排,担负了省学联的宣传工作。她开始一边读书,一边奔波于各个学校之间。

2."我听得'向蔡同盟'的事,为之一喜"

一天,新民学会的会员收到了远在法国的蔡和森与向警予结婚的消息。

原来,1919年底,蔡和森、向警予和蔡畅等50多人乘法国邮轮从上海前往法国。在35天的航程中,蔡向两人经常一起观看日出,讨论学习和政治以及婚姻问题。当邮轮停靠在终点站法国马赛港时,他们俩都惊喜地发现自己完全被对方吸引住了。到达法国后,他们的爱情之舟就扬帆起航了。

一年之后,他们的爱情成熟了。1920年5月,蔡和森和向警予在法国蒙达尼结婚。婚礼上,蔡和森和向警予分别朗诵两人在恋爱过程中互赠的诗歌。不久,他们又将这些诗作结集出版,书名为《向蔡同盟》,分别赠送给亲朋好友。

婚后,他们分别给陶毅和毛泽东写信,说这是"一种恋爱上的结合"。在寄给国内好友的结婚照片上,他们俩人并

蔡和森与向警予结婚时的照片

肩坐着,共同捧着一本打开了的《资本论》,表明他俩是建立在马克思主义基础之上的结合。

毛泽东得知向蔡结合的消息后,立即写信给在法国勤工俭学的罗学瓒说:"我听得'向蔡同盟'的事,为之一喜,向蔡已经打破了'怕',实行不要婚姻,我想我们正好奉向蔡做首领。"

毛泽东说的这些话,也正是此刻他与杨开慧自由恋爱的心态写照。

3. 无政府主义者在书社闹事,被杨开慧斥走

1920年9月25日,天空飘着毛毛雨,文化书社的阅览厅里,依然人进人出,十分热闹。杨开慧正在翻阅北京《晨报》,忽然听见一个人在大声叫喊:"诸位,诸位!你们看见《奋斗》了吗?"

她抬头望去,只见一个披头散发的青年,穿着学生制服,手里举着一本杂志在空中摇晃着。

"你想干什么?"有人制止他,"这是阅览厅,你别捣乱!"

这青年并不理会,不但不收敛,反而把嗓门提得更高:"我有绝对的自由!"

说罢,他跳到一条长凳子上,得意洋洋地宣布:"诸位听着,这也就是我们青年学会的主张!"

接着,他开始读那本杂志上的一段话:

假使它(指布尔什维克)在实行社会革命以后,把社会产物通通归到社会公有,然后各尽所能,各取所需,那么,这种更好的自由结合,就是我们很希望的理想社会了。但可惜它一面想打破资本制度,一面又自己变成资本主义国家,看它在宪法里头所规定的条文,如什么土地国有啦,生

产机关公有啦,这种换汤不换药的政策,都很能够证明它的不彻底。故此我反对布尔什维克的理由,不因它的革命,却因它那不彻底的革命……

在他朗读时,阅览厅里,人声大哗,有的大声反对,有的高声叫好。突然,这青年猛一挥手,要大家安静,然后将食指放在嘴皮上抹点唾沫,翻到另一个地方,又读了起来:

强权本来就不好,因为它同个人自由立于反对地位,布尔什维克却事事用强权……这是摧残个人,这就是非人道。

这时,有人大声斥问他:"你们到底主张什么?"
几个青年人七嘴八舌地回答:"我们信仰无政府主义!"
"去你的无政府主义吧!"
"你们抹杀自由!"
"只要你们自由,不许我们自由吗?"
……
争吵越来越厉害,双方唇枪舌剑,手脚也开始挥舞起来了。杨开慧见状,急忙出面大声喝道:"你们这些痞子想干什么?!"
几人一看,是一个个子不高的女孩子,立即围过来说:"你说谁是痞子?"
"我说的就是你们。"杨开慧说,"你们不是信仰无政府主义,不要政府吗?长沙城内的那些痞子无法无天,不也是无政府吗?你们信仰无政府主义,就是信仰痞子主义啊!"
几人想进行争辩,却怎么也说不过杨开慧。眼开面前的小女孩什么都不怕,文化书社也不是他们的地盘,有人立即使眼色,悻悻地离开。一人边走边挠头说:"好端端的无政府主义,咋在她口中变成了痞子主义呢?!"
这场吵闹却使杨开慧的思想受到了震动。为什么在马克思主义传播得越来越广泛的时候,发生了这样的事呢?而且不止一次,以前也发生过。

今天起哄的人看上去大部分是青年学生。她决定运用在省学联工作的方便,到各个学校作一番调查,然后再向毛泽东反映。

几天以后,她就把情况弄清楚了。原来,无政府主义思想在青年学生中蛮有市场。她马上把自己了解到的情况告诉毛泽东。毛泽东对无政府主义早就有研究,说:"无政府主义流行,是有原因的。"

"什么原因使它这样受一些人喜欢?"杨开慧问。

"中国的经济落后,生产分散,人们习惯于自由散漫,一直以来没有严格的组织纪律,政府长期暴虐、腐败,人民讨厌政府、法律那一套东西;中国的灾难深重,有些人不愿作长期艰苦的革命工作,想一步登天;加上宗教宣传虚无思想的影响。所有这些,就造成了传播无政府主义的温床。"

这段时间,杨开慧对无政府主义也作了一些了解,她进一步问道:"他们主张极端自由,不要政府,不要法律,不要领袖,一切平等,废除一切带有强制性的制度,这像大街上的痞子们一样,行得通吗?"

"其实,无政府主义那一套只是翻了面的资产阶级思想,它们那一套,理论上说得好听,事实上是做不到的。坚持无政府主义,反对一切政府,也就从根本上反对了阶级斗争的学说,反对了无产阶级专政即无产阶级国家学说。因此,无政府主义的流行,对于马克思主义的传播是起直接的阻碍作用的。"毛泽东侃侃而谈。

"那我们如何打倒无政府主义呢?"

毛泽东说:"革命总是多一些人好,对受无政府主义思想影响的人也要作具体的实际分析,他们中间的很多人是可以争取过来的,并不是全部都要打倒的。"

这次谈话之后,杨开慧有意多去接触一些受无政府主义思想影响的青年学生,结果,她发现果然他们当中有些人反帝反封建还比较坚决,有的为人正直,思想也比较单纯,这使她更加佩服毛泽东的分析,并且增加了争取这些人的信心。然而,过了一段时间,她又发现这些青年常常利用星期天,游山玩水,讨论无政府主义。于是,她又把这些情况告诉毛泽东。

于是,毛泽东决定组织星期同乐会,利用假日休息时间,组织郊游,通

过对社会问题的研究讨论,教育受无政府主义思想影响的青年,引导他们走上马克思主义的道路。

这是一个晴朗的星期天。岳麓山上,枫叶正红,橘子洲头,白帆点点。杨开慧约了周南女校的一位同学,来到书院操坪附近的灵官渡口。毛泽东邀了十多个人,已经先赶到了。

他们当中有新民学会会员,也有几个甲种工业学校的学生,还有一些其他学校的学生。大家上了渡船,横过湘江,从牌楼口上岸,直登岳麓山,一路纵情谈笑,来到云麓宫。登上石级,大家都在云麓宫门前的一副对联前停下了,甲种工业学校的一个学生轻声读着:

　　四面云山来眼底,
　　万家忧乐到心头。

这副对联,正好表达了此时此地大家的心情,人们不觉你看看我,我看看你,彼此会心地微笑着。

接着,大家登上岳峰,登高望远,逸兴遄飞,然后,在山顶上围坐下来,或分析现实,评论时事;或畅谈心得,吟诗抒怀。有的谈见闻,揭露当前社会的黑暗;有的谈理想,向往祖国美好的未来。

以后,他们每周搞一次这样的郊游,并且还排了次序,每次由一个人负责召集,或攀登岳麓山、天心阁,或泛舟碧浪湖、橘子洲头,或踏看金盆岭……敞开胸怀,纵论时事,交谈工作,互相切磋,共同提高。

按照毛泽东的意见,星期同乐会逐渐扩大了活动范围,更多一些受无政府主义思想影响的青年参加进来了。杨开慧和他们交流时,常问他们看了些什么书、做了些什么事、对当前形势有什么看法、今后有什么打算,彼此搞得很熟,无所不谈。有时候,开慧夹着一包书笑盈盈地走来,向他们推荐文化书社新到的进步书刊。

在毛泽东和杨开慧的帮助教育下,许多受无政府主义思想影响的青年,逐渐抛弃了无政府主义思想影响,信仰马克思主义了。

4. 省学联的女领袖

由于在省学联工作,杨开慧联系的女同学越来越多。

10月下旬,杨开慧有事到周南女校去,刚来到学生宿舍,就听见一片哭泣声。她心里一惊:发生什么事情了?找到熟悉的同学打听,原来是一位女学生跳塘自杀,大家都在为她的不幸遭遇伤心。

这位女学生名叫袁舜英,只有16岁。她家在农村,出身贫苦,从小给人家做了童养媳。她的丈夫姓李,是周南女校的英文教员,是一个满脑子封建思想的家伙。她进入周南读书,带来了农村劳动妇女勤俭朴实的作风,学习刻苦,不讲打扮,忠厚老实,又乐于助人,深受同学爱戴。但是丈夫却常为一点小事骂她,甚至毒打她。而校方却认为丈夫打骂妻子是"家里的事",是合法行为,不闻不管。昨天,那个姓李的英文教员又当众打骂她,受到百般侮辱的袁舜英半夜投塘自尽。

在学生宿舍里,一些同学在伤心落泪,一些同学在愤愤交谈,另几个同学在轻声读着袁舜英留下的绝命书。女生们读的读,哭的哭,一个个义愤填膺,但又想不出伸张正义的好办法。

周南女校的学生

杨开慧看着袁舜英的绝命书,字字血泪,她强忍住眼泪,不禁想起去年长沙发生的一件事来。去年11月,南阳街的女青年赵五贞,因反抗包办婚姻,带一把剪刀,在花轿中自杀。毛泽东怀着满腔义愤,连续在报上发表了9篇文章,尖锐地揭露社会的罪恶,指明万恶的社会制度是赵五贞自杀的根子,主张打破迷信,改革婚姻,反对礼教,摧毁吃人的社会制度。今天袁舜英的死,实质不是一样吗?想到这里,杨开慧放下死者的绝命书,愤然站起来说:

"同学们,这不是袁舜英一个人的事,这是我们妇女在受压迫!我们不能靠学校,也不能靠什么人发慈悲,我们要为妇女自己的前途,去冲破黑暗,赢来光明!"

学生们一听杨开慧的话,都抬头望着她。一个同学泪眼婆娑地问道:"妇女的出路在哪里?怎样才能冲破黑暗呢?"

杨开慧见她缺乏信心,说道:"军阀的黑暗统治,使我们妇女不能独立,思想不能自由,我们难道能够容忍下去吗?"

大家齐声说:"你说怎么办?"

杨开慧两眼一亮,对学生们说:"毛泽东先生最支持妇女解放,我们何不去找他?"

多数女生在报上看过毛泽东的文章,听说要去向他求教,精神都振奋起来。随后,在杨开慧带领下,找到了毛泽东,讲了袁舜英的自杀事件。

毛泽东细心询问了事件经过,了解了同学们的反应,然后,他从政治上分析了这个事件,对女生们说:"现在这个社会,妇女受压迫的情况还很普遍。哭,解决不了什么问题,要起来为妇女的解放斗争呼号,只有想办法把这次事件的真相揭露出来,才能引起社会的注意和同情,一致谴责这种压迫妇女的现象。"

毛泽东的话使大家茅塞顿开。

在毛泽东的指导下,杨开慧和进步女生马上行动起来。她们在大街上讲演,在校刊上发表文章,揭露真相。结果,周南女校的袁舜英事件在长沙全城引起轰动,很快便激起了公愤。报纸上、街道上更是经月议论不息,学

校当局仓皇失措,赶紧开追悼会,隆重安葬死者,并且处分了教员李某。

这次行动后,杨开慧的名字,在同学中广泛传开了。

10月,毛泽东在湖南组建了社会主义青年团。以后,他又亲自担任社会主义青年团长沙地方执行委员会书记,在工人和进步学生中发展组织,壮大队伍。1920年冬天,杨开慧光荣地入了团。

在毛泽东指导下,省学联又成了学生运动的指挥部,它团结各群众团体,把全省的革命浪潮推向了一个新阶段。杨开慧在省学联做宣传工作,也越来越忙了。一些地区的学生,因为参加学生运动被学校开除,跑到长沙来找省学联求援。她热情地接待他们,为他们安排生活,给他们讲形势任务,讲坚持斗争的方法。

有一次,衡阳来了一批学生,住在船山学社。

杨开慧忙完工作后,又前去他们的住处。

她看到学生们睡的地铺仅仅垫着一层草席,心想:这怎么行?受了潮,会伤身体啊!于是,马上找几位同学去弄稻草。几个人弄来稻草后,杨开慧发现他们当中有一个年纪小的女同学,便上前拉着她的手,问道:"你贵姓啊?"

"我姓朱,叫朱舜华。"

"你在哪里读书?"

"衡阳三师。"

"呵,你们那里的学生运动搞得蛮带劲嘛!"

"学校把我们开除了。"

"家呢?"

"我没有家——我是从家里冲出来的。"

"你有这个勇气就好。"

杨开慧觉得这姑娘很泼辣,又很倔强,怕她在这里不方便,便托人介绍她到崇实女子职业学校去代课。朱舜华对杨开慧很感激,事后,她紧紧拉着杨开慧的手说:

"开慧姐,你这样关心我,真比我的亲人还亲呢!"

不久,衡阳的同学要回去搞复学斗争,朱舜华来向杨开慧告别。临别时,她对杨开慧说道:"湘军比北洋军阀开明,我们复学可能有希望了。"

杨开慧一听,提醒她说:"对军阀不应该抱有任何幻想,不能乞求复学,要坚持斗争。"

然后,她还是不放心,又嘱咐朱舜华说:"你回去以后,要向同学们宣传,学校当局是受军阀指使迫害我们青年的。只要能唤醒全校同学,大家都起来同军阀斗争,力量就大了,学校当局就不敢随便开除你们了。"

朱舜华点了点头。

临行时,杨开慧又说:"小朱,你一定要做革命派,莫当改良派啊!"

果然,衡阳的同学回去后,校方在军阀支持下,不让他们复学。朱舜华和其他同学们按照杨开慧的嘱咐,在省学联和群众团体的声援下,积极开展活动,坚持斗争,最后终于取得了胜利。

进校复学后,朱舜华马上给杨开慧写了一封信,杨开慧给她写了回信,勉励她努力学习,坚持进步,为改造社会贡献自己的一切。

从此以后,朱舜华在人生的道路上又多了一位引路人。

5."我为母亲而生之外,是为他而生的"

在这一段令人难忘的峥嵘岁月里,毛泽东在长沙进行的一系列革命活动,杨开慧都满腔热情地参加,竭尽全力支持。她无限热爱毛泽东,坚信他领导的革命事业,毛泽东也为自己有杨开慧这样一位忠实的战友和助手而自豪。1920年冬天,他们同居了。

关于自己的爱情观及与毛泽东的结婚,杨开慧曾有较为详细的记载遗世:

  我大约是十七八岁的时候,对于结婚开始有了我自己的见解,我反对一切用仪式的结婚,并且我认为有心去求爱,是容易而且必要的,真挚神圣的不可思议的最高级最美丽无上的爱的!我也知道这不是普通人能够做得到的事,而且普通人是懂不到这一层来的。然而我好像生性如此,不能改变,用一句恰好的话可以表现我的态度出来:"不完全则宁无。"

  不料我也有这样的幸运,得到了一个爱人!我是十分的爱他,自从听到他许多的事,看见了他许多文章、日记,我就爱了他。不过我没有希望过会同他结婚,因为我不要人家的被动爱,我虽然爱他,但决不表示,我认定爱的权柄是操在自然的手里。我决不妄大希求。我也知道,都像我这样,爱不都埋没尽了吗?然而我的性格,非如此不行,我早已决定独身一世的。一直到他有许多信给我,表示他的爱意,我还不敢相信,我有这样的幸运。不是一位朋友——知道他的情形的朋友,把他的情形告诉我,他为我非常烦闷,我相信我的独身生活是会成功的。

  自从我完全了解了他对我的真意,从此我有一个新意识,我觉得我为母亲而生之外,是为他而生的。我想像着,假如一天他死去了,我的母亲也不在了,我一定要跟着他死!假如他被人捉着去杀,我一定同他去共一个命运!

  杨开慧对于爱情和婚姻有自己独到的见解。在她看来,毛泽东是个不平常的男子,有着非凡的才干和魅力,自从她了解了毛泽东,并爱上以后,便为毛泽东所倾倒,深沉地爱着他,为了毛泽东,她可以牺牲自己的一切。这以后她用自己的生命践约了这一点。

  杨开慧选择爱人是非常认真的。1920年两人返湘后,风华正茂的毛泽东仍被长沙城内别的才女所追求。对此种情况,她非常不安。她的嫂子、杨开智的妻子李一纯见状,便直接去向毛泽东挑明杨开慧的心思。并问道:"你对霞仔的感情到底是怎么想的?"

  其实,这时候毛泽东对杨开慧仍一往情深,并且对杨开慧对他的这种不相信态度非常苦闷,他对李一纯说:"我心爱的人只有霞仔。"

  随后,毛泽东专门写了一首表达自己感情的《虞美人》,交给杨开慧:

堆来枕上愁何状?江海翻波浪。夜长天色总难明,无奈披衣起坐薄寒中。

晓来百念皆灰烬,倦极身无凭。一钩残月向西流,对此不抛眼泪也无由。

这样,毛泽东的心盖、杨开慧的心盖都被揭开了,她看见了他的心,他也完全看见了她的心,两人更加亲密了,于是便同居在一起了。

同居后不久,寒假就来临了,他们一起去板仓过春节。

板仓杨家下屋是一幢坐西朝东的房子,他俩被安排住在第三进的侧屋。这是一间清静的小屋,屋后是茂密的竹林和常青的松树,窗前的天井里有一棵桃树和一株山茶。室内的陈设整洁而简朴。窗子是木格子的,窗下摆着一张方桌,桌上放着开慧喜爱的书,桌旁一把藤椅,几张方凳。旧式的木床上,挂着白夏布蚊帐,铺着白色的被褥,床头是荷叶边枕头。这是十分简朴的房子。虽是新房却与平时无二样。

杨开慧和毛泽东结婚了!板仓一带的人们奔走相告。

板仓许多亲朋好友,络绎不绝地来到杨家下屋,既贺新婚,又看新郎。但是,大家进屋一看,他们用的都是旧的家具什物,没有添置一点新摆设,都奇怪地说:"毛先生与霞仔结婚怎么这么简朴啊!"

然而,大伙再一打听,他们一没办嫁妆,二没坐花轿,三没办酒席,既没媒人送亲,又没披红戴花拜堂。有的亲戚觉得太寒碜了,杨开慧说:"我们不做嫁妆,不坐花轿,不举行婚礼,不做俗人之举,婚事新办。"

亲戚们一听,说:"哎呀,这真是新人新事新风气,盘古开天头一回啊!"

这是毛泽东第二次来板仓,他和开慧一起迎接客人,然后和大家亲切交谈。他讲的都是革命形势,颂的都是劳农力量,讲得大家心中热烘烘的。

在板仓的日子,杨开慧陪同毛泽东踏看了这里的山山水水,看了她读过书的杨公庙小学,也去了她小时候玩过的棉花坡,还到了附近的杨家老屋、余家坳、罗家铺子、尊阳、霞凝、五美等地。此时,他们还拜访了杨开慧的好友郑家奕。

此时,好友郑家奕已于上一年与隐储小学的教员黄则民结婚,黄家在东乡凤山屋场,与新民学会会员、已赴法勤工俭学的李维汉家为邻;并且,黄则民的母亲是杨开慧的姨母。

杨开慧和毛泽东在板仓住了十来天,度过了一个有意义的春节。

回长沙时,杨开慧的堂弟,即杨昌恺的儿子杨开明也随他们一起到长沙,进楚怡学校读书。

杨开慧嫁给毛泽东后,板仓杨家《杨氏族谱》特地作了记载,这份杨氏族谱为木刻活字印刷,共41卷,封面右上角有"第二十八号"字样。第34卷有杨氏的一个支系叫"安全房华明裔学衷素和支"的第17世"华生公行传",传中除提到杨昌济早年留学日本欧美,供职于湘师范、北大,"以教育青年为天职"外,还下载有"二女,长殁,次开慧,适湘潭毛润之"。

6.毛泽东有过一次包办婚姻:从没同居过

毛泽东和杨开慧回到长沙后,杨家亲戚朋友诸如向明卿、严嘉等都纷纷前来祝贺。

这时,他们分别住在学校里,还没有找一个共同落脚的地方,只好在妙高峰下陈昌家的一间楼房里,接待了交往最密切的几位朋友。

此时陈昌还在长沙一师附小任教。1915年秋他一师毕业后,曾应聘到徐特立创办的长沙五美高小任教。蔡和森等人出国勤工俭学时,他也曾想去日本,但是被毛泽东留了下来,在长沙任教并帮办新民学会会务。毛泽东和他亲如一家,称他的爱人毛秉琴为姐,其女则称毛泽东为舅。

在陈昌家,毛泽民的爱人王淑兰和陈昌的爱人毛秉琴一起帮忙,办了几个菜,大家热热闹闹地围在一张桌子上吃了一顿饭,表示对他们结成革命伴侣的祝贺。

这算是毛泽东男方的结婚仪式了。

毛泽东与杨开慧的结合,可以说是志同道合的革命婚姻。然而,在此之前,毛泽东还有过一次婚姻。

关于这次婚姻,毛泽东后来在1936年对美国记者埃德加·斯诺所作的口述自传中是这样说的:

> 在我14岁的时候,我父母替我娶了一个20岁的女子,可是我从来没有和她同居过——后来一直也没有。我从来也不认为她是我的妻子,而在这个时候,我一点儿也不想念她。

毛泽东的结发妻姓罗,没有名字,在韶山四修《毛氏族谱》中只记载"罗氏"两字。

其实,罗氏出生于1889年10月20日,她是毛泽东邻县的湘乡人。1908年嫁到韶山毛家,成为毛贻昌的大儿媳。

毛泽东与罗氏的这桩婚姻纯粹由父母包办,罗氏依从封建传统,听从父母,嫁鸡随鸡,而在有些文化又有些新思想的毛泽东一方来说,却毫无感情可言。婚后几年,毛泽东孜孜不倦地阅读中国古典小说,也开始接触近代启蒙思想家的诸如《盛世危言》之类的进步书籍,开始向往外面的世界,对国家的前途十分担忧,意识到"天下兴亡,匹夫有责",人也步入成年,而对身边由父母包办来的妻子则不能接受。

而罗氏是一个旧式女子,她在毛家,尽儿媳之责,帮助婆婆文氏干些针线女红。作为一个正值盛年的女子,罗氏遭受丈夫的冷淡,心情自然十分凄苦,在韶山身体一直不大好,有时回娘家小住。1910年2月,罗氏突然病逝,年仅22岁,葬于韶山南岸土地冲。

尽管毛泽东从来不承认他的第一位"妻子",但是,对于这样一位年轻悄然离世的女子,不是没有同情的,因此,他对包办婚姻深恶痛绝。在一师求读时,他曾帮助一个同学解除了父母包办的婚姻。1919年11月14日,长沙城里发生了轰动一时的赵五贞抗婚自杀事件。毛泽东从11月16日

到 28 日的 13 天内,一气呵成 9 篇文章,刊载在长沙的《大公报》上,文笔犀利、深刻,痛斥封建社会的黑暗,他将"花轿"比作"囚笼",痛斥男女双方家庭的无知,甚至说包办的婚姻"可以使女死,又可以使男死"。——这些愤激、痛心之辞正是他有感而发之言。

毛泽东和杨开慧的结合完全摒弃了包办,是自由恋爱,并且,他们的爱情建立在共同的理想的基础之上,因此,被湖南的新青年们称作"理想的罗曼史"。

婚后,杨开慧继续在校学习。

7."书可以不读,学生运动非搞不可!"

在驱张运动中,福湘女中学生在杨开慧的带领下走出校门后,社会上一股股革命新风吹走了福湘女中做礼拜的呻吟声,吹醒了读死书的同学,也吹散了一些同学想做贤妻良母的迷梦。同学们开始考虑:怎样才能做一个有益于社会的人?在思考之中,福湘女中的学生的反帝反封建斗争热潮开始高涨。

1921 年后,杨开慧和进步同学一起,在长沙城里办起了平民识字班。她们自己编教材,自己刻蜡版,自己印讲义,轮流给那些无钱上学的穷人孩子讲课。她们还通过识字,提倡抵制洋货,宣传爱国思想。

杨开慧等人的举动,得到同学们的大力支持。许多女生跟随着杨开慧走出校园,参加教课的女学生达到 20 多人。随后,平民识字班很快由 1 个发展到 3 个,又由 3 个发展到 9 个,学生从十多人发展到数百人。

在举办平民识字班过程中,杨开慧模仿毛泽东办工人夜校的办法,除了亲自教课,还常常和进步同学一道,去巡视各班的教学情况,了解学生中的问题。有一次,她听说北门外的和丰火柴公司有不少女工,便约了一

位姓蒋的同学去筹办识字班。

火柴公司厂房简陋,没有教室,她们借一户住家的堂屋做教室。贴出招生启事后,女工们来报名的特别踊跃,一个工人识字班就这样开学了。

结果,这一批学生学习最认真,她们最容易接受革命道理,后来成了反帝反封建的坚强队伍,省学联组织各界群众游行示威,她们总是站在最前列。

福湘兴起的这股革命新风,惊扰了洋人的美梦。校长凌支尼急得像热锅上的蚂蚁,团团乱转:"'过激派'在学校太活跃了!应该煞一煞这股风!"

怎么煞呢?她去找教务主任和史庄克研究对策。史庄克开出了"过激派"学生的名单,其中第一名就是杨开慧。凌支尼指着名单,狠狠地说:"整顿校风,就要从这号人整起!"

但是,几个人研究具体对付"过激派"的办法时,却出现了意见分歧。史庄克上回碰了杨开慧的钉子,至今还心有余悸,她很害怕杨开慧那号"过激派"学生,不敢随便同意开除她。教务主任是一个拜倒在凌支尼脚下的奴才,她提出了"默退"一批"过激派"学生的办法,说:"既然史教员怕引起意外风波,不同意开除,那就不如在期终成绩通知单上,注明该生下期不再入校算了。"

史庄克说:"杨开慧是一个敦品力学的优秀生,在同学和老师中都有威望,要辞退她,只怕李先生首先就会不同意,学生也不会善罢甘休,万一再闹起学潮来,那怎么得了?"

这时长沙学生学潮时有发生,结果,几个人研究了好多次,也下不了决心。

到了1921年上学期,杨开慧的学联活动更多了。她和一些同学常常请假外出,有时回来得晚,学校大门关了,进不了校门,她们就从学校后面翻墙回寝室。结果,一次校方抓住了一个跟她同路翻墙而进的女生,马上勒令召开检讨会,企图杀鸡儆猴,谁知这个学生在检讨会上,竟用湖南土话把洋教员痛骂了一顿。

凌支尼听不懂土话,看见学生在哧哧笑,又气又无奈,只得大叫:"不

成体统,真不成体统!"

此事之后,凌支尼已横下一条心,非处罚杨开慧这个"过激派"学生不可了。

但是,具体实施这一想法时,凌支尼还是按原来的老一套,自己先躲到一边,让教务主任出面做恶人。

结果,第二天杨开慧被叫到教务处来了。教务主任一本正经地坐在办公桌前,唬着脸问:"杨开慧,今天你又到哪里去了?"

杨开慧看了看那张拉长了的马脸,知道她要找岔子了,故意不理她。

"你怎么经常外出?"

"我有事。"

"你是学生!"

"每次出去不都请了假吗?"

"你是来读书的,还是到外面做事的?"

"书也要读,事也要做!"

"你来校一年,不做礼拜,不读圣经,亵渎耶稣,破坏校规。你还有什么话说?"

"耶稣不是也讲自由吗?我有我的自由!"

教务主任被堵得哑口无言,用手指头扶着眼镜架却半晌说不出话来。

这时候,躲在校长室观察动向的凌支尼走进来了。她扫了杨开慧一眼,哼着鼻音说:"你这个学生,太放肆了!"

杨开慧毫不示弱地回击她:"这里已经不是你们洋人的天下了!"

凌支尼没有听明白,翻了翻白眼珠,指一指杨开慧的短发说:"一年多了,我说的第一件事,你就没有照办!"

然后,她不待杨开慧开口,接着又说:"女孩子成天跑到外面去干什么?成天去搞学生运动!"

杨开慧见凌支尼摆出了一副卫道者的面孔,便狠狠地回敬她说:"校长,你当着全校同学的面,不是也假惺惺地讲过,你是支持学生运动的吗?"

"我,我……"凌支尼被顶得狼狈不堪,一边咳嗽,一边说,"我同情、支持学生……运动。不,不支持……'过激派'!"

"那么,你是在挂羊头卖狗肉啰!"

凌支尼又没有听懂。围在办公室外面的学生,发出一阵阵开心的大笑;于是,她又转头连问教务主任。当教务主任把这话翻译给她听时,她的脸顿时变成了猪肝色,大声吆喝:"杨开慧,回寝室去!"

"干什么?"

"我罚你睡觉!"

当时,福湘女校有一条校规,学生不听话,就不让她听课,罚她白天睡觉。所以,睡觉也是一种处分。这种处分可以说是凌支尼对付活泼好动的青年学生的一种发明!然而,杨开慧却蔑视凌支尼无理的处分,她用嘲笑凌支尼的威胁的口气,立即声明说:

"书可以不读,学生运动非搞不可!"

说完之后,她走出教务处,回到寝室,清点好行李,毅然离开了这所毒害青年的教会学校。

8."女工们的工作状况真恶劣"

这时,毛泽东正在从事工人运动。

搞工人运动,对毛泽东来说,是件缺乏经验的陌生事情。然而,他不尚空谈,而是脚踏实地,从当地的实际情况出发,把工作有条不紊地开展起来。杨开慧从福湘女中退学后,毛泽东又多了一位有力的助手。他立即把争取湖南劳工会的工作提上了日程。

湖南劳工会是在湖南工人中较有基础而又受无政府工团主义影响的工人团体;它只作经济斗争,组织原则是"铲除领袖的合议制",绝对打破

湖南劳工会主要创始人黄爱和庞人铨

领袖观念和男女界限。1920年11月在长沙成立,主要创始人是黄爱和庞人铨,会员达7000多人。

对于黄爱和庞人铨,毛泽东是较为熟悉的,并且与他们都有交往。

黄爱,原名正品,号建中,常德人。1913年秋季,他依靠二哥的接济,考入长沙湖南甲种工业学校机械科。毕业后,在湖南电灯公司当技工。1919年,插班进入天津直隶专门工业学校学习。

1919年风起云涌的五四风暴激起他强烈的爱国主义热情,他改名黄爱,以示时刻不忘爱国。9月16日,天津的周恩来、邓颖超发起成立觉悟社,他被邀请为第一批社友。10月1日,黄爱作为天津代表,和南京、武汉、河南、湖南等7个省区的代表到北京请愿,要求北京政府严惩镇压爱国运动的山东军阀马良,结果被总统徐世昌下令逮捕,关押了38天才获释出狱。出狱后,为实践自己作激烈斗争的主张,他又准备组织"十人敢死团",携带《反对北洋军阀政府》的传单,冲进总统府,让北洋军阀制造杀戮他们的事件,用鲜血和生命来激起全国人民对北洋军阀的反抗。这一计划后来

被周恩来等人劝阻。黄爱回校后,学校当局借口他旷课太多,将他开除。

1920年1月,他被李大钊介绍去上海,在陈独秀创办的《新青年》杂志社做缮写校对工作。此时,他读了许多进步文章,决心在学生运动结束后,全力以赴地投入工人运动。他的这一想法得到陈独秀的赞同。

5月,他来到湖北汉阳,原定在汉阳兵工厂着手组织工会,由于军阀吴佩孚控制很严,没有成功,于9月回到长沙。

在长沙,他与当年在湖南甲种工业学校要好的同学庞人铨再次相聚。

庞人铨在湖南甲种工业学校染织科毕业后,在湘潭织布厂当技工。后来为支持"驱张运动",他参加了湘军,在陈嘉佑部当副官。1920年6月,当他看到张敬尧被赶出湖南后,湖南仍然被军阀所统治,社会仍然一片黑暗,愤而退伍回家。他在自制的一把笋壳蒲扇上,写了一首诗,寄托自己的愤懑心情。

> 世间作扇多绫羽,
> 此独山间竹制成。
> 拿来岂为驱蚊蚋,
> 一扫人间大不平。

庞人铨来到长沙,和黄爱相见后,两人同住在贡院同街的光华旅馆,然后,共同发起组织了"甲工"学友会,谋求救国救民之路。

黄爱回到长沙时,曾持陈独秀介绍信拜会过何叔衡,通过何叔衡,他认识了毛泽东。以后,他与庞人铨常到惜阴街毛泽东的住处,与他一起研究创办湖南劳工会的问题。

然而,在办劳工会的指导思想和宗旨等问题上,他们与毛泽东意见不一。因为黄爱建工会要采取"合议制,铲除领袖制"的做法,这是明显的无政府主义的主张。因此,毛泽东不同意。以后,黄爱和庞人铨就开始了独立建会的行动。

1920年10月至11月,黄爱、庞人铨召开了3次劳工会发起人会议。

11月7日,召开第3次发起人会议,决定择期召开成立大会。

随后,湖南劳工会在何叔衡、林伯渠等帮助下,向省政府立案以后,于11月21日在长沙教育会坪召开了成立大会。

劳工会成立后,黄爱任教育部主任兼驻会干事,庞人铨任出版部主任兼驻会干事。

不久,湖南第一纱厂工人发起反对省政府将纱厂租与私商华实公司经营的运动。

湖南第一纱厂是1913年官办的企业,位于长沙湘江西岸的银盆岭下,资金总额达400余万元。由于军阀连年混战,时开时停,没有正常生产。1920年,该厂主权被赵恒惕政府租给私商华实公司,华实公司又将部分股权转租给外省资本家赵子安,并由赵任纱厂经理。赵子安,系湖北人,在招聘工人和选用职员时,竭力排斥湘籍人,引起大家不满。早在1921年2月,黄爱、庞人铨曾领导纱厂工人游行示威,向赵恒惕的省政府和华实公司提出抗议,要求将纱厂收归公办,被省长赵恒惕置之不理。3月5日,他们又召集劳工会联席会议,决议收回湖南第一纱厂为公有,并推黄爱、庞人铨、王光辉、黄建白等10人为全权代表负责向政府交涉。3月8日,黄爱等代表在湖南《大公报》上发表了《反对纱厂商办》的宣言。

但是,黄爱、庞人铨等人的行动还是没有使省政府有所行动。

杨开慧从福湘女中退学后,第一纱厂工人反对纱厂商办的斗争仍在紧张地进行。

为了打开在湖南的工运局面,毛泽东决定去第一纱厂作一次实地考察。

这一天,毛泽东和杨开慧夫妇,还有郭亮、柳直荀、夏明翰从大西门码头上船,渡过湘江,登上了银盆岭。

夏明翰,出身于衡阳名门望族,父亲早逝,祖父夏时济为前清进士,当过户部主事。在十多个孙儿中,他最宠爱明翰。1917年,夏明翰违背祖父心愿,考入省立第三甲种工业学校机械科。第2年4月,吴佩孚攻陷衡阳城,他暗暗联络了志同道合的朋友,成立了革命团体砂子会,反对北洋军阀吴

夏明翰

佩孚。

北洋军阀吴佩孚打到衡阳时，专程到夏府拜访夏时济。夏时济打着赤膊，拖着辫子，送吴出门，拱手齐眉，口中念念有词。夏明翰看到祖父"坦坦赤心，精诚相送"的丑态时，怒火中烧。他冲进厅堂，将吴佩孚写的一幅条幅撕成碎片，撒满一地。自此，祖孙之间的矛盾开始激化起来。1919年夏初，五四运动风雷激荡，夏明翰和衡阳第三师范学生蒋先云等奋起响应湖南学联的号召，发动罢课，推动罢市，声援北京学生。6月湘南学生联合会成立，夏明翰当选为第三任总干事，主编《湘南学生联合周刊》。

次年3月，何叔衡等率驱逐张敬尧请愿团来到衡阳，他在联络学生的同时，还不断拜访夏时济等社会知名人士。夏明翰对何叔衡去拜访祖父这样的顽固派很不理解。一天晚上，他气冲冲地跑去质问何叔衡："你是何许人也？为何跟夏时济勾勾搭搭？"

何叔衡知他生了误解，耐心地和他讲解了联络各界人士驱张的重要性，于是，夏明翰不再反对做祖父的工作，终于促使祖父领衔向全国发出了支援驱张的通电。

然而，夏明翰在衡阳的行动，使衡阳一些奸商、绅士、官僚恨之入骨，他们纷纷要求夏时济严加管束孙子。夏时济真的把他关了起来。这更引起他的愤怒，决心与祖父决裂。一天晚上，他乘机逃脱，并砍掉了被祖父看成官运亨通、兴旺发达象征的一棵桂树，与封建家庭决裂。自此，夏明翰愤然离开夏府，一去而不复返。

1920年秋天，夏明翰来到长沙，并认识了毛泽东。

这一次去湖南第一纱厂,毛泽东把他和湖南一师的学生郭亮也叫上了。

当一行人来到纱厂门口时,门卫拦住了去路。正好劳工会的张理全、萧石月出来,看见毛泽东一行人立即让他们进去。

进了厂区,毛泽东说:"我先去工会找黄爱、庞人铨,你们先到车间去看看吧。"然后由张理全陪着走了。

萧石月则陪着杨开慧、郭亮、柳直荀、夏明翰前去车间。

首先来到了粗纱车间。车间里纺纱机声震耳欲聋,飞花乱窜,纷纷扬扬,吸进鼻孔呛人喉管,时时引起咳嗽;女工们在机器之间来回奔跑,替断纱接头,累得满脸是汗,头上手上都沾满了棉絮。

萧石月边走边对杨开慧几人说:"工人劳动时间特别长,每天分日夜两班,一天工作12个小时以上,有时星期日还要加'礼拜工。'厂方动不动就罚工钱,扣工资,车间里不准讲话,女工们走错了车间、打了瞌睡、出了次布、损坏工具统统要罚钱。罚一次,少则扣一天工钱,多则扣几天、十几天工钱。"

"天下乌鸦一般黑,资本家榨取工人的血汗,太狠毒。"夏明翰说。

杨开慧忍不住说:"女工们的工作状况真恶劣。"

"连个吃饭都没时间哩。"萧石月介绍说,"女工将带来的冷饭连碗放在蒸纱流出来的废水里烫一烫,算是把饭热了,然后就着腌萝卜或咸菜,三扒两挑地把饭吞进肚里,然后又赶到机器面前。吃几口饭都莫想安稳。特别是挡车工人,

萧石月

接几个头,扒一口饭,吃不到一半,碗里就落满了飞花。"

"不能到外面去吃吗?"郭亮问。

"谁要离开车间吃饭,那就不得了,不是受罚,就是挨打。"

他们参观完粗纱车间又转到细纱车间,后又从细纱车间来到织布车间。从车间出来后,时间还早,杨开慧说:"到工人住的地方去看看吧!"

随即,几个人来到了工人们的住处。然而,工人们所谓的住处都是用破木板钉起来的棚子,里面黑糊糊的又潮湿又没有光线,夏天像蒸笼冬天像冰窖,进出都要低头弯腰。当杨开慧等人来到木棚前时,有几个光屁股的孩子在外面玩耍,一个骨瘦如柴的老娭毑右手拄着一根拐棍,左手牵着一个三四岁的小孩坐在棚子前,擦着眼泪。夏明翰见状问道:"老娭毑,你怎么啦?有什么伤心事?"

老娭毑一双小脚颤颤巍巍站了起来,指了指怀中的小孙女,一把鼻涕一把眼泪地说:"可怜可怜吧!她妈被工头糟蹋,跳河死了,他爹找厂方算账,又被厂家开除啦!这叫我们如何活命啊!"说罢瘫坐在地上。

萧石月说:"老妪你不要太伤心,劳工会正和厂里交涉,一定要合理解决的。"

杨开慧连忙从口袋里掏出一包铜钱,送到老人手里。

从工棚回来后,郭亮、柳直荀、杨开慧、夏明翰几人和毛泽东会合在一起了。

毛泽东问道:"你们看了一天,有什么收获?"

郭亮感慨地说:"女工们的状况极差,受压迫很深。"

"现在是一堆干柴,只要点一

在长郡中学读书的郭亮

把火,就会熊熊燃烧。"夏明翰接上口。

"劳工会现在的斗争,是发动纱厂工人,反对商办,交回公办。我看不是'公办'的问题,天下乌鸦一样黑,只有推翻这吃人的制度才行!"柳直荀说。

"现在赵恒惕在倡导自治,在搞省宪法,能不能进行合法斗争,争取改善工人生活?"杨开慧第一次接触工人生活,刚刚投入斗争,想法有些简单地问道。

"想要赵恒惕这家伙开恩?那太天真了。"郭亮说,"劳工会只注意上层活动,工人还没有发动起来,合法斗争难取得胜利。"

"对!要反对残酷剥削、黑暗统治,只有靠工人团结得紧紧的,拧成一股绳,坚决斗争才有可能成功。"毛泽东说。

这一次毛泽东和黄爱、庞人铨也取得了一些共识,黄爱和庞人铨两人真心实意想为工人办事,很尊重毛泽东,并且要"请润之先生多指教",表示要跟毛泽东学习工人运动的经验。

9.黄爱、庞人铨大闹长沙

在毛泽东一行人来到第一纱厂后,3月16日,黄爱等人又向赵恒惕递交《劳工会主张纱厂公办呈署总部文》,正式提出公办纱厂的要求。然而,赵恒惕看到呈文恼羞成怒,指责劳工会为"过激党"。为此,3月20日,黄爱、庞人铨等人组织了一次有千余人参加的示威游行,向政府表明工人们对于纱厂未来的态度。4月2日,黄爱、庞人铨又发动纱厂工人组织纱厂审查委员会、工程委员会、营业委员会、公务委员会,决定自筹资金管理纱厂,并暗中拆除机器,阻止华实公司开工。

然而,省政府及华实公司对劳工会提出的要求仍旧置之不理。4月13

日,黄爱、庞人铨又组织各工厂、工校 3000 余人渡河到第一纱厂举行大示威,以责令华实公司毁约停工。

游行队伍分四路冲进纱厂,围住办公楼。赵恒惕闻讯,立即派出几百名军警赶到现场进行弹压,当场抓走了劳工会代表王光辉等 4 人,派一个排在纱厂迫令工人上工,并扬言要严办纱厂肇事者。同时,赵恒惕亲自下令传讯劳工会代表黄爱、庞人铨等人。劳工会办公室接到传讯后,黄爱沉思片刻,对大家说:"我去应付一切!"

庞人铨立即阻止,说:"赵恒惕虎狼之心,这一去就是等于虎口送肉。你不能去!"

黄爱说:"我不去,赵恒惕就会以此为借口向工人下毒手,工人运动就有可能被镇压下去。我一个人去承担责任,赵恒惕就无机可乘。"

"那我们一起去。"

黄爱说:"赵恒惕心狠手辣,你有家有室,不能去。一切让我来承担。"

4月28日,黄爱来到赵恒惕的司令部。然而,此时赵恒惕早就布置好了罗网,黄爱一到,军警们一拥而上,马上就把黄爱扣留起来,先把他关押在卫戍团,第二天转押到陆军署监狱。

毛泽东闻讯黄爱被抓,立即和何叔衡、郭亮等人商议,声援劳工会的斗争。最后,决定以纪念五一劳动节游艺大会为名,集合群众要求释放黄爱等人。随即,郭亮前去与庞人铨联系,要他发动工人,并且以第一师范大礼堂作劳工会的临时指挥所,通知劳工会骨干前来开会、印制传单。这时杨开慧也没有闲下来,她和毛泽民商量,由一师食堂订做一批面包和包子,上面印有"劳工神圣"、"不做工者不得食"的字样,准备在游艺会场出卖,收入交给劳工会做经费。

5月1日,黄爱在陆军署监狱进行绝食抗议。同日,他给庞人铨(受纯)等人写了如下一封信:

树彬、受纯、郭彬:
　　游艺大会今天举行了?念念,我昨天下午四点半钟迁入陆军署监狱

了,到底湖南监狱的风味,比北方的监狱有点不同,真是敢当不起呀!大约还住上几天非病不可。

我此番"自首",有三个原因:一、维护本会的招牌;二、试试看团体的团结力;三、锻炼我的心身。大概这三个原因,不用详细的解释,想必你们揣测得个分清楚。总之,我的牢狱之灾,两个月前,已经预备着领受的了,我的朋友陈君(指陈独秀)说的好:"你们要有出了研究室便入监狱室,出了监狱室便入研究室的精神。"近来三个月的光景,真是忙个不了。这一下子我入了极乐世界,倒是要想趁着这个安闲,好好地把思想组织起来,着笔做几篇文章,一方面多看几本书,救救知识的饥荒,你们看我这狱中岁月好不好呢?现在会中一切事情,很盼望你们竭力维持,除此,我并没有旁的挂念。纱厂问题。张剑白说得好:"宁肯失败到底,不可趋于投降式的和约。"这种态度才算有魄力,有人格。我们的那块招牌如果万分保守不住,也是没有法儿,要干一下的,你们以为如何?

我现在身上穿的里面汗衣,简直有点臭味了,请受纯哥把我的汗衣送来,并盼望你们送几部书报给我。

盼望你们不要挂念。再谈。

黄爱于"五一节"

同一日,尽管省警察厅发布了禁止"五一"游行的禁令,但是,庞人铨仍然领导工人群众举行了庆祝"五一"国际劳动节的活动,这次活动用组织"五一节游艺晚会"的方式进行。会场设在第一师范。工人群众情绪高昂,秩序井然。

庞人铨在大会上发表了演说,当他谈到黄爱正在监狱绝食时,全场气氛肃穆悲愤,不少人流了泪。这次五一会声势很大,震动了长沙城。

五一节过后,黄爱在狱中开始绝食的消息传出,长沙各界进步人士纷纷到陆军监狱署进行慰问。6月8日,赵恒惕被迫于各方面的巨大压力释放了黄爱。

黄爱出狱不久,适逢端午节,毛泽东把他们和庞人铨叫到了家里。杨开慧和毛泽民做了几个菜,准备了一些酒,大家边吃饭边聚谈。席间,黄爱

谈起了他在天津与周恩来、邓颖超一起参加斗争、共度患难的往事。

毛泽东说:"周恩来、邓颖超的名字我早就熟悉,也读过他们的文章,只可惜未能谋面。"

"周恩来也是海内一奇才!"黄爱喝了一口酒说,"可惜他已于1920年前去法国勤工俭学了,不然我倒乐意为你们介绍。"

庞人铨乘此机会向毛泽东讨教:"润之先生,你与周恩来他们学问多,见识广,你看我们劳工会的做法如何?有什么要改进?"

庞人铨

对这个问题毛泽东早就想过,于是,他对省劳工会提出了三点建议:一是劳动组合的目的,不仅在团结劳动者以罢工的手段取得较高的工资和缩短工作时间,尤在养成阶级的自觉,以全阶级的大团结,谋全阶级的根本利益。二是工会组织要有民主产生的办事机构,人员要精干,旧的行会式的组织固然要不得,职员太多分部太繁也要不得。三是加强工人对工会的组织观念,工人应该自己养活工会,要准备罢工基金和选举基金。

毛泽东的建议得到了黄、庞二人的赞同和采纳。随后,他们对劳工会进行了改组,原来各工团的合议制,改为了"书记制",劳工会分为书记、教育、组织三个部,三个部又由委员组成执行委员会。其中,黄爱任书记部委员,庞人铨任教育部委员,张理全任组织部委员。黄爱还邀请毛泽东助理会务;并且他们接受了毛泽东"小组织大联合"的主张,按照产业或行业联合的原则,改组了基层组织,先后成立土木、机械、印刷等十多个工会。会员也开始缴纳会费。劳工会从此进入了崭新的发展阶段。

最后,经过整整100天的斗争,6月26日,华实公司被迫与劳工会订立条约:

一、华实公司通电全国,对工商界声明认错。

二、预提红利五千元,作为湖南工人教育经费。今后华实纱厂每年提出百分之五的红利作为湖南工人教育经费,由湖南劳工会和各工团及机械工会,组织湖南工人教育经费保管委员会保管支配。

三、工厂卫生及工人抚恤条例,由华实公司同工界另订协约。

劳工会与华实公司的斗争取得胜利。

10. 毛泽东和何叔衡行动"突然",拒绝众人送上轮船

1921年6月,各地共产党早期组织先后收到上海共产党发起组的来信,要他们各派两名代表前往上海开会,准备建立党组织。毛泽东领导的新民学会也收到了陈独秀等的与会通知。

其实,早在年初,毛泽东领导的新民学会就讨论了建党问题。

由于湖南政局影响,长沙新民学会会员好久没有开会。1920年年底,长沙政局略定,这时在长沙的会友达20余人,于是大家商量聚会一次。此时评议员一年的任期已满,不能再做开会召集人。于是,毛泽东、何叔衡、周世钊、熊瑾玎、陶毅等会员,先商定了开会手续,然后发出了开会通告:

我们学会久应开会,因种种原因没有开成,今定从十年一月一号起接连开会三天,为较长期的聚会,讨论下列各种问题:

1. 新民学会应以什么作共同目的;
2. 达到目的须采用什么方法;
3. 方法进行即刻如何着手;
4. 会友个人的进行计划(自述);

5. 会友个人的生活方法(自述);

6. 学会本体及会友个人应取什么态度;

7. 会友如何研究学术;

8. 会章之修正及会费之添筹;

9. 新会友入会的条件及手续(附出会问题);

10. 会友室家问题;

11. 个性之介绍及批评;

12. 会友健康及娱乐问题;

13. 学会成立纪念问题;

14. 临时提议。

上列各项问题,或为巴黎会友所提议,或为此间同人所亟待解决,请各人先时研究准备,以便于开会时发表意见,而期得到一种适当的解决。

开会地点:潮宗街文化书社。

开会时间,第一日,上午9时半至11时半;第二日,上午9时至下午2时(各带餐费二角);第三日,上午9时半至11时半。

务希拨冗到会,风雨无阻;并请严守时刻。

新民学会启

1921年元旦,长沙大雪满城,银装素裹。新民学会里10余人冒雪来到潮宗街文化书社开会。会议10时开始,何叔衡为主席,首先请毛泽东报告开会理由及国内外会员情况。

毛泽东说:"我们学会久应开会了,去年以前,因种种变故,所以没开成,现在是不能再缓了,趁现在新年各处都放了假,特地召开一个时间较长的集会,讨论同人认为最急切的各种问题。"

然后,他将两年来学会会友在国内国外各方面做事求学的情形大略向大家报告了一遍。

毛泽东报告完后,主席何叔衡将要讨论的各问题一一提出来。会员陈书农首先发言说:"通告上列出的开始的三个问题内容重大,我主张压下到明日讨论,先圈出其余各个问题,在今日讨论。"

毛泽东说:"这三个问题因为其重大,今日宜略加讨论,但暂不表决。"

众人都赞成毛泽东的建议。于是先开始讨论三个问题,即:

"新民学会应以什么作共同目的?"

"达到目的须用什么方法?"

"方法进行即刻如何着手?"

这次新民学会新年大会的意义是极深远的。经过认真讨论,对于第一个问题,毛泽东、易礼容、彭璜等10人赞成"改造中国与世界"为共同目的,以多数票通过。对于第二个问题,赞成采用布尔什维克主义的会员达12人,占绝大多数。

会议的最后一天,讨论了第三个问题。许多会员在发言里都把建党建团作为改造中国与世界的事业中即刻需要着手的问题。陈书农提出:"遇有机会,宜促使实现,故有组党之必要,所以厚植其根基。"

熊瑾玎表示:"事实上有组党之必要。多联络,不惜大牺牲,事先宜厚筹经济。"

彭璜说:"组织劳动党有必要,因少数人做大事,终难望成。分子越多做事越易。社会主义青年团,颇有精神,可资提挈。"

陈子博也说:"组党分都市、乡村两方面。"

易礼容认为:"宣传组织宜一贯,即组织,即宣传;即宣传,即组织。要造成过激派万人,从各地传布。"

最后,毛泽东综合大家的发言,提出:"诸君所举各种着手办法:研究,组织,宣传,联络,经费,事业,我都赞成。惟研究底下,须增'修养'。联络可称'联络同志',因非同志,不论个人或团体,均属无益。筹措经费可先由会友组织储蓄会。我们须做几种基本事业:学校,菜园,通俗报,讲演团,印刷局,编译社,均可办。文化书社最经济有效,望大家设法推广。"

至此,经过3天逐步深入的讨论,新民学会在国内的多数会员对学会的方针和实现这一方针的方法等重大问题,取得了一致的看法。许多会员抛弃了原来的空想社会主义和改良主义思想,大家共同集合在共产主义旗帜之下。

从此,长沙也和北京、上海等地一样,逐渐形成一批共产主义者结成的早期组织,开始筹备创建中国共产党的全国性组织。

在这次新民学会年会期间,毛泽东每晚回家。其中,1月2日晚,毛泽东曾给蔡和森写了一封信。

在1920年八九月间,远在法国的蔡和森曾两次写信给毛泽东就建党问题进行了交谈。他在法国亲眼看到第一次世界大战的创伤,更受到十月革命的影响,思想上的震动和变化很大。他在短短的四五个月时间内,用

蔡和森与新民学会会员在法国蒙达尼合影

"猛看猛译"的方法,看了几十种小册子,将世界大势、俄国革命的情况和各种社会主义派别反复比较研究,得出了明确的结论:中国要走俄国十月革命的道路,建立共产党。不少在法的新民学会会友受他影响,也开始研究马克思主义。为此,1920年7月5日至10日,蔡和森等13名新民学会会员在法国蒙达尼公学集会,讨论学会的方针。会上,蔡和森、向警予首先提出今后的会务方针是"改造中国与世界"。他们的这一观点得到了与会

者一致赞同。

但是，在讨论改造中国与世界的方法时，蔡和森主张组织共产党，使用无产阶级专政。然而，新民学会的发起人之一，此时在华法教育会担任秘书的萧子昇则主张温和的革命，即以教育为工具的革命，以工会合(作)社为实行改革之方法，搞蒲鲁东式的"新式革命"，反对蔡和森激烈革命的主张。

蔡、萧二人意见针锋相对。与会的其他会员也就这个问题纷纷发表意见，会上一时争执不下。会后，萧子昇和蔡和森分别写信给毛泽东，把这次会议的情况专门向国内会员作了报告，并阐述了自己的观点和主张。

1920年8月13日和9月16日，蔡和森连续两次写长信给毛泽东，阐述自己在蒙达尼会议的观点。

12月1日，毛泽东给蔡和森、萧子昇及在法诸友，复了一封长信，对蔡和森组织共产党，实行阶级斗争和无产阶级专政，走俄国人道路的主张，"深切赞同"。并表示不同意萧子昇等人的主张。

现在，新民学会对于创建党的工作有了一个统一的意见。因此，他向蔡和森报告了国内建党的情况。

新年过后，1921年1月13日，长沙社会主义青年团正式建立，毛泽东任书记。

1921年6月，毛泽东接到陈独秀等人发来的出席党的全国代表大会的通知后，6月29日，毛泽东和何叔衡作为湖南代表启程前往上海。

何叔衡，比毛泽东大9岁。他1912年入第一师范讲习科学习，认识了毛泽东，并一起成为杨昌济的学生。两年后，他毕业了，到长沙楚怡小学教书，与毛泽东交往密切，相知渐深。毛泽东组织新民学会时，他是最早被邀参加的一人，也是会员中年纪最大的一个。然而，他极佩服毛泽东，曾向谢觉哉说："毛润之是个了不起的人物。"毛泽东开展新民学会活动，常和他商量；在毛泽东推动长沙教育界的知识分子组织健学会时，何叔衡极力奔走联系；毛泽东发起成立驱张运动，他也挺身而出，当请愿代表。前一年他又和毛泽东、彭璜发动湖南俄罗斯研究会，并接任了湖南通俗教育馆馆

何叔衡（左二）与谢觉哉（右一）

长。同时，他邀请好友谢觉哉担任了湖南通俗教育馆发行的《湖南通俗报》主编。

在这一天，谢觉哉在日记里记下了毛何这一具有历史意义的启程：

午后6时，叔衡往上海，偕行者润之，赴全国○○○○○之招。

谢觉哉的夫人王定国后来也告诉人们说：

"对于这样一个重大的历史事件，由于湘江上空乌云翻滚，反动势力猖獗，谢老既怕忘掉，又不能详细记载，只好在这天日记上，画了一大串圆圈。"

后来，谢觉哉对此又回忆说：

一个夜晚，黑云蔽天作欲雨状，忽闻毛泽东和何叔衡即要动身赴上海，我颇感到他俩的行动"突然"，他俩又拒绝我们送上轮船。后来知道，

这就是他俩去参加中国共产党第一次代表大会——伟大的中国共产党诞生的大会。

这时,长沙到上海没有直达的车船,毛泽东、何叔衡于6月29日晚从长沙乘船北上,先到达武汉,然后再由武汉转赴上海。途中需5天左右时间,毛泽东、何叔衡到达上海已是7月4日以后。然而,毛泽东到达上海时,距实际开会时间尚早,于是,他们又去了杭州、南京等地。

毛泽东去上海后,杨开慧独自在长沙。

11. 建党,建党!

等毛泽东、何叔衡从杭州、南京返回上海后,其他各地的代表们也陆陆续续地到达。他们与其他9位代表以北大师生暑假旅行团名义,住进了上海法租界蒲柏路私立博文女校。

这时女校已放暑假,非常安静。代表们都住在楼上。当街的两间房,靠东的一间张国焘、周佛海、包惠僧住;靠西的一间王尽美、邓恩铭住;毛泽东和何叔衡住在靠西的后面一间。这间房屋光线很暗,他俩用两条长凳架上一块板作床用。

1921年7月23日,中国共产党第一次代表大会,在上海法租界贝勒路树德里3号开幕。出席会议的代表共13人。他们是:湖南的毛泽东、何叔衡,湖北的董必武、陈潭秋,上海的李达、李汉俊,北京的张国焘、刘仁静,山东的王尽美、邓恩铭,广东的陈公博,东京的周佛海,还有陈独秀指定的代表包惠僧。他们代表着全国50多名党员。共产国际代表马林和尼科尔斯基也出席了会议。

会址是李汉俊之兄李书城的寓所。

会议原定由陈独秀主持,但他因广州公务繁忙不能抽身赶来与会。临开会前只好另定主持人选。因为会议主持者必须经常与各地代表以及共产国际代表联系,而上海的李达、李汉俊都不喜欢交往,与马林接触后,彼此关系也不够融洽,于是大家推举北京来的张国焘主持会议。毛泽东和周佛海任记录。

张国焘向大会报告了会议的筹备经过,并说明了此次代表大会应当具体讨论和解决的问题。经过与会者的同意,大会确定了主要议程。

在整个会议过程中,毛泽东除担任会议记录外,只做过一次发言,介绍长沙共产党早期组织的情况。和其他各地小组相比,长沙的组织比较统一,而且较为整齐,并且已经有了实际的工作成绩。因此,给代表们留下了深刻的印象。

在这次会上,毛泽东给人的印象是老成持重,沉默寡言,即使说话也是沉着而有力量。尽管他很少发言,但十分注意听取别人意见。在所住的房子里,他经常走来走去,陷入沉思,其他代表经过窗前向他打招呼时,他都没看到,有些代表不能体谅,反说他是个"书呆子"、"神经质",但是,毛泽东仍不改变,还是继续思考和计划回到长沙后如何推动工作的办法。

代表们经过几天的讨论,主要通过了两个文件:一是中国共产党党纲,二是《关于当前实际工作的决议》。党纲确定党的名称为"中国共产党",规定党的奋斗目标是:领导无产阶级通过武装斗争,推翻资产阶级的国家机器,建立无产阶级专政,实现生产资料公有制,消灭阶级,最终实现共产主义。同党纲规定的奋斗目标相适应,大会通过的《关于当前实际工作的决议》,确定党成立后的中心任务是集中力量组织工人阶级,发展工人运动。

最后,大会选举陈独秀、张国焘、李达组成中央局。陈独秀为书记,张国焘分管组织工作,李达负责宣传工作。

党的第一次全国代表大会正式宣告中国共产党的成立。这是开天辟地的大事。从此,在古老落后的中国出现了完全新式的、以马克思列宁主义的先进理论为行动指南的无产阶级政党。作为中国共产党的创始人之

一的毛泽东,开始了新的战斗历程。

1921年8月,毛泽东、何叔衡由上海回到长沙。此后,他们开始秘密酝酿筹建中共湖南地方组织的工作。

毛泽东回到长沙后,先去潮宗街文化书社找到易礼容。因为社里人多,谈话不方便,毛泽东把易礼容邀了出来,两人在书社对面的竹篱笆旁边谈话。毛泽东告诉易礼容说要成立共产党,易礼容说:"我听说俄国1917年列宁领导的革命死了3000万人。中国现在要成立共产党,要是死30个人,救70个人,损失太大,我就不干。"

毛泽东说:"你错了。社会主义革命是瓜熟蒂落。"

易礼容说:"瓜熟蒂落,就干吧。"

又过了几天,在长沙城外协操坪旁边的一个小丛林里,有几个人在散步。他们一时沉默地站在树丛和石碑的中间,一时在丛林里的小路上走动,彼此热烈地谈论。在高高身材、脚步稳重的毛泽东的旁边,走着宽肩膀、矮矮身材、一口黑胡子的何叔衡。此外,还有新民学会的会员彭平之、陈子博、易礼容。

他们正在这里讨论建立湖南党组织的问题。

正在这时,萧子昇从北京回来了。他从法国回来办理中法教育协会活动事宜,然后回到长沙,看望毛泽东和杨开慧诸人。

萧子昇是新民学会的总干事,人缘好,有才干。他是毛泽东的好朋友。早在1910年在湘乡县东山小学读书的时候,两人就相识了,后来又在一师同学,曾与毛泽东、蔡和森被誉为"杨门三杰"。萧子昇比毛泽东早毕业两年,在长沙修业、楚怡学校教书,以后赴法勤工俭学。此次从法国归来,他还专门备了一份礼物,送给师母向振熙。

故友和老同学见面,分外亲热。

杨开慧特地做了几个菜,包括萧子昇喜欢吃的酸盐菜和蒸扣肉,准备了一壶酒,因为萧子昇是好喝几盅好酒的。

几个人边吃边叙别后之事。毛泽东把筹建共产党的活动情况告诉他。

但是,萧子昇听后,却反对道:"俄式的革命是激烈的破坏。以教育为

工具,温和地进行革命,革命才为正当。"

毛泽东说:"我们通过资本主义的教育,达不到改造社会的目的。"

"通过教育的方法,可以使资本主义信奉共产主义是可能的事。"萧子昇说。

"你们主张用教育的方法改造中国,但教育一要有钱,二要有人,三要有机关。钱,在资本家的手里,主持教育的,尽是一些资本家,或资本家的奴才。"毛泽东说。

"学校及报馆,两种最重要的教育和宣传机关,虽在资本家的掌握中,但是,可以为我所用,马克思后的蒲鲁东就有成功的尝试。"

"总而言之,现在世界的教育,是一种资本主义教育,蒲鲁东没有建立起社会主义。所以,我觉得教育的方法是不行的。而俄国式的革命,却是山穷水尽、诸路皆走不通时的一个变计。"

"然而,俄式革命太激烈,破坏性太大……"

萧子昇还是固执地坚持他教育救国的主张,毛泽东则坚决主张用暴力推翻旧社会,达到彻底改造中国的目的。两个人谁都说服不了谁,各人坚持各自的志向和信仰,结果,这一顿饭吃得并不和谐,萧子昇早早就离开了毛家。

深夜,何叔衡来告诉毛泽东:"萧子昇在拆台。"

"哦?拆什么台?"毛泽东有些吃惊。何叔衡告诉毛泽东萧子昇正在劝一些新民学会会员不要跟毛泽东搞什么共产党,而跟他去教育救国。

"教育救国的主张,虽然不可行,但还是得到一部分会员支持的。"杨开慧有些忧虑地说。

"是呀。"接着,何叔衡顺便把会员中传播的一个笑话告诉他和杨开慧,说,"×××最初听了润之的演说,感到走俄式革命的路没错,表示要跟润之走。子昇回来后,他听子昇一说,感到教育救国也有道理,表示要跟子昇走。刚才他对我说:'子昇不在的时候,润之要我走一条路;润之不在,子昇又劝我走另一条路;两人都不在,我不知道走哪条路好。现在两人都在长沙,各说各的,我仍然不知走哪条路好。'"

何叔衡的话,引起毛泽东、杨开慧一阵大笑。

过了一会儿,毛泽东说:"子昇此举真是拆台呀!"

"怎么办?"杨开慧和何叔衡几乎是同时问。

"天要下雨,娘要嫁人,由他去吧。"

虽然毛泽东极其重视与萧子昇的友谊,希望和这位老朋友志同道合,走俄式革命道路,但遭到拒绝。最后,两人只好分道扬镳。新民学会也于此完成了它的历史使命,于1921年夏解散。

12. 长沙"开放女禁"急先锋

不久,毛泽东被第一师范聘为国文教员,随即,他辞掉了一师附小主事职务,推荐何叔衡接任。杨开慧因为上个学期从福湘女中退了学,学业没有完成,现在秋季开学在即,又开始考虑怎样继续求学的问题。

这时长沙只有两三所女校,要是被学校开除辞退,再度入学就不容易,幸亏何叔衡在岳云中学教过书,他批判封建思想,提倡学校改革、男女同校,得到了岳云中学校长何炳麟的支持,并与他私人关系颇好。于是,何叔衡向何炳麟推荐了杨开慧。

岳云中学创办于1908年,是湖南办得最好的私立中学之一,素有"北有南开,南有岳云"的美称。校长何炳麟是位著名的进步教育家,早年留学日本,回国矢志教育,倡导科学救国教育救国,依靠朋友的帮助,创办岳云学校。他是一位藐视权势的正直的知识分子。国民党某要员曾以巨款为媒,谋当岳云的董事长,被何炳麟婉言拒绝。五四以来,湘省教育界不断有人呼吁男校速开女禁,主张男女同校,但一直停留在嘴巴上。长沙女校不仅继续在办,而且男老师如果没有长胡子,去女校任教,还得"垂帘"授课!何炳麟锐意学校革新,决定招收女生,实行男女同校。杨开慧也决心冲破

这封建的陈规,带头投考岳云男校。随后,她与周南女校的蒋玮(丁玲)等5个同学一道投考岳云男校,她们都是因参加学生运动不容于原校,现在又同时投考男校。这破天荒的行动,马上轰动长沙城,一时议论纷纭,谤言蜂起。

但是,何炳麟不畏人言,首开女禁,杨开慧等6个女同学全被岳云中学录取。

杨开慧和蒋玮等几个女同学,一起搬进了岳云男校新设的女生宿舍,成了"开放女禁"的急先锋。何炳麟首先实行男女生同校,这在湘省教育界是一大革命,长沙各报一致誉称岳云为"学界的光荣"。长沙男女分校的旧传统,从此便被打破了,以后长沙各校开始陆续招收女生。

在杨开慧入岳云中学时,她表弟向钧也来到了岳云中学读书。

杨开慧9月到岳云中学以后,一边从事党的工作,一边读书。

13. 20岁生日前入党,为"中共女党员第二人"

中国共产党成立后,毛泽东的心情是愉快的,但是,怎样开展下一步的工作?党的一大会议并没有提供具体的办法。各地党组织的工作,一般从两个方面着手:一、利用职业关系进行宣传和发展党员;二、想法接近工人,组织工人运动。毛泽东也是这样开始了他最初的建党活动。

但是,他觉得党需要有一个加强理论学习和宣传的公开场所,于是,又和何叔衡创办了湖南自修大学,以此作为培训党的干部的基地。湖南自修大学得到船山学社董事会总理仇鳌和社长贺民范的积极支持。贺民范还出任自修大学校长,毛泽东担任指导主任。杨开慧参加了该校的筹建工作,并利用自己担任学联干事的身分,筹集经费。

当时,中国的大学学费都很高。许多有志升学的青年只能望洋兴叹,

莫敢问津。毛泽东办自修大学的方针,旨在反对机械式的教育、提倡自动的学习,反对只求毕业文凭的虚荣心,提倡实际的学问,另外,还力求反对贵族学校,提倡平民学制。毛泽东先后起草了自修大学的《组织大纲》和《创立宣言》,里面说"自修大学为一种平民主义的大学,采取自学为主的方法,研究各种学术,并注意劳动,求知识与劳力两阶级之接近,采取古代书院的形式,纳入现代学校的内容,而为适合人性便利研究的一种特别组织"。学校发出的《入学须知》中申明:"我们的目的在改造现社会。我们的求学是实现这个目的的学问。"然而,9月开学时,入校者只有一人,即夏明翰。但是,后来经过做工作各地前来学习的青年达100多人。

湖南自修大学注重自修,没有上课的时间,各人自由研究,或开会讨论。研究和讨论的题目都是马克思列宁主义的各种问题。学生每天作读书笔记,作文一篇。其中内设一个图书馆,凡是当时能够收集到的进步的书刊报纸都找了来,供给学习者阅读。

这时,柳直荀在雅礼大学读书,他也千方百计挤出时间到自修大学来学习。杨开慧也常来。大家采取自己看书、自己思考、共同讨论、共同研究的方法,研究马克思主义。杨开慧投身到毛泽东为之奋斗的事业中去,和他并肩战斗。

在创办湖南自修大学的同时,毛泽东着手组建湖南地方党组织。10月10日,湖南中国共产党支部成立,毛泽东任书记,成员有何叔衡、易礼容等人。

湖南党支部成立后,毛泽东着手在工人和学生中发展党员,建立党的基层组织。为了接近工人,他脱下长衫,换上粗布短褂,赤脚穿草鞋,到工人聚集的地方去,同他们做朋友。他先后在第一纱厂、电灯公司、造币厂、黑冶炼厂,以及泥木、缝纫、印刷等行业中吸收一些先进分子入党。在学生中,首先是在自修大学、第一师范、商业专门学校、第一中学、甲种工业学校等基础较好的学校发展党员。

一天,毛泽东对杨开慧说:"现在正在发展第一批共产党员,成立湖南党的正式组织。你是第一批CY(即社会主义青年团员),争取早日转党。"

何孟雄和妻子缪伯英

不久,杨开慧加入了中国共产党。杨开慧入党时,女性中只有北京大学的何孟雄的妻子缪伯英加入中国共产党,杨开慧为中国女共产党员的第二人。

和杨开慧同时入党的还有新民学会的彭璜。他入党后不久,急欲去法国留学。这时,新民学会会员先后已有18名赴法勤工俭学,其中包括他的女友魏璧。于是,他为出国日夜奔走,筹措赴法费用。但他周围的朋友,都是些家境贫寒的青年,无力支援,使得他处处感到棘手,心烦意乱,以致弄得精神失常,说话前言不对后语。毛泽东发现他这一情况后,当即约易礼容送他到湘雅医院去治病。但他在医院里只住了一天就出走失踪了,从此下落不明。毛泽东、杨开慧等人无不为他的不幸感到惋惜。

14."最好的合法形式就是去搞平民教育"

中国共产党成立后,1921年8月中旬,又在上海成立了中国劳动组合

书记部,作为公开领导工人运动的机关。10月,在长沙成立了劳动组合书记部湖南分部,毛泽东任主任。毛泽东开始组织发动工人运动,作为湖南工作的重点。

这一天,毛泽东刚从安源煤矿回家,突然,他当年的"半个朋友"李隆郅出现在眼前。

在毛泽东惊愕之际,正在做饭的杨开慧说:"润之,隆郅已经等你好久啦!"

寒暄之后,李隆郅拿出了上海中共中央的介绍信,热情地说:"润之,中央派我来湖南,请你分配工作。"

李隆郅本来在法国勤工俭学,怎么突然回到了长沙呢?

原来,他与蔡和森、罗学瓒、张昆弟等人被法国政府遣送回国了。

1921年6月初,北洋政府内务总长以特使名义来到法国,企图向法国政府借1万万金佛郎,购买军火,扩大内战。为了借款,北洋政府不惜以出卖海关、邮政和滇渝铁路建筑权作担保。事先,驻法公使陈箓同法国有关方面做了初步接洽。

当时在法的中国学生得悉这一消息,无不义愤填膺,激烈反对。由周恩来、蔡和森、赵世炎、陈毅等人发起,联合巴黎华侨各团体,于6月30日组织了拒款委员会,发表了《拒款宣言》,并公布了周恩来起草的关于借款真相的调查报告。

周恩来,1898年出生于江苏淮安。1900年春随三伯父周贻谦在辽宁铁岭银岗书院读书,后转入奉天第六丙等小学堂。1913年离开奉天奔赴天津,以优异成绩考入天津南开中学。中学毕业后,一位名叫吴达阁的好友借给他一笔路费,帮助他到日本留学。留日期间,他成为全国学生爱国团体——新中学会的领袖之一。1919年春,回国后即在天津投入五四运动,并发起组织了觉悟社。

1920年1月,反动当局为镇压学生的示威请愿,在天津制造了"一二九惨案",50多人被武装的军警殴打致伤,周恩来等4名学生代表不顾军警的阻拦,强行冲进省公署交涉,但遭到逮捕,陷于囹圄之中。7月出狱后,

为进一步寻求救国救民的真理,他踏上了赴法勤工俭学之路,12月中旬,到达法国马赛。

《拒款宣言》发表后,广大华工站在学生一边,其他各界爱国侨胞也纷纷响应。为了扩大影响,周恩来、蔡和森、李隆郅等人一面领导在巴黎的中国学生及旅法各界侨胞,举行了2次拒款大会,要求陈篆到会作答,一面撰写通讯,寄回国内,揭露卖国借款真相,争取舆论支持。在中国工人、学生和法国正义人士的一片反对声中,法国政府担心事态扩大,不好收场,只得

周恩来

宣布暂缓借款。拒款斗争取得了胜利。

但是,经过拒款斗争后,华法教育会原来给学生的一点微少津贴完全停发,这给留法勤工俭学学生造成了极大的生活困难。与此同时,北洋政府驻法公使馆和法国当局,借勤工俭学名义,向欧洲各国募捐得一笔巨款,创办了里昂中法大学。可是,把持这所大学的国民党元老吴稚晖,却将已在法国勤工俭学的学生拒之门外,反从国内广州、上海等地招来一批有钱的官绅子弟入学读书。

蔡和森首先得到"贵族学生"即将到达法国的消息,找到周恩来、赵世炎和李隆郅等人商量对策。最后3人决定组织各方面的力量,强行进入里昂中法大学去就学。

9月17日,100多名学生代表集会于巴黎,通过了蔡和森等人起草的《以开放里大为唯一目标》的宣言,随即组织先发队,由李隆郅任总指挥,由李隆郅、蔡和森、赵世炎、陈毅、罗学瓒、张昆弟、向警予等人参加的入校队,一共125人,由巴黎直奔里昂,强行去入校。

9月21日,入校队到达里昂,砸开里昂大学校门,占领校舍。

周恩来率巴黎其他学生赶来支援。

里昂大学校舍被占领,使得陈篆、吴稚晖等人慌了手脚,急忙向法国当局求救。9月22日上午,300多名法国武装警察包围了学校,先是强行逼迫学生们离开,无效后没收他们的护照,随后用装甲车冲进校门,大肆殴打手无寸铁的中国学生。李隆郅、蔡和森、陈毅、张昆弟等104名学生被拘捕,装进囚车,押到法国芒特吕克炮台的兵营。

在囚车驶往兵营途中,李隆郅、赵世炎等人不断用法文高喊"争回里大"的口号,蔡和森还将身上带的传单从铁窗口向马路上甩去。

"双十节"到来时,被拘留的100多名学生进行绝食斗争。此事吓得中国使馆和吴稚晖又慌了手脚,吴稚晖被迫出面向被押学生讲话,劝说勤工俭学生放弃入学要求。李隆郅和赵世炎代表全体勤工俭学生发言,当面痛驳了吴稚晖,指斥他出卖了留法勤工俭学生,并和法国当局勾结压迫学生的行为。吴稚晖狼狈离去。最后,他和中国公使馆与法国当局商定,把这批学生押送回国。

在得知这个消息以后,李隆郅和蔡和森、赵世炎商量了对策,蔡和森说:"押送回国也是好事,回到国内,可以找党参加革命斗争。"但是,法国的留学生和华工需要有人留下进行领导,于是,李隆郅建议赵世炎留下来,因为他是勤工俭学学会的负责人,赵世炎表示同意。3个人商定后,设法使赵世炎逃离了兵营。

经过28天的囚禁生活,10月18日深夜,蔡和森和李隆郅、吴明(陈公培)、陈毅、罗学瓒、张昆弟等103人,被法国当局以"从事布尔什维克活动"和"过激党"的罪名,武装押上轮船,强行遣送回国。

蔡和森、李隆郅、陈毅等104名留法勤工俭学学生,经过一个多月的海上航行,回到祖国。邮船驶经香港时,蔡和森与李隆郅、张昆弟、贺果等20多人设法在香港上岸,进入广州,先期到达上海。1921年11月23日,其他人全部抵达上海。

蔡和森、李隆郅到上海后,见到了陈独秀,两人立即被党中央批准为中共党员,并决定蔡和森留在党中央工作,李隆郅回湖南从事工人运动。

这时，李隆郅没有等法国的行李寄到，就怀着投身革命的强烈愿望，离开上海前往湖南。

来到长沙后，他立即拿着党中央的介绍信去见中共湖南支部负责人毛泽东。

毛泽东和李隆郅是"二十八画生"征友的"半个朋友"，算是熟人。现在他看到李隆郅的介绍信，热情地说："湖南正是需要人的时候，欢迎你回国参加革命！"

这时留学生回国参加革命并不多见。因此，毛泽东对李隆郅的到来很高兴。他问："你希望做些什么工作呢？"

"陈独秀书记说当前中央的主要工作是搞工运，那就让我到工人中去搞运动吧。"

于是，毛泽东依据李隆郅的志愿，决定派李隆郅去安源开辟工作："那好，你就去萍乡安源路矿吧，那里离你老家也近。"

李隆郅欣然同意，接着，毛泽东向他介绍了湖南工人运动的情况。

最后，杨开慧也坐过来了，她细细地询问了蔡和森和向警予等人的情况。李隆郅说："我离开上海时，听蔡和森说向警予也快回国了。"

杨开慧听了，对毛泽东说："自从前年北京分别后，整整两年了，真想念她！"

但是，李隆郅工作心急，无意多谈，对毛泽东说："润之，我想明天就去萍乡。"

毛泽东笑着说："你莫急，去组织工会开展工人运动，首先需要利用合法的形式，争取公开活动，才能站稳脚根，才能逐渐和工人接近，发现他们当中的优秀分子，逐渐把他们训练和组织起来，建立党的支部作为团结广大群众的核心。"

杨开慧也说："最好的合法形式就是去搞平民教育。"

杨开慧这一点与毛泽东想到一块了，毛泽东接着说："对！长沙有个平民教育促进会，社会主义青年团员李六如在那里工作，你去他那里办一个给萍乡县知事的公函，事情就好办了。"

第二天,李隆郅按照毛泽东的指示办好了去萍乡的手续。

第三天,毛泽东和李隆郅以及湖南劳动组合书记部的工作人员宋友生、张理全等4人一起去安源。李隆郅远从国外归来,顾不上回家探望,火车经过醴陵的时候,他只隔着车窗望了一眼离别3年的祖屋,连车都没下,就跟随毛泽东直奔渴望已久的战斗岗位。

到安源以后,毛泽东、李隆郅一行4人以湖南省劳动组合书记部代表的身分,考察情形,开始活动。他们同工人积极分子进行了接触,并向他们"谈及工人受痛苦,受压迫,及有组织团体之必要等情,于是大得工友欢迎"。

李隆郅

毛泽东等3人回长沙以后,李隆郅以教员的身分留在萍乡办工人补习所和国民学校,从此,22岁的李隆郅,在安源开始了职业革命家的生涯。李隆郅以后对杨开慧的哥哥杨开智,乃至对整个中国革命都产生了巨大的影响。这是此时杨开慧和毛泽东始料不及的。

罗学瓒、张昆弟到达上海后,也先后加入了党组织。随后,罗学瓒被派往北京中法大学学习,张昆弟在百家庄从事工人运动。陈毅则没有加入共产党,回了离四川乐至老家较近的重庆。

15.黄、庞殉难:杨开慧表兄妹与亲戚对着干

毛泽东送走李隆郅回到长沙后,湖南劳工会又掀起了工人反帝运动的

热潮。

1921年12月25日,湖南工界举行了反对太平洋会议的游街大会。

所谓太平洋会议,就是1921年11月12日开始在美国华盛顿召开的美、英、法、意、日、葡、比、荷、中等9国会议。会议共签订了7个条约和协定,包括列强共同镇压远东人民,首先是镇压中国人民,美、英、法、日签订的《四国公约》;根据美国的"在中国全境之商务实业机会均等"、"门户开放"的原则,共同掠夺中国的《九国公约》等。会议期间,中日还签订了关于解决山东悬案协定,规定胶济铁路由中国借款赎回,胶济租借地及附近地区归还中国;开放胶州租借地为万国商埠。这个会议是列强诸国共同掠夺和瓜分中国的黑会,引起了中国人民的极大愤怒,全国各地纷纷举行会议进行反对。

这次湖南工界反太平洋会议由黄爱任主席,庞人铨任总指挥。在大会上,黄爱发表了激烈的演说,参加人数之众为历次罕见。

这次大会盛况使得湖南省长赵恒惕大为震惊,他对手下说:"他们一声喊就是万把人,岂不要造反就造反了么?"

这时长沙工人运动声势之大确是如此。

此时,黄爱、庞人铨领导的劳工运动也渐渐由经济斗争转向政治斗争。同时,湖南劳工会的声势越来越浩大,华实公司的董事陈友梧曾亲自登门造访,请求加入劳工会,并愿意出500大洋作为会金,遭到黄爱的拒绝。但是,陈友梧碰了钉子还是不甘心,一计不成,又以华实公司的名义每月出300元的高薪礼聘庞人铨为公司的高级顾问,也被庞人铨断然拒绝。

1922年1月,时近旧历年关,第一纱厂的工人们盼望厂方发给年终双薪,买点年货,或作年假回乡省亲的路费。可是,厂方竟以"沪、汉无此例"为由,一口拒绝,并且在1月13日下午贴出布告,说年终奖金,技工发铜元1000文,学徒发铜元500文。这引起工人的无比愤懑。劳工会会员邹觉悟、李信竹、萧石月、曹达璋等经过磋商,认为只有制服厂方,才能达到目的,于是,立刻召集2000多工人把经理、职员办公楼包围起来。工人愤怒地喊着陈友梧等人的名字,要他们出来算账。

湖南工人运动的领袖毛泽东

双方僵持时,有两个湖北工人往办公楼上冲,结果,厂监察处长李汝贤下令卫兵开枪,两人被击伤倒地。工人愤怒起来,冒死冲上楼去与军警搏斗。激战中,一群工人打开仓库,搬来棉花包,又找来火油,准备点火烧掉办公楼,吓得楼上的陈友梧、李汝贤和其他董事、职员面如土色,浑身发抖,有的站在走廊上向工人们叩头作揖,有的将写着"所要求的,一切允许"、"只要不放火,什么条件都答应"之类的字条从窗口丢下来。工人们见资本家答应了条件,才慢慢离去。

当晚,工人代表向厂方提出5个条件:

一、年终发给双薪;

二、工资一律发给银元;

三、年假不得扣除工资;

四、不得随意开除工人;

五、发给受伤工人医药费。

5项条件全部答应,工人在厂方履行条件后复工。

谁知第二天,省长赵恒惕却派出大队军警将纱厂重重包围,李汝贤立即宣布"特别戒严",声称:"此次工人损坏器物,伤及卫兵,系反政府行为,一定要严惩为首的暴徒。"军警进厂后看守工人宿舍,不准工人耳语,不准工人自由行动,连吃饭都要监视。李汝贤等人则带领军警到工人宿舍抓"带头闹事"的人,有的捉去打屁股,有的在雪地上扒光衣服,有的绑在稽查室门前,打得头破血流,伏地不能动弹。其间,有人向李汝贤报告说:"黄爱今天来过纱厂,罢工是黄爱挑起的。"

李汝贤一听,恶狠狠地说:"非杀几个人不可!"

15日,为了争取社会各界的支援,纱厂工人发出了《纺纱厂全体二千二百多工人万急启事》,湖南劳工会也向赵恒惕政府提出抗议,要求从工厂撤走军警。16日上午,曹达璋、萧石月、邹觉悟等人来到劳工会报告纱厂工人受到镇压的情况。黄爱等听到以后,急忙赶往太平街华实公司办事处向公司当局提出警告,并严正指出:

"此次工人援沪、汉各纱厂先例,请求贵公司年终发给加薪,实为生计所迫。贵公司不过牺牲一二日盈余,而工人得之,已可满足,并无不当之处。何谓工人不应当与兵士冲突?那么试问工人为什么与兵士冲突?兵士开枪打他们,他们应不应该抵御?李汝贤违法用刑,已不应该,如果要杀人示威,难免会激起意外之变。"

总经理黄藻奇,董事彭祖植、戴云阶等都在场。其中,黄藻奇为省财政厅厅长,并且他还是杨开慧的大舅妈叶素珍的姐夫。他假惺惺地请黄爱出面谈判调停,黄爱答应。然而,黄藻奇等人暗中又派人以5万元重金贿赂赵恒惕,要求派兵捕杀黄爱、庞人铨。在第二天与劳工会谈判时,黄藻奇、彭祖植等人,突然变得温和有礼,主动表示除以红利5%充做工人教育经费外,还增加3条:一、工人照发红利;二、明年开工,保证不开除工人;三、协议一经签字,由劳工会保证当晚复工。

当黄爱离开华实公司时,黄藻奇又将一张1000元支票塞给黄爱,并低声说:"务请笑纳。"

黄爱推开支票,说:"金钱是买不到人心的!"

这一天,杨开慧和李淑一等人一起上街,听到外面的风声很紧,关于纱厂的谣言很多,赶紧回来告诉毛泽东。此时,毛泽东也得到消息:一场屠杀的阴谋正在加紧进行。下午,毛泽东急急来到劳工会,黄爱告诉他说:"华实公司答应签订协议。"

毛泽东说:"今天外面谣言很多,说赵恒惕要杀人,所以条约应该提前签字,事久多变,最好今晚就签。"

大家都表示赞同。

接着,毛泽东说:"我还去趟《大公报》馆,找张平子写篇社论,让赵恒惕不要帮华实公司压迫工人。"

黄爱说:"那请你同时替劳工会登个启事,声明此次罢工,全系资方挑起,工人自动酿成,华实公司愿接受复工条件,并请求劳工会代表工人出面解决问题。"

"对,这样就好了!"毛泽东赞同地说。

于是,黄爱派劳工会的另一成员与毛泽东前往大公报馆去了。

这天晚上,黄爱、庞人铨等人在劳工会办公室等待华实公司代表前来签约。然而,他们一直等到深夜11点钟,才只有董事彭祖植一人姗姗而来,说:"总经理黄藻奇因事要迟来一步。"这样,黄爱他们只好又等。结果,等到第二天凌晨2点,突然冲进一群武装军警,不容分说,抢了誊写的待签文件,把黄爱、庞人铨押到一名姓唐的法官面前。

"谁是黄爱?"

"是我。"

"那么你是庞人铨?"

"是!"

法官对士兵一挥手:"绑起来!"

"我们犯了什么罪?"庞人铨挺胸直问。

"什么罪不罪,总司令就是要杀你们两个人。"法官阴阳怪气地说。

"要杀我们,也应该拿出罪状给我们看看。宪法明文规定,凡人身自由

被剥夺时,施行剥夺的机关,必须将理由通知本人,使他有及时提出申辩的机会。"庞人铨义正词严地斥责。

法官冷笑着回答:"总司令要杀你们,杀了以后,你们就有罪名了。"

于是,刽子手一拥而上,脱去他们的上衣,然后把他们五花大绑,押到浏阳门外行刑。这时刚刚凌晨3点,整个长沙市上空朔风怒号,雪花飞舞,地面上积了一层厚厚的白雪。黄爱、庞人铨两人大义凛然,昂首挺立,面对寂静的夜空高呼:"大流血!大成功!"

刽子手先向庞人铨下了毒手,一刀砍下,庞人铨身成两段。接着,刽子手向黄爱连砍三刀,他虽然倒下了,还睁眼怒视敌人……他们就义时,年仅25岁。

黄爱、庞人铨殉难的消息传出后,引起湖南各界人士的极大愤怒,群众悲愤交加,立即组织了游行示威,部分工人还冲击了内务厅,向赵恒惕提出了强烈抗议。

正在长沙求学的向钧得知这是自己的姨父、省财政厅长兼华实公司总经理黄藻奇用5万元买通赵恒惕干的坏事,非常气愤。他不顾黄藻奇是自己的亲戚,又是父亲在善化县政府做职员的推荐人和"保人",也不顾家里提出不要得罪黄藻奇,免得给全家带来后患的劝告,毅然邀集同学来到北门外黄藻奇的公馆,乘其不备,破墙而入,将姨父抓了出来,迫使他认罪;黄藻奇供出此事主谋为赵恒惕政府军务司长李佑文。

在毛泽东的主持下,各界代表在船山学社举行了两次追悼大会,分发了杨开慧和李一纯等人一起制作的"黄庞精神不死"纪念章,同时以湖南工界的名义通电全国。

但是,赵恒惕封锁消息,不准报纸报导黄庞遇害的消息。

于是,毛泽东安排杨开慧去常德把黄爱60多岁的父亲请来,然后由已是安源党支部书记的李隆郅送去上海。在上海,李隆郅、蔡和森等人举行记者招待会,控诉赵恒惕的罪行。

赵恒惕的杀人暴行马上在上海、广州、北京等地的报纸上揭露出来。各地群众纷纷举行追悼会,发来抗议和声讨"湖南霸王"赵恒惕的电报。

李大钊在北京写下了《黄、庞流血记序》一文。在文章中,他说:"黄、庞二位先生的死,乃是为救助他们的劳动界同胞脱离资本家的压迫而死,为他们信仰的主义而死……"

在法国,周恩来得知黄爱、庞人铨被惨杀,百感交集,写下了《生别死离》一诗,热情地赞扬黄、庞:"他们是中国的卢(卢森堡)、李(李卜克内西),是为共产花开和赤色的旗儿的飞扬,把种子撒在人间,血儿滴在地上。"

1922年5月1日,在广州召开的第一次全国劳动大会上,通

孙中山

过了将黄、庞殉难的1月17日定为中国劳工运动纪念日的决议。孙中山接见了黄爱的父亲,表示要出兵讨伐赵恒惕。

1926年12月,湖南第一次工农代表大会召开,会上通过决议,将黄爱、庞人铨和黄静源、汪先宗等烈士一起葬于著名的风景区岳麓山。

杨开慧自始至终地参加了这场惊心动魄的斗争。在血与火的洗礼中,她受到了锻炼,也在不断地成长。

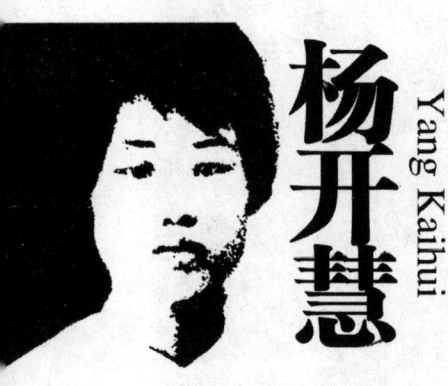

第五章 激情燃烧的岁月

1. "没有代表工人的这一竖,天地就不分"

通过指导湖南劳工会的活动,毛泽东初步获得了领导工人运动的经验。他深知依靠和培养骨干、建立强有力的工会组织的重要性,于是着手组建粤汉铁路工人俱乐部、安源路矿工人俱乐部。

长沙的新河,是粤汉铁路的一个总站,这里有机车修理厂,还是工人宿舍区,许多铁路工人住于此。毛泽东很注意铁路工人的工作,他常常带着郭亮去了解铁路工人的情况,他俩还同铁路工人一起,坐在新河街上的一家茶馆里喝茶、谈心。

郭亮,长沙县铜官文家坝人,1915年秋就读于长郡中学,后因家里被溃兵抢劫一空,生活窘迫,被迫退学回家种田,西湖寺高小老校长保荐他到郭氏宗祠族学教书,结果却因没有设宴招待县督学被免去教员职务。他为此愤愤不平,回到家里对父亲说:"不改造这个世界,什么事也干不成!"

1919年五四运动爆发后,郭亮积极投入了这一斗争。一次他在横渡湘江的渡船上,偶然从被查封的禁书中看到两期《湘江评论》,如获至宝,从心底里钦佩毛泽东,于是,特地赶到长沙去向毛泽东当面请教。

1920年秋,郭亮考入湖南省立第一师范学校,被编在第二部第三班。从此,他有更多的机会同校中进步同学和正在一师附小任主事的毛泽东接触,在毛泽东等人的指导下,他接受了马克思主义,先加入了新民学会,次年10月,参加了中国社会主义青年团。1921年加入了中国共产党。此时,他一边读书,一边跟随毛泽东进行工人运动。

1922年初,在毛泽东的亲自指导下,新河铁路工人俱乐部成立了,并

且还办起了工人夜校。但是,工人夜校办起来后,教员十分缺乏。这时,杨开慧已有平民识字班教学的经验,于是自告奋勇地说:"润之,我到这所夜校去讲课。"

毛泽东欣然同意:"好呀,今天晚上就去!"

晚上,毛泽东和杨开慧一起去新河。毛泽东去找新河工人俱乐部的负责人研究工作;杨开慧提着一盏马灯,腋下夹着几本书,来到工人夜校上课。夜校的课堂,就设在新河铁路东边的一间民房里。课堂里吊着煤油灯,土墙上挂了一块小小的黑板,几十个工人挤在几张桌子周围,把小小的民房塞得满满的。

杨开慧放下书本,向大家问好。工人们看见来讲课的是个女先生,连忙起身答礼,工人们的举动使杨开慧深深地感受到了他们对知识和先生的尊重。她环顾那些热情的面孔,说道:"工友们,听毛先生讲,去年3月,你们因为警兵殴打车务工人,罢过工;去年10月,你们又联合株洲、岳州、徐家棚等站的职工800多人,为改善工人的待遇举行了罢工,并且取得了

杨开慧为工人夜校上课(画)

胜利。你们是英勇的战士,革命的先锋!"

这位女先生年轻,又这么熟悉铁路工人的情况,还这么尊重人,工人们顿时活跃起来。其中,一个中年工人很感慨地说:"杨先生,我们是被人家踩在脚下的苦力啊!"

杨开慧看着他,扬了一下头,反问道:"那你们为什么被人家踩在脚下呢?"

中年工人说:"工人生来就是受苦挨穷的命!"

"为什么这样说呢?"杨开慧又问。

中年工人回答说:"命中只有八合米,走遍天下不满升,这就是命呀!莫想出头。"

这时,另一个青年工人又接着大声说:"'工'字出头就是'土'字,工人出头就要'入土'。闹工潮的被杀头,就是想出头的结果。"

"你们认识'工'字吗?"杨开慧问完,拿起粉笔,在黑板上写了一个大大的"工"字,教大家念一遍,然后,她学着毛泽东对"工"字的通俗解释,说道:"这个'工'字只有3划,意义却很深。上面这一横代表天,下面这一横代表地,中间这一竖,就是我们工人阶级。谁说工人出头就要入土?你们看,我们工人是顶天立地的啊!不管天有多高,地有多厚,没有代表工人的这一竖,天地就不分。"

她这一说很新鲜,教室里活跃起来。有人插了一句:"可是人家还是骑在我们头上呀。"

杨开慧指着"工"字说:"列强、军阀、资本家现在都压在工人头上,使我们抬不起头,也伸不直腰,挪不动脚。但是,只要我们觉醒过来,伸伸腰,就能头顶破天,把压在头上的家伙掀到地上,动动脚,就能踩穿地,把那帮家伙埋进土里。其实,工人并不是命苦,而是列强、军阀、资本家压得我们苦啊!现在我们工人还没有行动起来,等到我们工人行动起来的时候,他们就要完蛋!工人出头之时,就是资本家入土之日。"

杨开慧一席话,讲得工人们心里热乎乎的,一下子,他们个个都抬头挺胸,似乎看到了斗争的希望。

"工友们,继续往下学吧!"杨开慧转身在黑板上"工"字的正下面,又写上一个"人"字,然后带着大家念了一遍,接下去她又问:"你们看,如果把'工'、'人'两个字连在一起,是个什么字?"

有的认识的人就说:"那是一个'天'字。"

杨开慧点着头,提高了声音说:"对!只要工人联合起来,团结起来,就是天,天就是天王老子,就是社会的主人!那些什么'命中只有八合米,走遍天下不满升'的话呀,都是剥削阶级欺压我们的幌子!"

杨开慧讲得通俗易懂,饶有兴味,很快便把铁路工人吸引住了。有的工人高声谈着自己的看法:

"杨先生,你是说,只要工人结成团,我们的力量就比天大呀!"

杨开慧满意地笑着回答说:"比天还大哩!俄国工人就夺取了资本家阶级的政权……"

杨开慧的讲课生动有趣,从国内工人又讲到国外,说的全都是工人阶级扬眉吐气,地位高高在上的人和事,工人们听得眉飞色舞,情绪振奋,他们由衷地喜欢上了"杨先生"。以后,来上夜校的铁路工人越发多了。

为了让工人领悟更多的道理,迅速认识到工人阶级的地位和作用,在授课的同时,杨开慧还针对铁路工人的实际情况,和毛泽东一起自编教材,使讲课的内容更加丰富。在课堂上,她讲"劳工神圣"的意义,揭露列强、封建军阀和资本家的剥削压榨,介绍一些马克思主义的阶级斗争学说,还介绍国际国内工人运动情况,这样既打开了工人的眼界,又鼓舞了工人的斗志。长沙铁路工人的觉悟提高很快。

2.清水塘是毛泽东夫妇的第一个家

1922年5月,毛泽东和何叔衡在中共湖南支部的基础上,建立了中共

毛泽东和杨开慧在长沙小吴门外清水塘22号的家

湘区委员会,毛泽东任书记,委员有何叔衡、易礼容、李隆郅等,后增加郭亮。区委机关设在长沙小吴门外清水塘22号。这是长沙城郊,地方比较僻静,住户多为菜农,除了菜畦外就是一片荒畦、几间茅屋,隐藏在长满树木的小山丘中。菜畦南面有两口清浊分明的水塘,上塘水浊,下塘水清,因此得名。门前有一条路直通小吴门,人来人往不大引人注意。

这时杨开慧除上夜校外,实际上还担任区委的机要和交通联络工作,身兼秘书、机要、文印、联络、总务等多种职务。她经常出入城东小吴门,到文化书社、船山学社等党的秘密联络点,传送党的文件和指示。

毛泽东是1921年10月租下清水塘这栋木板平房的,这是一栋青砖青瓦的小平房,大小七八间,门牌号22号,旁边有几间农舍。周围是菜圃、池塘、瓜棚和小径。它靠近市区,房租不算便宜,每月大洋6块,由易礼容的文化书社出。毛泽东选定这里做党的秘密机关是有几分考虑的。

一是交通方便,离火车站近,便于和全省各地党的组织联系。

二是靠近船山学社——自修大学,从清水塘去船山学社,横过铁路,通过小吴门即到。

三是距离文化书社和望麓园织布厂——党的联络地也很近。

再有,清水塘地点偏僻,又有农舍、瓜棚掩护。夏秋时节,瓜棚绿荫掩映,人在瓜棚中穿走,不露行迹。

当区委决定把这房子作为党的最早秘密活动机关后,杨开慧到清水塘22号看了好几遍,然后请木匠任树德来做过一番维修。

任树德是毛泽东在自修大学结识的泥木工人,也是毛泽东亲自介绍入党的第一个工人。

他是湘阴县高家坊镇麓峰村任家冲人,出身于轿夫之家,13岁随堂叔到长沙学做木匠。出师后,他曾到长沙圣经学校修理课堂桌椅和用具,接受牧师的洗礼,成了一名基督教徒,以后,在长沙泽记营造厂做工。

此时长沙有几千名泥木匠工人,但是泥木工活却全被行会鲁班庙统管,而掌管鲁班庙的总管值年,自己不干活,靠抽工人的捐头过活,并且骑在工人头上作威作福。几年前,泥工杨宝林曾要求提高工价,反对鲁班庙的陈规,被鲁班庙的总管值年开除,并逐出城外30里,永远不许回长沙市区做工。木工杨福涛替杨宝林说了两句公道话,鲁班庙的头人勾结军警,把他关进东岳宫牢房。任树德把这两件事告诉厂里工友,大家非常气愤,当场打烂饭盆碗钵,掀掉工棚,表示抗议。泽记老板气急败坏,跑到鲁班庙告状。结果,任树德也因此被鲁班庙的头人甘子宪、周兴楼等秘密关进了东岳宫牢房。驻扎在东岳宫的是一些军阀部队,当军队开拔时,任树德和杨福涛又被他们押去当挑夫。路过宁乡时,他才侥幸逃了回来。

1920年11月21日,任树德参加了湖南劳工会成立大会,并听了黄爱关于"劳工神圣"和反对压迫剥削的演说,深受感动和启发。第二天,他邀集张汉藩、杨福涛、舒玉林、仇寿松等泥木工人,在北门吊桥黄志信家里聚会,一起商讨泥木工的出路问题。

最后,大家决定一起加入了劳工会。

1921年春,任树德等泥木工被营造厂解雇,生活陷入困境。后经人介

绍,他和仇寿松来到船山学社修理桌椅。有天中午,当他们正端着饭钵吃饭时,从屋里走出一位穿长衫的先生,来到仇寿松身边,问道:"你这位师傅,做工这么费劲,又吃得这样节省,何苦?"

仇寿松回答说:"先生,我们做工的干一天活,只有几个铜板,有口饭吃就不错了,不瞒你说,这点盐萝卜,还是我堂客借钱买的呢!你看那位任师傅,光饭还吃不饱呢!"

那先生又来到任树德身边,深表同情地说:"工价也太低,照这样下去,你们的身体一拖垮,恐怕连这两角钱一天也赚不到啰!"

任树德和仇寿松感到这位先生真体贴人,一打听才知道就是毛泽东。从此,他们俩经常去毛泽东那坐坐,熟悉之后,毛泽东安排他们到第一纱厂推销进步书刊,组织他们参加"五一"国际劳动节的庆祝活动,还让他们到工人夜校参加学习。

由于经常与毛泽东夫妇接触,任树德的觉悟提高很快。他对工人兄弟们说:"上帝救不了我们,工人的解放全靠自己。"并且他常把自己学到的新道理新知识讲给周围的工人听,开口"十月革命",闭口"马列主义",结果,弄得大家都叫他"老马"。1921年,任树德经毛泽东介绍,加入了中国共产党,成为湖南最早的工人党员。

在革命活动中,任树德成为了毛泽东夫妇最好的朋友,杨开慧也把他当作自家人看待。这一次她一邀请任树德,他二话没说,带了两个帮手来,按开慧的要求把房子作了修整。房屋整修后,杨开慧考虑到往后要在这里开会,又让工人在房屋外的路面上铺了沙石碎瓦,防止下雨路滑。清水塘的这幢木板平房焕然一新。

向振熙自从丈夫杨昌济去世后,一直住在板仓,一年来长沙几趟。在清水塘有了一个固定的住所后,杨开慧和毛泽东商量把母亲接到长沙来一起住。毛泽东欣然同意:"老人50岁了,身边没有儿女,把她接来同住也好,算是我们尽点孝心。"

于是,他们派人去清泰板仓请向氏,向振熙一个人在板仓自然感到孤寂,很乐意同女儿女婿住在一起,在板仓收拾一下就来到了长沙。

这一天,天气晴朗。毛泽东因有事早上出去了,杨开慧同向振熙、李淑一几人一道,雇了个搬运工从一师附小搬来什物,一件件运到清水塘,然后,按着书房、卧室、客房……布置起来。

几个人忙到黄昏时分才把"家"搬来,忙完后,李淑一走了。这时,毛泽东还没有回来,杨开慧到门口望了几次,却不见人影。向氏于是开始做饭,直到晚饭时候毛泽东才回家,他走进屋子,看到室内室外井井有条,十分高兴,笑呵呵地说:

"霞仔,你同母亲忙了一天。搬家我却没空帮忙呀!"

开慧笑着说:"等你帮忙,不知要等到什么时候呢!"

母亲说:"饭菜都好啦!快吃吧!"

于是,一家三口和和美美地吃起来。

吃完晚饭,毛泽东对杨开慧说:"今晚有个会要在这里召开,你先准备一下。"

于是,杨开慧便和母亲在堂屋里准备椅子和油灯,以备开会用。

当夜幕笼罩大地的时候,何叔衡、易礼容、郭亮、陈昌、夏明翰、毛泽民等人三三两两地沿着菜畦小径,来到清水塘。没有寒暄,立即开会,会议的内容主要是研究开展工人运动的问题。杨开慧给每个人泡上茶,然后坐在门旁一边听,一边记下谈话的重点。

散会后,毛泽东和杨开慧又回到煤油灯下,开始了新的工作。毛泽东伏案写文章,起草文件;杨开慧则整理会议记录,处理报纸和各地来信及资料。

以后,形势发展很快,毛泽东忙于创建和发展党组织、发动工人运动的活动,有许多工作需要开慧协助。杨开慧的工作也十分忙碌。她负责处理收发的信件和文件越来越多,她要按照毛泽东的要求,把信件和文件浏览后,分门别类,以备毛泽东查用。此时,全省各地来找毛泽东或何叔衡的人很多,他们都先由杨开慧接洽,并且她安排地点与他们见面;同时,杨开慧还担负联络员的任务,常常一身女学生装束,带着书包,冒着风雨,不露声色地把文件、指示传递给湘区各个党支部和秘密联络点。由于毛泽东忙

于建党和工运的活动,太多太多的工作需要杨开慧协助。结果,她在岳云中学两个学期没有读完,就匆匆地结束了学生时代的生活,开始了一个革命者的战斗生涯。

3."开慧姐真好,这里是革命的大家庭!"

一天傍晚,杨开慧回到清水塘,身后带来两个学生装束的女孩。一进门,她就笑眯眯地对母亲说:"妈,给你认两个女儿。"

向振熙细细一看,从那两个女学生中认出了一个,惊喜地说:"咦?你不是小朱吗?你是从衡阳家里来的?"

小朱就是当年杨开慧在省学联工作时认识的衡阳三师的女学生朱舜华,如今她已改名为张琼。这时,张琼马上答道:"我现在无家可归了。还有她,我在衡阳女三师的同学,因为不愿当童养媳,也从家里跑出来了!"

张琼的话刚说完,那个不愿当童养媳的姑娘眼圈刷地一下就红了。向振熙走上前,拉着她俩的手亲切地说:"我这里就是你们的家,你们就住在我对面的房间吧!"

原来,张琼和被衡阳三师开除的几个学生复学后,仍不时进行反帝反封建的宣传鼓动。1921年10月,毛泽东来到衡阳三师进行演讲,张琼参加了演讲的集会;三师的蒋先云、黄静源、唐朝英等加入了共产党。1922年4月临近毕业的时候,张琼和三师学生在地下党的领导下又闹学潮,校长为了给张琼吃"定心丸",说毕业后要安排她到附小去当教员。张琼听了很高兴,马上给杨开慧写了信告知此事。很快,杨开慧就回了信,然而,她在信中告诫张琼说:"小张啊,小张,你不能做一条鱼,别人给一点东西就上钩。"

这一下张琼才明白,校长给她找事做,原来是个大阴谋,目的是瓦解

学潮。于是,她不再上钩,继续和学校当局展开斗争。4月29日,毛泽东再次来到衡阳,了解建党、建团情况。他在第三师范操场,给衡阳各学校上千名师生,作了关于社会主义的演讲。张琼聆听了毛泽东的演讲,很受启发,也备受鼓舞。一毕业,她就同这位女青年离开了衡阳来到长沙。

张琼早就同封建家庭脱离了关系,这位女青年是个童养媳,两人在长沙举目无亲,无家可归,于是就找到杨开慧。杨开慧热情地把她们带到自己在清水塘的家。

就这样,张琼和这位女学生在清水塘住下来了。

这一天正下着雨,晚上又有人要来开会,杨开慧在门口迎着。来的人有的穿套鞋,有的穿胶鞋,也有穿木屐的。湖南的木屐是一种特别的雨鞋,在木板上钉有4颗铁钉,鞋面用牛皮包着,做工精细,落雨走路,特别是在泥泞路上行走,十分稳当。但有一个缺点,走在沙石路上有响声,路上印有钉痕。杨开慧见了,小声地对穿木屐的同志说:"以后下雨莫穿它到这里开会,有响声,还会留下钉子印,不安全。"

来人听了,连连点头。开会时,张琼和那位女青年就帮着到外面放哨。

在清水塘,毛泽东和杨开慧很关心张琼和那位女青年。有一次,这位不愿当童养媳的女青年,突然想起家来,杨开慧看出了她的心思,就亲切地对她说:"闹革命还怕没有家?这里不就是一个大家庭吗?一个人钻在自己的小家里,就像钻在螺蛳壳里做道场。你想,在螺蛳壳里做道场,舒服不舒服?一个革命者不能沉溺在自己的家里呀!"

女青年听了这番话,两道愁眉顿时展开,垂下的头慢慢仰了起来。

晚上,张琼见女同伴总睡不着,就轻轻地问她:"喂!想什么呢?"

她说:"想开慧姐说的话。"

"对!你是要好好想想。"张琼一骨碌从床上坐起来说道,"开慧姐说的对,这里才是我们真正的家。你记得吗?前几年为了闹学潮,学校把我开除了。好,我那剥削阶级的家庭,认为我给他们丢了脸,败坏了门风,不要我了。后来,我要求复学,跑到长沙找学联,正好见到了开慧姐。她对我说,不能乞求复学,要斗争!从那天起,我才知道要生活,就必须斗争!"

这位女青年听得入了神,索性也坐起来,问道:"后来,你不是在衡阳女三师复学了吗?"

张琼说:"啊!那是经过学联的斗争,我们这批被无理开除的学生才复了学。这几年,我越来越感觉到,润之大哥和开慧姐才是我们的良师益友,所以,我才领你来投奔他们。投奔我们真正的家庭!"

张琼正说得起劲时,门外响起了脚步声,她赶忙用手指了指门外,对那女青年作了个鬼脸。她俩哧溜一下,很快钻进了被窝里。

"吱呀"一声门开了,杨开慧拿着油灯,放轻了脚步走进门来。她到了床边,小心地为这两个小鬼掖好被角,然后又轻轻地走出门外。张琼"扑哧"一笑,把头钻出被子,可是,那个女青年还是把头蒙在被子里。张琼悄悄地说:"开慧姐走了!"

过了半晌,还不见她伸出头来。

张琼一边问:"睡着了?"一边掀开她的被头。借着窗外的月光,只见她的腮上挂着两行莹亮的泪珠。那个女青年望着小张,低声地说:

"开慧姐真好,这里是革命的大家庭。"

4."先建立工会,彻底斗垮鲁班庙"

1922年,湖南全省又遭天灾,粮荒严重,物价暴涨,铜元贬值。长沙泥木工人的工资,还是张敬尧在1917年定下的,甲工每日铜元42枚,当时可折合银元3角,到这时只能折合2角。工资发的又是"鸟票"。所谓鸟票,即湖南官钱局印的纸币,上面印有鸟的图案,故称"鸟票",或称市票,这种市票随时有贬值的危险。实际上,工人一天的收入,往往只有1角多钱,连糊口也无法维持。

5月,任树德、舒玉林、仇寿松等人带头要求政府提高泥木匠的工价,

工人一天的收入连糊口也无法维持

这一主张得到泥木工人一致的赞同。于是,他们在长沙城四处张贴布告,要求实行新的工价。然而,这一要求却遭到各街团、商绅的联合反对。

这时,鲁班庙的头人熊七矮子、甘子宪、郭寿松、周兴楼等见工人要求增加工价心情迫切,认为捞油水的机会到了,便自命为"涨价头人",假惺惺地提出愿意代表大家到长沙县署去交涉,但要每个工人出5角钱的交涉费。任树德等人虽然表示反对,但一些人认为头人们会写"状子",会讲话,忍痛凑了3000多元。甘子宪、郭寿松拿到这笔钱后,每天只在酒家大摆筵席,宴请长沙全城256个街道团总、大商绅,以及省、县衙门官员。然而,他们在酒醉饭饱之后,不仅不同意增加工价,反而说:"泥木匠的工价是政府官定,工人这是无理取闹,扰乱行规。"

这激起了任树德、舒玉林、仇寿松等泥木工人的愤怒。他们找到甘子宪、郭寿松等,要求退还3000块钱。

这时,甘子宪、郭寿松等人已经把工人的集资吃喝得差不多了,哪退得了,但是工人们义正辞严,甘子宪吓得连声说:"退还,退还,一定退还。"

事后,这些封建把头却继续玩弄欺骗花招,不仅不为泥木工人工资加价活动,反而转过来对之进行破坏。

任树德等在围攻并向甘子宪等索款之后,来到清水塘,将经过告诉了毛泽东,求教下一步该怎么办。毛泽东说:"你们的行动是正常的,干一天

活才一角钱到哪也说不过去。你们要进行斗争,有胜利的把握!"

"鲁班庙的这般头人真是可恶,应该斗一斗!"任树德说。

这时杨开慧接上话说:"这些头人们吃了工人们的钱,又不办事,很狡猾,也很可恶!必须认真对付。"

"他们势力很大呀!"

"是的,工人只有团结起来,才能打垮他们!"毛泽东若有所思地说。

"那如何团结起来呢?"任树德问道。

"先建立工会!彻底斗垮鲁班庙,然后再组织工人涨工价。"杨开慧说。

杨开慧的这个主意和毛泽东的想法不谋而合,于是3人一起研究如何着手筹建泥木工会,彻底斗垮鲁班庙封建把头的办法。

第二天,任树德来到鲁班庙坪的戏台下,许多工友立即围了上来。舒玉林开口便说:"涨价头人拿了我们3000多元的交涉费,既不退还,又不为我们办事!"

任树德回答说:"请弟兄们大家想想,总管值年是些什么人?他们跟那些官老爷不都是一个鼻孔出气吗?指望他们,能给我们办出好事吗?"

交了"交涉费"的工人如梦初醒,悔恨不已,问道:"那我们该怎么办?"

这时,舒玉林恨恨地说:"这些吸血鬼敢欺骗我们,老子要造反!"

工友们一听,对舒玉林说:"你想一只拳头造反?背鼓进庙自己挨打!鲁班庙的把头不把你搞死才怪。"

这时,任树德说:"想办法就不怕他们。"

"有什么办法呢?"工人们急切地问。

任树德于是将毛泽东夫妇讲的道理告诉大家:"结成团,工头们就怕我们。比如有10双筷子,要想筷子扭不断,把这10双筷子捆成一把就行。如果我们有10个人,先结成一团,然后再把很多的'团'联合起来,就会有无穷的力量。"

接着,他又把毛泽东如何教他先组织"十人团",然后成立工会的计划告诉大家。这一下子工人们如梦初醒,齐声拥护任树德的办法。

随后,任树德开始在泥木工人中组织"十人团"。到立秋前,"十人团"

已发展108个，团员达1000多人。9月5日，长沙泥木工会在仓后街湘乡驻省中学召开成立大会。毛泽东派了易礼容、从苏联归国回来的共产党员刘少奇、李隆郅等人出席。在会上，任树德被选为工会委员长。随后，大家在长沙宝南街鲁班庙的大门口，挂上了一块长沙泥木工会的新木牌。

泥木工会成立后，随即取消了总管值年的许多特权。这引起了工头们的仇视。一天，任树德和泥木工会的两位驻会干事同时收到总管的请柬，邀请他们参加在鲁班庙小祭鲁班先师的仪式。任树德想这一天并非鲁班先师诞辰，也不是什么节日，为何要在鲁班庙开宴呢？这其中一定有鬼。于是，他暗暗通知一部分泥木工人，在这天的中午齐集鲁班庙门外等候。

到了这一天，鲁班庙的五睦堂，坐满了总管值年邀来的县公署官员和各街团商绅，还有几名警察。时近正午，任树德等人来到了五睦堂，他们还没坐下，总管熊七矮子斜睨了他一眼，恨恨地对在场众人说："如今少数过激分子，专跟鲁班庙作对，完全违背了我们泥木工人的传统制度。为了保障鲁班庙的传统和财产……应该取缔泥木工会，取下泥木工会的牌子！"

任树德把脸一沉，正色地说："工会的牌子是几千双手挂上去的，哪个敢取？"

这时几个警察已经站了起来，准备去摘牌子，任树德见状，又说道：

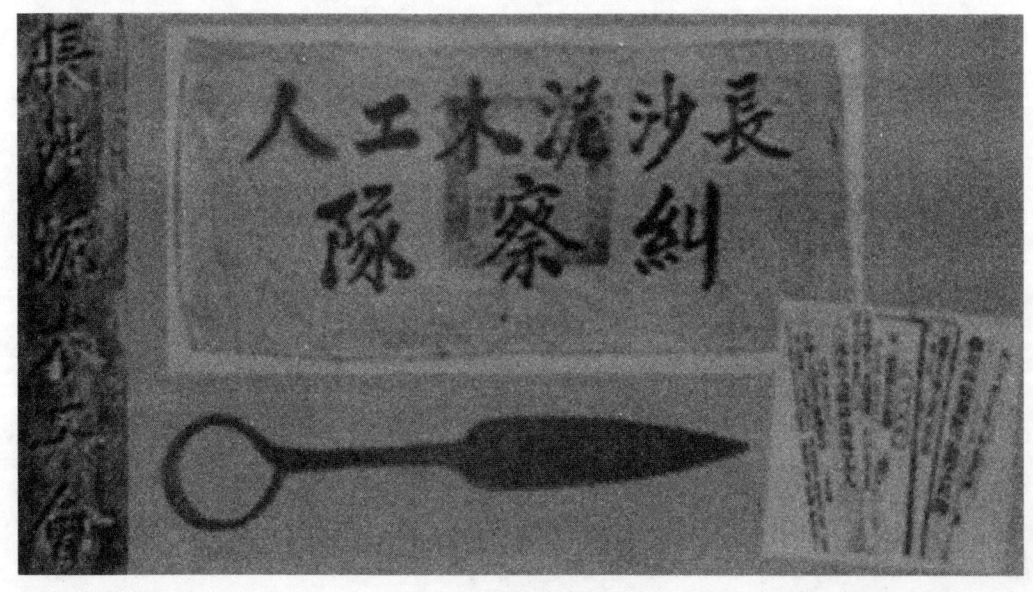

长沙泥木工会的木牌和符号等

"今天在座的还有警察先生,有他们维护社会秩序,谁敢胡作非为?"

任树德这一说,反倒弄得这几个警察脸色尴尬,不知所措,进也不是退也不是。

熊七矮子见状,马上说:"既然你们不同意取牌子,那我们就进行表决吧。"

说罢,他让在座的官、商、绅、警用举手表决的方式,决定是否取消工会。结果,这些人举手"一致通过"取消工会。熊七矮子得意地看了任树德等人一眼,说:"多数通过,请警察先生立即取下工会牌子,带回警局。"

警察正又准备起身,这时任树德冷笑一声,"嚯"地站了起来,大声说:"到底谁是多数,恐怕你们还没有数清,请看真正的多数吧!"

说毕,他走到门口,用手一招,泥木工人立即像潮水般从宝南街两头涌进五睦堂,高呼着"总管值年滚出去!"工人一涌来,在座的老爷们吓得面面相觑,呆若木鸡。熊七矮子、周兴楼等工头欲溜无门,欲走无路,只好作罢。

事后,任树德高兴地把前后经过告诉毛泽东。毛泽东对他的大智大勇十分赞赏。任树德走后,毛泽东高兴地对杨开慧说:"这场斗争,显示出了泥木工人组织起来的力量了!"

5.杨开慧有一只神秘的小木箱

不久,毛泽建和毛泽覃也住进了清水塘。加上张琼她们俩,清水塘有了4个年轻人。

此时毛泽覃在师附小读书毕业后进入了长沙私立协均中学读书,并且加入了社会主义青年团。

毛泽建是毛泽东的堂妹。她的父亲毛蔚生是毛泽东的嫡堂叔,靠帮工

在建本女子职业学校读书的毛泽建与亲友合影

谋生,因过度劳累,年轻时就得了肺病,经常吐血,母亲陈氏又患红眼病,双目仅有三四分光。六七岁时,毛泽建就开始到外面讨米,后来过继给毛泽东的母亲做女儿,从东茅塘搬到上屋场住后,毛泽东给她取名毛泽建。

1919年到1920年,毛泽东父母先后去世,毛泽建没人抚养。此时她已十四五岁,只好仍旧去讨饭。亲戚说:"这么大的妹子出去讨米太丑。何不找个人嫁出去算了。"结果,经老娭毑牵线,嫁给杨林一个姓萧的男人做童养媳。

几个月后毛泽东回家。他没见到毛泽建,便来毛泽建的胞弟毛泽连家问:"怎么不见泽建?"

毛泽连的母亲说:"你母亲死了,你叔叔也死了,没人抚养她,便把她嫁出去了。"

毛泽东听了说:"我要把她接回来。"

毛泽东让一个叫毛希乔的农民去送信,叫泽建回来见他。毛泽建立即赶回上屋场。见到三哥,她非常高兴,毛泽东说:"别做童养媳了,跟我去长沙读书。"

毛泽建听了更是高兴,忙说:"哥哥到哪,我就到哪去。"然后,毛泽东让她把丈夫叫来,对他说:"我要带泽建去读书,你也一起去吧。"

萧说要回去和父亲商量,他走后几天都没回来。毛泽东等不及,就带

着泽建走了。

后来,萧家到毛泽连家来要人,说是没活人就要死尸;并且,还问毛家要了毛泽东的地址,写信去要人。结果,毛泽东捎信说:"泽建不会回来了,让萧家再找一个媳妇吧。"

毛泽东带着毛泽建来到长沙后,送她到城内的建本女子职业学校读书,由于她刻苦攻读,进步很快,成绩名列前茅,尤其是刺绣学得好。后来,她又转到了崇实女子职业学校,并于1921年加入了社会主义青年团。

毛泽东和杨开慧非常关心这4个年轻人。白天,送他们进自修大学读初级班,晚上,辅导他们学习,甚至还领着他们做体操。

有一天,几个人从自修大学回来,看见杨开慧在客堂里的大镜子前面,东照西照。张琼和毛泽覃感到非常奇怪,因为她们看见开慧姐有时一天要照几次镜子,不知是为什么。张琼好奇地问杨开慧:"慧姐,你怎么一天要照几回镜子?我一个星期也照不上一回呢!"

杨开慧笑笑说:"毛丫子,你懂啥?"

"小鬼"们没问出底细,就更好奇了,他们聚在一起,从照镜子开始,议论起许多"秘密"来。

毛泽建说:"你们发现了吗?霞仔姐给大门上的门环包上了布条,原先,风吹门环就响,现在,开大门都没动静了。这是为什么?"

张琼说:"还有个秘密呢!"

毛泽覃忙问道:"什么秘密?"

张琼放低了声音说:"你们知道慧姐那个枕头箱吗?晚上她枕着它睡觉,白天也总把它藏在床下。每次她出门之前,总要从里边拿点什么东西,然后塞在包袱里带出门去。她做这事,总是背着我们。"

毛泽覃开玩笑说:"那枕头箱里是不是有什么好吃的?"

毛泽建说:"不会。霞仔姐有好的,总是先分给我们。"

"那枕头箱里肯定藏着什么,一定有什么好东西!"和张琼同来的女青年说。

大家你一言我一语的,对枕头箱的"秘密",越说越来兴趣。最后,张琼

把乌黑的眼珠嘀溜一转,出主意说:"开慧姐不在家,我们把枕头箱打开看看好不好?"

毛泽建说:"好办法。我去搬。"

不一会儿,她抱着枕头箱出来了:"霞仔姐去新河车站讲课还没回来呢!来!"

几个人立刻围拢来,打开了枕头箱,结果,令大家失望的是里面并没有什么宝贝,而是一卷写着墨笔字的和油印的纸!正在这时候,杨开慧回来了。几个人一听到那熟悉的脚步声,连忙把那卷纸塞进去,手忙脚乱地把枕头箱藏了起来。

杨开慧回到家里,就往内室走去,结果发现枕头箱不见了,立即变得焦急起来。她赶忙去问母亲,向振熙说没有见到。杨开慧神色紧张,开始翻箱倒柜。向振熙见女儿急成这样,一边帮着找,一边问那几个"小鬼":"你们看见谁动了枕头箱了吗?"

几个"小鬼"忍不住地笑起来,这使杨开慧发生了怀疑。最后,在杨开慧的追问下,毛泽建只好把枕头箱交了出来。杨开慧收起了枕头箱,严肃地说:"你们都坐下!"

他们很少看见杨开慧这样生气,有点害怕,都规规矩矩地坐了下来。

杨开慧环视着大家说:"你们知道这是什么地方吗?"

毛泽建几个人垂着头说:"你的家呗。"

杨开慧说:"我的家?我怎么能有这么大的家?这里是党的省委机关!你们都是青年团员,也是有组织

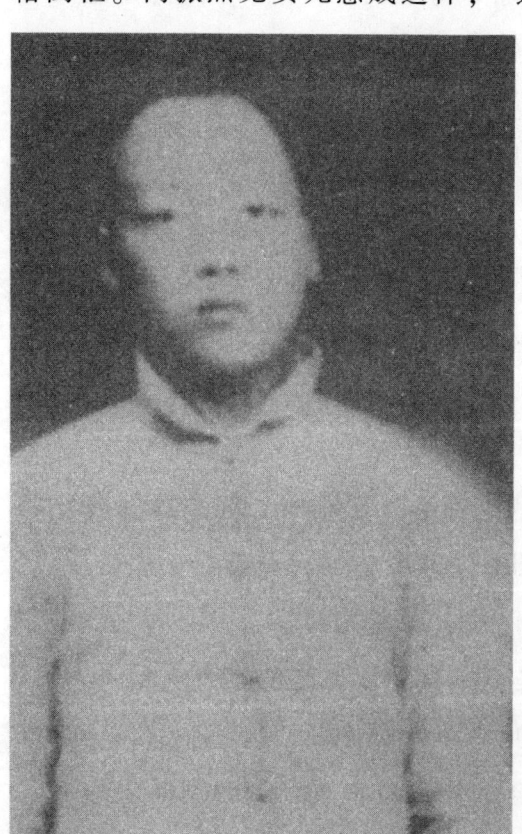

毛泽覃

的。革命可不是开玩笑。这枕头箱里装的是党的秘密文件。"

"我们还以为里面装了什么宝呢!"张琼插了一句。

杨开慧接着说:"它比宝还宝贝,比生命还珍贵。要是被坏蛋弄走,暴露了党的机密,党的事业就要大受损失!要死人的!里面的东西,你们现在还不是党员,还不能给你们看。但是,你们有责任来帮助我保护这个箱子。可是,像你们这样淘气,是不对的,以后不能这么做了!"

4个人被杨开慧这么一说,知道惹了祸,都紧张得要哭。杨开慧一看到他们这样子,就笑了笑说:"算了,算了。这次原谅你们,可要罚做清洁工作,到菜园拔草去。"

几个人见杨开慧消了气,就欢蹦乱跳地跑出了屋。正要出客堂,张琼指了指墙壁上的大镜子,大家从镜子里清晰地看到大门外的动静,这时他们才明白杨开慧为什么一天照几回镜子。

原来,镜子是她用来做"观察哨",监视敌情用的。

他们来到塘边的菜园子,蹲下来默默无言地拔草,然而,一个个心里都很不平静。通过这件事,几个人懂得了革命工作的艰巨性,也意识到作为一个革命者,肩上的担子有多重。

这时候,湖南赵恒惕的反动势力十分猖獗,地下党的工作风险很大。对此,杨开慧的警惕性很高。

有一次,杨开慧在镜子里看到门外一个人歪戴一顶草帽,东张西望,立即警觉起来,马上叫来张琼与毛泽覃:"门外有个可疑的人,你们去打水,看看是什么人。"

他们一出门,那个人就溜走了。

一会儿,他又来了,张琼和毛泽覃迎上前"逮住"他,原来他是杨开慧的堂弟杨开明!此时,杨开明正在长沙楚怡学校读书,此举算是开玩笑,他要看看杨开慧的"戒严"工作做得怎样。这事被毛泽东知道了,毛泽东、杨开慧严肃地批评了他。

杨开慧保密保卫工作做得很出色。而且,她还同住在清水塘附近蔬菜园的贫苦农民关系十分亲密,左邻右舍一见陌生人,就向杨开慧报告。

6.杨开慧细声地问道:"先生,你找谁?"

1922年7月,郭亮从湖南一师毕业,受毛泽东的派遣于8月初前往岳州从事粤汉铁路工人运动。此时,罗学瓒也于年初回到了湖南,从事长沙人力车工人运动的组织发动工作。

下半年湖南工人运动开始风起云涌。在泥木工人与鲁班庙进行较量时,粤汉铁路也点起了工人运动的烈火。7月,粤汉铁路因军阀割据,分成了湘鄂两段,岳州被北军占领。这时,粤汉铁路湘段铁路工人在杨开慧等工人夜校大力宣传下,受到教育,加上全国各地罢工运动和爱国运动的鼓舞,工人们迫切要求改善待遇和保证自己的合法权利。

8月底,毛泽东召集新河铁路工人代表会议,具体部署罢工斗争。

此时,岳州站属鄂段统辖。鄂段铁路局长叫王世堉。有一次,工人阮康成拒绝为王世堉的亲信监工张恩荣和英国顾问的翻译苗凤鸣押送鸦片烟土遭到毒打,买米路过的加油工吴青山前来劝阻,结果也被诬为偷米贼。郭亮等人闻讯后,立即以俱乐部名义向王世堉提出抗议,要求惩办凶手。然而,王世堉不仅不惩办凶手,反而将受害工人阮康成、吴青山开除,于是,郭亮又以工人俱乐部名义向粤汉铁路全线职工和社会各界发出通电,揭露王世堉扣发工人工资私贩鸦片烟土、怂恿凶手殴打和开除工人的真相,一场反对王世堉迫害工人的罢工斗争势在必发。

为了得到社会各界的广泛支持,郭亮将准备组织罢工的意见报告了毛泽东。毛泽东派何叔衡去武汉与北方党组织联系,除争取各地声援岳州铁路工人的斗争外,还召集粤汉铁路上的徐家棚、岳州、长沙、新河、株萍等工人俱乐部负责人开会。9月6日,成立了由郭亮担任秘书的全路局工人俱乐部联合会,并在徐家棚设立粤汉铁路罢工指挥总部,然后,发出了《罢工宣言》,向路局提出革除张恩荣、苗凤鸣的职务和增加工人工资等7项

条件,限王世塔在3天内答复,否则,粤汉铁路全线将同时举行大罢工。

因王世塔等拒不答应工人条件,从徐家棚到新河站的罢工斗争开始了。10日夜晚,王世塔勾通北洋军阀萧耀南,派出军警,武装护卫着一列火车,从徐家棚向岳州驶来,企图破坏罢工。11日清晨,当火车临近岳州车站时,郭亮立即带领通宵守卫在铁道上的工人前去卧轨阻车。他第一个卧倒在铁轨上,使火车被迫停了下来。这时,坐着摇车赶来的王世塔气势汹汹地挥起棍子,叫嚣工人罢工阻运,是违犯军法国法,要杀头;并逼迫司机开车。在这生死搏斗最严重的关键时刻,郭亮从铁轨上站起来,一面用大量事实驳斥王世塔的诬蔑攻击,一面高呼"工友们,要把火车挡住,决不能让它通过岳州站",并且再次卧倒,用身子挡住启动的火车头。其他战友也跟了上来。当火车慢慢驶近他的身体时,发了疯似的王世塔大叫大喊:"开,压死这些穷鬼!"只见郭亮用一只手顶住车轮前面的排障器,一只手支撑着身体,沉着而坚定地高呼:"开车的工友,天下工人是一家!你们不能为官僚军阀压死自己的亲人!"他的呼喊和在200米长的轨道上黑压压一片卧轨工人的坚强斗志,终于感动了一时受骗的火车司机王忠,他不顾站在旁边用手枪顶着他的苗凤鸣的威胁,扳了倒闸,将火车退了回来,停了车,一拳将苗凤鸣击倒,跳下车头,大步向朝火车涌来的罢工工人走去,后面还跟着大群受蒙骗的工人们。这时,郭亮紧紧抱住泣不成声的王忠,连声说:"王忠大叔,现在你走对了!"

郭亮领导的阻车斗争虽取得了胜利,但9月11日上午,杨开慧接到报告说,徐家棚车站几百工人和他们的家属小孩,卧在钢轨上,阻止有驻军押运的火车开行,被驻军两个连开枪射击,打伤100多人,重伤30多人,还有一些人失踪、被捕。她怀着满腔愤怒,刚把这些情况转告毛泽东,下午又得到消息说,郭亮率领岳州铁路工人卧轨阻车,又遭到反动军阀镇压,工人30多人被捕,受伤70多人,死亡6人。

敌人的残酷镇压,激起了毛泽东和杨开慧的无比愤怒。12日早晨,新河总站召集铁路工人开会。工人们情绪激昂,攥紧拳头,高呼口号,誓为死难工友复仇!大会决定全力支持罢工斗争,电告徐家棚工人俱乐部,要他

们誓死坚持到底,并派出3个工人代表赴徐家棚协助工作。大会还向全国各工会、报馆、团体发表通电,公开揭露反动当局的罪恶,请求声援。随后,毛泽东指示长沙各工会团体联合各公法团体和各界代表召开紧急会议,援助罢工工人。粤汉铁路工人俱乐部联合会立即向全国发出快邮代电,严正声明:坚持罢工,誓死不屈!并向铁路局提出了强硬要求。

快邮代电发出,全国掀起了声援粤汉铁路长武段工人大罢工的高潮。

杨开慧在外面奔忙了一天,黄昏时分才回到清水塘,还没有喘一口气,附近的一个贫苦农民就跑来报告说,有个陌生人要找清水塘22号。开慧跟着那位农民走出大门,便看见一个工人打扮的中年人,跨过菜畦,急匆匆走来。

她立即迎上去,细声地问道:"先生,你找谁?"

那中年工人打量了她一会儿,随即问道:"你是杨开慧杨先生么?"

杨开慧仔细看看,认出了对方是安源工人俱乐部副主任朱少连,亲切地说:"你从安源来吧?"

朱少连

朱少连点点头,走进屋子。杨开慧正准备为客人开饭,毛泽东回来了。朱少连交出一封信,还带来一些材料。

原来与此同时,安源路矿工人也在毛泽东的发动下,纷纷组织起来,要求保护工人的利益,减除工人的压迫与痛苦,积极开展斗争,引起路矿当局的恐慌。当局呈请萍乡县公署发出训令,要俱乐部自行停闭,并将朱少连驱逐出境。而这时正好粤汉铁路罢工的消息传来,路矿当局惊恐万

分,又改变主意,要求俱乐部不将县署"训令"公开,表示愿意向县署疏通,并答应采取保护俱乐部的措施。朱少连也顺水推舟,先向路矿两局提出3个条件:一、路矿两局须呈请行政官厅出示保护俱乐部;二、路矿两局每月须津贴俱乐部常用费200元;三、从前积欠工人存饷限7日内发清。此条件须于二日内完全答复,否则即行罢工。与此同时,他又用俱乐部名义,向中国劳动组合书记部和全国各工团的工友发出通电,揭露路矿当局扼杀俱乐部的罪恶阴谋。接着,他按照毛泽东在牛角坡召开会议所作的举行罢工的决定,立即投入罢工的思想发动和组织准备工作。

毛泽东看完信,在材料上改了一些话,便请朱少连吃晚饭。吃完饭后把他请到住房里,让他汇报安源的情况。

朱少连说:"俱乐部李能至前天就回了安源(李能至是李隆郅在安源时的化名),安源已经作好了各种罢工准备,单等你们下命令了。"

杨开慧问:"参加工人俱乐部的人有多少?"

朱少连说:"已经超过了1万人。"

毛泽东又问:"路矿两局有什么动静?"

朱少连说:"矿局对俱乐部怕得要死,这次利用萍乡镇守使调换之机,利用驻军和县知事的官威,训令调军队来俱乐部自行停闭。"朱少连讲了党支部针锋相对地提出了三个条件,并说俱乐部已向全国发出快邮代电,同时发表致萍乡矿长函。

在听取了这些情况以后,毛泽东沉思起来。此时他刚从粤汉铁路罢工火线抽下刘少奇派往安源路矿协助李隆郅。一会儿,毛泽东果断地指出:"你们可以开始罢工了。但是,一定要注意斗争的方法。"

朱少连问道:"请你具体做出一些指示,我好向李主任报告。"

毛泽东说:"要懂得'哀兵必胜'的道理,告诉李能至和刘少奇要争取社会最广泛的同情,孤立敌人。罢工时,要保护矿区的安全;当局派军队来,要动员工人向士兵作宣传,说明工人所受的痛苦和罢工的目的。罢工中,一定要提出哀而动人的口号,使全体工人作'义无反顾'的斗争。罢工结束后,要注意发展组织,扩大胜利,乘胜前进。"

杨开慧对毛泽东的这一提法十分赞同,然后,毛泽东又写了一封信,要朱少连连夜交给安源党支部。

杨开慧送走朱少连,已是星斗满天、凉风习习的深夜了。但是她和毛泽东没有休息,又一起投入粤汉铁路的罢工活动。

12日晚,李隆郅正在秘密召开党支部会议,讨论和部署罢工的具体问题。正在这时,朱少连带来了毛泽东的信。根据毛泽东提出的罢工必须运用哀兵必胜、哀而动人的口号这一指示,李隆郅和刘少奇研究以后,提出了"从前是牛马,现在要做人"的罢工口号,立即写成标语在安源街头到处张贴。会议决定成立罢工指挥部,李隆郅任罢工总指挥,朱少连为副总指挥;由于刘少奇刚到安源,当局并不熟悉他,由他任工人俱乐部全权代表,长住俱乐部应付一切。

13日,路矿局迫于形势第二次致函俱乐部,但对3项条件仍未作出满意答复。午夜,罢工总指挥李隆郅"断然将罢工命令发出"。9月14日凌晨,震动中外的安源路矿工人大罢工爆发。

首先,铁路工人停开了通向长沙的列车。朱少连在火车房拉响汽笛,窿口工人切断电源,罢工信号发出了。井下工人立即放下工具,如潮水一般拥出窿外,大呼罢工。各窿口树起了一方大旗,上书"罢工"二字。除发电厂、鼓风机和抽水机房遵照俱乐部的命令照常工作外,其他工场一律停工。工人听从指挥一律各回住房,只有工人纠察队在外巡逻,整个安源一片寂静。罢工斗争坚决而有秩序。

9月14日,长沙传来了安源路矿17000多工人大罢工的消息,毛泽东和杨开慧十分振奋!

当安源工人大罢工的消息很快传开以后,得到全国各地兄弟组织以及社会人士的广泛声援和同情。但路矿当局却向赣西镇守使署、萍乡县署和上海总公司连发3份所谓"乱党造反"的告急电报,并从赣西镇守使萧安国处,用"每人每天两元"的工薪,请来军队数百人,占驻俱乐部及各工作处,同时密遣暗探企图杀害罢工领导人。面对这一严峻形势,朱少连除指挥被激怒的数千工人冲进俱乐部,将军队赶出外,还要宣传队向军队宣讲

安源工人大罢工

罢工的原因以及这样做的道理,并说工人、农民、士兵都是一家人,都是受苦的同胞,你们应该同情和支持我们罢工。士兵们也震慑于工人的团结力量,认为自己是外地人,犯不着为两块钱一天来这里卖命,也就悄悄地回去了。

　　武力阻挡不了罢工的势头,路矿当局只好向俱乐部领导人发出要求谈判的请帖。朱少连带领几个工人陪同李隆郅、刘少奇前往谈判。他们拒绝了路矿当局丰盛酒肴的招待和银元的"馈赠",坚持按工人俱乐部提出的17条进行磋商,并邀同安源镇商会和地方绅士参加调解。谈判结果,将17项条件简缩为13条。18日晨,当路矿当局被迫在条约上签字后,为期5天的安源大罢工就这样宣告胜利结束。

　　岳州惨案发生及郭亮等人被捕后,岳州工人罢工斗争浪潮迅速波及全国各地,为此,毛泽东赶到新河车站召开紧急会议,通电全国,呼吁全国各工会、社团支援岳州工人的罢工斗争。之后,粤汉路、京汉路、陇海路以及

安源、长沙、武汉、上海等地的工人、学生团体,纷纷来电、捐款,支援罢工斗争。9月24日,武汉各工团和粤汉、京汉、陇海各铁路工人代表1000多人,在江岸扶轮工会开会,向北洋军阀吴佩孚发出最后通牒,要求在25日下午8时以前答复岳州站工人提出的7项要求,实现"保护劳工"的诺言,否则举行同盟罢工。这些来自全国工人和舆论的强大压力,迫使北洋军阀政府电示王世埙"从速解决粤汉工潮"。鄂段铁路局被迫接受了罢工工人的全部条件和释放郭亮等人,罢工取得彻底的胜利。

9月28日,北京军阀政府在全国工人的声讨下,答应了粤汉路工人俱乐部联合会提出的8条要求,铁路工人经过流血斗争,也终于获得了伟大的胜利。

7.毛泽东与省长代表谈判赢了他

在安源路矿工人和粤汉铁路工人罢工斗争取得胜利后,湖南工人十分振奋。但是,长沙劣绅却无视工人运动日益高潮的形势,中秋节的前一天,长沙县公署在城厢贴出告示,不但不接受泥木工人增加工价的要求,反而污蔑泥木工人要求增加工价是"蔑视官厅定案"的自由行动,正式宣布维持张敬尧统治时期规定的泥木匠每天甲工铜元42枚的工价,"永不再有增加",并派出巡官警察四处监视工人的活动。

布告一出,泥木工人怒不可遏,一个晚上,就把全城布告撕个精光,换上了工会的传单,并对无理干涉、殴打工人的警察进行还击。结果,第二天,工人正过中秋节,警察却在大街小巷到处抓人,不少泥木工人被捕。形势发展到一触即发。

10月5日,任树德与张汉藩、舒玉林、仇寿松等人来到清水塘。

毛泽东和他们分析了目前的形势,综合各方面的情况后,毛泽东断然地说:"时机已经成熟,可以立即宣布罢工。"

当天晚上,任树德召集王德亮、屈绍其、张福崇等20多名泥木工会骨干,在北门外旧吊楼屋黄志信家举行工会委员会扩大会议。会上大家讨论毛泽东的意见,作出了长沙市泥木工人总罢工的决定。

根据毛泽东的建议,任树德、舒玉林、仇寿松几人成立罢工委员会,任树德为执行主席。议决了6项具体罢工措施:

一、宣布第二日全体罢工。

二、推定罢工纠察员,负维持秩序之责。

三、通电全国,求伸公道。

四、散发传单于城厢内外,述明罢工真相。

五、向省议会请愿。

六、非到圆满结果决不中止。

10月6日,泥木工会宣布:"冒得甲工三角四分乙工二角六分一天的工价,我们全体同盟决定不做。"罢工开始。

这一天,全城的建筑工地空

舒玉林

无一人,正在施工的省长公署、第一师司令部和县公署庆祝"双十节"的牌楼,全部停工。城厢内外,大街小巷到处张贴着罢工宣言和传单。

此时,长沙泥木工人有6000多人。工人一罢工,所有的建筑工地冷冷清清,没有人影。老板们急得团团转,一个个都慌了神。

然而,罢工仍然在继续。到了第5天,许多单位纷纷要求泥木工人马上上工,并且愿意出每人每日3角4分的工价。任树德说:"愿意出3角4分工价的人,只是那些亟待修理房屋的雇主。而我们罢工的目的,是要一切单位都承认3角4分的工价,长沙县公署要不收回中秋节前公布不准加价的饬令,这就做不到。现在不能上工,否则会前功尽弃。"

大家都赞同他的看法,决心将罢工继续下去。

结果,罢工持续了10天,承认3角4分工价和要求开工的单位越来越多,而长沙县公署仍无收回饬令的动静。10月16日,鲁班庙坪里聚集了好几百工人,任树德走上戏台,高声对大家说:"弟兄们!长沙县知事周瀛干很藐视我们,以为我们不敢动呢!"

有人喊:"给他点颜色看看!"

"对,我们先写封信警告他,如果17日还不作圆满答复,我们就在19日举行游行示威,向县衙门请愿。"任树德大声说。

工人们鼓掌欢呼,并请泥木工会秘书易礼容写了一封警告信,送往县衙门。

长沙县知事周瀛干接到通牒,像热锅上的蚂蚁,坐立不安,立即采取两面手法,软硬兼施,一边派出所谓"公正绅商"出面"调停",劝说工人不要游行请愿,一边以恫吓的口吻,威胁罢工工人说:"倘他日酿成变故,则工人之苦尤甚。"

他此言一出,少数工人害怕发生流血事件,因此动摇。毛泽东闻讯,马上在船山学社召集罢工委员会成员召开紧急会议。会上,毛泽东分析了情势,说:"周瀛干虚弱得很!有人怕他,其实他更怕工人!"

接着,毛泽东为大家鼓劲说:"游行时我们都来,外面援助的事有专人管,你们放心同周瀛干干到底!"

大家决心罢工到底,不达目的不收兵。最后,会议经过讨论,决定游行示威延至10月23日,如果县衙门不答应就开始行动。

10月23日,4000多泥木工人一大早就集合在省教育会坪。

由任树德报告请愿目的,非调价到3角4分,决不出县公署。为了便于进行说理斗争,大家推选了任树德、仇寿松、朱友富等16人为请愿代表,易礼容为首席代表。

上午9点,游行队伍向县公署进发。毛泽东身穿对襟短褂,和工人一

样打扮,带着口哨,冒雨走在示威请愿的工人行列。队伍到了县公署,只见门口刀枪林立,戒备森严。但是工人们毫不畏惧,将队伍开进了县署围墙里。毛泽东带领工人呼口号,要长沙县知事周瀛干出来答话,但是周瀛干不敢出来,只同意请愿代表进去谈判。

第一批代表进去谈判没有结果,又派第二批代表进去谈判。直到午后还没有消息,毛泽东便在工人中鼓动说:"第二批代表进去这么久,不见消息,周瀛干又在耍阴谋,想把我们内外隔绝,如果等一会儿再没有消息,我们大家就一起进去找周瀛干讲理。"说完,带领大家呼口号。他带了一个口哨,他吹一声,工人们喊一句,连吹连喊,工人们的情绪更加高涨了。过了一段时间,工人们见代表们仍未出来,就开始往衙门里冲,守卫在门口的卫兵用刺刀阻拦,全被工人们缴了械。

省长赵恒惕闻讯,立即派来一个连的武装包围工人队伍,但工人们仍不屈服,继续呼口号。赵见硬的不行,又改用缓兵之计,派参谋长出面"调解",答应问题"3天之内解决"。

但是,工人代表们坚决地回答:"什么时候解决问题,什么时候回去。"

结果,工人代表和站在外面的游行群众,一直坚持到下半夜3点钟。最后,省政务厅厅长吴景鸿不得不打来电话,答应次日下午3时召开公团协商会议,请工人代表出席协商。毛泽东见大家熬了一天一夜,于是和任树德等工人代表商量,叫大家回去休息,明天再战。

10月24日,毛泽东亲自担任泥木工人的首席代表,率领几名工人代表,来到了省政务厅。他们在政务厅的客厅里等候了两个多小时,吴景鸿才慢腾腾地出来接见。

任树德劈头就问:"加价本是工人的正当要求,你们为什么迟迟不给我们答复?"

吴景鸿说:"因为你们要涨价,所以公团要慎重考虑。"

任树德反驳说:"他们增加房租,提高煤米价格,也经过我们劳苦大众慎重考虑吗?"

吴景鸿语塞,板着面孔说:"你们应该听从县署的指令。"

这时,毛泽东问道:"既然涨价与不涨价都要听命于官府,那么商家暴涨物价,难道是受了官府的指令?"

吴景鸿说:"你这是非法行为,有意跟官厅为难。"

毛泽东从容不迫地翻开事先带来的"省宪法",据理辩驳说:"不,我们完全依法办事!省宪法第16条明文规定:'人民对于政府有上书请愿及请求救恤灾难之权。'如今物价上涨,生活困难,工人拼一天阳寿还养不活老小,6000多泥木工人和2万多家属就要饿死,提出增加工资,这犯了什么法呢?"

毛泽东的话有理有据,又是事实,吴景鸿无言以对。他看出毛泽东不是一般的泥木工人,便盘问道:"先生贵姓,是不是工人?"

毛泽东说:"先生问我的资格,我就是工人代表,如果要审查履历,最好改日再谈,今天我以泥木工人代表的资格,要求政府解决工资问题。"

正当毛泽东与代表们在省政务厅,同吴景鸿据理力争、进行舌战时,成千的工人齐集省教育会坪,为代表们助威,并不断打电话警告吴景鸿:"无结果,我们就来省署请愿。"

结果,吴景鸿在工人群众的催逼之下,终于被迫于晚上8时,答应泥木工人增加工资和营业自由的要求。毛泽东当场将代表与吴的谈话记下,并要他签字,作为依据。吴景鸿只得乖乖在记录上落下了自己的名字。谈话记录为:

> 泥木两行工人,要求将工价增至三角四分,不承认长沙县知事阴历八月十四日之布告。罢工争执一案,既据该业代表声称,此事本为劳工与雇主之自由契约关系,应由双方自由协定,非有强迫行为,官署不必过问,本厅长代表省长允照上述主张办理,望以此意通告工人。

至此,坚持20多天的泥木工人罢工,终于胜利了。

8.毛岸英出生第三日,毛泽东才急匆匆地赶到医院

就在毛泽东作为泥木工人的首席代表,同反动军阀赵恒惕的代表谈判,进行说理斗争,取得了罢工胜利的24日早晨,毛泽东的第一个儿子——毛岸英降生了,可谓"双喜临门"。

1922年秋,杨开慧怀胎已经足月了,可是到了10月上旬,预产期早过了,她还迟迟不见生产的迹象。

由于临产在即,在粤汉铁路工人罢工后,杨开慧减少了外出活动,开始准备生产。从10月6日起,毛泽东正领导长沙泥木工人举行声势浩大的罢工斗争,有时忙得连饭都顾不上吃,每天回家很晚,甚至不回家。杨开慧没有打扰他,可是,这是头一胎,又早过了预产期,心里仍未免有些紧张和害怕。

此时母亲向振熙照顾着她。预产期早过了,还不见生产,清水塘的一些老人劝她说:"你去多活动活动,这样或许能生得快一些,顺利一些。"

在大家的催促下,向振熙陪着女儿过湘江,来到了河西的岳麓山。杨开慧平素不爱活动,现在又拖着很重的身子,慢慢地散着步。母女俩在岳麓山玩了一整天,到了在青枫峡口的爱晚亭,还去了云麓宫,远眺长沙城全貌。

这一着还真奏效。第二天,杨开慧便开始阵痛。

这一天,毛泽东、任树德等正组织工人向长沙县公署游行请愿,早早离开了清水塘的家。杨开慧虽预感到要临盆了,可她还是没有卧床休息,在家整理文件资料。天黑前,她突然感到腹部一阵阵下坠。这时家里没有人,急得向振熙团团转。正好此时张琼回来,急忙雇一辆人力车,和向氏一起把杨开慧送往湘雅医院。

杨开慧一到医院,被马上安排住院。经过检查,医生认为要动手术,进行剖腹产。这时按医院规定,动手术要亲属签字决定才可以进行。

51年后,毛泽东与旅美回来的李振翩博士相见

医生李振翩原是新民学会会员,和毛泽东又一起参加过驱张运动,和杨开慧很熟,于是杨开慧便对他说:"振翩,润之一向很忙,不要找他了!"

李振翩说:"生孩子是大事,润之再忙,一定要到堂。"

杨开慧知道李振翩一贯支持革命事业,就直率地告诉他:"润之在参加泥木工人的斗争,一时抽不出身来。"

"你身体虚弱,又是难产。"李振翩还是有些为难。

"没事,你该怎么做就怎么做吧。"杨开慧说。

李振翩听了不再说什么,立即吩咐护士:"准备产前工作。"他负责接生了。

第二天凌晨,天还没有大亮,毛泽东匆匆赶到医院,走进病房,直奔杨开慧的床前。他用手摸摸自己妻子的前额,俯身下去,问道:"你感觉怎么样?不要紧吗?"

杨开慧见丈夫两眼充满血丝,眼窝发黑,知道他通宵未睡,轻轻地摇

了摇头,说:"我不要紧,这几天你正忙,快去办你的事吧!"

毛泽东望着妻子的脸,紧紧地握了一下她的手:"好吧!你好好休息,不要怕!那边正是关键时刻,我不能不去,不能陪你了。"

出了病房,毛泽东又找到李振翩,说:"振翩,一切有劳你了。"

李振翩很理解毛泽东的工作,说:"润之,你放心,一切包在我身上,一定要让开慧母子平安无事。"

毛泽东走后,10月24日早晨,一个白白胖胖的儿子降生了,母子平安。刚刚当了母亲的杨开慧,高兴得合不拢嘴。

但是,儿子降生后,毛泽东没有到医院来,这天晚上,他在省政务厅与吴景鸿等人就谈话记录签字后,为了促使罢工的最后胜利,又秉笔赶写《长沙泥木工人呈省长文》,然后送到湖南《大公报》,在第二天予以全文刊登,结果又忙了一个通宵。

10月25日,旭日初上,阳光普照,毛泽东又会同任树德等人来到省政务厅,催促厅长吴景鸿将"呈文"批准。吴景鸿送赵恒惕阅后盖印后,毛泽东发现赵恒惕阅批中有"其工价尤应随时协定,不得专由该工人等一面以限制"等字句,认为这句话不妥,结果,双方又进行交涉,据理力争,最后吴景鸿不得不表态:"营业自由,省宪已经批定,官厅当然不应限制。"

谈判终于结束,呈文终于签字认可。工人们一齐拥向长沙县公署,欢呼"罢工胜利,劳工万岁",声震屋瓦。

结果,直到10月26日,即毛岸英出生后第3天,毛泽东才急匆匆地来到湘雅医院。他一袭长衫,脸上挂着喜悦之情,一方面是为罢工的胜利,另一方面是因为儿子出世了。这次他是来接杨开慧母子出院。

此时,杨开慧已从产后的虚弱之中恢复了体力,她把孩子抱给毛泽东,说:"你看看吧,这就是你的儿子!"

毛泽东接过了襁褓中的儿子,仔细地看着,然后对着杨开慧哈哈大笑,说:"毛润之后继有人了!"

回到清水塘后,毛泽东为儿子取名毛岸英。

这时,杨开慧21岁,毛泽东29岁。

9.省长对毛泽东一个劲点头:"工人采取这种主义,极为得当!"

湖南的工人运动风起云涌,湖南省长赵恒惕像吞下一颗苦涩的果子,很不是滋味。泥木匠工人呈文签字后,他对吴景鸿说:"吴厅长,湖南再来一个毛泽东,我就不能立足了。"

赵恒惕,衡山人,1920年6月赶走张敬尧后,和谭延闿以胜利者的姿态进入长沙,两人共同主持湘省军政,后与谭延闿争权,湘军内讧,逼走谭延闿,从此,他成为湖南省长兼湘军总司令,大权独揽,割据一方。但赵恒惕的日子也并不好过。学生运动接连不断,工人运动此起彼伏,市民情绪日益不满,抨击舆论铺天盖地,他犹如坐在火山口一般。其中,最让他焦头烂额、寝食不安的就是毛泽东。

此时,在毛泽东的组织领导下,湖南工人运动一再高涨。1922年11月5日,湖南全省工团联合会第二次代表会议在长沙召开。会上,毛泽东当选为工团联合会干事局总干事,郭亮为副总干事,任树德、罗学瓒、朱少连等为各部正副主任。

会后,长沙泥木工人又正式成立党支部——陈长支部,任树德任书记。以后,任树德在极其艰苦的条件下,长期忘我地工作,积劳成疾,1925年2月6日,在长沙北门油铺街病逝。毛泽东参加了追悼会。这是后话。

湖南全省工团联合会的成立,使湖南工人运动有了公开的组织和指挥机关。这更使得赵恒惕越来越感到惶恐不安,于是,开始暗中采取手段进行破坏。

在11月到12月间,长沙出现了各种各样的谣言。有的传言说长沙有一批专门搞罢工运动的人,他们是被人用钱雇佣的"过激派";有的传言说工人运动倡导无政府主义,要推翻省政府,等等,各种谣诼形形色色,不一而足,骇人听闻。社会上还有风声说省政府将对罢工采取严厉镇压手段。

与此同时,一些向工人挑衅的事端也不断出现:长沙西区警察署突然摘下罗学瓒等人组织的人力车工会会牌,长沙县署准备重新封闭理发工会开的7家新店,旧缝纫工会的封建把头寻衅与工人发生冲突……

这些谣言和事端出现后,部分工人群众开始情绪低落,甚至一些骨干分子害怕再发生黄庞事件,产生了恐惧、动摇的心理。杨开慧也听到了许多谣言。

一天,她对毛泽东说:"他们散布谣言,制造事端,就是要破坏工人运动。必须要消除群众的顾虑,揭破谣言,才能保护工会。"

"对,我们必须力争主动,先发制人,才能不陷入被动。"对此,毛泽东考虑得更远。

杨开慧问:"那如何先发制人呢?"

"我想建议正面向赵恒惕政府及其本人作一次说理斗争,使赵在对待工人的态度和集会结社这些主要问题上,公开重述自己的诺言,并就势解决一些具体纠纷事件。"

"赵恒惕有过什么诺言呢?"

"就是在粤汉工人罢工时赵恒惕亲口所说的,即工会的存在是完全合法的,应受到政府保护,他不予干涉工人罢工等承诺。"

"对!有政府的正面表态,工人们的情绪才会稳定,同工人挑衅的事端也才能平息。"杨开慧赞同地说。

12月11日,毛泽东以湖南全省工团联合会总干事的身分,亲率各工会代表郭亮、罗学瓒等23人,就10个方面的问题,会见长沙县知事周瀛干、警察厅长石成金。12日,又会见政务厅厅长吴景鸿。13日,直接会见省长赵恒惕等人。先后进行了3天面对面的谈判、交涉和说理斗争。

在谈判中,毛泽东首先质问道:"政府一再鼓吹对工人采取保护主义,但为什么对于工人的合理请愿活动采取暴力镇压的办法?"

警察厅长石成金辩解道:"政府对工人完全采取保护主义,并无镇压之意,近来各处罢工时起,政府并未干涉,即是证明。"

政务厅长吴景鸿也宣称:"政府虽听到许多传言,如总盟罢工之类,亦

以谣言置之,并未用何种镇压办法。"

毛泽东立即质问道:"那么,黄爱和庞人铨被杀怎么解释呢?"

黄爱和庞人铨被杀事件,就是1月份的事。面对毛泽东的质问,吴、石、周3人无言以对。

于是,老奸巨猾的赵恒惕只好解释说:"处决黄、庞二人确属迫不得已,因为他们收买枪支,勾结土匪,欲谋反政府。况且,此事纯系针对黄、庞两人,并非针对工界。"

毛泽东当即予以驳斥:"所谓黄、庞收买枪支,勾结土匪,都不是事实!工人方面被杀一两个人,封闭一两个工会,固然是损失,但并不能因此停止他们必需的活动。而政府方面受通国的责难,名誉上法律上的损失真不可数计啊!"

"……"

毛泽东的这番话驳得赵恒惕哑口无言。接着,他又拿出赵恒惕制定的"省宪法",指着条文说:"关于结社,官厅常有不允许之事,总说要先立案,才可结社。不知'省宪法'第12条:'人民在不抵触刑事法典之内有自由结社,及不携带武器和平集会之权,不受何种特别法令之限制。'并无规定要经官厅准许才可结社。若须准许才可结社,则许可与否官厅大可自由,'省宪法'大可废除,至少'省宪法'第12条就应根本取消。……集会亦然。近来集会常有暗探到场,多方阻挠,或用武装警察勒令解散。不知人民不携带武器之和平集会,'省宪法'规定有完全自由,断不宜随意干涉!"

"请问省宪法是否还有效?"罗学瓒等几位工人代表也同声质问。

这个"省宪法"就是赵恒惕主政湖南后自己弄出来的,他原想搞个"省宪法"以欺骗群众,没想到反被毛泽东等人以子之矛攻子之盾,此时他只好承认:"宪法当然完全有效。"

在交涉中,吴景鸿又提出:"现在许多工人信仰无政府主义,这是一个危险的问题。"

毛泽东说:"工人所希望的是社会主义,因为社会主义确实于工人有利,但中国目前尚难做到。目前政治,自然以民治主义为原则。至官厅文

告,常有工人盛倡无政府主义之语,全违事实;工人并不信仰无政府主义,因无政府主义于工人殊不利也。近来工人为解决自身痛苦,常有种种运动,即所谓劳动运动,但均不出增加工资、减少时间及改良待遇之事。"

赵恒惕等对"不要政府"的无政府主义深恶痛绝。在他的心目中,无政府主义就是不要政府,不要政府就是不要他这个省长。可是,对于社会主义是怎么一回事,他则完全茫然无知。因此,一听毛泽东的一番话,得知工人信仰的不是无政府主义,倒面露笑意,一个劲地点头说:"工人采取这种主义,极为得当,极为得当!"

毛泽东说话有理有据,又落落大方,感到他绝不是工人,是个出色的学生。于是,他装出爱护青年学生的样子,讥诮地对毛泽东说:"很明显,你不是工人而是学生,为什么你要干预他们的事,用工人代表的资格跟我说话呢?"

毛泽东指着身边的这些工人代表,从容地回敬赵恒惕道:"省长,请你问问同来的这些工人代表,我是不是工人代表?假如他们说不是,我出去就是了。"

赵恒惕无话可说。

经过3天的说理斗争,最后,赵恒惕的"政府"方面理屈词穷,被迫重申遵守省宪法中保障工人权利的条文;答应把摘去的工会牌子马上送回;理发行业的收入由原来的三七分成改为四六分成;被捕的工人可以保释。

毛泽东率工人代表胜利而归。杨开慧听到说理斗争取得胜利,也十分高兴。

10. "就是要像开慧姐那样生活,那样战斗!"

1922年一个冬夜,在湖南自修大学的一间房子里,举行着入党宣誓仪

式。张琼、毛泽建等七八个青年人,面对着印着镰刀斧头的党旗,举起了右手……光荣地加入了党组织。

毛泽东主持宣誓仪式,杨开慧和刘少奇是她们的入党介绍人。

会散了,毛泽东和杨开慧留下了张琼。

加入了久盼的党组织,张琼十分激动。毛泽东对兴奋不已的张琼说:"你是剥削阶级家庭出身的同志,做个共产党员不容易,以后要把一切都交给党啊!"

"我生是党的人,死是党的鬼,今生只为党的事业奋斗。"张琼坚决地回答。

"加入了党组织,这是你努力进步的结果,希望你以后更加努力。"杨开慧以介绍人的身分对她进行鼓励。

张琼点了点头。

接着,杨开慧说:"你现在已经是党的人了,党要派你出去工作!"

"上哪儿?"张琼兴奋地问。

杨开慧望了望毛泽东,然后对张琼说:"到水口山去!"

水口山在长沙南部的衡阳地区,是当时全国最大的铅锌矿所在地,几个月来,张琼亲眼看到毛泽东把一批又一批的同志,派到安源、粤汉铁路等地,许多和自己年龄差不多的同志,一个又一个地被派出去工作,她心里早就着急了。现在,自己也有了任务,她高兴极了。

"光高兴不行,"杨开慧为张琼理了理头发,笑着说,"润之对你要求高,希望大,要你在革命熔炉里好好锤炼,经受一切考验。你要好好去干,永远记住为工人们的解放奋斗!"

张琼激动地点着头,说:"我一定永远记住!"

接着,毛泽东拿出一份水口山工人苦难生活的调查资料,讲给张琼听。材料中记载了这么一件事:几个工人被工头逼在老砂棚里凿岩石,突然一声巨响,洞顶上掉下一块巨石,把工人全部压得粉身碎骨。然而,资本家不但不给家属抚恤金,还把家属赶出矿区,孤儿寡母无家可归,只好拖儿带女流落街头……张琼听着听着,两行眼泪夺眶而出,恨不得一下子飞

到水口山去,发动工人们与资本家进行斗争。

最后,杨开慧告诉她:"水口山铅锌矿工人俱乐部在11月已经成立了,你去就在工人俱乐部工作。"

当晚,张琼回到家里,赶忙把分配工作的消息告诉另外那个姑娘。结果,她没料到的是,这位姑娘也被杨开慧分配去安源工作。这一夜,两人躺在床上,都激动得难以入睡。张琼问道:"应该怎样作个共产党员呢?"

"就是要像开慧姐那样生活,那样战斗!"

没过多久,毛泽东派了一位同志,带领张琼和还不是党员的毛泽覃到水口山铅锌矿去搞工人运动。临行的前夜,杨开慧煮了些鸡蛋,放在他们的挂包里。他们乘坐去衡阳的小火轮离开长沙,毛泽东和杨开慧专门到码头为他们送行。毛泽东对他们说:"到了水口山,好好锻炼和改造自己,要老老实实拜工人为师。"

几个人点了点头。

"那里的工作是很艰苦的,这对你们是个锻炼。"杨开慧说,"要下井去,看看工人是怎样拿自己的性命换回几个铜板的,弄懂今天为什么要革命的道理。"

张琼代表大家说:"我们一定照你和润之哥教导的做。"

杨开慧点了点头。

临走时,张琼紧握着毛泽东和杨开慧夫妇的手,久久不愿松开,心里有许多话要说,但一句也说不出来。这一年多来的生活使她与他们结下了一生难忘的情缘。

小火轮启动了,张琼他们依依不舍地向衡阳而去。在苍苍的暮色中,他们走了好远,回头望去,还见毛泽东和杨开慧抱着孩子在向他们摇手。

这些年里,清水塘像一座革命熔炉,造就出一批又一批的革命者。然后,毛泽东和杨开慧又深情地送走一批又一批的同志,他们像火种,从清水塘撒出去,撒到矿山,撒到农村,撒向了全国各地。

11. "润之！你快从后门走"

时光很快进入了1923年。1923年上半年，无论是对杨开慧个人来说，还是对于中国革命来说，都是一段难忘的岁月。

首先是杨开慧的哥哥杨开智因为婚变而精神失常。

1920年夏杨开智在父亲好友的帮助下来到北京后，没有进北大读书。由于章士钊出任北京农专（即北京农业大学前身）校长，他于1921年考取北京农专。在农专，他学习勤奋，成绩名列前茅，并积极参加学生活动。在已是共产党的邓中夏的直接领导下，他与同学乐天宇、李光荣等人发起并成立了农专的社会主义小组，并担任组长。在北京读书期间，他的妻子李一纯也在北京陪读，两人于1920年10月生下了一个女儿，叫杨展。

此时，在北京的湖南人很活跃，杨开智除和邓中夏交往密切外，还与在湖南时就常在一起的罗章龙等人经常聚会，探讨改造社会和人生之路，商讨罢课罢工之事。1922年9月，安源罢工的胜利震动了全国，进一步推动了全国正在高涨的工人运动。年底，张国焘、罗章龙主持的北京劳动组合书记部，邀请李隆郅到北京传授安源罢工的经验，帮助谋划北方的特别是京汉铁路的工人运动。在一个多月的时间里，李隆郅参加了劳动组合书记部的一系列会议，同时，也会见了不少湖南同乡和朋友，在罗章龙处，他与早已认识的杨开智夫妇也经常见面。

1923年1月底，李隆郅启程南归湖南，杨开智找他说："我在北京还有一些事没处理，夫人李一纯也想一路回长沙。请你照顾。"

李隆郅欣然答应。

谁知这一交托，却使杨开智后来懊悔不迭。

在南归的路上，李隆郅和李一纯产生了不能自拔的爱情。这时，李隆郅已经结婚。他的原配妻子林杏仙是由父母包办的，1918年成婚，并为李隆郅生了长子。此时的林杏仙已因重病瘫痪在床。

回到湖南后,李一纯即带着女儿杨展跟随李隆郅到安源另组了家庭。李隆郅同李一纯结合的消息传来,杨开智深受刺激。不久,乐天宇、李光荣二人相继被批准加入中国共产党。杨开智由于婚姻变故,精神失常,未能加入共产党组织。

此时杨父已去世多年,母亲向振熙备受打击,杨家一下子陷入困境之中。杨开慧的心情变得十分忧郁。

风雨如晦,家事多变,国事也风云骤起。紧接着,2月7日京汉铁路工人总工会举行成立大会,遭到军阀吴佩孚血腥镇压,发生二七惨案。二七惨案之后,全国白色恐怖一片,工人运动渐渐走向低潮。由于毛泽东与中共湘区委员会利用军阀赵恒惕"省宪"中言论、结社自由的条文,以合法形式为掩护,开展工人运动;加之赵也因杀害黄、庞后,人民反抗激烈,才不得不暂时减轻压迫。因而,湖南工人运动一时没有受到挫折。4月罗学瓒等人又组织长沙人力车工人举行大规模请愿游行,引起赵恒惕的恐慌,他暗中收买行会中的封建把头,和新工会对立,想尽各种办法来破坏工会,此外,他还下令通缉"过激派"毛泽东。

1923年4月的一个夜晚,毛泽东正在清水塘的家中起草文件,妻子杨开慧抱着熟睡的毛岸英坐在旁边。突然,响起了一阵急促的敲门声。

"润之!润之!快开门。"

杨开慧迅速放下孩子走到门前,从门缝中往外一望,然后打开门。进来的是一位党在省政府供职的同志。他前脚刚跨进来,就急切地说:"润之!你快躲一躲,赵恒惕派人抓你来了,正在路上呢!"

杨开慧赶紧把门关好,插上门闩,用一条长凳顶住大门,然后把孩子交给母亲,自己跑回住室,从床下拿出一个小铁箱子,给毛泽东准备行李、衣服。

毛泽东镇定地收拾好桌上的文件材料,卷起来,迅速爬上阁楼,把它藏在墙洞里。

这时,门外响起了脚步声,送信人催促道:

"快一点,晚了就来不及了,他们到了!"

杨开慧把箱子递给毛泽东，焦急地说："润之！你快从后门走。"

说着，她用力把毛泽东推出了后门，随即把后门关上。毛泽东穿过后院的菜地，消失在夜幕中。

结果，毛泽东前脚一走，捕兵后脚就到，然而，他们扑了个空。

赵恒惕没有抓到毛泽东，十分恼火，以"最危险"的"过激派"的罪名，下令通缉毛泽东，长沙城街头巷尾贴满了悬赏缉拿的布告。一时，毛泽东处于非常危险的境地。

一天，何叔衡在街上遇见了毛泽东，吃惊地问："你没看见悬赏缉拿你的布告吗？"

毛泽东神态自若地回答道："看见了，没什么了不起的！"

下午，毛泽东又特地来到第一师范附小看望了何叔衡，和他商谈了湖南工人运动的下一步工作计划。

在这几年的斗争中，毛泽东依靠组织和群众，培养骨干，注重策略，利用矛盾，争取舆论，合法斗争，表现了出色的领袖才干。到此为止，他领导的湖南工人运动，罢工10次，9次取得胜利，不仅引起了社会之注目，同时也获得党内的高度评价。

党的总书记陈独秀越来越赏识毛泽东的才干。早在1月份他着手筹备党的三大时，便决定调毛泽东到中共中央工作，派李维汉回湖南，接替中共湘区执行委员会书记一职。李维汉1922年6月与周恩来、赵世炎等人组织旅欧中国少年共产党，10月从法国回来后，年底由毛泽东和蔡和森介绍加入中国共产党，一直留在中央工作。此时，毛泽东虽然已接到调离通知，但李维汉还在上海，因此，他一边等候李维汉的到来，一边继续带领湘区执委会在白色恐怖下工作。

不久，李维汉到达湖南。毛泽东从容地布置了中共湖南地下党组织的全面工作，在"通缉令"下了半个月之后，告别妻子杨开慧和刚刚半岁的儿子毛岸英，离开清水塘，秘密地前往上海。

就这样，毛泽东结束了他"两年工人运动"的生涯。

第六章 在上海的日子

1. 毛泽东第一次进入了中央领导核心

毛泽东到达上海后,即前往广州,参加即将召开的中国共产党第三次全国代表大会。

在广州,他见到了久违的战友蔡和森、向警予和罗章龙等人。蔡和森回国后,1921年底向警予因积欠学膳费八九千法郎被迫回到上海。在1922年7月党的二大上,蔡和森当选为中央委员,向警予担任党中央妇女部部长。9月蔡和森创办中共中央机关刊物《向导》周报。1923年震撼全国的京汉铁路工人大罢工爆发,蔡和森被北洋军阀搜捕,他在景山东街北大第一学生宿舍越墙脱险,来到北京高等师范学校避难,指导在"八角琉璃井"(即党中央,北方区委和劳动组合书记部)工作,6月他和向警予来广州参加会议。

1923年6月12日到20日,中共三大在广州东山恤孤院后街31号的一座两间砖木结构的普通楼房内召开。

这次会议对毛泽东的政治生

向警予担任党中央妇女部部长

涯来说,是一个较大的转折。他被选为中共执行委员和中央局委员。随后,中央委员会在广州东山新河浦路春园开会,陈独秀被推举为委员长,毛泽东为中央局秘书,罗章龙任会计。中央局相当于后来的政治局,由陈独秀、毛泽东、罗章龙、蔡和森、谭平山5人组成。

三大制定了《中国共产党中央执行委员会组织法》,其中,对于秘书的职责规定:"秘书负责党内外文书及通信及开会记录之责任,并管理本党文件。本党一切函件须由委员长及秘书签字。""执行委员会之一切会议,须由委员长与秘书召集之。"也就是说,中央局的核心是委员长和秘书。这就意味着毛泽东第一次进入了中共的领导核心,这时他正好30岁,而立之年。有趣的是,在中央局5人中,有两位是毛泽东在长沙时新民学会的会员和多年的好友,即蔡和森、罗章龙。

党的三大时陈独秀、李大钊和毛泽东在广州春园办公和居住

三大的中心议题是讨论国共合作问题。经过讨论,大会接受了共产国际关于国共合作的决议,决定全体共产党员以个人名义加入国民党,以党内合作的形式实现第一次国共合作。大会之后,陈独秀和毛泽东联合签署了《中国共产党致莫斯科共产国际执行委员会》函,向共产国际报告了"三大"会议情形和经费困难及开支情况。

三大之后,中央机关暂留广州。在工作之余,毛泽东常去曾在长沙时已经很熟悉的并且一度在个人关系上对他很友好的湘军首领谭延闿的住处。此时谭延闿在孙中山大元帅府任建设部长,7月孙中山又任命他为湖南省长兼湘军总司令。此时,孙中山和谭延闿正为讨伐赵恒惕作准备,毛

泽东与谭延闿频频接触,一是通过他加强对国民党的了解和联系,另则是为中共湘区执行委员会采取联谭倒赵的决策创造条件。

3个月之后,毛泽东随中共中央机关迁上海。不久,他又临时离开上海前往湖南。

9月16日,毛泽东到达长沙。他此行是受担任国民党本部总务部副部长的共产党员林伯渠的委托以国民党筹备员名义来长沙贯彻中共三大关于国共合作的决议,指导中共湘区委员会筹组国民党湖南地方组织。

毛泽东回到了清水塘家里,和妻子杨开慧等一家人又团聚了。

毛泽东回到家时,毛岸英已能拽住大人的衣襟,摇摇晃晃地学步。

这时,谭赵战争正酣。先是谭延闿部胜,赵恒惕逃跑,后来,赵得吴佩孚的援助,又于9月23日重返长沙。

谭赵战争期间,毛泽东和中共湘区执行委员会支持归属广东革命政府阵营的谭延闿,反对赵恒惕。

在这期间,毛泽东的好友、原新民学会成员陈子博做出了一件震动长沙的事件。

陈子博1921年加入共产党后,一直是湖南支部的得力骨干。他和毛泽东最接近,与毛泽东最要好,曾代理毛泽东的社会主义青年团执委会书记一职。1922年1月,赵恒惕杀害劳工领袖黄爱、庞人铨以后,陈子博在毛泽东的主持下,参加了组织黄、庞的追悼大会,他同大家一起以湖南工界的名义通电全国,并在上海、广州、北京等地的报纸上揭露赵恒惕的罪行。之后,他深入到织造、缝纫、笔业等行业工人中去,创办夜校,组织工会,并担任了好几个工会的秘书,为工人们要增工资和要营业自由而进行的罢工斗争奋身出力。他曾在长沙《大公报》上发表了《对织造工罢工的杂感》一文,为1500织造工人大声疾呼,揭露厂主对工人的残酷剥削,指责长沙县知事放任资本家"无故歇业","致陷一千五百工人于绝境,未免心太毒,手太辣!"

陈子博是一位血气方刚的青年人,二七惨案后,赵恒惕政府加紧镇压工人运动,激起他的极度愤怒。

　　在赵恒惕重返长沙后,疾恶如仇的陈子博,决心为民除害。一天,他侦知赵恒惕将坐包车经过坡子街时,就身藏两枚炸弹,悄悄地独自一人在坡子街一处茶楼上等待。当赵恒惕坐的包车经过茶楼时,他立即将炸弹向赵的包车投去。然而,仓促之中,没有击中赵恒惕的包车。在一片混乱之中,陈子博迅速逃出茶楼,但是,赵恒惕马上传令全城戒严和四处搜捕凶手,陈子博逃到一处民家,无处躲藏时跳入菜园的一个粪池中。由于军警搜捕严密,他只得在粪池中躲了3天。

　　结果,他虽然逃脱了赵的毒手,但因大粪中毒,浑身糜烂,又无法在长沙就医,只得坐轿返回湘乡老家。毛泽东和杨开慧闻讯后,深深地为陈子博这一壮举所震撼!

　　后来,陈子博却因医治无效,不幸于1924年1月23日逝世。噩耗传到长沙,文化书社从3月15日起开了3天追悼会,各界赠送的挽联达300余幅。毛泽东亲临致哀,挥笔写了"出师未捷身先死,长使英雄泪满襟"的挽联,以悼念这位才华横溢、斗志坚强的早期共产主义战士。这是后话。

　　毛泽东这次回湘的主要任务,是贯彻中共三大关于国共合作的决议,指导中共湘区委员会筹组国民党湖南地方组织。在三大召开期间,他主张在工人中发展国民党员,并曾捎信给中共湘区执委会委员长李维汉,要他注意在安源产业工人中发展国民党组织。湘区委接受毛泽东的建议,委派何叔衡、夏曦、刘少奇与国民党元老覃振、邱维震组织筹备组。这次,毛泽东以中央筹备员名义来长沙,组建国民党湖南总支部。工作进展很快,9月28日,他给时任国民党总务部部长彭素民、副部长林伯渠写了一封信,信中,他建议道:

　　关于本党在湘发展,虽在军事时代仍应努力进行,昨与夏希同志商议分三步办法:

　　第一步组织长沙支部;

　　第二步组织常德衡州及其他可能的分支部;

　　第三步再组织湖南总支部。关于长沙支部,现决定即日租定房子成

立筹备机关(秘密的),多邀信仰三民主义及有活动能力的人入党,然后开成立会推出候补支部长,呈请本部委任……

在毛泽东的指导下,10月初,国民党长沙支部成立。此时,由于国共合作步伐加快,中央通知毛泽东到广州筹备并准备出席国民党第一次全国代表大会。毛泽东只得又准备离长去粤。

对于幸福的一家子来说,快乐时光仅有短短的两个月。

毛泽东临行前,儿子岸英嚎啕大哭,拖着父亲的腿不准走,向振熙把他扯开,关上了房门,毛泽东才得以走成。

杨开慧倚门目送毛泽东远去,也潸然泪下。毛泽东强抑感情上路,心中也是难分难舍。坐上火车后,他在路上吟成《贺新郎》词一首:

挥手从兹去。更那堪凄然相向,苦情重诉。眼角眉梢都似恨,热泪欲零还住。知说会前番书语。过眼滔滔云共雾,算人间知己吾与汝。人有病,天知否?

今朝霜重东门路,照横塘半天残月,凄清如许。汽笛一声肠已断,从此天涯孤旅。凭割断愁思恨缕。要似昆仑崩绝壁,又恰像台风扫寰宇。重比翼,和云翥。

2.杨开慧心有幽怨,赌气不给毛泽东回信

1924年1月20日,中国国民党的第一次全国代表大会在广州广东高等师范学校院内召开。这是中国共产党和中国国民党合作的开始,国民党创始人和领袖孙中山与共产党创始人和领袖李大钊并肩走向礼堂,其后是廖仲恺、胡汉民、汪精卫、毛泽东、谭平山、谢持等国民党一大代表。

国民党"一大"会场

毛泽东的席位号是39号。他在会议期间作过多次发言。

经过10天的大会议程,30日上午,大会选举中央执行委员、候补执行委员和监察委员。毛泽东是由孙中山亲手书写的人选,大会选举为国民党候补中央执行委员。

31日上午,孙中山主持召开国民党中央执行委员会首次全会。毛泽东参加全会。会议决定中央执行委员会设在广州,其余特别区,如上海、汉口、哈尔滨、四川,皆派遣中央执行委员到该地执行部,指挥监督各地党务之进行。

会后,毛泽东作为候补中央委员,被派往国民党上海执行部工作,协助共产党的行动,从事国民党这一地区的改组工作。

上海国民党执行部设在法租界环龙路44号,是上海地区国民党最高执行机构。执行部内主要设立组织、宣传、工人农民等部及秘书处。胡汉民、汪精卫、戴季陶、于右任、叶楚伧、茅祖权等国民党人分别担任各部部长。毛泽东、罗章龙(此时化名为罗文虎)、王荷波、恽代英4位共产党员参加指导执行部工作。同时,共产党员沈泽民、邵力子、瞿秋白、施存统、邓中

参加国民党"一大"时的毛泽东

夏、向警予、杨贤江、张秋人、刘伯伦等参与执行部各部门基层工作。一时之间,环龙路44号成为"国共群英会"。

毛泽东离开长沙去上海时,杨开慧又怀孕在身。在毛泽东离开长沙后,她和母亲带着儿子岸英回了东乡板仓。在板仓,她生了第二个孩子毛岸青。过了月余,她和母亲、孩子又回到了长沙清水塘。

然而,此时毛泽东忙于纷繁的工作,很少写信回家。杨开慧上有老下有小,生活十分清苦。加上毛泽东不在身边,以前她的革命工作都是在毛泽东的指示下进行,并且主要是在毛泽东身边工作,现在毛泽东一走,她也很少参加以前火热的组织活动。离开了丈夫,又离开了革命集体的生活,她的心境孤独而又寂寞,因此她更加希望毛泽东记挂着她。但作为丈夫的毛泽东,却并不十分理解妻子的心。杨开慧几次写信,要求和毛泽东一起到上海、广州去。他却回信说:"大都会生活缴用大,我经常东奔西走,并不能照顾你们母子,倒不如在长沙亲戚朋友多,熟人熟地方便。"

并且,毛泽东还笔录了唐人元稹的一首诗《菟丝》赠给她——

> 人生莫依倚,依倚事不成。
> 君看菟丝蔓,依倚榛与荆。
> 下有狐兔穴,奔走亦纵横。
> 樵童砍将去,柔蔓与之并。

他还在另一首给杨开慧的词中说:"我自欲为江海客,更不为昵昵儿女语。"

杨开慧接信以后,拆开一看,十分气恼。一向视为知己的毛泽东,怎么变得这么不理解她的心情了呢?你毛泽东欲为江海客,不恋儿女情,难道我杨开慧就是那种只是守着丈夫卿卿我我守日子的旧式女子吗?我要求和你毛泽东同往本来为的是不脱离革命工作,同时助你一臂之力,还不行吗?只有你革命,我就落后了吗?你要我当家庭妇女,那么,我这个解放了的女性不又是倒退回去作"娜拉式"的女人了吗?……杨开慧满心委屈,赌

气不给丈夫回信。

不久,毛泽东从上海去广州出席党中央的会议,特地回长沙看望杨开慧母子。

夫妻见面后,杨开慧没有往日的热情,对丈夫没说几句话,毛泽东不知出了什么事。后来,当杨开慧含着泪向他倾诉了自己的委屈时,毛泽东震惊了。

原来,这几年卷入政治漩涡以后,他很少想到自己的妻子儿女,毛泽东深感内疚。这些年杨开慧为他承担了繁重的家庭担子,他不曾为她分过忧,连她的革命要求,他也没有予以重视,难怪妻子要埋怨自己了。毛泽东心中涌起阵阵歉意。但是,此时他革命任务在身,不能在家中久呆,歇了一夜,第二天天不明又动身去赶火车。

他出门时半天残月照横塘,杨开慧破例没有为他送行。此时,他心情复杂极了。上了车以后,他一直不能平静。

4月,毛泽东回到上海后,马上写信去长沙,要杨开慧带着全家到上海来团聚,一起生活。

5月5日,是孙中山就任非常大总统3周年纪念日,上海执行部国共两党工作人员齐集莫里哀路孙中山的住宅举行纪念活动,并在孙寓的花园中合影留念。参加者后来每人都获有一张照片。80年后,仅国家博物馆馆藏一张,但仍然清晰可见。

在这张相片中,国民党人有胡汉民、汪精卫、张继、茅祖权、叶楚伧、叶绰芳、戴季陶、林焕廷、孙铁人、喻育之、王陆一、周雍能、何世桢、葛建时、陈德徵和向昆等16人。中共方面有毛泽东、王荷波、罗章龙、恽代英、向警予、邵力子、沈泽民、刘伯伦、韩觉民(团员)和张廷灏(团员)等11人。总计27人。相片是由一家广东人开设的"王开照像馆"拍摄的。上海国民党执行总部全体工作人员只有30多人,而参加合影的居其中大多数,且都是双方的重要人物。这张相片后来成为当年国民党与年轻的中国共产党实行合作的珍贵历史见证。

1924年5月10日至15日,中共中央执行委员会扩大会议在上海召

上海执行部国共两党工作人员在孙中山公寓花园合影

开,毛泽东参加了会议。这次会议正式决定中共中央分设宣传、组织、工农、妇女部,毛泽东任中共中央组织部部长。

此时杨开慧已把清水塘和板仓的事情全部处理好了。端阳节即将来临了,她带着孩子——岸英、岸青和母亲,还有李隆郅的妻子、原嫂子李一纯,及哥哥杨开智的女儿杨展从长沙坐轮船去上海。

此时,哥哥杨开智已经恢复正常,还在北京上学,而李一纯和李隆郅已生育一个儿子李人俊。李一纯随杨开慧一家同行,源于4月份蔡和森和向警予夫妇的长沙之行。蔡、向来长沙后,杨开慧、李一纯等故友与之相聚,杨开慧谈及毛泽东来信准备去沪,这时李隆郅已从武汉调上海任中共上海地委职工运动委员会书记,负责领导上海地区的工人运动。他也来信叫李一纯到党中央妇女部做文印工作,杨开慧知道她也要去上海,于是邀她同行。

李一纯跟杨开慧一家坐船到上海。

这是杨开慧自从1920年从北京回长沙后,第一次乘轮船出远门。

当杨开慧和李一纯等人到达上海时,毛泽东和李隆郅(此时化名为李

成)一起在码头迎接,然后领着大家前往住地——慕尔鸣路的三曾里。

慕尔鸣路位于中兴路与香山路交叉的地方,三曾里是其中一个小里弄。这里全是两层楼房,临街一面大都是拱形门楼,进去是一个一个小里弄,里弄大都是麻石小巷,两旁是石库门两层楼,有的三门,有的四五门。毛泽东他们的住址叫甲秀里,内有5幢房屋,毛泽东住在弄内靠南的一所房子里。李隆郅住在楼下的过堂间。

毛泽东和杨开慧一家人团聚了,杨开慧对毛泽东以前的幽怨一扫而光,全然消去。

3.三户楼的生活:表面平静实际上生龙活虎

三曾里,实际上是中共中央机关的住址,此时中央的代号为"钟英"。对于这个三曾里,后来罗章龙在《椿园载记》中是这样描述的:

> 三曾里的房子结构是普通的二层楼房子,用上海话说叫做两楼两底。我们决定找这个地方作办公地点,是因为此地属于中国地界,周围有几十家缫丝工厂和一些手工业工厂。居民以广东人最多,其次为江北人,这个地方既不是贫民区,也不是绅士区,五方杂居。环境条件对工作很有利,所以才定了下来。这个房子,楼上楼下大小共有八、九间房,当时没有户口制度,但住房必须有个户主,我们三户联居,称它为三户楼。毛泽东、杨开慧一户;向警予、蔡和森一户;我一户。大大小小算起来有十口人常住。对外就说一家人,向警予为户主。毛泽东和杨开慧带着两个孩子住在这栋房子的前厢房。那时杨开慧身体好,虽然有了孩子比较劳累,但她仍然抽出时间做了很多工作。

杨开慧和毛岸英、毛岸青在上海的合影

向警予

在三户中,毛泽东是中央组织部部长;蔡和森是中央局委员,继续主编《向导》,一周一刊,他还要翻译成几国文字,紧张得很;罗章龙担任会计,掌握财政;向警予是中央妇女运动委员会主任,负责妇女工作;李隆郅为中央职工运动委员会副书记,负责工人运动。杨开慧等人到来后,李一纯分到妇女部搞文印;杨开慧做资料工作;青年团员王熙春负责取送报纸、信件并兼做机关保卫工作。

三户楼里有严格的制度,不准上餐馆,不准看戏,不准看电影,不准上街游逛,不准到外面照相。只有杨开慧初来上海时,经过向警予的同意,例外地带着岸英、岸青在照相馆照了一张相。这就是开慧右手抱着岸青、左旁依着岸英的那张相。这成为现存下来最珍贵的杨开慧与两个孩子在一起的历史记录。

在三户楼,向警予主要负责党的妇女工作。继《妇女声》之后,中共中央又于1923年8月22日创办了另一重要刊物《妇女周报》,向警予担任该报的主编。从9月起,向警予又兼任中共上海执委会委员,负责该地区妇女工作。随后,又奉党的指示任国民党上海执行部青年妇女部助理。这时她已怀孕,但仍每日清晨到法租界环龙路去上班,傍晚赶回三曾里中央局工作。

杨开慧主要是在中央局做资料工作,管报纸的传阅和资料剪辑,有空她还帮助向警予做女工工作,另外,还主动协助向警予做一部分内务工

作。杨母向振熙则帮助杨开慧和李一纯带孩子。

三户楼的生活是紧张的,常常夜深了,三户楼仍亮着灯光。在这里,前厢房蔡和森与毛泽东研究《向导》周报上的稿子,后厢房向警予与杨开慧为女工夜校而编写教材;大家非常和睦,乐趣横生。

一次,王熙春对向警予说:"你从巴黎回来,可否教我们做法国烹调?"

向警予答道:"我们当时住的意大利街,是穷学生居留区域,当地人好吃鹅肉与兔肉,我们只是吃平民西餐。不过,我可以做几样,给大家品尝。"

结果,她做了一盘烤小牛肉,外面焦黄,中呈殷红色。端到桌上时,当下就有人说:"这洋玩意儿生吞活剥,好看不中吃!"

向警予笑道:"'知音'难遇,'知味'亦难求呀。"

说罢,全座都笑了。

对于三户楼的生活,《向警予传》有如下记载:

> 中共三大以后,向警予担任中共中央妇女运动委员会主任。她与蔡和森一道回到上海,居住在苏州河畔的"三户楼"。
>
> "三户楼"是中共中央局的办公处,是当时中国革命的信息中心,中共中央发号施令的策源地。地址在闸北中兴路的中间地段,前门的弄堂叫三曾里。房子是新造的两上两下的楼房,水泥砖木结构。附近有手工业工厂、茶厂,还有理发店,是个三不管的地区。
>
> "三户楼"由三户人家组成,向警予为户主,她与蔡和森(时任中共中央局委员、《向导》周报主编)住楼下后厢房;毛泽东(时任中共中央局委员、秘书、组织部长)与杨开慧住楼下前厢房;罗章龙(时任中共中央局委员、中共中央宣传部长)住楼上。楼上楼下都有堂屋,楼下堂屋是休息的地方,来往的人很多;楼上堂屋是中央局开会的地方。由于这三户人家都是当年楚国地区的人,取"楚虽三户,亡秦必楚"之意,故名"三户楼"。三户人家有5个大人,2个小孩,共7人。对外称一家,姓王。还有一个专管内外事务、负责这三个楼房保卫工作,并协助向警予从事女工运动的女共青团员,名叫王熙春,住在厨房楼上的亭子间里,一个娘姨(雇佣的)住在楼下厨房对面,负责煮饭和生活方面的事情。常在"三户楼"办公的是

中共中央局五位委员——陈独秀、毛泽东、蔡和森、谭平山、罗章龙；往来人物主要有第三国际驻华代表、苏俄外交官及驻沪领事等。

"三户楼"的生活表面看起来相当平静，实际上是生龙活虎，日夜沸腾着。党的重要会议多在这里召开，党的领导人常在这里碰面磋商……

由于女工运动蓬勃兴起，向警予邀请杨开慧到女工夜校当教师。杨开慧欣然答应。两人经常一道研究教课的内容，制订教育计划，一起去女工学校。但是，开始之时，杨开慧没有单独上课，而是按照毛泽东的安排，先跟向警予"学习学习"。于是，她与向警予常常结伴一起去女工夜校，一边向向警予学习，一边熟悉上海的工人运动情况。

一天傍晚，天下着毛毛雨，向警予与杨开慧撑着伞，并肩朝虹口方向走去。一路上，她们边走边谈。突然，向警予对杨开慧说："开慧，我用上海话教你唱支歌好么？"

"好呀！"杨开慧高兴地回答。

说完，向警予便轻轻地唱了起来，杨开慧低声地一句一句地跟着哼：

> 我侬穷人真伤心，
> 住末住格滚地龙，
> 关末关格篱笆门，
> 门闩用格茅草绳，
> 门搭用格布条筋。

向警予为什么用上海话教杨开慧唱歌呢？原来，这时候杨开慧满口长沙话，湘音很重，上海人也方言很重，很多人听不懂长沙话。向警予于是用这个方式教她说上海话。

她们一遍又一遍地唱着，直到来到夜校门口，然后，两人才收起伞，热情地与女工们打招呼，接着就进入课堂，开始上课。向警予做妇女工作很有一套，上课前，她叫女工们先唱歌，她自己起头，歌名是《女工苦》。接着，

和女工们一起唱了起来：

踏进工厂门，
自由被剥尽。
老板心太狠。
我侬像犯人。
黑心领班女工头，
凶暴又残忍。
做工稍不慎，
打骂重罚直至赶出门。

唱完歌，向警予开始讲课。

杨开慧觉得向警予这种开头的方式十分好，也认真地跟着大家一起唱。向警予讲课时，杨开慧更是认认真真地听。向警予讲课讲得非常好，像拉家常似的，生动形象，又句句话都对女工们的心思。谈话之中，她把上海过去几年工人举行罢工的情况作了分析，然后总结说："凡是工人团结一心，坚持到底的，就胜利了；有的罢了几天工，看到没有收入，想上工闹分裂，没有坚持到底，便失败了。那么，怎样才能团结一心，坚持到底呢？"

女工们都议论开了："是呵，怎样才能团结一心呢？人和人不一样，你不能拴住她的心，也不能拴住她的手和脚。"

向警予笑着说："我告诉大家一个好办法。"

"什么好办法？"女工们异口同声地问。

"认姊妹，你们会吗？"

女工们说："这个我们都会。"

"对。"向警予说，"我们就用互相认姊妹这个办法，把厂里的女工们组织起来，团结在一起。"

杨开慧觉得这个方法与毛泽东在长沙发动工人的方法是一致的，于是，在向警予讲完之后，杨开慧根据长沙工人罢工的经验，告诉大家说：

"长沙的泥木工人、铁路工人组织十人团,然后在十人团的基础上,成立自己的工会,斗争很有力量。早几年长沙工人运动搞得好,工人团结起来是主要原因。"

女工们都点头称道:"这是个好办法!"

尽管杨开慧在长沙也上过女工夜校,但是,上海是工人聚集的地方,不仅工人人数多,而且情况更复杂,跟着向警予一起去夜校,杨开慧了解到了许多以前不熟悉的事情。

4.引爆五卅运动烈火的顾正红是杨开慧的"学生"

一天,邓中夏来看望毛泽东和杨开慧。

此时,邓中夏是中央职工运动委员会书记。他向毛泽东夫妇谈起了组织沪西工友俱乐部的工作情况。在谈话中,杨开慧向他问起了沪西女工的情况。

邓中夏说:"小沙渡大多是日本纱厂,日本资本家为了多榨利润,从农村招来女孩,七八岁到十五六都有,把她们当牲口使用。这些童工吃的是猪狗食,做的是牛马活,每天上下班都由工头押送,住的地方派专人看守,不准和外人接触;她们正是长身体的时候,却一个个骨瘦如柴,蓬头垢面,满身脓疮,有的被折磨得像根枯草。当她们实在干不动活时,资本家便一脚把她们踢出厂门。"

"女工的情况呢?"杨开慧问。

"纱厂里的女工更为凄惨。她们怕被开除,不敢结婚,不敢怀孕。有的女工怀了孕,只得用带子把肚子紧紧捆起来,胎儿常活活地被憋死在娘肚子里!有的一旦生了孩子,第二天就拖着虚弱的身子去上班,好多产妇就这样活生生地被拖死!即便没拖死,养了孩子,上班时间也不能喂奶……"

"日本人真狠!纱厂简直就是人间地狱!"杨开慧悲愤地说。

"是呀!"邓中夏又焦切地说,"现在工人情绪高涨,沪西女工很多,就是缺少做妇女工作的干部,人手很不够。"

杨开慧自告奋勇地说:"我也是党员,让我到小沙渡沪西区去做女工工作吧!"

邓中夏拍手叫好,毛泽东也欣然同意。

从此以后,杨开慧白天为毛泽东整理材料,吃罢晚饭,就和邓中夏、李隆郅等人到沪西工人区去了解情况。从闸北中兴路到小沙渡,

中央职工运动委员会书记邓中夏

有一段长长的路,步行要走个把钟头。他们常是步行而去,步行而归,从不坐车。

这时,杨开慧虽然已是两个孩子的母亲,仍穿着白衣青裙,看起来像是个女大学生。她到工人区深入女工和她们的家庭,了解工人们的生活和困境。

小沙渡的工人夜校和沪西工友俱乐部在一起,设在小沙渡和槟榔路口3间朝东的平房里。它比起向警予办在各个中学堂的女工夜校来,屋里设备简陋得多,只有一块黑板、几张课桌和几条凳子,并且是男女合校。夜校北边是奔流不息的苏州河,对岸是一片荒凉的潭子湾。夜里,这一带冷冷清清,是暗探出没、流氓横行的地方。杨开慧每周要抽出两三个晚上来上课,风雨无阻。

这一天,杨开慧去得比较早,有的日班工人还没有下班。

女工们亲热地围着她,要她讲湖南开展工人运动的情况。于是,杨开

慧给大家讲起了毛泽东领导安源路矿工人罢工的经验。

其中,一个女工问道:"什么叫'哀兵必胜'呀?"

杨开慧解释说:"'哀兵'就是宣传工人的痛苦,提出最感动人的口号,争取社会上的广泛同情。然后坚持斗争,不获胜利,决不罢休。"

"什么口号最感动人呢?"

"把工人们的苦难和最想说的话喊出来,比如安源矿区有一个口号:先前是牛马,现在要做人!这个口号就很感人。"

"对!这才是我们的心里话!"一个20来岁的小伙子,听得入了神,突然冒出了这么一句话语。

杨开慧抬头一看,这是一位经常来参加夜校却又总是坐得远远的小伙子,她虽然总看见他但是还不太熟悉,于是问道:"你在哪里做工啊?"

旁边一个女工回答说:"他叫顾正红,在内外棉七厂做盘头工。"

"呵,你就是把吞没工人工资的'拿摩温'(工头)狠揍的顾正红吧?"

听到"顾正红"这个名字,杨开慧记得邓中夏曾经讲过,内外棉七厂的工人顾正红曾因为工头偷吞工人的工资把工头打了一顿,差点被厂方开除。

"你现在在七厂还跟工头对打吗?"杨开慧关切地问。

顾正红摇摇头说:"单靠个人反抗没有用,我们也要学湖南的样,组织'十人团',才能斗赢工头们。"

杨开慧马上接口说:"对!顾正红讲得很有道理,工人只有组织起来,才有力量。安源工人就是这样干的。"

这时有人大声说:"你给我们讲讲安源的做法吧。"

杨开慧说:"安源的工人们组织起来后,听说反动当局要派军队来镇压,立即提出3个条件进行反攻:第一条,要路矿两局呈请官厅保护工人俱乐部;第二条,每月发给俱乐部补助费;第三条,积欠工人的工资,一星期内要全部发给。限定12小时以内给予答复,否则工人将举行罢工。而结果呢?当局只承认前两条,工人们不答应,于是举行罢工。这时,工人组织起来了,因此也就有力量和当局对抗,想罢工罢就是了。"

"那后来呢?"人们的兴趣全来了。

"后来,不答应条件工人就决不复工,当局毫无办法,只好答应工人的要求。罢工胜利后,俱乐部改为工会,当局开除工人必须经过工会同意,工头、领班必须由老工人中提升,假期也必须照发工资;工人因公死亡,必须给3年工资,一次发完;积欠工人的存饷和罢工期间的工资照发外,路矿工人工资每天增加一角,窿内工人工资增加5成。"

"安源工人这么好呀!"纱厂的工人们羡慕死了。

"现在,安源路矿工会就成了安源矿区维护工人利益的重要机关。凡属有关工人的问题,都得通过工会才能实行。"

安源路矿罢工的经验,给了小沙渡工人们极大鼓舞,并且很快在各个工厂传播开来。

开始时,杨开慧在上海的工人夜校里教课,困难很多,特别是她那浓重的湖南乡音,上海人不大容易听懂。然而,她非常耐心,每次讲课,一个字一个字地慢慢讲解,一直到学员们都听懂了为止。没过多久,工人们就把她当成了知心朋友。每天杨开慧上完课,女工们轮流伴送她回家。黑暗的里弄里,经常荡漾起欢快的谈笑声。

在杨开慧和邓中夏、李隆郅等人的努力下,沪西工友俱乐部的影响不断扩大,会员发展得很快,年底有19个纱厂建立了俱乐部的秘密组织,会员达到了1000多人。

沪西一支坚强的工人骨干队伍,迅速在建立起来。

5.杨开慧当天就把远道而来的张琼送走

杨开慧性格温柔、恬静,一般很少有发脾气的时候。然而,在上海,她曾有着一件几十年后仍叫张琼难忘的发脾气的事。

原来,张琼到水口山工作了一段时间,又被分配到衡阳工作;并且,已与共产党员贺树结了婚。此时,她离开杨开慧近两年了,十分想念她。她几次想去看看开慧,但苦于不知她的地址,所以一直没有如愿。有一次,她从毛泽东给毛泽覃的信上,发现了他们在上海的地址,心里十分高兴,马上抄了下来。然后,她对谁也没打招呼,坐上火车,就直奔上海。到上海之后,她按照毛泽东信上的地址,在渔阳里找到了毛泽东。

张琼是个开朗的女孩,与毛泽东、杨开慧长期在一起,也没什么拘束,一见到毛泽东,非常高兴,忍不住咯咯大笑起来。毛泽东看着这位不速之客,问道:"你是做什么来的?"

张琼把头一歪说:"我想到女子职业学校读书!"

毛泽东赶忙对一个大个子同志轻轻说了几句,然后,自己亲自送张琼回家。

来到三曾里,毛泽东向里间喊着:"开慧,来了稀客!"

杨开慧闻声出来,一见是张琼,马上就愣住了。随即,两人紧紧地拥抱在一起。寒暄之后,杨开慧问起张琼别后的情况,张琼说:"在水口山铅锌矿区,反动矿警把我推倒在地,踢得我几乎丧命,我没有屈服,也没有退缩。"

杨开慧一听高兴地说:"你真是好样的哟!"

"因为我心中永远记住开慧姐你们的教诲。"张琼笑着说。

等毛泽东出去之后,杨开慧问道:"哪个派你来的?"

张琼一听,又忍不住大笑说:"还要人派?我自己来的。"

这时,张琼发现杨开慧非常严肃地看着自己,于是赶忙收敛了笑容。

杨开慧连茶都没给倒,坐下来说:"你想到哪里,就到哪里,党员都像你这样,革命还能革得下去吗!"

经杨开慧这么一问,张琼刚才的兴奋一下子全赶跑了,心里很不是滋味,心想我好心好意来看你,还要吃批评?她低着头,嘴里嘟囔着:"怎么?我就不能来看你?"

杨开慧说:"是组织上派你来的吗?"

"不是。"张琼答着。

"你来上海有介绍信吗?"开慧又问。

"没有。"张琼用几乎听不见的声音回答着。

杨开慧生气地说:"你是马栏里的逃马呀,想跑出来就跑出来。共产党员哪能像你这样无组织无纪律!"

张琼赌气地说:"你要开除我?"

杨开慧说:"我不能开除你,我可以建议省委处分你!"

张琼一看杨开慧从来没这么认真和严肃过,知道自己错了,说道:"开慧姐,下次我再不这么自由主义了!"

杨开慧一看她认错了,并且快要哭的样子,也就住口了,然后叫母亲端出饭菜摆在桌上,对张琼说:"吃饭吧!你的肚子一定提抗议了!"

张琼坐了几天火车,这时肚子早就咕咕叫了,拿起筷子,大口大口地吃了起来。吃饭时,她在渔阳里见到的那个大个子同志,拿了一张火车票进来,交给杨开慧,然后转身就走了。杨开慧把车票往桌上一放,说:"你回湖南的车票买好了。"

张琼放下饭碗问:"哪天走?"

开慧说:"吃过饭就走。"

张琼一听急着说:"今天就走?姐,我明天走行不行?"

"不行。"杨开慧说。

向振熙妈妈也舍不得张琼马上走,就过来为她说情:"不是已经来了嘛,这么大老远,就让张琼住一晚吧!"

可是杨开慧不同意:"不行!你已经违反党的工作纪律了,再不马上回去,就错上加错。"

张琼一看没办法,吃完饭只好抹着眼泪离开三曾里。

杨开慧送她去车站,一边走,一边给她讲道理。

张琼一边听着,一边点着头。临上车前,杨开慧还叮嘱她:"以后绝不能自己想干什么就干什么,必须无条件地服从党的纪律。"

火车"呜呜"地叫着,车轮慢慢移动了。当火车走出站台的时候,张琼

看到开慧姐还在随着火车跑着,使劲地挥着手……

张琼望着开慧姐的身影,不由得掉下泪来。虽然千里迢迢赶到上海,一宿都没住,但她明白杨开慧是一个讲原则的人,对她进行严格的批评,是真正的爱她,是对她最关切的教诲。对于这件事,53年后,已从上海市虹口区领导岗位上退休的张琼还念念不忘,于1977年10月5日《文汇报》上发表了一篇《清水塘畔的亲切教诲》的文章,对此事作了深情的回忆。

6.毛泽东等14人集体上书孙中山

1924年1月国民党一大后,国共合作使中国革命的局面焕然一新,但是,在合作中两党也存在分歧,毛泽东所在的国民党上海执行部也充满着斗争。在执行部里,以共产党员和国民党左派为一方,以国民党右派为一方,双方的较量非常激烈。

国民党一大决议对国民党党员进行重新登记。

这时组织部有一个决策,凡是国民党老党员都要重新登记谈话,每人必须填一张表,经审查同意后,才是改组后的国民党员,发给党证。

一天,一个人冲到楼上,胡汉民、汪精卫都起来和他打招呼,但罗章龙和毛泽东却不认识这个人。那人说:"我从同盟会开始,革命几十年还要填表?可不可以免填?"说话的这个人是老右派分子谢持。

胡汉民说:"这是新规定,先生(孙中山)也同意要我们这样做的。"

谢持将桌子一拍,就是不肯填。最后,汪精卫出面说:"上有总理,下有组织。"

汪精卫的意思是要谢持去找执行部说。于是,谢持来到毛泽东和罗章龙所在的组织部,说了一遍要求免填的意见。王荷波对这个右派元老不以为然,说:"党员人人都要填,胡汉民、汪精卫也填了。要尊重孙中山先生的意见。"

谢持一怒而去。毛泽东说:"派人送张表去,要秘书好好解释一下,可以放宽点。"

后来,谢持为了保住党票,被迫填了表,但心里还是很不舒服。

经过一段时间的工作后,执行部准备召开上海第四区国民党党部的成立大会。

四区就是环龙路所在的法租界地区,有许多下野的国民党政客住在那里。其中,有的当过军长、师长,有的当过部长、省长,大约有1000多人。执行部对他们审查后发了党证,同时也清洗了不少不合格的分子。因此,这个成立大会是国民党左、右派斗争表面化的情势下召开的。会前,右派酝酿要多争选票,取区党部的多数,但是估计没有把握,于是,准备采取两种方法:一是合法地争取多数,请孙中山先生出来说;二是如果办不到,就破坏选举。为此,叶楚伧去请示孙中山,要求他出面,但是孙中山没有表态。于是,他们纠集一些流氓,准备在会上抢主席台,制造武斗,以破坏选举。毛泽东和罗章龙等人知道这个情况以后,认为会一定要开好。

老右派谢持

毛泽东说:"我们全体同志,党、团员及同情我们的左派都要出席会议,保证把会议开好。"

当时上海有许多外报记者。毛泽东认为光靠新闻记者不能制止右派的破坏,说:"这个会最主要的是要组织好,主席台不能乱。万一他们武斗,我们要制止,使他们斗不起来。"

随后,王荷波领导组织了一个很强大的纠察队,从主席台到门口都站岗,以严格控制会场,制止武斗。布置好了以后,毛泽东说:"可以了,他们如在外头闹,我们就在外头制止他们。"

第二天开会,罗章龙担任区大会主席,开会时右派在外面捣乱。毛泽东等人内外配合,把会场控制得很严,流氓想进来,纠察队就把他们赶走。结果,弄得右派头子高冠吾多次捣乱都失败。这一次斗争,右派失败了。会后,他们不服气,在上海各报纸上写文章,大肆攻击共产党,攻击四区大会主席,但是都没能够挽救其败局。

1924年8月1日,在叶楚伧的策划下,一些国民党右派在上海南方大学召开代表会议,讨论所谓"处置共产分子问题",这一议题一提出,马上就遭到左派的激烈反对,结果双方造成武斗。第二日,右派分子不服气,又闯入上海执行部,殴打邵力子。事件发生后,由毛泽东领头,恽代英、施存统、邓中夏、沈泽民、韩觉民、王基永、杨之华、李成、刘伯伦等联名上书孙中山,控告叶楚伧"主持不力,迹近纵容"的破坏国共合作罪行。此后,毛泽东与叶楚伧的斗争公开化。

毛泽东成为共产党在上海执行部的中心人物,对叶的分裂行径予以了及时的揭露。因此叶楚伧最恨毛泽东。由于叶楚伧是组织部长,毛泽东只是组织部秘书,因此,对于叶楚伧的排挤、打击和独断专行,难以有力地进行遏制,结果,叶楚伧把许多共产党员逼出了上海执行部,上海执行部的工作在无形之中陷入停顿。为此,毛泽东等14人致信孙中山,报告国民党上海执行部瘫痪的情况。

这时,在党内,对于国共合作统战的策略,毛泽东又与陈独秀的观点产生了一定差距,所以,毛泽东感到压力颇大。与此同时,蔡和森主办《向导》,一周一期,他一个人负责,人手太少,工作劳累致使哮喘病复发,只得休养,于是担子全部落在了毛泽东的身上,他只好天天工作到深更半夜。

毛泽东在中共党内担任着十分繁重的工作任务,加上国民党上海执行部内部斗争尖锐复杂,他心力交瘁,终于积劳成疾,一个星期才大便一次。杨开慧很为毛泽东的身体担心,劝他回湖南休养一段时间。

紧接着,毛泽东与陈独秀在农民问题上又发生分歧。因此,毛泽东打算回到家乡,一边养病,一边做农民工作。正好陈独秀来看望他,夫妇俩把自己的想法向他汇报。陈独秀批准了他们的休养方案,并说:"蔡和森刚好出院,病已康复,你把工作先移交给他吧。"

这时已经是岁末年初,临近春节了。1924年12月底,毛泽东、杨开慧带着岸英、岸青和母亲向氏,乘轮船返湘。蔡和森、向警予前来黄浦江边为他们送行。

蔡和森问及毛泽东的打算,毛泽东回答说:"这次回去,想去韶山,一边养病,一边做些农村调查工作。"

蔡和森点头赞成毛泽东的见解,说:"你放心回家休养,一边养病,一边进行农村调查。党内对同盟军的问题,尚无一致意见,这是关系中国革命成败的大问题,我们应认真考虑这个问题。你去湖南后,文件、刊物,我从李维汉那里转去与你。"

汽笛长鸣,他们匆匆告别。

轮船划破波浪,朝着武汉驶去。杨开慧站在船头,望着高楼大厦从视线中缓缓消失。她在上海工作了半年,与工人结下了深厚情谊。她在三户楼愉快而又紧张的岁月暂时告一段落。

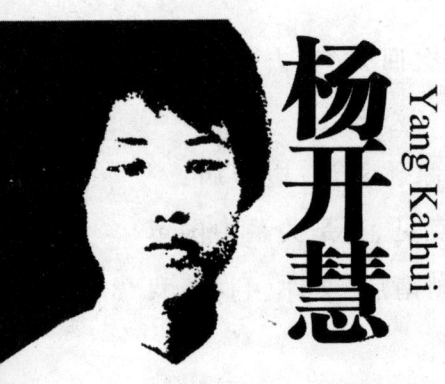

杨开慧
Yang Kaihui

第七章 韶山风云

1. 柳直荀和李淑一结成良缘

　　回到湖南后,毛泽东和杨开慧一家住到了长沙望麓园宁乡同乡会织布厂宿舍的一楼里。望麓园织布厂是毛泽东于1920年和何叔衡、易礼容等人筹建起来的,当时他们还从湖北恽代英建立的共存社请来了林育英等人帮助。现在这里成了湖南区委地下党活动和聚会的场所。

　　毛泽东回湘后,李维汉经常与他商谈工作。此外,杨开慧的好友柳直荀和李淑一也常来看她。

　　这时柳直荀已加入了中国共产党。

　　柳直荀在雅礼大学毕业后,在长沙协均中学做校长。这时因其父柳午亭已担任长沙师范学校校长,他又兼任了该校总务主任(约一年半的时间)。与此同时,他还参加了徐特立领导的湖南教育工作者协会,此外,他还是省学联评议部长。

　　这时,向钧也是省学联执行委员。

　　向钧在1922年黄庞被杀后,凡是长沙的工人斗争,他都积极参加。长沙泥木工人的斗争中,他就带领学生们活跃在工人中,声援粤汉铁路岳阳段的工人罢工、水口山铅铜锌矿工人的罢工中,也有他的身影。在斗争中,他渐渐成长起来,并于1923年4月加入了中国共产党,不久,担任了岳云中学党支部书记。1924年,他又以个人身分加入了国民党,负责长沙北区学运和国民党长沙市一区六分部的工作。他还先后担任了市学联常委、省学联执行委员。

　　向钧与柳直荀两人成为长沙学生运动中的骁将。1924年12月初,全

柳直荀和李淑一

国各地爆发反对帝国主义文化侵略的运动。向钧担任湖南人民反基督教大同盟和反帝大同盟的宣传负责人。益阳教会学校信义中学当局侮辱中国学生,百余名学生愤而退学,在柳直荀的组织下,雅礼大学和雅礼中学全体学生,为抗议教会学校当局不向中国政府立案、强迫学生读《圣经》等强硬行为,全体学生 300 多人纷纷退学。长沙其他教会学校的许多学生也退了学。

12 月 24 日,省学联和省工团联合会原计划在这一天举行长沙学生、工人"非基督教运动节"大示威。由于外国使馆、基督教会得讯后逼迫赵恒惕政府进行干涉、破坏,结果,示威游行难以进行,省学联和工团联合会又临时决定将大会游行改为分散活动。当天,向钧和柳直荀组织了许多宣传队,上街散发传单,响亮地喊出"推倒杀人不见血的基督教"、"制止丧失民族精神的文化侵略","取消制造洋奴的教会学校"等口号。虽然没有达到

消除教会学校的目的,但是湖南学生的反帝热情十分高涨。

在斗争中,向钧和柳直荀都成长起来了。毛泽东和杨开慧非常高兴,相见时,勉励他们努力为党工作。

此时,柳直荀和李淑一已于10月结婚。他们从相知到相恋都是杨开慧介绍和促成的。杨开慧看到两个好友结成良缘,更是喜不自禁。

2."在外做了大官"的毛泽东携妻带子回韶山

春节前,杨开智从北京读书回来,杨开慧和毛泽东夫妇与他一起回东乡板仓过年。

1925年2月中旬的一天,毛泽东从湘潭坐船回到了离别多年的家乡韶山。

同行的除了杨开慧和两个孩子岸英、岸青外,还有毛泽东的大弟毛泽民。毛泽东夫妇在板仓过完春节后,返回长沙,此时毛泽民被派往安源路矿工作,在安源路矿工人俱乐部消费合作社任总经理,因病在长沙住院,因此得以一起回韶山。

韶山冲是一个狭长的谷地,和湘乡、宁乡两县交界,是一个名副其实的山冲。韶山是围绕五岳最南的南岳七十二峰之一,在湘中是有名的山脉。它的得名源于一个动听的传说。相传在唐虞时代,舜帝南巡,带着妃子和大臣们四处游览,来到此山,见风景秀丽,停息下来,并在山上奏起了韶乐。仙乐飘飘,惊动山上的奇禽异兽,凤凰飞鸣着,麒麟欢舞着,众兽纷纷向舜帝朝贺。从此,这里便因舜帝奏韶乐引得百鸟而叫韶山。

韶山自古灵气旖旎,被人视为风水宝地。清末一个道号为"山石布衣"的云游道士路过此时,突然灵感大发,写下《韶山记》一首诗,诗中曰:"从来仙境称韶峰,笔削三山插天空。天下名山三百六,此是湘南第一龙。"但是，不久清廷被推翻，山石布衣道士所谓"龙"的谶语似乎是一派胡言，一直没什么应证，韶山一带也没出过什么大人物。

毛泽东的家在韶山冲的上屋场。这是一栋普通的湖南农舍，坐北朝南，背山面水。屋后是山，山上是松树和竹林。屋前有一小坪，坪前有两口池塘，水清如镜。

风闻在外已做了大官的毛泽东回乡，曾经跟随毛泽东在长沙第一师范煮过饭的邹湘亭和韶山冲另一个农民早早地就来到了银田寺，在码头上等候。当毛泽东和杨开慧来到上屋场时，南岸禾场坪站满了迎候的亲友和乡人，有人还"噼里啪啦"地放起了鞭炮。

此时，弟媳王淑兰已从长沙回了韶山。

王淑兰是毛泽民的妻子，1896年2月5日生于湘乡金石乡安乐村刘家湾一个贫苦家庭。父亲务农，是一位勤劳的庄稼汉，为了养家糊口，操劳过度，致使身体早衰，40多岁即染上肺病，过早去世。母亲是一位家庭妇女，生有一儿一女。父母在世时，按照封建习俗包办婚姻，王淑兰便早早嫁到了韶山冲，与毛泽民结为夫妻。

毛泽东和杨开慧回韶山（画）

王淑兰为人贤淑，机智能干。她来到毛家时，毛泽东已去长沙读书，毛泽民正全力协助父亲治理田产，经营买卖。王淑兰协助公婆料理家务。她心灵手巧，干活麻利，深得婆婆文氏的喜爱。

1917年，在湖南一师读书的毛泽东放了寒假，由长沙回到家中，与父

母、弟弟、弟媳团聚,准备过年。一天深夜,王淑兰在家里一间房子里生起了一炉柴火,毛泽东与王淑兰及贺家表妹等人,围坐炉边,一边烤火,一边话家常,谈论俄国共产党的问题。

王淑兰插话说:"搞共产要杀头的。"

毛泽东说:"搞共产,杀头也要干!"

毛泽东的这句话,使王淑兰深受启发。1919年到1920年,翁婆相继去世,王淑兰承担着更为繁重的家务。1921年2月,因毛泽民到一师附小做校务,她和毛泽民离开韶山,先后住在妙高峰和清水塘,其间她进一步受到革命思想的熏陶,开始帮助毛泽民搞些家务,同时做一些辅助性的工作,后来,逐渐能独立开展工作。早一年由于生孩子,她又回到了韶山。这时,她的女儿毛远志已经快一岁了。

这时,毛泽覃、毛泽建也于春节前回了韶山。毛泽建1923年上半年加入了共产党。这年夏天,毛泽东离开长沙前往上海时,毛泽建改名为毛达湘,经夏明翰介绍,前往衡阳从事革命活动。同年秋天,她考入衡阳省立第三女子师范,一面学习,一面从事革命活动,担任学生中党支部书记和湘南学联女生部部长。在衡阳三女师,毛泽建先后发起组织过旅衡同学会、旅郡励进会和品学励进会。她还经常组织同学上街宣传,发动妇女剪发、放脚,反对"三从四德",反对夫权,反对纳妾。毛泽覃1924年入党后,被调回长沙,担任社会主义青年团长沙地方执行委员会书记。这次,回韶山正准备从事农民运动,到银田寺白庙办农民夜校。

毛泽东夫妇一行人回到了上屋场的消息马上传遍了韶山。

离韶山冲不远的老家冲的庞叔侃,1923年夏由毛泽东介绍在长沙读书,现在是庞氏族校的教员。由于思想进步,进取心强,毛泽东、杨开慧都很喜欢他。他一听说毛泽东和杨开慧回来了,提起脚就往上屋场赶去。

当他横过马头垅时,见湖堤涧上有一个单瘦高个的中年农民匆匆向前走。他定睛一看是钟志申,大声问道:"志申哥,你到哪里去呀?"

钟志申笑着答道:"还不是像你一样,去看润之、开慧先生呗!"

钟志申是毛泽东小时候的同学,好打抱不平,1918年他和彭铁匠等贫

毛泽东的家乡——韶山

苦农民为抗交烟灶捐,与韶山土豪成胥生大打了一场,事后失败,彭铁匠被杀,家破人亡,钟志申出逃在外。因被团防局通缉,在外面做了几年长工,直到去年才回到韶山冲的家。

他俩来到上屋场的禾坪时,老远看见站在人群中身材魁伟的毛泽东和文静端庄的杨开慧,正在外面送客。

毛泽东看见钟志申、庞叔侃,笑着招呼:"啊,你们两位也来了。进屋,进屋坐。"

他们进去,见堂屋中间烧了火,火炉周围已经坐了一些人。毛泽东同族同辈的郎中毛新梅和童年时的好友李耿侯、郭咏泉都来了。

毛新梅是毛泽民的挚友,1923年,由毛泽东介绍到安源路矿消费合作社工作。在那里,毛泽民和韶山老乡毛福轩对他进行了培养。他虽然没有入党,但积极参加了党所领导的罢工斗争,表现得很坚决。不久前,他因为父母相继病故,回家奔丧。

庞叔侃看到毛新梅、李耿侯等人已先到,笑着说:"真是莫道君行早,更有早行人。"

"是呀,"毛新梅慢吞吞地说,"这叫做'近水楼台先得月,向阳花木早

逢春'！"

两人文绉绉的，说得大家都笑了。

毛泽东也笑着说："到底是教书先生、郎中先生，出口成章，都有才学！"

这时，一群妇女也来到上屋场，王淑兰、毛泽建连忙招呼她们到灶屋坐，然后向杨开慧一一介绍其名字和与毛家的关系。最后，王淑兰笑着说："你们叫我毛四嫂，她就是毛三嫂呢。"

这时，杨开慧穿着一件花格子棉袍，朴素大方。她不仅能听懂韶山话，还能说几句韶山话。这使韶山冲的堂客觉得她和蔼可亲。她们看到杨开慧虽然是个读书人，在大地方做过事，却没有一点架子，于是一起围着她，七嘴八舌地聊起来了。

横堂屋里，毛泽东和男人们坐在一块，而灶屋则是女人的天下。闲聊中，杨开慧问一位上了年纪的老阿婆："嫉馳，日子还过得可以吧？"

"三嫂，大先生最晓得我哩的苦情。"老阿婆对杨开慧说。

杨开慧笑着问："你有什么苦情哩？"

"有一首山歌，就是唱我的苦哩。"老阿婆笑着说。

"那你唱唱。"杨开慧做过女工工作，立即鼓励她说。

老阿婆轻轻唱道：

韶山冲来冲连冲，
丈夫砍柴做零工，
一天买得升把米，
儿啼女哭难维生，
粗糠野菜口里吞。
韶山冲来冲连冲，
丈夫砍柴做零工，
要想扯布做衣裳，
舍死送柴去镇上，

  车柴难买两尺长。
  韶山冲来冲连冲,
  十户人家九户穷,
  住在深山无人问,
  羊肠小道无人行,
  有女莫嫁韶山冲。
  ……

  老阿婆唱完,大家笑她说:"这哪是唱你的苦呀?这是唱韶山全冲人的苦哩!"

  "我不是韶山冲人呀?唱全冲的苦不也是唱我的苦呀?"老阿婆嘴巴不饶人地分辩道,众人又是一片哄笑。

  这时,王淑兰接着说:"韶山冲还有一首唱生活苦的歌谣哩!"

  "这个我也知道。"毛泽建说着,就轻轻哼起来,堂客们也跟着唱起来:

  农民头上三把刀,
  税多租重利息高;
  农民眼前三条路,
  逃荒讨米坐监牢。

  唱完后,老阿婆拉着杨开慧的手,说:"三嫂啊,我们贫苦农民是禾镰上壁,没得饭吃哩!扮禾过后,就得靠砍柴做零工,维持生活。男人们上山砍柴,用小车推到银田寺去卖,女人就等买回米煮早饭。有位先生形容说:鸡鸣未晓车声起,隔夜难存半合粮。农民真苦啊!"

  杨开慧做过工人工作,知道工人的生活情况,现在听农妇们一诉说,不禁说道:"这世道不翻边怎么行呵!"

  杨开慧话音未落,突然有人进来说:"胥八胡子的狗腿子曾八来啦!"

  "胥八胡子的狗腿子曾八?"杨开慧有些奇怪。众人见杨开慧不知道,纷纷向她解释。

毛泽东启发家人的革命觉悟(画)

原来,"胥八胡子"就是韶山的土皇帝,真名叫成胥生。他是韶山上七都团防局的局长,常年累月脸上不见一丝笑容,两撇八字胡翘得高高的,因此大家都叫他"胥八胡子"。胥八胡子勾结军阀,在韶山称王称霸,势力很大,就连那些中小土豪都要看他的脸色行事,韶山一带的大事小事,没有他家的人到场就办不成。为了吓唬人,他还买了二三十杆枪,收罗了一群流氓地痞作打手,韶山的长工、佃户,吃尽了他的苦头,背地里都骂他"成阎王"、"八屠户"。"胥八胡子的狗腿子"就是他的管家曾仲池,外号叫"曾八"。

成胥生的耳目灵得很。毛泽东夫妇中午到韶山,中饭过后,他就得知了。饭后泡了顿大烟后,他把管家曾八叫到了房里。

"八爷有么子吩咐?"曾八哈着腰问道。

成胥生慢慢从烟榻上欠起身子,顿了一顿,说:"上屋场毛泽东回来了,你听说没有?"

"听说了。"

"他回来到底要搞么子名堂?"

曾八向前凑了凑,嬉皮笑脸地答道:"回八爷,他是回来养病的,旁的

没听说。"

"养病？只怕没有这么便宜吧？"成胥生不以为然地摇晃着马脸道，"当年毛泽东在长沙煽动工人、学生造反，还冲到了省府衙门找赵省长讲理，把赵省长都弄得下不了台。这次他回乡来，就这么简单？"

曾八答道："当年连堂堂的赵省长都奈何不了毛泽东，八爷也不能去硬碰。"

成胥生没做声，摸着自己的秃脑袋，想了一下，然后说："这样吧，先礼后兵。你先去登门拜访他一下，看他在家里搞么子鬼，然后再说。"

曾八不敢怠慢，草草收拾了几样礼品，就一步三颠地朝上屋场走去。

当曾八摇摇晃晃地来到了上屋场时，一踏进屋，只见横屋里摆了一张方桌，毛新梅、钟志申、李耿侯和毛泽东各坐一方，桌上的几十块麻将牌，在他们手下洗得哗哗直响。旁边站着庞叔侃和十几个青壮年农民，都全神贯注地在看牌，似乎谁也没有发现他的到来。

曾八见此情景，大声地喊道："毛先生！久违久违！"说罢，向毛泽东和其他人连连打拱作揖："成局长闻听先生衣锦还乡，荣归故里，特意叫曾某专程来贵府拜望！"

毛泽东一看到曾八，明白了他的来意。这时，还没等毛泽东回话，毛新梅早就耐不住了，故意摸出一张牌，顺手翻过来，"啪"地一声，往桌子上猛一扣，朝曾八奚落道：

"曾先生书读得多，晓不晓得一句话，夜猫子进宅——不安好心？"

曾八先是吓了一跳，听出毛新梅话中有刺，心中有些不悦，但是还是硬着头皮上前，说道："毛先生荣归家乡，成局长备了几件薄礼聊表心意。"

这时，毛泽覃走了出来："曾管家，我大哥可是胥八胡子收买不了的！"

毛泽覃话音一落，毛泽东也发话了："我毛某人高攀不上成局长！"

曾八一听，进也不是，退也不是，尴尬得不得了，满脸难堪地搭讪了几句，拎着几件礼品退了出去。

3. "我们夫妻俩也打个大虫给你们看看"

元宵节过后,学校开学了。毛泽建到衡阳女三师上学,毛泽民动身前往萍乡安源路矿,家里留下毛泽东、杨开慧、毛泽覃、王淑兰和孩子们。经过一段疗养,毛泽东的病情大有好转,神经衰弱症基本康复,只是肺部的病还需要服药治疗。他是一个闲不住的人,开始在韶山一边进行调查,一边点起韶山反抗旧社会的烈火。

这时,毛泽东早就作了韶山工作的准备,去年年底,他就把共产党员毛福轩从安源派回了韶山。

毛福轩,号恩梅,也是韶山冲人,父亲叫毛俊明,忠厚老实,靠给地主做工维持一家生活。毛福轩小时受雇给别人放牛。14岁那年,因闹灾荒,跟着父母外出乞讨,逃荒到南京、江阴一带。结果,毛俊明被抓去江阴炮台当

毛福轩

兵,不久因耳朵被炮声震聋、眼睛被炮烟弄瞎而被赶出军营。毛福轩扶着父母,带着小妹,艰难地返回韶山,以做长工、打短工养老扶小,生活极端贫困。

艰难的生活折磨,使毛福轩思考了许多问题,如富人为什么不劳而富,穷人为什么劳而不富等等,但又不得其解。因此,只要上屋场的毛泽东回家,他就要去登门求教。毛泽东也乐意同他交谈,把他看做自己在乡间

的一位挚友。

1922年秋天，经毛泽东介绍，毛福轩来到长沙，在湖南自修大学附设补习学校当校工，一面做事，一面学习文化，进步很快，何叔衡、夏明翰等都很喜欢他。为了让他到实际斗争中去锻炼，不久，毛泽东派他和毛泽民一起到安源煤矿，在工人消费合作社工作。同年末，他加入了中国共产党。

为增加韶山工作的力量，毛泽东还把毛泽覃、毛新梅、贺尔康等人也留下来了。贺尔康是韶山杨林贺家坳的人，几年前和毛福轩一起，由毛泽东介绍到湖南自修大学半工半读，后来又到陈昌等人主办的湘江学校学习，是青年团干部，这次是告假回到韶山的。他朴实稳重，很能干，又肯学习，毛泽东非常喜欢他，于是把他和毛新梅都留下来，在韶山协助开展农民运动。

韶山有走亲访友的习惯。毛泽东利用这个习俗，到一些亲戚、朋友和左邻右舍家里访友串门子，由近而远，广泛地接触群众，既了解韶山农村社会情况，又向农民宣传革命道理。

3月26日，农历三月初三，是乡里人传统的"上巳节"，据说三月三，地菜子煮鸡蛋，吃了一年都不会生病。因此，家家户户拔地菜子煮鸡蛋吃。这一天，毛泽东夫妇和贺尔康一起前往杨林炉门前的亲戚罗石泉家。

杨林罗家就是毛泽东原配罗氏之家。罗父叫罗鹤楼，妻子毛氏，与毛贻昌家有些沾亲带故，加上罗鹤楼与毛贻昌性格相投，又有些生意往来，因此两家关系密切。

当初，少年毛泽东长得英俊魁梧，精明能干。毛贻昌去罗家走访、谈生意，时常带上长子毛泽东。毛泽东谦恭有礼，每相逢皆执侄辈礼，称罗鹤楼的妻子毛氏为"姑母"，称罗为"姑父"或"叔父"。罗家夫妇对这位后生颇有好感，有意将女儿许配给他。毛贻昌更希望"早栽树，早成荫，早讨媳妇早抱孙"，看穿罗家之意，便提出与罗家结为儿女亲家，又马上得到了罗家的赞成。双方置办好了嫁妆，毛罗两家举行了热闹的婚礼。

这时，罗氏已在毛家病逝，但是毛罗两家还是时常走往。

毛泽东夫妇和贺尔康沿着弯弯曲曲的山间小路，又翻过一座大山，来

到炉门前,先看望了罗鹤楼,然后来到了罗石泉家。

罗石泉是毛泽东元配罗氏的堂兄,他比毛泽东大5岁,曾就读于韶山南岸私塾,与毛泽东同学,二人关系甚好。罗家出身贫苦,生活困难,毛泽东常分饭给他充饥,并予接济。毛泽东时常同父亲去炉门前罗家,因此与罗石泉相交甚多。后来,毛、罗两家结为秦晋之好,毛泽东与罗石泉之间来往更多,关系更加密切。罗石泉为人朴实、憨厚,学过医,是个乡村教师。

刚走到堂屋门口,贺尔康就指着堂屋里面的神龛说道:

"润之先生,你看,那神主牌位前还站着一个赵公元帅呢!"

"他们对赵公元帅礼拜最勤,可是赵公元帅总不让他们发财。"毛泽东风趣地说。

3人边说边进了屋。罗石泉见到毛泽东,非常高兴,连忙请他们在横堂屋里坐下,又端上几碗茶来。然后又叫继配妻子尹氏张罗着为毛泽东做中饭。毛泽东连忙说:

"不用备饭,刚才在你堂叔家已经说好了在他家吃饭。这回来,是看看你的。"

但是,罗石泉坚持叫妻子尹氏煮了3碗地菜子煮鸡蛋,叫毛泽东、杨开慧和贺尔康品尝。

这时,罗石泉的父亲罗竹楼和罗石泉隔壁一个开小店的堂叔罗立芳,还有罗石泉的妹夫贫苦农民黄可忠以及几个邻居,见罗石泉家来了客人都闻讯跑过来,把横堂屋挤得满满腾腾的。

罗石泉和黄可忠知道毛泽东是从外面回来的,很想知道外面的情形,看有没有谋生的新路。毛泽东同他们亲切地交谈着。几位贫苦农民听说毛泽东回韶山来要为穷苦人说话、办事,为穷苦人找出路,非常乐意地谈了各自的家庭、生活情况,还谈了财主老爷们和洋人如何互相勾结剥削压迫穷人的现状,纷纷表示要跟毛泽东外出谋生。

听了大家讲的情况后,杨开慧说:"现在全国都差不多,大多数人生活贫困,吃不饱饭,穿不暖。"

"是呀,不管是哪里,作田人大都是像你们所讲的,一年有半年过不下

去。但是,这是为什么呀?"毛泽东接上话说道。

"为什么呢?"罗石泉问道。

"世道难,钱难赚呗!"罗立芳回答说。

"为什么世道难呀?"毛泽东反问。

"不知道。"几个人都说不出来。

"这是因为有'洋财东',有地主压迫、剥削穷人。穷人想过好日子,只有摆脱他们的压迫、剥削。不然是办不到的。"毛泽东说。

"地是他们的,我们如何摆脱得了呀?要种他们的地就得受他们的压迫剥削呀!"罗石泉的父亲罗竹楼插言说。

"那办法只有一个,就是大家团结起来,跟他们作斗争。"贺尔康告诉他们说。

这时,毛泽东又说道:"洋人在中国的土地上设租界,办工厂,修教堂,实际上好多东西是中国人制造的,但都要加个'洋'字,什么都是'洋货'。"

说到这里,毛泽东指着隔壁罗立芳那间小铺子说:"那铺子里就有'洋油''洋布'。不打倒洋财东和土豪劣绅,我们就没有好日子过。"

通俗深刻的谈话说得罗石泉和罗立芳等人连连点头称是,不知不觉就到吃中午饭的时候了。这时罗鹤楼已派来一个青年农民叫毛泽东一行人吃饭,来人听到毛泽东生动的谈话,也坐下来倾听。

毛泽东见他衣衫褴褛的样子,知道是个穷苦人,亲切地问他叫什么名字,与罗鹤楼家是什么关系。原来他是罗鹤楼的五女婿,毛泽东的连襟,叫毛华村。毛泽东又问他家里有多少人,自己有田没有。毛华村告诉毛泽东:他家里有4口人,租地主的田种,农闲时给地主家当零工,还会点儿染布的手艺,眼下在罗家小铺里帮忙。

毛泽东又问他:"你租了田,又在外面做手艺,屋里吃的有了没有?"

毛华村叹了口气,说:"哪里有吃的,倒三七租,自己只剩得一眼屎点子。遇到荒年,就只好去讨米。"

毛泽东看了看大家,接着说:"这些地主好狠心的,我们穷苦农民一定要站起来,打倒他们,自己当家作主。"

这时，罗立芳又问道："润之先生，你要这些贫苦农民站起来，像民国七年那样，随便就垮了，那不要搞得家破人亡呀！"

罗立芳所说的"民国七年"是指1918年钟志申、彭铁匠等贫苦农民为抗交烟灶捐，与土豪成胥生做斗争的事。毛泽东听了后，俯身从地上捡起一块篾片，说：

"不要怕，一块篾片容易断，一把篾片捆在一起就不容易断了吧！穷人只要扎紧把子，团结起来，就能翻得身。"

罗石泉和毛华村一听，兴奋地点着头说："是这道理！是这道理！"

小铺老板罗立芳也低着头，认真地思索起来。

毛泽东一行人从罗家吃了中饭出来，又顺着弯弯曲曲的田边小路，向前走了十几里，前往钟志申家。

毛泽东（画像）

为了开展轰轰烈烈的农民革命运动，毛泽东和杨开慧一户一户地走访，向农民宣传革命道理，动员他们起来同土豪劣绅做斗争。除访问了许多贫苦农民以外，他们还访问了一些进步知识分子和开明士绅，争取各界对农民运动的同情和支持，孤立、打击那些最反动的土豪劣绅。

韶山是个偏僻的穷山冲，深山老林多，野兽出没无常，走访一户农民，往往来回要走几十里山路，毛泽东夫妇常常是日头出来就出门，跋山涉水，走访调查，到晚上才回家。有时太晚，回不来，就住在亲戚朋友家里。

有一次，毛福轩跟随毛泽东夫妇在杨林缎访问了几户人家以后，又在瓦子坪开了一个积极分子座谈会。散会的时候，已经深夜了。瓦子坪离上

屋场足足有20里路,还要翻过一座大山。毛福轩想起大山上有虎,深更半夜翻山,怕碰上老虎,就对毛泽东说:

"山上有虎,晚上过山怕虎伤人哩!"

毛泽东说:"人三分怕虎,虎有七分怕人,不怕它!"

杨开慧也笑着说:"武松一个人在景阳岗打死一只大虫,这次遇到老虎,我们夫妻俩也打个大虫给你们看看!"

众人大笑。他们仍然深夜翻山回到了韶山冲。

在毛泽东等人亲自走访亲友,进行组织发动下,毛福轩在龙豹湾一带,毛新梅在望冲湾、柘木冲一带,钟志申在汤家湾一带,组织了秘密农协。接着,庞叔侃在庞氏族校一带,李耿侯在李氏族校一带,柳季刚在杨家庄一带,罗石泉和罗立芳在杨林缎一带也都相继组织了农会,还有很多地方的农协,正在酝酿之中。

4. 杨开慧在毛氏宗祠办起了夜校

为了把韶山的农民发动起来,在秘密组建农协的同时,毛泽东和几个骨干决定在毛家祠堂开办农民夜校。

毛氏祠堂是韶山毛氏家族的总祠堂,它是毛家先祖开基的纪念地,座落在韶山冲十八罗汉山麓,始建于清乾隆二十三年(1758年),系砖木结构,青砖瓦房。宗祠大门上方正中有"毛氏宗祠"4个大字,祠堂前门两边平列"韶灵"、"毓秀"4字,大门外两边各立一个石鼓。大门两侧书有"注以世业,捧檄家声"的对联。祠堂房屋分为三进,第一进为戏楼;第二进为中厅,它是全族办公、讲约、祭祀和摆酒设宴的场所;第三进为事堂,堂中安放历代祖宗神主牌位。

杨开慧跟随毛泽东在长沙、上海等地,都办过工人夜校,对办夜校很

杨开慧讲课的韶山毛氏宗祠

有经验,因此毛泽东决定由她具体负责农民夜校工作,王淑兰等堂客一起协助。

在农村办夜校,而且是男女同校,在韶山一带乡下是从来没有过的新鲜事。为了使尽量多的人到夜校学习,杨开慧在王淑兰的陪同下,带着孩子串家入户,动员大家去上夜校。她们不辞劳苦,从早忙到晚,时常饭都顾不上吃。

离上屋场大约4里路远的东茅塘,是毛泽建的老家,那里有几位青年妇女上夜校的积极性很高,但是父母却思想不通,说:"姑娘媳妇们深更半夜在外面走,没个规矩,不成体统。"

杨开慧知道后,便和王淑兰有意识地几次到东茅塘"串门",和大家拉家常,讲妇女们的生活和没有文化的痛苦,其中,她还特别介绍毛泽建自从由毛泽东把她带到外面读了书、参加了社会活动后的进步。乡亲们听着,感到确实在理,思想也开通了。有的人还说:"菊妹子在家的时候,给人家当童养媳,也同我们一样,什么世事也不懂。你看出去才4年,如今就成了很有才学、在外面干大事的人啦!"

经过杨开慧等人一段时间深入发动的工作,3月中旬,农民夜校在毛氏宗祠开学了!

这一天,天麻麻黑,夜校学员就三三两两地来到了夜校。

他们大多是贫苦的男青年,也有几个年轻妇女。李耿侯等人也来听杨开慧的示范讲课。还有一些人,听说老师是毛泽东的夫人杨开慧,也都赶来看上课的情形。

第一天一共来了30多人。杨开慧从容不迫地走上讲台,带着她的长沙口音,用通俗的语言、亲切的语气,先给大家讲了一下办夜校的目的和意义,接着又讲了学习的内容和方法。她说:

"我们这个学校,不要大家念《三字经》、《千字文》,而是要学点用得着的东西,学点写字、算数的本领,学点文化。还要讲讲我们农民为什么受苦受穷的道理,让大家知道如今的世界是个什么样子,还要学点政治、历史、地理知识。大家说,这样学法好不好?"

这样的学习方法,与旧学完全不同,新鲜有趣,又实用,大家一听,异口同声地回答:

"好!"

随即,讲课开始了。

几个带了《三字经》、《百家姓》、《幼学琼林》一类旧书的人悄悄地把书塞到了桌子底下。原来站在外面台阶上看热闹的人,也都停止了说笑,静静地看着杨开慧。

这时,杨开慧拿粉笔在黑板上写了两个大字:

"手"、"脚"。

她指着这两个字,领着大家反复念了几遍。第一次来上课,有几个人觉得不好意思,嗤嗤地笑了起来。杨开慧停下来,微笑着望望他们,等他们安静下来以后,她举起自己的双手,稍稍放大了声音,说道:

"这叫做手。人的手本来就是劳动的。世界上人吃的、穿的、住的、用的,哪一样不是靠人的双手做出来的?没有农民用双手种田,田里就不会白白地长出谷来。可是,偏偏有这种怪事,有些人长了两只手,却不劳动,

手不提、肩不挑，反而坐享其成，吃好的、穿好的、住好的。有些人一天累到晚，一年忙到头，两手不得闲，到头来，却是吃不饱，穿不暖，被迫去给地主做长工、做零工、砍柴卖，有的还得逃荒讨米……你们说，这样的事情公平合理吗？"

杨开慧一下就说出了穷苦人的心里话，这样的事情以前他们谁都没想过，现在被杨开慧一说出，大家埋藏在心中的苦水，第一次被搅动了，并立即产生强烈的反响。一个穿着烂布衣衫的中年农民忽然站起身，伸出一只粗壮的大手，说道：

"先生，你讲得很对，我这双粗手，一天干到黑，一年干到头，累死累活，可家里经常没米下锅。成胥生那班大财主，两手闲吊吊，反而餐餐吃鱼吃肉。他吸鸦片烟都懒得动手，让丫头侍候！这号事太不公平啦！"

大家抬头一看，说话的是住在青山坳的毛月秋。他是韶山冲有名的苦主，世世代代做长工、打短工，连住的地方也没有，此时他住的破茅棚仍是一个长期受他照料的跛脚单身斋公送给他的。

杨开慧立刻把毛月秋的例子进行引申，向大家讲述穷人受苦是因为存在阶级剥削和阶级压迫的道理，最后，她说："这种极端不合理的社会制度，必须彻底加以改变。"

接着，杨开慧又讲解"脚"字。她说："穷人用脚走路挑担子，用脚车水，有钱人却是长了两只脚的动物，他们长了脚，什么事也不做，连走路也怕累。出门几步路，都要摆格坐三人大轿……"

"我们女人还要多一层痛苦，大足还要包成小脚哩！"突然，一个妇女坐在座位上发了言。大家一看，原来是杨开慧的妯娌王淑兰。

"我四嫂说得对！"杨开慧接过话题说，"妇女的痛苦比男人还多，受封建压迫更深。本来生成一双大足，却硬要包成什么'三寸金莲'，走不得路。这是封建统治者硬加在妇女身上的枷锁，目的就是把妇女关在屋里，不让她们出来参加社会活动，永远受欺压。如今提倡男女平等，提倡妇女解放，可是还有些旧脑筋的人，在那里反对。"

妇女们听到这里，心里热呼呼的，很是激动，不由得打量起杨开慧的

打扮来。只见杨开慧的头发剪得短短的,和蔼的面容显露出刚毅朴实的本色。她上身穿着青布短袄,领口露出一线白边,下身穿着灰色裤子,一双天足穿着白袜套布鞋,显得匀称、庄重、利索、大方。妇女们边看边想自己,心中不禁又敬仰又羡慕。

毛氏宗祠农民夜校开课以后,参加夜校的人越来越多。

以后,杨开慧、庞叔侃、李耿侯、毛新梅、毛泽覃等又根据毛泽东的指示加紧在各处做工作,在短短的时间内,李家祠堂、庞家祠堂、郭家祠堂、如意亭、瓦子坪等地方,都相继办起了农民夜校。

5.妯娌情深:共同为毛泽覃操办婚事

在毛泽东走东串西、发动农民的时候,杨开慧有时与他同行,有时在家和弟媳王淑兰在一起。相处的日子里,杨开慧与王淑兰妯娌之间的感情一天天加深。

王淑兰虽是由父母做主嫁给毛泽民的,但是,嫁到毛家后,缝补浆洗、喂养家禽,还干农活。可以说,毛家经济的兴旺,也有王淑兰的一份功劳。毛贻昌夫妇去世后,上屋场的家全由毛泽民和她主持。但是,毛泽民从1921年初春跟随毛泽东走出韶山,投入了革命洪流后,就没管上屋场的事。

在这些年中,为了加强对工人运动的领导,毛泽民被毛泽东派到长沙制笔业工人中去开展工作,担任笔业工会秘书。1922年10月,毛泽民带领300多笔业工人前往省议会和长沙县署请愿,要求改善待遇,遭到省县当局拒绝后,又举行罢工。在罢工中,他根据中共湘区委的指示,发动和组织工人互济互助,并领导工人成立了笔业工人生产合作社,开展生产自救,妥善地解决了工人在罢工中的吃饭问题。罢工前后坚持了40天,最后迫使店主答应了工人的要求。通过斗争,毛泽民经受了锻炼,并加入中国共产党。同年底,他受中共湘区委员会派遣,到江西安源路矿从事工人运动。为了方便工人的生活,防止中间盘剥,安源路矿工人俱乐部又创办了安源路矿工人消费合作社。毛泽民是该社的负责人之一,常去长沙、汉口等地购货。他开始时是营业部主任,成立总社后,出任总经理。这些年他因工作需要离家远行,上屋场的事全由王淑兰一人承担,毛家大事小事,毛泽东和毛泽民很少过问,几乎全是由她一人掌管和操办。

毛泽民

王淑兰虽然是农家妇女,但能干又有魄力,从17岁嫁到毛家整整12年,生有一子一女,子名远益,不幸夭折,留下女儿远志。她比杨开慧大5岁,虽是弟媳,却待杨开慧如大嫂,两妯娌感情很好,无话不说。

一天,王淑兰把保存的全家合影拿给杨开慧看。她指着照片上的两位老人说:"这是父亲贻昌公和母亲文氏。他是民国九年病死的。母亲早过世一年,她心地善良,不仅待崽女好,待媳妇也很好。我来毛家和她一起生活了6年,她连一句重话都没说过我。"

杨开慧听毛泽东谈过父母,但是没有见过他们。此刻她端详着婆母的照片,由衷地说:"母亲我没见过,但是知道她非常慈祥、善良、贤惠,是一位好女人。"

"是呀,母亲去世后,润之给冲里邹蕴真写信说,世界上共有3种人:损人利己的人,利己而不损人的人,可以损己而利人的人。他说母亲正是最后那种损己而利人的人。"

1919年春，毛泽东与母亲和弟弟毛泽民（左二）、毛泽覃在长沙合影

"啊！这里还有润之的信？"杨开慧有点惊奇地问。

"信没有，不过他写的《祭母文》还保存在这里。"

随即，王淑兰从柜子抽屉里找出了当年毛泽东写的《祭母文》，杨开慧打开一看：

呜呼吾母，遽然而死。寿五十三，生有七子。七子余三，即东民覃。其他不育，二女二男。育吾兄弟，艰辛备历。摧折作磨，因此遘疾。中间万万，皆伤心史。不忍卒书，待徐温吐。今则欲言，只有两端：一则盛德，一则恨偏。吾母高风，首推博爱。远近亲疏，一皆覆载。恺恻慈祥，感动庶汇。爱力所及，原本真诚。不作诳言，不存欺心。整饬成性，一丝不诡。手泽所经，皆有条理。头脑精密，擘理分情。事无遗算，物无遁形。洁净之风，传遍戚里。不染一尘，身心表里。五德荦荦，乃其大端。合其人格，如在上焉。恨偏所在，三纲之末。有志未伸，有求不获。精神痛苦，以此为卓。天乎人欤，

倾地一角。次则儿辈，育之成行。如果未熟，介在青黄。病时揽手，酸心结肠。但呼儿辈，各务为良。又次所怀，好亲至爱。或属素恩，或多劳瘁。小大亲疏，均待报赍。总兹所述，盛德所辉。必秉悃忱，则效不违。致于所恨，必补遗缺。念兹在兹，此心不越。养育深恩，春晖朝霭。报之何时，精禽大海。呜呼吾母！母终未死。躯壳虽隳，灵则万古。有生一日，皆报恩时。有生一日，皆伴亲时。今也言长，时则苦短。惟挈大端，置其粗浅。此时家奠，尽此一觞。后有言陈，与日俱长。尚飨！

在《祭母文》的下面，还附有毛泽东写的两副挽联：

（一）

疾革尚呼儿，无限关怀，万端遗恨皆须补；

长生新学佛，不能住世，一掬慈容何处寻？

（二）

春风南岸留晖远；

秋雨韶山洒泪多。

从《祭母文》和挽联中，杨开慧体会到了毛泽东热爱和怀念母亲的一片深情，也看到了婆婆文氏一生的高风，对毛泽东和韶山冲的家，她有了更深入的了解。

"母亲过世，入棺两天后，润之才带着泽覃赶回来。"王淑兰说道，"那几天，他对着黯淡的油灯一直守在灵前。10月8日，他席地而坐，对着孤灯写了《祭母文》，出殡上祭那天读了，大家听了莫不流泪。"

"这篇文章是写得很感人，好好收藏起来。"杨开慧说。

"父母去世了多年。"王淑兰接着说，"但是还遗下一件事没有来得及办。"

"哦？"杨开慧又有些惊讶地问道，"什么事情？"

"就是泽覃与赵先桂的婚事。"

"啊!"杨开慧恍然大悟。

对于毛泽覃与赵先桂的婚事,杨开慧早就知晓。

毛泽覃和赵先桂是由父母指腹为婚的包办婚姻。

赵先桂与毛泽覃于1905年9月同年同月生,赵先桂比毛泽覃大20天,是湘乡凤音乡赵蕊香之女。赵蕊香亦农亦商,在镇上开了一家"吉春堂"商号,有药材、肉食、杂货等几个店铺,生意红火,买卖兴隆。他同毛贻昌素有生意来往。毛贻昌在做贩运谷米、生猪和耕牛的买卖时,自家纸票周转不开,常借用吉春堂的纸票,两人关系甚好。

赵毛两家还有更深一层的关系,赵蕊香的姐姐文赵氏嫁给了毛贻昌的妻兄文玉瑞,是毛贻昌的妻嫂。毛泽东自幼认文玉瑞夫妇为干爹干娘。因此,毛赵两家感情深厚,交往较多。

毛泽覃与赵先桂因两家是亲戚关系,自小青梅竹马,感情甚好。赵先桂7岁入族塾念书,13岁时就读于和毛家共同的表兄文运昌门下。她生性倔强,敢于同男孩子爬树采果,1919年毛泽覃的母亲病重时,毛氏兄弟都在外求学,她与妹妹赵先瑞来韶山冲毛家侍候老人,直到文七妹10月去世。安葬母亲后,毛泽东也把赵先桂带到了长沙求学。在长沙,她和杨开慧、毛泽民、王淑兰等人时常聚在一处。毛泽覃与赵先桂在寒暑假日回家,也结伴同行。毛泽覃在母亲去世后回韶山时常住在赵家。赵先桂于1920年加入新民学会,1923年就读于长沙早稻田师范,并于同年加入中国共产党。

这时,毛泽覃已经20岁了,正在韶山银田寺的白庙办农民夜校,夜校是借小学的教室做课堂。白天他给小

王淑兰晚年的照片

学三年级的学生上课,晚上给附近村子里的农民上课。

当王淑兰谈到两人的婚事时,杨开慧说:"他们两人感情很好,趁现在泽覃在韶山,把婚事办了也好!"

于是,在王淑兰和杨开慧妯娌的操办下,赵先桂同毛泽覃在韶山东茅塘毛麓钟家正式成亲。婚礼仪式非常简单,由胞兄赵储琳送亲,表兄文涧泉当介绍人。

杨开慧妯娌为毛泽覃和赵先桂操办了婚事,了却了一桩父母的遗愿。

6. 韶山第一个党支部成立,杨开慧是监誓人

毛泽东虽然身在韶山,心中却时刻关注着全国的革命运动,经常和党中央、湘区党委联系,三天两头接到由外地寄来的书信和材料,这些书信和材料都由杨开慧协助处理。在韶山时,杨开慧是一个大忙人。这时岸英刚3岁,岸青更小,还抱在怀里,她除协助王淑兰做些家务事外,还要办夜校,因此,常常忙得不亦乐乎。

在毛泽东、杨开慧等人的努力下,秘密农会的活动和农民夜校的开办,给韶山穷苦的农民们带来了希望和鼓舞,反抗剥削和压迫的热情一再高涨。而这对地主豪绅来说,却好比酣梦中的一声惊雷。

一天晚上,成胥生的狗腿子曾八偷听了农民夜校上课的情况。第二天一大早,他跑去向主子报告:

"八老爷,不好了,不好了!"

成胥生正躺在椅子上抽大烟,看到管家慌慌张张的样子,冷冷地问:"怎么啦?什么事把你吓成这样?"

"上屋场毛润之回来以后,办起了什么农民夜校,进行赤化宣传!"

成胥生一听,暗暗吃了一惊,忙问:"他们在夜校里讲些么子?"

曾八说:"昨天晚上,我去庞氏族校,听见庞叔侃那小子在教算盘。说那个佃户作了你成家多少田,还了多少租,交了多少'田息鸡'、'田息肉'、'田息鱼'、'田息大烟',送了多少工。算盘子一拨,说佃户收入十成有八成被你老人家拿走啦!"

"胡说!"成胥生的八字胡子气得翘了起来,唾沫星子四溅。

"教完了算盘,我听见穷鬼们当场说:'要不减租减押,这田硬是没得作场,过去我们打不清算盘,只晓得禾镰子上壁,没得饭吃!'庞叔侃马上趁风煽火,说么子'财主手不提,肩不挑,坐享其成,农民一天两头黑,累死累活,收下的谷子全要交租,太不合理……'好多穷鬼们就跟着喊:'不公平!不合理!'"

"混蛋!"成胥生的巴掌往桌子上一拍,"这是教么子算盘?妖言惑众!简直是彭铁匠造反!"

曾八点头哈腰,连声应着:"是呀,是呀,这势头比民国七年彭铁匠的搞法还厉害!"

成胥生眼睛一瞪,问道:"教委会、学委会是干什么的!谁允许他们办夜校?去,叫唐默斋、彭石林来,把夜校封掉!"

"老爷,晚啦!"

"什么晚啦?"成胥生问。

"韶山的夜校已经有十多所了!"曾八报告说。

"啊?!"成胥生一听,好比当头挨了一棍,往后一仰,半天说不出话来。

革命的思想在韶山一带广泛传播,迅速地、潜移默化地改变着韶山的穷人们。

偏僻的山村正在发生着革命性变化。

在斗争的风浪中,毛泽东非常注意发现和培养革命积极分子,特别是毛新梅、钟志申、庞叔侃等几个人,他经常找他们交谈,解答他们提出的各种问题,对他们进行党的基本知识的教育。毛泽东的教导,使他们懂得的革命道理越来越多,觉悟不断提高,一种渴望献身于党的事业的迫切心情在他们心里燃烧着。

毛泽东考虑到在韶山农村建立党支部的条件已经基本成熟，便与杨开慧、毛福轩商量，提出吸收一批积极分子入党，建立党支部，这一计划得到了杨开慧和毛福轩的支持。

在考虑发展党员时，毛泽东说："几个积极分子中，毛新梅接受革命思想比较早。这一次，叫他在韶山开展农民运动，他二话没说，安葬了父母，就立即投入了工作。几个月来，他忍受着父母逝世的悲痛，承担着一家十来口人的生活重担，利用自己行医的身分，四处串连，为宣传革命思想、组织秘密农协，做了大量工作。"

"对毛新梅我同意。"毛福轩说。

接着，他又提出了两个对象："钟志申历来反抗性强，曾和彭铁匠大闹韶山冲，办事雷厉风行，现在有了润之做主心骨，他更恨不得生出三头六臂来。在他的发动下，汤家湾一带，迅速成了秘密农协活动的一个中心。李耿侯呢，他处事从容持重，一丝不苟，他组织的秘密农协和农民夜校，一直扎扎实实，卓有成效。这两人我看可以入党。"

"我看庞叔侃也可以。"杨开慧说。

随后，她又讲了一件事。

原来，庞叔侃在庞氏族校教书，一边团结几位进步教师一起办农民夜校，一边创建了秘密农协。毛泽东也经常到他所在的学校召开秘密会议，深夜才散。学校守门的老人深更半夜起来替他们关门，看到他们秘密的样子，猜想他们一定是在搞革命。他本不想去干涉，对此不闻不问，谁知没几天团防局来人向他打听情况，并威胁他说："凡是搞共产党，闹革命的，省衙门已有指令，查出来就抄家、杀头，知情不报的，抓去坐班房。"他想叔侃这后生是个好角色，可别给成胥生糟蹋了，于是他打算告诉庞叔侃的父亲让他管教管教儿子。

老人找了庞叔侃的父亲，悄悄告诉他：

"你家叔侃最近这几个月中，跟上屋场毛润之来来往往，还邀集一些人深更半夜开会，不晓得在搞么子名堂。阿公，你得提醒提醒叔侃呀！早几天，成胥生团防局的人还盘问过我呢。"

庞叔侃的父亲听他一说,想起儿子近日在家里的一些行动,恍然大悟,心中暗想:怪不得他和毛润之平常到家,就是房门一关,一讲几个钟头!当天晚上,他就把庞叔侃叫到房里,问道:

"叔侃呀,你也不用瞒我,你跟毛润之他们究竟搞些么子呀?人家都在说你们啦!"

庞叔侃的家里有点田产,以前他担心父母不赞成革命,一直把自己参加革命的事瞒着家里,现在,一听父亲问了起来,知道瞒不住,于是,就直接了当地说:"爹,我们跟润之先生在一起,一不是搞赌博,二不是当强盗,我们是搞革命,是为了打倒土豪劣绅,带领穷苦人民闹翻身,搞共产主义。"

父亲拿着水烟袋一边抽烟,一边听着,想着。他觉得打倒土豪劣绅确实也对,但自己半辈子辛勤劳动,好不容易才积聚了这点家业,目前靠几个儿子种着地,日子也算过得去,可这革命搞不好,就要闹得家破人亡,于是,又劝儿子说:"革么子命啰,还是你教你的书,我们种我们的田,敷衍着过下去吧,不要想得太高了。"

庞叔侃见父亲不支持,就给他讲为什么要革命的道理。

然而,父亲听后还是有顾虑,并且把成胥生跟踪盘问的事告诉了儿子,最后十分担心地说:"革命好是好,就是难得搞哇!听说共产党以前领导闹罢工,死了好多人,革命还是没成功。我看,你最好不要去冒这个险。搞革命,说不定搞得家空业尽,还要砍脑壳!"

庞叔侃却激动起来,坚定而乐观地回答说:"砍了脑壳就像碗大个疤!革命哪能不流血死人,不过,今后革命成功了,天下的穷苦人民都有好日子过,我死也值得。"

父亲看他这样,终于无话可说了。

这件事情,后来让杨开慧知道了。她说:"庞叔侃刚满20岁,最年轻。润之回来后,他工作和学习的劲头更大,多次提出要求入党的愿望。工作也很出色。"对于这几个积极分子的进步,几个人是有目共睹的。最后,毛泽东和湖南区委研究,决定成立韶山党支部,发展毛新梅、钟志申、李耿

侯、庞叔侃为中共党员,并由毛福轩担任支部书记。

阴历五月中旬的一个夏夜,一轮明月把韶山冲铺上了一层银光。上屋场毛泽东的卧室里,气氛显得格外庄严。一张方桌放在屋中间,桌上的桐油灯芯比往常粗大,火苗把满屋子照得明亮,墙上挂着一面镰刀斧头红旗和一幅印在书上的列宁像。

人员来齐后,毛福轩庄严地宣布新党员宣誓和韶山党支部成立大会开始,然后,他简短地回顾了韶山党支部成立前的工作情况,随即请毛泽东讲话。

毛泽东站起来,首先祝贺4人成为光荣的中国共产党党员,然后,他向大家介绍了党的性质、纲领和任务,并且还讲了在农村建立党组织、开展农民运动的重要意义,最后勉励几位新党员准备经受长期斗争的考验,积极投身到火热的斗争中去,在斗争中把自己锻炼成无产阶级先进战士。他的讲话给几位新党员以极大的鼓舞。

毛泽东讲话后,毛福轩和杨开慧又介绍了4位新党员的简单经历。然后由毛福轩领着新党员肃立在党旗和列宁像前,举手宣誓:

努力革命,牺牲个人,服从组织,阶级斗争,严守秘密,永不叛党。

宣誓时,杨开慧为监督人。众人宣誓完毕,毛泽东向大家庄严地宣布:"韶山党支部正式成立,由毛福轩任党支部书记,党支部的秘密代号为'庞德甫'。"

随后,毛福轩说:"由于党组织处于秘密状态,为了保护党组织的机密和安全,每一个党员都有自己的代号,非经党组织的同意,不许向任何非组织的人员公开暴露自己的身分。每一个党员都要把自己的一切活动置于党组织的严格监督之下,定期向党组织汇报思想和工作情况,严格遵守党的纪律。"然后,他把每个人的代号宣布了一遍,并重申了党的纪律。

最后,杨开慧宣布党组织决定凑集一笔党的活动经费,指定钟志申负责,迅速在银田寺开办一个书店,作为党支部的秘密交通联络机关,负责

与上级党委联系。

韶山党支部在毛泽东和杨开慧的领导下建立起来了。

不久,党支部书记毛福轩主持召开了第一次党支部会议。

在会议上,支部成员讨论了当前的斗争形势,部署了今后的工作任务和斗争策略。

党支部成立后,韶山的农民运动有了领导核心,开始进入了一个新的阶段。

7."顾正红"的名字映入杨开慧眼帘

韶山党支部成立不久,6月初,突然从长沙传来了消息:5月中旬,日本人在上海枪杀纱厂工人引发上海的反帝浪潮,5月30日,示威群众又在南京老闸捕房遭英国巡捕抢杀!消息传来,毛泽东和杨开慧赶紧取来报纸。当他们翻开汉口的《民国日报》、长沙的《大公报》时,不禁大吃一惊,一个让杨开慧十分熟悉的名字映入她的眼帘:

"顾正红!"

日本枪杀的纱厂工人就是杨开慧在沪西小沙渡教夜校曾与她一起讨论过问题,并且多次听她讲课的七厂盘工头顾正红。杨开慧记得,每次上课时顾正红都听得十分认真,刮风下雨从不缺席,更不迟到早退。这样一位好学上进的青年怎么被日本人枪杀了呢?杨开慧对日本资本家暴行愤怒的同时,感到十分惊讶。

原来,通过上夜校,顾正红接触了一些新鲜又透辟的道理,开始了一段真正有意义的人生。他思想进步很快,不久就加入了邓中夏、李隆郅等人组织的沪西工人俱乐部,并成为工人骨干,在七厂车间非常活跃。

1925年2月2日,上海内外棉八厂厂长殴打女工,并趁机开除50多名男工,逮捕工人代表。暴行激怒了工人群众。此时中共第四次全国代表大会已于年初在上海召开,中央局成员发生了变化,陈独秀任总书记兼组织部主任,彭述之任宣传部主任,张国焘为工农部主任,蔡和森、瞿秋白为成员。上海内外棉八厂事件发生后,刚举行了四大的党中央决定抓住时机,组织反帝大罢工,邓中夏、李立三等随即在沪西小沙渡成立了罢工委员会。

李立三就是李隆郅。他为什么改成"李立三"这个名字呢?这有一段趣闻。一天,李隆郅和邓中夏一起乘小火车去吴淞,两人在车上商谈成立吴淞俱乐部的选举事宜。邓中夏说:"你这个'李隆郅'既难写又难认,不利于工人熟悉你,改个名字吧。"

李隆郅说:"可以,但叫什么呢?"

这时两人同时看到车门处有3个人站在那里谈话,于是,邓中夏就说:"你就叫三立吧!"

李隆郅说:"这个不太好听,我就叫'李立三'吧。"

由此,李隆郅就成了李立三。

在邓中夏、李立三等人的发动组织下,2月9日,内外棉五、七、八、十二等厂的工人首先罢工,并迅速成立了内外棉纱厂工会委员会。周围各厂纷纷响应,10天之内即发展成沪西、沪东22家日商纺织厂近4万多工人的同盟罢工。这便是著名的"上海二月大罢工"。

顾正红

在二月罢工中,顾正红冲锋陷阵,他佩戴上工人纠察队的袖标,到交通要道"把口子",随后,又随同罢工鼓动队到各厂去鼓动、串联,遇到资本

家的走狗挡道,他便用铁棍、榔头与之搏斗,勇不可挡。

罢工轰轰烈烈,又得到社会各界的广泛支持,平日骄横得不得了的日本资本家终于不得不低下头来,在不准随便开除工人等项条款的协议上签了字。二月罢工初战告捷。

斗争的烈焰飞快地锻造着顾正红,随即他加入了中国共产党。然而,二月罢工后,日本厂商一直伺机反扑,经常找碴挑衅。李立三、邓中夏等人及时分析和研究形势,决定转变策略,领导各日本纱厂工人采取轮流怠工的方式,使日人穷于应付。从5月初起,内外棉等一些工厂相继由罢工转为怠工,此伏彼起,连绵不断。

日本资本家先是动用巡捕和警察进行干涉,达不到目的后,5月14日,突然宣布开除内外棉十二厂多名工人代表。工人们愤起质问,遭到铁棍殴打,当场有5人被打伤在地。

第二天清晨,在一间挤满了工会积极分子的小屋内,沪西俱乐部负责人之一、共产党员刘华主持会议,顾正红上夜班后也匆匆赶来与会。大家神情严肃地聆听着党的最新指示。会上,刘华分析说:"由于十二厂工友被打的事件,日方很可能以十二厂停工使七厂织布无原料的借口而关厂。"

"日方这是有意报复。那怎么办?"顾正红急切地问。

刘华说:"如果东洋人用这个花招来破坏工人的团结,七厂工友一定要全力抵制,坚持上工。"

刘华的分析果然没错。

15日下午5时左右,当夜班工人陆续来到七厂门口时,漆黑的铁门却紧紧关闭着。一帮凶神恶煞的巡捕、日本点名员及"包打听"把准备进厂的工人拦住,说:"厂里没有纱,大班叫你们统统回去。"

这时,人群中站出顾正红,他领头高喊:"叫大班出来讲话!"

日本大班不敢出来。

"不上工,那就发了我们的工钱,我们没钱吃饭!"顾正红等人提出停工要求,但是厂方置之不理。

"不发工钱,决不回去!"一片怒吼声中,数百工人奋力破门而入。凶狠

的巡捕和日本点名员见状,立即大打出手,一连几个工人被打得头破血流。顾正红见状怒不可遏,振臂高喊:"东洋人打伤工人啦!"于是带领部分工友冲进物料间,拿出一些打梭棒用以自卫。紧接着,潮水般的工人队伍向前奔涌,高擎打梭棒的顾正红一马当先,久蓄他心头的深仇大恨化作串串激昂的口号:"反对东洋人压迫工人,不开工就得发给工钱!"这时,内外棉日本副总班和七厂日本大班带领一群打手,持枪持刀地迎面扑过来。然而工人队伍并未退缩,冲在前列的顾正红步子更大、口号更亮了。

七厂大班看到工人队伍的为首者正是他们早就盯上的顾正红,杀机顿起,举起手枪对准顾正红,一枪打中他的左腿。两旁的帮凶见大班开了枪,越发猖狂,朝着工人们死命殴打。这时腿部受伤的顾正红忍住剧痛,使出全力呐喊:"工友们,团结斗争啊!"

他的英勇形象极大地鼓舞了苦斗中的工友们。众人顶着铁棍和屠刀继续猛冲。又一发子弹,从大班的枪口射向了顾正红的腹部。顾正红摇晃了一下,却没有倒下,他紧紧抓住身旁一棵小树,马上,如注的鲜血染红了树干。接着,顾正红头部又中一弹,他仍然挣扎着,想同敌人最后一拼。灭绝人性的日本大班继续射击,同时棍棒齐下,顾正红的身躯浸在血泊之中……工人们见状,义愤填膺,连忙把顾正红及其他负重伤的工友抬上人力车,去公共租界会审公廨"诉冤请验",并送往医院抢救。

然而,因伤势过重,5月17日,顾正红年轻的心脏停止了搏动。他身上共中4弹,刀痕达10余处!就在奄奄一息之时,他嘴中还喃喃念道:"我不去东洋人的医院……"

顾正红的牺牲震惊了四方。

5月18日上午,大批工人抬尸游行,所到之处,哭声不绝,群情激昂。下午,4000余工人和学生聚会悼念烈士,人们扶灵控诉,气氛悲壮。5月24日,工商学各界人士1万多人举行公祭大会,会场上传单飞飘、挽幛如林,五处讲台同时演说,声讨日本刽子手。

顾正红被杀害事件发生后,中共中央多次召开会议,提出指导斗争的方针、口号和策略。5月28日,中共中央又召开紧急会议。会议由总书记陈

独秀亲自主持,中央局成员瞿秋白、蔡和森参加,还有工会代表李立三、学联代表梅电龙、店员工会代表郭景仁和上海大学代表黄旭初等人。经过反复讨论,鉴于5月30日将是被捕学生受审讯的日子,同时上海公共租界工部局准备在6月2日召开纳税人会议,通过增订印刷附律和增加码头捐等提案,于是会议决定在5月30日举行宣传和示威活动,并成立由李立三任总指挥的秘密指挥部。

5月30日,学生和工人3000多人组成几十个演讲队走上街头,进行演讲,然后汇成队伍,示威游行。下午两三点钟,租界捕房出动大批巡捕在浙江路一带殴打和驱散演讲队员和听讲群众,有100多人被捕,被关进南京路老闸捕房。总指挥部一声令下,所有演讲队都向南京路集中。南京路上人山人海,汇集了成千上万的学生、工人、店员和市民群众。人丛中旗子挥舞,传单纷飞。收回租界的口号声如滚滚春雷,一浪高过一浪。英国巡捕头目慌忙调集几十个荷枪实弹的武装巡捕,在捕房门口摆成半月形,一片杀气腾腾。到了4点钟左右,竟悍然向赤手空拳的人群开枪。霎时间,枪声大作,血肉横飞,有13人被打死,几十人被打伤。

这就是震惊中外的五卅惨案。

在此之前,5月28日青岛也发生日本人屠杀中国人的惨案。五卅惨案像一根导火线,使全国人民郁积的对帝国主义的仇恨和积怨,像火山一样爆发出来。

31日,上海总工会成立,代表上海21万工人,李立三任总工会委员长。6月1日,上海全市开始了声势浩大的反对帝国主义的

李立三

总罢工、总罢课、总罢市,反帝狂潮迅速席卷全国。顾正红的死深深地震撼了杨开慧。虽然此时她身处于偏僻的韶山冲,仍然对全国风起云涌的运动感同身受,心潮难平。

8."工农商人与学生,报仇雪耻一条心"

五卅惨案消息传到湖南,各界群众异常激愤。工人学生奔走呼号,《大公报》的号外,满街飞传。

6月2日,湘区党委组织全省工团联合会和全省学生联合会在长沙教育会坪集会,议决成立"青沪惨案湖南省雪耻会"。随后,市民大会选举张汉藩、曾三、向钧等41人为雪耻会执行委员。6月5日,长沙各界举行游行示威。当浩大的游行队伍沿着湘江岸向日本领事馆进发时,按照湖南区委萧述凡、周以果的部署,向钧带领宣传队先到日本领事馆递交抗议书。然而,日本领事馆铁栏杆大门却紧紧关闭,大门内站着四五十个赵恒惕派来守护的士兵,还朝外架着机枪。向钧一见,马上站在领事馆门前的一堆木头上,悲愤激昂地向士兵们喊话:"你们不要给日本人当看门狗,不要出卖中国人的良心,中国人不要打中国人。"

结果,士兵把端在手里的枪背在背上,表示不为难他们递抗议书。向钧连忙叫人扛来几十根木头架在围墙上,然后带领着一批同学翻过墙去,冲进了领事馆。

但是,日本领事馆的官员早已逃走。于是,向钧转过身将领事馆房顶上的太阳旗扯下来,把一份抗议书钉在旗杆上。顿时,来到领事馆前的游行队伍欢呼声惊天动地,大家趁势撬开了大门两侧的木桩铁丝网,浩浩荡荡地通过日本领事馆,再经兴汉门进城,进行游行示威。

长沙成立雪耻会后,6月6日,衡阳成立了湖南对沪惨案雪耻会。10

日,湘潭也成立了雪耻分会,并举行了声势浩大的示威游行。

一天下午,毛福轩和庞叔侃一前一后,来到了上屋场。见毛泽东不在家,他们俩兴高采烈地对杨开慧说:"湘潭县长杨鸿仪都上街游行了!"

"哦!"杨开慧饶有兴趣地说,"说说看!"

"昨日,县长杨鸿仪参加群众游行。青沪惨案雪耻会湘潭分会的纠察队去'邀请'他,杨鸿仪不去,说:'赵省长有令,爱国运动不得逾越国际法规,要严防有人借此扰乱时局。'雪耻会分会的杨昭植说:'爱国运动,县长必须带头。'杨鸿仪没有办法,只好同意。接着,杨昭植郑重声明:'根据对英日经济绝交公约的明文规定,凡是穿着英日衣料服装的人,都得印上一个印记游街,县长更不能例外。'此时,杨县长正穿着日绸大衫,杨昭植指挥纠察队员不由分说,在这位穿着日绸服装的县长大人背上盖了个大红印记,然后'敦请'他参加示威游行。"

长沙声援上海的工人运动

杨开慧一听杨昭植这个名字,说:"这个人我认识,是易俗河泉塘冲的,原来在长沙长郡中学负责学生会工作,办事果断,能写善辩,干得好!"

这时庞叔侃说:"我们韶山也要行动起来,建立雪耻小组,党支部应该通过这个群众组织,进一步开展革命宣传活动,把这场反帝反封建运动的高潮掀起来。"

杨开慧连连点头,说:"这个建议蛮好!我们可以编点节目,印些传单,用演戏、讲演等形式向农民作宣传。等一会儿向润之请示一下。"

庞叔侃兴奋地说："我想润之一定会同意的。"

正说到这里，毛泽东从外面回来了，听到庞叔侃的大嗓门，笑着问道："你们在争论什么问题，这么兴奋？"

毛福轩向毛泽东汇报了刚才杨开慧建议党支部通过雪耻会开展宣传活动，把农民群众都动员起来，掀起反帝反封建斗争的高潮的情况。

毛泽东正要和他们谈这个问题，听了以后，立即把住得不远的毛新梅叫来，开了个临时支委会。杨开慧也参加了。大家围着一张方桌坐下来后，临时会议就开始了。

毛泽东说："对高涨起来的反帝群众运动，赵恒惕十分恐惧，他软硬兼施，多方防范镇压。6月3日早上，长沙满城贴出告示，宣称如有乱党借端煽惑，一律拿获就地正法。6日宣布全城戒严，切断各校电话，不许学生出校，街巷遍贴'四斩'布告……"

"哪'四斩'？"杨开慧问道。

"'四斩'就是'宣传过激者斩，煽惑军心者斩，造谣生事者斩，扰乱秩序者斩'。"毛泽东顿了顿，又接着说，"看来赵恒惕真要下手了。我们必须全省行动起来，这样他赵恒惕就不敢妄为。现在安源、常德、宁乡、岳阳、平江、醴陵都成立了雪耻会，湘潭、湘乡也举行了游行示威，我们也马上行动起来！"

"如何个搞法？"毛福轩急切地问。

毛泽东说："要以'打倒列强，洗雪国耻'为口号，在各乡雪耻小组的基础上，建立公开的群众性的反帝组织——湘潭西二区上七都雪耻会。"

随后，支委会根据毛泽东的指示，仔细讨论了斗争的方针和策略，并作出了具体的安排。

7月5日，根据党支部的安排，由庞叔侃、李耿侯主持，在李氏族校召开了积极分子会议。会上决定成立湘潭西二区上七都雪耻会，选举庞叔侃、李耿侯、贺尔康等5人为筹备委员。

7月7日，又在郭氏祠堂召开筹备会，决定"西二区上七都雪耻会"成立大会于7月10日在郭氏祠堂召开。

7月10日，郭氏祠堂里里外外贴满了红绿标语，祠堂正厅土台上摆着一张课桌，还蒙了一块白布被单，上面竖着一块"西二区上七都雪耻会"的大木牌，朴素而又庄严。

上午9点钟，六七十个代表都到齐了，把会场挤得满满的。会场外面还站了四五百个农民、小学教员和学生。大会由庞叔侃主持，选举了执行委员，通过了雪耻会的宗旨、章程和宣言。

毛泽东、杨开慧参加了成立大会，毛泽东还在热烈的掌声中向大家讲了话。

雪耻会成立后，毛福轩、庞叔侃等人马上组织了宣传队、讲演队，分别到各个集镇、祠堂、山村去演说、演戏、散发传单。在集镇和行人要道上，雪耻会把传单贴在墙上。传单用通俗的语言写道：

> 自从乙丑四月底，青岛纱厂罢工起。
> 日本鬼子真凶横，杀死工人顾正红。
> 上海同胞都不服，游行演讲个个哭。
> 英国巡捕没良心，拿起枪炮就打人。
> 死死伤伤有几百，这样横蛮还了得。
> 内中有的是商人，多是工农和学生。
> 英日美法反动派，道理不讲专逞凶。
> 此事交涉未解决，汉口英帝又猖獗。
> 复杀同胞百余人，你看伤心不伤心。
> 大马路上血如海，好比牛马遭屠宰。
> 青岛上海和广东，处处杀死中国人。
> 同胞被杀心里痛，各省各县各乡镇。
> 工农商人与学生，报仇雪耻一条心。
> …… ……

贴传单的地方，围着一堆人，有些不识字的农民，就站在里面听别人念。传单上的话，许多人都能背诵了。

韶山雪耻会游行

革命宣传的声势越来越大,不久银田寺、龙豹湾、望冲湾、汤家湾、杨家庄等地就成立了 20 多个雪耻分会。王淑兰也参加了雪耻会。雪耻会除了举行大小规模的游行示威、开展各种宣传活动之外,许多进步教师还把守关口,检查日货,禁卖洋货,烧毁鸦片,收缴烟枪。韶山一带,从白发苍苍的老婆婆到十几岁的伢子,人人都关心国家大事,往日沉寂的山村沸腾起来了。

9.讲演队向农民进行革命宣传

一天,午饭过后,在毛泽东和杨开慧的安排下,毛福轩、庞叔侃带了一个讲演队,来到了如意亭。这是一个赶墟的日子,他们准备在墟场上向农民进行革命宣传。当地的甲正知道了,连忙跑来对毛福轩说:

"成局长贴了告示,不准讲演,不准演戏,不准搞赤化宣传,你们看见没有?还不赶快走开!"

"为什么？"毛福轩质问道。

甲正指着墙上的告示，扯起破嗓门喊道：

"这是团防局的告示，你们再不离开，我就去报告团防局，叫团丁抓你们坐班房！"

原来，上七都团防局长成胥生，看到毛福轩、庞叔侃组织的雪耻会和讲演队吸引了大批群众，于是，也像赵恒惕一样，以团防局的名义，到处张贴布告，不准讲演和演唱文明戏，防止"赤化"。

毛福轩望了一眼告示，轻蔑地笑了笑，对甲正说：

"你有本事就把成局长叫到这里来，让他说说，我们给农民演戏，犯了什么法？"

庞叔侃也冷笑道："哼！一张纸就能吓倒人！？"

这时，本来赶墟的农民听说要演文明戏，早就围上来了，一听甲正不让演，都很气愤，就你一句我一句地当场骂了起来：

"你这个甲正管得真宽，戏都不准演，这是哪里来的王法！"

"我问你，为什么财主老爷赌钱不犯法，抽鸦片不犯法，作田人要看两场文明戏，你们就尽是名堂？"

"唱只管唱！"群众吼了起来。

甲正见形势不妙，只好夹着尾巴溜了。几个农民连忙搬来板凳和门板，当场搭起一个草台，请毛福轩、庞叔侃他们演起来。

毛福轩跳到台上，首先宣布今天要演的文明戏，头一出是"五卅痛史"。他激昂慷慨地介绍了五卅惨案是怎么回事，接着演唱开始。庞叔侃扮做一个工人，理直气壮地同一个日本资本家进行斗争。正当这个日本资本家指使军阀欺压中国工人的时候，毛福轩把袖子一捋，指着这个"日本帝国主义分子"问群众：

"帝国主义侵略我们中国，大家说行不行？"

人们愤怒地回答：

"不行！"

"打倒帝国主义！"

"打倒军阀!"

喊声响彻如意亭集镇的上空,每个观众的心里都燃着一团火。

演完"五卅痛史",接着演"农家苦"。内容是讲地主逼租的事:一个地主,在农民秋收晒谷的时候,带了狗腿子来收租,把禾场上的谷统统挑走了,还不够,地主硬逼着农民将自己的女儿抵租。戏演到这里,台下的群众全都愤怒了,不断地高喊着:

"打!打这个狗地主!"

这时庞叔侃站出来,指着那个扮地主的人问群众:

"他剥削穷人合理不合理?"

"不合理!"人们像春雷一般怒吼着。

庞叔侃领着大家高呼:

"打倒豪绅地主!"

"农民组织起来!"

呼罢口号,庞叔侃就向群众讲解三民主义。他说孙中山在民生主义中规定"耕者有其田",现在我们的田被地主霸占了,我们一定要实现孙中山的主张,所有农民一定要组织起来,扎紧把子,开展斗争,实现"耕者有其田"。然后,他又讲了地主豪绅和帝国主义的关系,告诉大家说:"帝国主义就是'洋财东',是地主豪绅的后台老板,要打倒帝国主义,就要打倒地主豪绅……"

正讲得起劲的时候,甲正带着团丁队长和几个团丁跳上台来,收了锣鼓,气势汹汹地骂道:"你们有几个脑壳?胆敢违抗成局长的告示,捣乱社会秩序!"

毛福轩、庞叔侃站到前面,义正词严地质问团丁队长说:"我们讲的是三民主义,怎么是捣乱社会秩序?"

团丁队长骂道:"你们讲的是什么三民主义,专门煽动佃户造反,宣传赤化!"

毛福轩冷笑一声,批驳他说:"'耕者有其田',难道不是孙中山先生的主张?你们口头上说奉行三民主义,原来骨子里却是卖的狗皮膏药啊!"

团丁队长被问得哑口无言,就要动手打人。这时候,台下的群众愤怒地高喊起来:

"不准提锣!不准打人!"

"文明戏演下去,怕么子胥八胡子!"

正闹得难解难分的时候,站在台下的毛月秋,一个箭步跳上台去,伸手抓住一个团丁的枪,瞪着眼睛大声说道:"谁让你们这样横行霸道,戏都不准演,蛮不讲理,还要动武?你们才是捣乱社会秩序!谁要你们这样干的,说!"这时几个青年农民也跳到台上,把几个团丁围了起来。

"演下去!演下去!"台下群众继续高声喊着。

团丁队长只得退还了锣鼓,在群众愤怒的目光下,带着几个团丁灰溜溜地走了。

毛福轩、庞叔侃又轮流讲演宣传了一番。天已快黑了,听讲的群众才恋恋不舍地离去。

毛福轩和庞叔侃他们收拾了宣传用的锣鼓道具,正要离开,只见几个农民推着甲正来了。甲正见团丁都制服不了宣传讲演队,就不敢再像开头那样凶了。这几个农民指着甲正问:

"你知不知道三民主义?"

"知道,知道。"甲正声音打颤地回答。

"为什么要喊团丁来捣乱?"

"不是鄙人……是……是成局长……派他们来的。"甲正吓得两腿发抖了,赶紧结结巴巴地否认。

"今天讲演队辛苦了,还没吃饭,罚你回去办点饭菜来,要快点!"

"是,是。"甲正无可奈何地答应了。

甲正走后,几个农民笑着对毛福轩、庞叔侃他们说:

"你们讲了一天,肚子一定饿了,总算找到了这个下家,解决了你们的'民生问题'!"

说得大家都笑了。最后,农民们拉着毛福轩、庞叔侃的手再三说:"以后你们一定多来,给我们演文明戏,讲新道理。"

这些"文明戏"都是杨开慧和毛福轩、庞叔侃一起花了几个通宵拟出来的,并且毛泽东还作了修改。在如意亭墟上深受欢迎之后,过了几天,毛福轩又同几个积极分子组织了一支宣传队,到靠近韶山的湘乡接风亭去进行宣传。

除了演文明戏外,雪耻会还组织了一次火炬游行。1000多农民和老师、学生,提着灯笼,举着火把,从瓦子坪万福亭出发。一路上,口号声响彻山谷,火把连成一条火龙,围着韶山游了一圈,把韶山的天空映得通红。

10. 教育会长唐默斋成了过街老鼠

雪耻会的行动使韶山的人们觉得新鲜又备受鼓舞。然而,成胥生却吓得要死。一天,他接到姻亲叶开鑫从长沙派专人送来的急信:

日下风潮甚紧,省里反帝、驱赵的呼声甚急。但炎午公实力雄厚,基础甚固,风潮不久即可平息,望告同乡戚友,勿必惊惶。振奋精神,以张雄威。有事即请函告,兄弟定当相助。

叶开鑫是赵恒惕的部下,手上有几千人的枪杆子,被赵委任为护城司令。老奸巨猾的成胥生看了信后,心里像吃了一粒定心丸,抱着水烟袋,眯着狡诈的眼睛,搜肠刮肚地琢磨着对付雪耻会的主意。不久,他从一些小劣绅的报告中得知,雪耻会的活动是几个办夜校的老师带头搞的,于是吩咐曾八把教育会长找来。

教育会长唐默斋,是成胥生一手扶植起来的亲信,听到主子叫唤,马上随着曾八赶到团防局。

成胥生问他:"带头闹事的是谁,你晓得不?"

毛泽东的雕像

唐默斋凭着他当走狗的灵敏嗅觉，觉察到成胥生要动手镇一镇庞叔侃、李耿侯他们了，马上回答：

"带头闹事的是毛润之的妻子杨开慧，还有几个教员，主要是庞氏族校的庞叔侃、李氏族校的李耿侯，另外还有韶上团的毛福轩、瓦铺子的毛新梅等人。"

成胥生点着头，然后问道："就这几个人？"

"主要是这几个！"唐默斋回答。

成胥生对旁边的曾八说："把名字记下来。"

几天之后，各个学校都接到了上七都教育会和学委会的通知："学校里一律不准开办农民夜校。"随后，原来办了夜校的地方，成胥生都派了人监视起来。庞叔侃、李耿侯他们也受到团丁的盯梢。面临这种复杂严重的局面，大家心中都很焦急。一天晚上，庞叔侃、李耿侯巧妙地甩掉盯梢的尾

巴,赶到上屋场,找到了毛泽东和杨开慧。

毛泽东听了情况以后,笑着告诉他们说:"不要奇怪,农民夜校和雪耻会是我们组织农民、向农民宣传革命道理的好形式,土豪劣绅害怕,当然要破坏。"

庞叔侃、李耿侯点点头。

这时,杨开慧插话说:"夜校一定要办。成胥生不让办,凭什么?我们就得跟他斗争。"

毛泽东接着说:"对啊!成胥生现在所以能封闭农民夜校,就因为教育权还在他们手里,我们和他斗争就要从这里下手。"

庞叔侃和李耿侯听了毛泽东的分析,皱成团的眉头舒展开了,庞叔侃面带笑容对毛泽东说:

"你一下子就戳到根子上啦!不抓过教育权,这夜校就办不兴旺。"

李耿侯也说:"教育会的唐默斋、彭石林不仅是成胥生的亲信和走狗,还是小劣绅。他们仗着成胥生的势力,霸占了西二区的教育权,在教育界又臭又孤立。干脆把这两块绊脚石搬掉,清除成胥生的耳目,把所有的学校都掌握到我们手里来。"

"这个主意很好!"毛泽东赞同地说。

于是,毛泽东、杨开慧和毛福轩同庞叔侃、李耿侯决定召开一次会议,一起讨论如何具体开展这场斗争。

晚上,贺尔康等几个骨干也来了,大家一起开会想办法。

李耿侯年长资格老,一直在韶山教书,知道的情况较多,他首先发言说:"教育会和学务委员会是从民国初年兴起来的。教育会掌管教育行政事务,学委会掌管经济。开头几年,这两个会长都推选年长、声望高的人担任,可是自从成胥生当团防局长以来,就由他一个人指定。如今的教育会长唐默斋,死心塌地跟着成胥生,巴结奉承,唯命是从,深受成胥生喜欢,一连当了好几届会长。在教师队伍中,则分成旧派和新派。旧派人数少,却掌握着各学校的教育大权。这伙人都是跟唐默斋跑的一些老朽和一些土豪劣绅子弟。新派人数多,而且都是一些家贫或没有靠山的年轻教师,受

过新教育思想的影响,要求进步,对办农民夜校都蛮积极,但他们一向受唐默斋的歧视和排挤,大都没有什么权力和地位。还有一部分是中间派,他们胆小怕事,但和唐默斋也有矛盾。"

听过李耿侯对教育会的分析,大家热烈地议论了一阵。杨开慧说:

"润之在长沙领导学生运动和工人运动时,斗争的办法是,依靠积极分子,发动大多数群众,团结中间分子,利用反动派之间的矛盾,集中力量打击少数最顽固最反动的家伙。这样搞,每次斗争都取得了胜利。我们也可以用这个办法行事。"

毛泽东仔细地听着大家发言,此刻也说道:"刚才耿侯介绍了教师队伍中新派和旧派的情况,我们就依开慧的建议,靠骨干和新派力量,团结中间派,集中力量打击唐默斋旧派。"

几个年轻教师一听,立刻拍手称好。

李耿侯又补充说:"据我看,死心塌地跟唐默斋走的只有极少数几个人,再说这旧派里头也还可以分化瓦解。"

庞叔侃对李耿侯提的办法,考虑了一阵,说道:

"这两个办法可以结合起来。在目前的情况下,新教育会长还是从旧教育会中选个比较正派开明的人为好。"

"你有了人选吗?"毛泽东问道。

"我物色了几个人,比较了一下,觉得旧学委会的副会长郭耿光最合适,这个人正派,不干坏事。还有一个庞坦直,在教师中有声望,我们也可以争取他。"庞叔侃说。

"好!"毛泽东说,"我们就采取'以子之矛,攻子之盾'的策略,利用赵恒惕颁布的教育法,通过合法斗争的形式,团结广大教师,夺取教育权。"

然后,毛泽东安排毛福轩等人多去找几个知情人了解唐默斋的老底子,收集他贪赃枉法的材料,作为斗争的有力武器。

从上屋场出来以后,毛福轩和庞叔侃几人又合计了一下,便分头做工作去了。

庞叔侃直奔庞坦直的家。按辈份说,庞坦直是庞叔侃的本族堂叔,以

前当过上七都团防局的秘书。但是,唐默斋看到他上去了,心里嫉妒,便在成胥生面前告他的状,说他办事无方,不久,庞坦直被解职回家教书。由于他资历长,人也正直开明,在教育会又负了一点责,唐默斋仍然处处排挤他,两人矛盾很深。庞叔侃一进门就坦率地向他讲明了当前的形势和改选教育会的目的,并要他帮助新派教师,揭发唐默斋的罪行,把唐默斋赶下台去。庞坦直一提唐默斋就来气,他带着一股不可抑制的气愤对庞叔侃说:

"叔侃呀,我可以推心置腹地告诉你,唐默斋这个人不是好人,我和他共事多年,深知他的老底,本事不大,诡计多端,玩弄权术,陷害同人。成胥生上次下令封闭夜校,百般陷害你们这些进步教师,就是唐默斋告的密。另外,他还几次贪污教育公款,克扣教师的工资,打击一班正直的教师,在教育同人中很不得人心呀!至于我个人的事,那都无关紧要。只是这家伙不打下去,实在是个祸害。对于此次改选教育会的方针,不瞒贤侄说,我是深表赞同的。"

庞叔侃从庞坦直的揭发中得到了不少新材料,两个人越谈越投机,整整谈了一上午。

经过十来天的时间,教育会的改选宣言起草好了,旧学委会郭耿光的工作也做通了,各校教师代表都表示愿意站在进步教师一边,就连个别旧派教师看到大势已去,也动摇起来,向新派靠拢。

可是唐默斋还蒙在鼓里,他自以为封了夜校,就把庞叔侃他们吓唬住了,跑到主子成胥生面前报告:"封闭夜校,无人敢违抗,教室空无一人。"

最初,成胥生将信将疑,但他的一些狗腿子每天也是这样向他报告,也就信以为真,放心大胆地抽他的大烟去了。

7月下旬,庞叔侃和李耿侯来到如意亭杨家庄小学,就改选教育会的斗争计划向毛泽东和杨开慧作了最后一次汇报。

7月30日,上七都教育会、学委会会员大会在郭氏祠堂召开了。到会代表共40多人,毛泽东和杨开慧也来参加了。唐默斋打扮得道貌岸然,洋洋得意地坐在上席位上。

会议由年长的李耿侯主持。他等大家安静下来,从容不迫地宣布开会,说:

"各位会员代表,今天召开这个会议的目的,是改选西二区的教育会和学委会,因为过去的教育会和学委会,不是经过合法的选举产生的,不符合赵省长颁布的教育法。"

坐在上席的唐默斋,本来接到庞叔侃开会的通知,是为了显显自己的会长身分才到会的,突然一听要改选教育会,就像头上响了一个炸雷,又慌又怒,不等李耿侯把话讲完,"呼"地站起来,瞪着牛眼珠子说:

"耿侯先生,我想问问你,你们凭什么要改选教育会和学委会?"

李耿侯义正词严地说:

"这很明白,教育会这么多年一直没有改选过。平常,孙中山先生的三民主义你是天天挂在嘴上,民主长民主短,可是教育会长期不改选,这叫民主吗?"

说到这里,李耿侯用探询的目光望了望坐在人群里的毛泽东,看到毛泽东正在向他微笑着点头,像是鼓励他继续说下去。他挺了挺胸脯,接着说:

"你这个教育会长是成胥生提的名,没有经过选举,省里赵省长颁布的教育法令明文规定,要经过选举才算数,就凭这些,就要改选。"

李耿侯不紧不慢地讲着,但每一句话都像一颗炮弹,把唐默斋打得晕头转向,慌乱之中,他找不出一点理由来阻止这次改选,但是又不甘心失败,于是,气急败坏地冲着李耿侯喊道:

"你们要改选,谁同意了?成局长晓不晓得?"

几个跟唐默斋跑的人在下面配合他起哄:"是呀,成局长同意你们改选了吗?"

唐默斋企图抬出主子来吓唬大家,拖延改选时间。可是他这个阴谋早就被毛泽东料到了,并且在昨天的骨干会上研究了对付办法。李耿侯等会场稍稍静下来以后,大声地说:

"选举是大家的事,不是哪一个人的事,只要大家同意了,当然就可以

改选！"

说着，李耿侯面向大家问："大家同意不同意改选？"

"同意！"众人齐声回答。

唐默斋像泄了气的皮球，一屁股跌坐在椅子上。几个帮手也成了哑巴，缩在角落里。

李耿侯继续说："大家还可以具体讲讲为什么同意改选嘛！"

话音刚落，庞叔侃、贺尔康，还有庞坦直、郭耿光等几个人都站起来抢着发言，有的揭露唐默斋倚仗成胥生，窃取教育权，贪污公款，有的列举他克扣教师薪饷的事情，有的指责他充当帝国主义和军阀的走狗，不准教师向学生宣传反帝爱国思想。种种罪行，证据确凿，到会代表们听了，个个义愤填膺，不知是谁领头喊起了口号：

"顽固分子滚下台去！"

"土豪劣绅的走狗快滚蛋！"

口号声越来越响。成了过街老鼠的唐默斋，听李耿侯他们揭了自己的老底，恼羞交加，看看几个同伙藏头缩颈，不敢吭气，自知大势已去，只好在众目睽睽之下，溜出会场，找后台老板成胥生去了。

教育会顺利地进行了改选。选举的结果，由郭耿光、庞坦直、李耿侯、庞叔侃等人分别负责全区教育会和学委会的工作，10多个学校的负责人也重新改选，由进步教师和正直老实的教师担任。从此，教育权掌握在党支部的手里，学校成为向农民进行革命教育的阵地。

就在人们欢庆改选教育会胜利的同时，成胥生听到了唐默斋的汇报。他被这突如其来的消息惊昏了，简直摸不清到底是怎么回事。他想报复，但又抓不住一点把柄，气得脸红脖子粗，却也无可奈何。最后，只好把满肚子的气出在唐默斋头上，劈头盖脸地一顿臭骂，把他赶了出去。

教育会改选成功后，杨开慧收到了北京的杨开智的信。此时，他已从北京农专毕业，经世交章士钊的介绍，担任了北京女子师范大学的庶务。不久，堂弟杨开明也写来了信，他在学校毕业后由长沙前往广州，在广州彭湃举办的农民运动讲习所任了一名干事。

11. "雪耻会的章程,兄弟照办,绝无二言"

自从7月初以来,韶山一带一个多月没下雨。每天,天上不见一丝云影,太阳像一团喷射烈焰的火球把大地烤得滚烫,人们穿着草鞋走路都感到烫脚,水田被烤裂,禾叶子打了卷,村民一边抗旱,一边陷入了夏荒。

成胥生和银田寺团防局局长汤峻岩等一批乡绅把旱灾当作大发横财的机会,勾结在一起,拚命囤积居奇,高抬米价,一升米很快就由60文涨到160文。为了牟取暴利,他们还偷偷把米运到湘潭县城去卖,致使韶山一带有行无米。

此时正是青黄不接之时,韶山冲里到处都可见到挖野菜和抱儿讨米的。有的人家生了孩子,无法养活只好悄悄送掉。严重的旱灾和饥荒威胁着每一户贫苦农民。

庞叔侃、毛新梅、李耿侯看在眼里,急在心上,却又拿不出什么好办法来改变这种情况。支部书记毛福轩更是焦急万分。现在群众急需党领导他们战胜灾荒,解决困难。可是,究竟从哪里下手呢?他想了好几天也没想出个头绪来,于是急急忙忙去找毛泽东。

他赶到上屋场,杨开慧告诉他毛泽东已去汤家湾了,他又急急赶往汤家湾。

一路上,毛福轩看到那一丘丘发黄的禾苗,心里像刀割样难受,步子迈得更急了。快到汤家湾时,远远看见两个人正在烈日下肩并肩地一边车水,一边谈着话。定睛一看,原来正是毛泽东和钟志申。他赶忙跑上去,对毛泽东说:

"我正到处找你哩!"

毛泽东穿着一身粗布衣裳,戴着一顶斗笠,完全像个农民的样子。他见毛福轩来了,立即从水车上下来,一边擦着脸上的汗水,一边打招呼。

钟志申跟着也跳下水车。3个人找了处背阴的地方坐下来。

毛福轩把所了解的旱灾情况，以及地主土豪囤积粮食，高抬谷价，放高利贷的情况，一一向毛泽东作了汇报。最后，他苦恼地说：

"我心里盘算，这一次必须尽快发动群众进行斗争，才能打下豪绅地主的嚣张气焰，可是，眼下又要抗旱，又要解决吃饭的问题，到底如何下手，我想不出个妥贴的法子。"

钟志申接着说：

"是呀！要是我们这一次不发动群众，想出点办法来，以后人们会说，你们雪耻会管么子用？说东道西，穷人还是饿肚子。"

毛泽东点点头，坚定地说："要解决当前村民吃饭问题，不能等老天爷下雨，也不能幻想财主老爷发善心，就得靠我们组织群众，向成胥生这些土豪劣绅作斗争。"

讲到这里，毛泽东忽然把话煞住，笑着对毛福轩和钟志申说："其实，谷米多得很，就看大家敢不敢要！"

毛福轩望着毛泽东，想了一会儿，不禁兴奋起来："你的意思，是要我们从地主豪绅，从成胥生这班人身上打主意吧？"

毛泽东笑了，说："土豪劣绅囤积谷米，抬高米价，偷运谷米出境，我们针锋相对，领导农民反对囤积居奇，反对偷运谷米出境，开展平粜，这不就有饭吃了？"接着他又给他们分析了形势，并对斗争的步骤和策略作了指示。

毛福轩和钟志申听了毛泽东的指示，心里亮堂了。

回去后，毛福轩召开党支部会深入讨论了毛泽东的指示，一致决定立即在韶山一带发动群众，开展一场平粜阻禁的经济斗争，解决村民的吃饭问题。会上决定：一方面派庞叔侃和钟志申出面，先和成胥生交涉，坚决要求他把谷米拿出来平粜，解决民生问题，另一方面分别发动群众，了解土豪劣绅偷运谷米出境的情况，发现情况随时向雪耻会报告。

第二天，钟志申和庞叔侃来到大塘湾的团防局，找成胥生交涉。

钟志申和庞叔侃两人来到成胥生的公堂。

此时，成胥生正躺在雕花床上。

狗腿子曾八一见钟志申和庞叔侃从容大方、理直气壮的样子,不免心里有几分畏惧,赶忙上前小心谨慎地问了来由,然后慌忙跑进内室报信。

成胥生一听钟志申和庞叔侃来找他,大吃一惊,一骨碌从被窝里爬起,坐在床沿上问:

"他们来做么子?"

曾八回答:"说是商量平粜谷米的事。"

成胥生老奸巨猾,心想自己还有点势力,打算先来个下马威给雪耻会看看,就厉声地对曾八说:

"慌什么?告诉他们,我马上就来!"

钟志申一见成胥生慢吞吞地走出来,就开门见山地说:

"成胥生,现在灾荒严重,青黄不接,老百姓都揭不开锅,你身为一个都的团防局长,要执行孙中山先生的三民主义,解决这个民生问题。我代表雪耻会,通知你开仓平粜!"

庞叔侃补充道:"你还要动员何乔八这样的有粮大户平粜谷米。给你这个!"说着,他把一张雪耻会开的条子递给了成胥生。

成胥生勉强接过条子一看,上面写着要他必须拿出平粜的谷米数额,不由得火冒三丈。但他一转念,却换了一种圆滑的腔调说道:"这粮食问题,鄙人理应尽力帮助解决。但近年入不敷出,亏损较多,家业不振,实在拿不出这么多平粜的谷米来呀!你们在别处多想点办法吧!"

钟志申见成胥生装腔作势,耍弄花招,两只眼睛逼视着他。成胥生讲了这么几句,想看看他俩的反应,一抬头,正与钟志申对视,身子不由自主地抖动了一下。

庞叔侃看透了成胥生的花招,一针见血地说道:

"成局长,现在村民没有饭吃,想拿钱向你买,你说没有。这样的谎话谁能相信呢?你家的底细我们清楚得很,你仓里的粮食已经堆得发了霉,你还在这里说假话,是想欺骗雪耻会吗?"

钟志申也警告说:"你想欺骗村民,我明白地告诉你:这是办不到的!"

成胥生,是韶山一带鼎鼎有名的人物,一直在乡里横行霸道,今天竟

然受到一个作田的泥脚杆子和一个教书后生的顶撞,一副马脸立时气得涨成了猪肝色,马上吼了起来:

"就是有粮,我情愿放在仓里喂老鼠,也不拿出来平粜,看你们雪耻会把我怎么样?"

钟志申也被激怒了,拳头猛地擂在桌子上,大声喝道:

"成胥生!你放明白点!如果3天之内你不拿出我们规定数额的平粜米,我们雪耻会有的是办法对付你!"

猖狂的成胥生当头挨了一棍,一下子跌坐在太师椅上,半天说不出话来。不等成胥生再答话,钟志申和庞叔侃就大步走出了团防局。

直到两个代表走远了,成胥生才像疯子一样地从椅子上跳起来,声嘶力竭地喊着:

"谷米是我的,我想怎么办就怎么办!"

他在房间里来回踱了很久,然后喊来曾八,说:"过两天风声小了,找一个晚上,把那几百担谷米送到银田寺下河,派些团丁押送,连夜运到湘潭县城去。"说完,成胥生又坐到太师椅上,狡黠的脸上慢慢地露出一丝得意的奸笑。

两个代表回来后,把和成胥生交涉的情况向毛福轩作了汇报。毛福轩听了,沉着地说:"没有关系,这是润之早就预料到的。行不行不能由他,要群众说了才算。"

然后,他告诉说:"成胥生他以为自己是个豪绅头子和团防局长,有几杆破枪,就可以横行霸道!过去什么人也不敢惹他,现在我们雪耻会偏要跟他斗斗法!等抓住了他的狐狸尾巴,再给他来一个下马威,他敢不老老实实照我们的办!"

这时,另几个参加了雪耻会的青年农民,听说成胥生如此蛮不讲理,气愤得很,大声地喊道:

"不怕死的跟我来,到胥八胡子家里吃大户去!"

许多贫苦农民也跟着一齐喊起来,准备出发。毛福轩连忙挡住他们,大声说:

"不要这样急!成胥生搞这一套,就说明他要铁心跟我们作对,我们蛮干会吃亏的。"

毛福轩让大家坐下,然后平心静气地讲道:"我们会想办法叫胥八胡子出平粜的。"

晚上,毛福轩几人又来到了上屋场,把白天成胥生的态度说了一遍。毛泽东说:

"我们出钱平粜成胥生的谷米,合理合法,这样做也不会引起中小土豪过分恐慌,但是,成胥生要是硬不同意平粜,那他就不得人心。"

"到那时,群众就会群起而攻之了。"杨开慧接上话说,"不过,现在我们还没抓住成胥生的尾巴,先别打草惊蛇。成胥生这条蛇一出洞,我们就打他的'七寸'。"

"对!"毛泽东说,"成胥生绝对不会放过这个发财的机会,只要我们发现他往外偷运谷米,就有办法整他。"

毛泽东夫妇的一番话,使毛福轩心里有了底。当晚他派人通知各乡雪耻会分会,注意监视土豪劣绅的行动。

果然不出所料,第二天深夜,毛福轩就接到大塘湾监视哨的报告,说成胥生从后门偷偷运出一批谷米,往银田寺方向去了。接着,银田寺雪耻分会也派人来报告说,成胥生已将一批谷米,由曾八带领5个团丁,押送到银田寺,准备从那里下河偷运到湘潭县城。

"好哇!狐狸尾巴露出来了!"毛福轩笑着说。他感到现在就是毛泽东讲的"时机成熟",应该采取行动了,于是,从容地对一直守在自己身边的毛新梅几个人说:

"你们马上叫人打锣,并派人通知各乡雪耻会,组织农民赶到银田寺河边码头,把那批谷米先扣下来,然后再找成胥生算账!"

紧密的锣声惊破了韶山的黑夜,毛福轩、毛新梅、李耿侯等集合了几百名农民,点着火把,带着锄头、扁担、禾枪,像潮水般朝银田寺涌去。

银田寺的小河上,十几个黑影在岸上和船上移动着。

"快点快点,装好马上开船!"管家曾八正催促着团丁和成家的长工。

可是，话音还没落，几百个农民高举着火把涌上来，桥头、岸边、船上全都挤满了密密麻麻的人群。在火把的照耀下，亮出一面雪耻会的大旗。几个团丁见势不妙，连忙对天放了几枪，想吓住农民。曾八马上要船老板开船。这时，一些农民上前抓住团丁的枪，厉声喝问：

"你们放枪打哪个？是打我们农民吗？"

团丁看到周围几百个农民愤怒的眼睛，吓得连声说："不敢！不敢！"慌忙拖着枪钻出人群，灰溜溜地跑了。

另一些村民跳到船上，把曾八和船家一起看管起来。

"不许开船！不许偷运谷米！"

"不老实就让他们尝尝我们的厉害！"

农民群众的怒吼声，响彻银田寺的上空，曾八吓得惊慌失措。毛福轩、庞叔侃、钟志申和几个农民立即走到船码头上，叫人把曾八押过来。曾八战战兢兢地朝毛福轩鞠了一躬，没等毛福轩问，就低头认罪说：

"对不起，我有罪，我做了错事，我马上把谷米运回去。"

毛福轩代表村民群众，坚决地说：

"想运回去，不那么容易啦！谷米我们扣留了，如何处理由我们雪耻会决定！麻烦你回去通知一下成局长吧！"

毛福轩说完，一面布置警戒，一面派人向毛泽东汇报这里的斗争情况。曾八一听毛福轩这样坚定的口气，又看到岸上越来越多的火把，不敢讲半个"不"字，马上动身，灰溜溜地回去向主子报信去了。

半夜里，成胥生得到谷米被扣的消息，气得指着曾八的鼻子大骂：

"混蛋！一点事都做不得，连雪耻会几个农民都对付不了，尽是饭桶！"

曾八这奴才一见主子发了脾气，赶快喊叫吹哨集合，要团丁们荷枪实弹，去捉拿阻禁的农民。

"回来！"成胥生顿着脚，丧气地喊着，"你这几杆枪，搞得赢人家雪耻会几百人？"

曾八吓得没了主意，垂着手，勾着脑袋，不知所措地站在成胥生面前。成胥生气急败坏地在房子里转了几圈，他凭着几十年欺压农民的经验，已

经感到今晚的行动是有计划、有组织的,不是自己所能对付得了的。他把眼睛一瞪,对曾八说:

"今晚这事肯定有人在背后指挥,你派几个人赶紧去打听清楚,要抓住把柄。一定要快,不然我那几百担谷米就完啦!"

第二天,钟志申和庞叔侃遵照毛泽东和杨开慧的指示,又来到成胥生家里。这回成胥生客气多了,但钟志申根本不理会他的假意寒暄,直截了当地说:

"成胥生,你不是'家业不振,实在拿不出平粜的谷米'吗?怎么银田河的船上有那么多你的谷米?"

"这……这……"成胥生没有料到雪耻会先逼到头上,一时慌了手脚。

庞叔侃上前一步,质问道:"成胥生,你身为局长,竟敢为富不仁,欺骗百姓,偷运谷米,鸣枪打人,该当何罪!"

成胥生弄不清这两个人找他到底要干什么,只是一心惦着他那几百担谷米,听庞叔侃这样说,故作惊奇地答道:

"哎呀,怎么在上七都居然发生这等伤天害理之事,鄙人实在不晓得。曾八!"成胥生故意大声地喊来狗腿子,大声训斥,"你这奴才怎么搞的?竟敢破坏我的爱民宗旨,过来,向二位赔礼道歉!"

这时,曾八是哑巴吃黄连,有苦说不出,硬着头皮鞠躬赔礼。钟志申和庞叔侃一眼就看穿了成胥生的鬼把戏,但他们根据毛泽东和党支部的决定,不与他多纠缠。庞叔侃说:

"现在我们雪耻会已经把你要偷运出境的谷米全部扣在银田寺河桥下,广大群众强烈要求把这些谷米平粜给大家,救济灾荒。你到底打算怎么办?!"

这几句话,响亮、硬朗,没有商量的余地。成胥生一听要平粜他的谷米,像挖他的心肝一样难受。可是,事到如今,他哪敢回绝?但心里又不愿答应,迟迟疑疑地一时不知所措。

"干脆一点,快开腔回答!"钟志申喊道。

"如果你打算要钱,就60文一升卖,如果不愿这样卖,那我们就不客

气了,索性让村民都挑走,一个钱也不给!"庞叔侃明明白白地给他指出了两条路。

成胥生知道现在谷米已经在人家手里,再硬下去只有自己倒霉。要是饥民真把谷米挑去吃了,一个铜板不给,也拿他们没什么办法!心想倒不如答应平粜,卖个人情,以后再作计较。

"好,好,"成胥生站起来,假笑着说,"既然有你们雪耻会出来维持,我还有什么不同意的?何况,救济灾民,也有鄙人一份责任。"

"少说漂亮话!"

"你是不是答应雪耻会平粜的全部要求?"

庞叔侃、钟志申紧逼着成胥生。成胥生连连点头说:

"雪耻会的章程,兄弟照办,绝无二言。"

钟志申一看事情已基本结束,不想多耽搁,便对成胥生说:

"雪耻会办事是正大光明,说到做到的,谁要是跟雪耻会作对,只能是搬起石头砸自己的脚!"

说完,他就和庞叔侃一起,从容地走了出去。

成胥生谷米被平粜的消息,很快传遍了韶山一带。一些囤积谷米的土豪劣绅看到成胥生那么大的势力都斗不过雪耻会,只好咬着牙拿出谷米,平粜给农民。

但是,永义亭的大地主何乔八却不甘心把自己的谷米平粜给农民。他仗着自己曾做过云南一个军阀手下的师长,有枪有势,农民不敢随便动他,把谷仓落了锁,自己躲到了外乡。毛福轩知道了这个情况,立刻跟永义亭的雪耻分会研究出一个对付的办法。

一天,雪耻会把永义亭一带的农民集合起来,冲进何乔八的家,把谷仓打开,杀猪宰羊,煮大锅饭吃,一连吃了两天。躲在外面的何乔八终于心痛起来,急忙跑回家,请求雪耻会不要再吃大户了,答应把仓里的谷米平粜给农民。

这样,雪耻会领导农民,顺利地渡过了夏荒,抗住了干旱,夺得了收成;雪耻会在韶山一带的威信大大提高,不少人纷纷要求加入雪耻会。

12. "他抓他的,我走我的"

转眼到了8月,毛泽东回到韶山已经半年多了。半年多来,毛泽东不辞辛苦,在这里亲手播下了革命的火种,建立了韶山第一个农村党支部,掀起了轰轰烈烈的农民革命运动。他和杨开慧在一盏小桐油灯下,不知度过了多少个不眠之夜!

这时,广东革命政府已几次来信,催促毛泽东早点去那里主办农民运动讲习所,组织领导全国的革命斗争。为此,毛泽东开始利用留在韶山的有限时日,考虑和安排今后韶山一带的工作。

8月28日,是一个炎热的夏日,毛泽东和毛福轩一清早就赶到30多里外的谭家冲开会,这是宁乡和韶山交界的一个偏远山冲。早几天他们就秘密通知了当地和宁乡那边的几个积极分子开会。

这天下午,会议开得正热烈时,忽听得门外响起了急促的脚步声,大家不由得紧张起来。忙派人出去看情况,原来是毛泽建的哥哥毛泽嵘。他是杨开慧派来的。他气喘吁吁地跑进屋,递给毛泽东一封紧急信件。

这封信是湘潭县议员、开明绅士郭麓宾写来的。原来,他在县长杨鸿仪办公室看到了赵恒惕给湘潭县团防局发的急速逮捕毛泽东的电令,于是赶快写了封信,暗中差人送到了韶山上屋场。

毛泽东打开一看,只见上面写着:

润之兄:
　　赵恒惕得成胥生的密报,今日已电示县团防总局,决定即日派兵前来捉你。望接信后,火速转移。

毛泽东看完信,轻蔑地微微一笑。接着,他对大家幽默地说:"原来是胥八胡子办的好事。"

原来,成胥生的粮食被平粜之后,恼羞成怒,他把成立雪耻会、改选教育会、闹平粜等等的账统统算到毛泽东头上。他对毛泽东恨之入骨,却又无可奈何。当年赵恒惕堂堂一个大省长都奈何不了毛泽东,何况他一个区区乡绅呢?于是,他通过姻亲叶开鑫又找到赵恒惕,告毛泽东的状,说毛泽东在韶山一带组织"过激党",领导农民建立雪耻会,煽动农民"聚众闹事,危害乡里",使乡绅名士不得安身。赵恒惕虽然早就下了通缉令,四处捉拿毛泽东,但一直不见毛泽东的踪影。如今得到这个密报,如获至宝,马上就给湘潭团防总局下了一道密令,要他们迅速派兵直奔韶山,逮捕毛泽东。

屋子里开会的人一看此信,都为毛泽东捏了一把汗,劝毛泽东立即离开韶山,越快越好。但毛泽东从容不迫,他向毛福轩交代完还没有来得及做的工作,并要他继续主持会议。之后,才和送信的毛泽嵘一起赶回上屋场。

这时,杨开慧和王淑兰早已作好了准备,还向人借来了一顶轿子。杨开慧一见毛泽东回来,急忙催促说:"赵恒惕要派兵来捉你,赶紧走吧!"

毛泽东微笑着,不慌不忙地说道:"急什么?从湘潭城到这里有90里路,既不通汽车,又不通火车。给我送信的是得讯就赶来的。可县团防接到赵恒惕的来电,不会这么快就赶到的。他们路不熟,又不认得我,等他们找到了成胥生,再来这里,最快也要到上灯时分。现在天还没黑呢!"

杨开慧听了毛泽东的分析,虽然觉得有理,可心里总是七上八下的沉不住气,替毛泽东担心。

毛泽东又沉着地找了几个农民谈话,对韶山今后的工作作了组织安排,然后,到厨房去盛了碗泡饭吃。这时,毛福轩满头大汗地赶来了,他看见毛泽东还稳稳当当地坐在堂屋里,就急切地催促说:"赵恒惕的快兵已经来了,你还不快走!"

毛泽东镇定自若地招呼毛福轩坐下,并问道:"你当真看到了那些快兵子?"

"我倒没看见,刚才如意亭的一个人特地跑到我那里告诉说,她亲眼看见赵恒惕的快兵到成胥生那里去了。我已经布置了一些人,在各处放

哨,以免发生意外。"

毛泽东爽朗地笑着说:"不要紧,他抓他的,我走我的。"

等毛泽东放下碗筷,已经上灯好久了。在毛福轩等人的一再催促下,毛泽东才换了一件乳白色长衫,穿了一双青布鞋,走出房门。

毛福轩派了庞叔侃、贺尔康和毛月秋3人护送毛泽东,为了防备万一,他们抬着王淑兰借来的轿子做掩护。毛福轩还一再嘱咐庞叔侃:"一路上,你们要注意安全,遇到人问,就说抬的是医生,家里人病重请来的。"

毛泽东和庞叔侃等人刚刚离开,又有几位农民带着扁担、箩筐赶到,接杨开慧和岸英、岸青到他们那儿去躲避,顺便把一些重要的家当也挑走了。就这样,杨开慧和她的两个儿子,也悄悄地离开了上屋场,躲进了韶山冲另一户人家。

毛泽东和庞叔侃等3人沿着韶山冲那条终年流淌的小河,急匆匆地走着。当他们快到湖堤润附近的磨楼时,迎面跑来了一个放哨的农民,气喘吁吁地说:"前面有一群灯笼朝这边过来,一定是赵恒惕的快兵来了。"

毛泽东赶紧停了下来。他冷静地观察着四周的地形:这条通往冲口的小路,左边沿河,地势开阔,不好隐蔽;右边是高山,易于隐蔽,但山势太陡,爬上去比较困难。稍作分析,毛泽东果断地把手一挥:"走,咱们上山!"

他们把轿子藏在路旁的树丛里,毛泽东把白色长衫一撩,头一个攀上山去。庞叔侃、贺尔康和毛月秋3人紧随其后爬上了山坡,钻进了一片松树林里。之后,毛泽东几人离开韶山冲,经宁乡道村到了九江庙。然后,毛泽东、庞叔侃、贺尔康和毛月秋分手,3人坐小船去了长沙。一天一夜后,毛月秋返回韶山冲。

其实,那天晚上团防局的快兵并没有来过,那一群灯笼是几个串门的行人路过。但是,3天后,24名湘潭团防总局的快兵就气势汹汹地朝上屋场奔来了。

当这群快兵快到上屋场时,正好碰上一位农民从塘基上走过。快兵队长叫住了他,问道:"毛泽东在家吗?"

"怎么不在家,刚才还听到他说话声哩!"那个农民一本正经地回答。

这群快兵迅速散开,把上屋场团团围住,然后,几个士兵在队长的命令下猛地端开屋门冲了进去。然而,他们搜了半天,连毛泽东的影子也没发现。等他们回过头来再找那个农民时,早已不知去向了。这群快兵辛辛苦苦地跑了90里,却闹个竹篮打水一场空,气得直骂成胥生情报不准。见他们要找麻烦,王淑兰塞给他们一些银元,结果,他们反而高兴地回去交差了。

赵恒惕捕杀毛泽东的阴谋又一次破产了。

13.杨开慧筹办韶山党总支,追悼汪先宗

到了长沙后,毛泽东找到了中共湖南区委的负责同志李维汉、郭亮、易礼容等人,向他们介绍了韶山一带农民运动的情况,对区委下段的工作提出了意见,然后,奔赴广州。

离开长沙的前夕,毛泽东由郭亮、庞叔侃陪着,来到了橘子洲头。面对着浩浩江水,回想起这几年的峥嵘岁月,展望汹涌澎湃的大革命的前景,毛泽东不禁思绪万千。

回到寓所,毛泽东夜不能寐,心潮起伏,在屋内来回踱步。一会儿,在灯光下,拿起毛笔,吟成一首《沁园春·长沙》:

独立寒秋,湘江北去,橘子洲头。看万山红遍,层林尽染;漫江碧透,百舸争流。鹰击长空,鱼翔浅底,万类霜天竞自由。怅寥廓,问苍茫大地,谁主沉浮?

携来百侣曾游。忆往昔峥嵘岁月稠。恰同学少年,风华正茂;书生意气,挥斥方遒。指点江山,激扬文字,粪土当年万户侯。曾记否,到中流击水,浪遏飞舟?

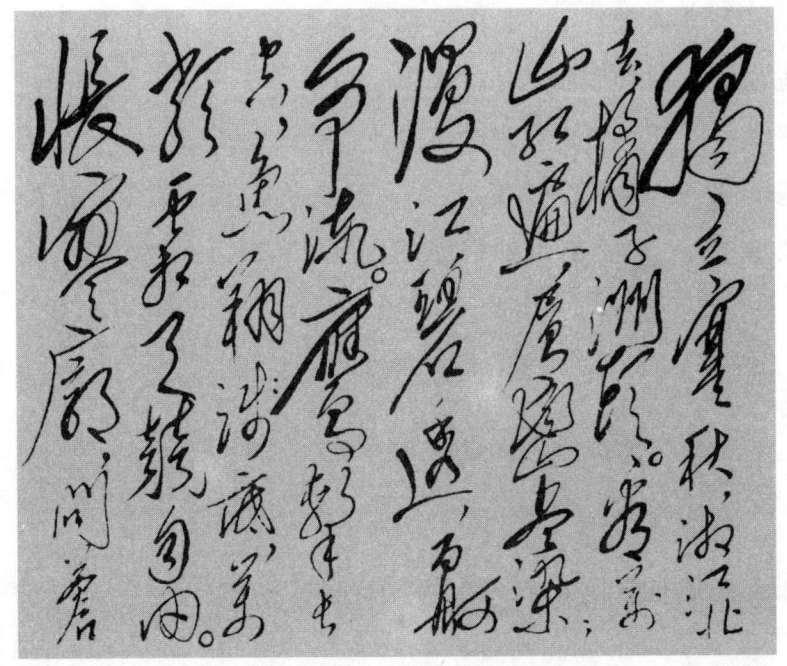

毛泽东的《沁园春·长沙》手迹

第二天,在湖南区党委的精心安排下,由贺尔康、庞叔侃护送,毛泽东从长沙乘火车到株洲,改乘轮船到衡山,然后翻越五岭,前往广州。

在途中,他特地到衡阳女三师看望了堂妹毛泽建。此时毛泽建已与湘南学联负责人、共产党员陈芬结婚。毛泽东称赞了他们在衡阳的工作。

毛泽东离开韶山后,杨开慧继续留在韶山,在韶山党支部坚持开展工作。他们先后发展了毛月秋、方淑君等人入党。秋收以后,毛福轩、毛新梅按照杨开慧的意见,又着手成立韶山党总支的筹备工作。

这时,全国、全省的革命形势发展很快。由于国共合作,革命统一战线的形成,掀起了反帝反封建的群众运动高潮,全国形势逐渐逼近革命同反革命大决战的前夜。

11月下旬,忽然从湘潭、株洲传来了汪先宗因组织农民开展救灾、抗租斗争而被土豪恶霸杀害的消息。

汪先宗是湘潭县东一区八叠乡胡家坡人,父亲汪孝义是个雇工。汪先宗12岁就随父外出挑脚,做零工,后来到株洲转运局挑煤,但是几年下来,他除肩膀担脱了几层皮外,仍然吃不饱肚子。16岁他又拜师学织布,3

年期满回乡,以机匠为业。由于他做事认真,手艺又好,远近的人都喜欢请他,被乡邻们亲热地叫作"秋机子"。但好景不长,由于洋布大量涌进农村,农村妇女多不再纺纱和请人织布,他一下子又失了业。为了解决一家人的生活困难,他仅以6块银元的身价就替人当了壮丁,到赵恒惕的部队当兵,随后还当上了排长。但因看不惯赵恒惕军阀部队里的腐败生活,于1921年秋的一个晚上跑回了家乡,仍靠打零工、织布、挑煤为生。乡邻见他为人正直,推他当了一都九甲的保正。

　　1922年7月,安源路矿工人俱乐部在南站杨氏墓庐成立了株洲分部,并举办工人夜校,建立工会。汪先宗得知这一消息后,立即报名参加工人夜校,从此每晚跑上七八里路到杨氏墓庐去听课,风雨无阻,从不间断。通过学习,他懂得了许多道理,1924年,经易春庭介绍,加入了中国共产党,并与易春庭、汪春华等5人组成了八叠乡党支部——湖南第一个农村党支部。这个支部被列为中共安源第八支部。不久,八叠乡又秘密成立了农民协会,他担任农会的总干事。6月,湘中一带连降暴雨,湘水猛涨,八叠乡一片汪洋,田里颗粒无收,而地主劣绅汪孝逵、邓声秀等,却勾结奸商囤积居奇,将米价每石由7元猛涨到10多元,甚至有钱无市,使当地人挣扎在饥饿线上。根据党的指示,汪先宗领导农民开展平粜斗争,首先组成一个乡的平粜委员会,然后议定平粜价格为每升米200文,并将缺粮农户按困难程度分为3等:一般户吃平价米;次贫户按平价减10%,赤贫户减50%。然而,汪孝逵、邓声秀等劣绅还是拒不按照乡议定的平价粜粮。于是,他率领农民,手提袋子,肩挑箩筐,愤怒地直奔皂角塘邓声秀家。邓声秀闻讯,从团防局请来10多个团丁,进行威胁。汪先宗挺身而出,高声对团丁说:"荒年灾月,我们农民忍饥挨饿,借粜无门。今日要求平买平卖,难道也犯法吗?你们要抓就抓,要杀就杀,我们粜不到米,坚决不出门!"

　　农民们也齐声高喊:"粜不到米,决不出门!"

　　团丁们都是本地人,大多数家里也缺粮,农民们一喊,他们也就借势走人,结果邓声秀被迫开仓平粜。八叠乡这样的平粜斗争,一直坚持到第二年春夏之交。经过这些斗争,农民要求加入农民协会的越来越多。八叠

附近的3个乡,先后秘密成立了农民协会,会员发展到800多人。

由于平枭,土豪劣绅们对汪先宗恨之入骨,暗暗伺机报复。1925年10月,安源工人领袖黄静源惨遭杀害后,八叠乡的豪绅马上向农民进行反扑。这年冬天,正好劣绅汪孝逵家遭匪抢劫,其弟也被抓去当了人质。于是,汪孝逵借机诬蔑汪先宗为"匪",暗地勾结株洲白关团防局,突然将他逮捕,随后又给他加上"匪党"的罪名。

汪先宗被捕后,团防局长袁之屏亲自审问,逼他供出共产党组织和抢劫汪孝逵家的所谓"罪行"。汪先宗一面据理驳斥汪孝逵对自己的诬陷,一面否认自己是共产党员。尽管袁之屏用藤条抽,扁担打,夹棍夹和辣椒熏,把他折磨得血肉模糊,奄奄一息,但他仍坚强不屈。随后传出消息,汪先宗被团防局杀害。

韶山一带群众闻讯无比愤怒,纷纷要求给烈士报仇。韶山党支部研究了形势,决定声援湘潭、株洲农民的斗争。在杨开慧的建议下,党支部向安源工人学习,召开示威追悼会。

追悼大会以湘潭西二区"雪耻会"的名义召开。在会上,毛福轩按照和杨开慧事先商量、准备的讲话提纲,发表了演说,数千名农民群众为汪先宗、黄静源烈士默哀致敬。会上群情激愤,口号声此起彼伏。

大会收到了很好的效果。

一天,杨开慧和王淑兰收到了赵先桂的一封信。

原来,党组织派遣她前往苏联学习。妯娌俩正为赵先桂高兴不已时,突然毛福轩兴冲冲地进来,对杨开慧说:

"润之从广州来信啦!"

杨开慧接过信,拆开一看,毛泽东在信上说,他到广州后,在国民党中央宣传部主持工作。庞叔侃、贺尔康等人进了培养训练农民运动的骨干的农民运动讲习所学习,结业后将回湖南工作。信上他建议韶山党支部根据革命形势和农民运动的发展情况,把西二区和韶山的雪耻会变为公开的农民协会,深入开展活动,准备迎接国民革命军北伐。信内还附寄了一份农民协会的组织章程。最后毛泽东叫她向党支部交代工作,即日启程前去

广州。一听杨开慧要到广州去,毛福轩有些禁不住地说:

"时间过得真快呀,转眼间就快一年了。润之走了,你也要走了。"

"是呀,革命工作就是常聚常分,生离死别就像常事一般!"杨开慧也有些舍不得离开韶山。

12月16日,杨开慧离开韶山。

在这片热土上,她工作了10个月零10天。

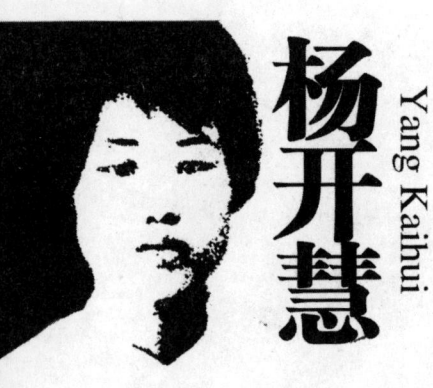

第八章 在广州

1. 毛泽东做了国民党中央代理宣传部长

1925年底,杨开慧带着两个孩子,离开韶山,回到板仓,然后和母亲一道来到广州。

此时的广州已经成为大革命的中心,政治气氛十分浓烈,街头巷尾到处张贴着"打倒帝国主义"、"打倒军阀"的标语和宣传画,街道上经常走过打着红旗的工农队伍。可以看到国民革命军出操归来,在街上迈着整齐的步伐,唱着雄壮有力的歌子:

    打倒列强,

    打倒列强,

    齐努力,齐努力!

    我们团结向前,

    我们团结向前,

    求解放!

    求解放!

这时毛泽东在国民党中央宣传部主持工作,并代理宣传部部长之职,同时兼任《政治周报》主编。

1925年8月,毛泽东从韶山来到长沙又转赴广州后,因身体极度虚弱,又住进了东山医院。9月29日,国民党二大重要议案委员会第一次会议决定,由汪精卫、陈孚木、毛泽东3人负责宣传问题议案的起草;毛泽东

汪精卫

抱病参与议案起草工作。10月5日,国民党中央党部常务会议又推荐毛泽东代理汪精卫的宣传部长一职,毛泽东没办法,带病到职视事。11月13日,他参加国民党中央执行委员会议,又被推定为国民党二大代表资格审查委员会成员。此后,他以很大精力进行国民党二大的筹备工作。

然而,随着革命形势的发展,国民党右派的分裂活动也日益加紧。11月,老右派谢持、邹鲁等10多人在北京西山碧云寺召开所谓"国民党一届四中全会",非法决定另立国民党中央于上海,宣布取消共产党员的国民党党籍,开除共产党员谭平山国民党中央执行委员一职,解除鲍罗廷的顾问职务,取消国民党政治委员会,开除汪精卫的国民党党籍6个月,并停止他担任的中央执行委员会委员职务,形成西山会议派。11月27日,国民党中央执委会议发表《致各级党部电》,驳斥林森等国民党右派提出"在北京西山开第四次中央执行委员会全体会议"议案。毛泽东以国民党候补中央执行委员身分签名。会后,毛泽东又执笔起草《中国国民党对全国及海外全体党员解释革命策略之通告》,阐述了由孙中山奠定的国民党的"联俄、联共、扶助农工"三大政策的正确性。电文在最后郑重宣布,1926年元旦在广州召开第二次全国代表大会。

但是,谢持虽遭谴责,却仍然猖獗不已。为了反击西山会议派的反共

宣传，巩固国共合作统一战线，毛泽东又创办了《政治周报》，并任主编。

杨开慧到达广州后，毛泽东很忙碌。她马上投入了工作。

此时，她和毛泽东住在广州东山庙前西街38号。

这是一座简陋的二层楼房，砖墙、瓦顶、大门对着街道。进门的小过道通向楼梯，楼下住着萧楚女，楼上便是毛泽东一家。一个大间，两个小间，大间也不过一丈见方，是他们的卧室。另外两间，一间作了会客室，仅能容纳三四个人；另一间是向振熙和孩子们的住处，杨开慧也经常在这里工作。《政治周报》的通讯处就设在家中。

1926年1月1日，国民党第二次全国代表大会在广州召开，出席代表278名，其中共产党员和国民党左派计168人，中派65人，右派45人。共产党人吴玉章任大会秘书长。毛泽东、夏曦、易礼容作为国民党湖南省代表出席大会。毛泽东的座位是13号。

8日下午，毛泽东代表国民党中央宣传部作《宣传报告》。16日，毛泽东参加起草的《关于宣传决议案》在大会上获得通过。

18日，毛泽东向大会宣读参加起草的《宣传报告决议案》。

同日，大会主席还报告了第二届中央执行、监察各委员决选结果，参加投票者211人，毛泽东以173票连续当选为国民党中央候补执行委员。

国民党二大闭幕后，于23日召开了二届一中全会，汪精卫当选为国民党中央宣传部长。2月5日，国民党中央召开第二次常务会议，汪精卫推荐毛泽东继续代理中央宣传部长，并为会议通过。毛泽东接受这一任命，并对部务作了进一步的整顿。

1926年2月8日，国民党中央执行委员会召开第三次常务委员会议。毛泽东列席。宣传部提出沈雁冰为秘书，顾谷宜为指导干事，吴求哲、陈曙风为编辑干事，萧楚女、朱则、赖特才、朱稚零为检阅干事等人事问题，得到会议决议通过。毛泽东代理宣传部长后，陆续调进了一些共产党员和共青团员，结果，国民党中央宣传部的工作实际上都是共产党做的。毛泽东"首重人才"，宣传部人才济济，一时有"人才内阁"之称。

这一期间，杨开慧仍然和在上海时一样，协助毛泽东工作，担任秘书

整理资料,并且还承担《政治周报》的通讯联络工作。

2月16日,毛泽东因病休假两星期。休假期间,部务由沈雁冰代理。

这时,杨开慧已按照毛泽东的意见,把在韶山的调查材料整理出来了。

此时国民党右派势力向革命左派猖狂进攻,党内陈独秀等人只注意同国民党合作,忘记了农民,而张国焘等人只注意工人运动,同样忘记了农民这一事实,毛泽东一边休假,一边开始研究"谁是我们的敌人、谁是我们的朋友"这个革命的首要问题。杨开慧整理出来的调查材料正好给他做参考。

在两星期休假中,毛泽东几乎是通宵达旦地工作,撰写《中国社会各阶级的分析》。他把草稿交给杨开慧,由她誊正。

杨开慧常常是一边伏案誊抄,一只脚放在摇床上,轻轻地摇着正在酣睡的岸青。

3月初,毛泽东病愈,回到国民党中央宣传部,主持日常工作。

2."不要紧,天不会塌下来"

一个春光明媚的上午,杨开慧陪着毛泽东到中国国民党政治讲习班去上课。

中国国民党政治讲习班第一期是2月28日开学的,它由国民党中央党部主办,谭延闿、程潜、林伯渠、陈嘉佑、鲁涤平、毛泽东、李富春任理事。谭延闿任理事长,谭不在,由毛泽东代理。李富春是班主任。第一期学员全是专门从事军队和地方工作的政治工作人员。

这个政治讲习班,有学员390多人,全是湖南人,其中,一部分是谭延闿的湘军整编后编余的军官,一部分是投奔广州的湘籍革命青年,还有一

部分是湘区党组织派去的基层骨干,如毛泽民、贺尔康、庞叔侃和来自长沙县的郭屏藩、龚泽湘、朱友富、易子义等人。此外,还吸收了几十名国民政府各部的湘籍职员为旁听生。集训这批人,是为即将开始的北伐战争作准备的。

毛泽东很重视这方面的工作,每周都要去讲两三次课,每次约3个小时。杨开慧除继续协助毛泽东工作外,也旁听了政治讲习班的课。

这天,他们还没出门,突然,张琼又一脸笑容出现在家门口。杨开慧没有寒暄,认真地问:"这次又是犯自由主义来的吗?"

张琼赶紧回答:"这次有介绍信了。"

杨开慧这才笑着说:"这就对了!"

蒋介石

国民党二大后,毛泽东参加了国民党中央农民运动委员会,3月19日,他被任命为国民党中央农民部主办的农民运动讲习所所长。农讲所创办于1924年7月,目的是"养成农民运动人材,使之担负各处地方实际的农民运动工作"。此前已有五届毕业生,共454人。最初的主办人是彭湃。毛泽东接办第六届,地址在广州附近的番禺学宫。正当毛泽东来到番禺时,广州风云突变,蒋介石制造了轰动一时的"中山舰事件"。

原来,国民革命军二次东征取得胜利后,两广统一,广州迅速革命化,出现了空前的大好革命形势。然而,就在左派和苏联顾问对广东局势十分乐观时,已成为国民党重要领袖人物的蒋介石,却整日闷闷不乐,"常痛斥部下",他甚至连国民党二大闭幕式,都借口"心闷足痛"避而没有出席。以

后,他虽有"足痛",却游山玩水,但仍不能稍解郁闷,整日唉声叹气。所有这一切都源自于他篡夺革命胜利果实的野心。终于,他按捺不住,开始了一步一步篡夺革命胜利果实的阴谋。

3月18日晚,广东革命政府海军局代理局长、中山舰舰长、共产党员李之龙在寓所接到一封公函,全文如下:

敬启者:
　　顷接教育长电话,转奉校长命令,着即通知海军局迅速派得力兵舰二艘,开赴黄埔,听候差遣等因,奉此,相应通知贵局,速派兵舰二艘开赴黄埔为祷。此致海军局大鉴。

中央军事政治学校驻省办事处启
3月18日

信中所谓"校长",即国民革命军总监、黄埔军校校长蒋介石。李之龙一见公函,马上用笺纸写了两张命令,一交宝璧舰舰长,一交中山舰代理舰长章臣桐,命令略云:"着该舰长即将该舰开赴黄埔,听候蒋校长调遣。"

19日上午6时宝璧舰抵达港口。随后,中山舰也抵达黄埔。这时,蒋介石不在黄埔军校,中山舰长即向黄埔军校教育长邓演达报告,并请示任务。邓演达回答说:"不知道此事,可稍待请示蒋校长。"然而,不多时,李之龙又接到海军局的通知,说苏联参观团要参观中山舰。李之龙于是打电话向蒋介石请示:"可否将中山舰从黄埔调回省城供苏俄参观团参观?"结果,得到了蒋介石的允许后,中山舰于当日下午6时30分返回广州市。

3月20日凌晨3时许,李之龙正在睡梦中,突然被蒋介石派来的人从床上叫醒,旋即遭到逮捕。罪名是"阴谋造反,倒蒋推翻国民政府"。随后,蒋介石调动大批军队和警察,断绝广州市内交通,实行戒严,扣留中山舰及其他海军舰只,包围省港罢工委员会并收缴卫队枪械,包围苏联顾问的办事处及住所,监视苏联顾问行动,同时拘捕黄埔军校及第一军中的共产

党员,并取消第一军的党代表制度。连国民党总裁汪精卫的住宅也被蒋介石派兵以"保护"的名义包围起来。

蒋介石此举意在打击共产党和苏联顾问团,中山舰事件是他指使手下心腹欧阳格等人所为。50多位共产党员被蒋介石等人逮捕后,形势陡然紧张,很多人都感到事出意外。事件发生之后,毛泽东正在番禺的广州农民运动讲习所,他马上意识到这是一个严重的反革命信号,立刻于当天晚上,赶到苏联军事顾问团住所,当时中共广东区委书记陈延年也在那里。

在苏联顾问处,毛泽东和陈延年都主张给蒋介石以坚决回击。毛泽东对苏联顾问团代理团长季山嘉说:"我们对蒋介石要强硬。我们示弱,他就得寸进尺;我们强硬,他就会缩回去。"

季山嘉不作声。

接着,毛泽东又向他建议:"我们马上动员所有在广州的国民党中央执监委员,秘密去肇庆,集中到叶挺独立团。目前蒋介石的武力在广州占优势,他有一个师和一个营。然而就两广而言,蒋介石这点兵力就居于劣势。第一军的士兵和中下级军官都是要革命的,蒋介石的反革命面目一旦暴露,第一军就会反对他。第二军谭延闿、第三军朱培德、第四军李济深、第五军李福林,都与蒋介石面和心不和,宿怨颇深。因此我们可以争取他们,至少可以使他们中立。中央执监委员到了肇庆以后,开会通电讨蒋,指责他违犯党纪国法,必须严办,削其兵权,开除党籍。蒋便无能为力。"

从当时的实际情况来看,毛泽东的意见是可行的。

但是,毛泽东的意见遭到了季山嘉等人的反对。

遭到拒绝后,毛泽东又到李富春家去了解情况。李富春,长沙北郊人,1919年赴法勤工俭学,1922年入党,与蔡畅1923年底在法国结婚。此时李富春是国民革命军第二军副党代表。在这里,毛泽东又碰上第一军副党代表兼政治部主任周恩来。周恩来是于1924年9月回国抵达广州的,时任中共两广区委员会委员长、黄埔军校政治部部长。几个人在一起,毛泽东问起各军的力量,主张反击。

周恩来听了毛泽东的话,又去找季山嘉,但是,季山嘉还是坚持说不

能与蒋介石破裂,拒绝了他们反击蒋介石的建议。

毛泽东等再三与苏联顾问辩论没有结果,最后上书请示党中央。

然而,以陈独秀为首的中共中央认为,蒋介石有军事力量,又有资产阶级的支持,只有退让才能团结蒋介石北伐。因此也不接受毛泽东等人的正确意见。相反,陈独秀反而派张国焘为代表到广州,接受蒋介石的撤回第一军中的共产党员的无理要求,让蒋介石完全控制了国民革命军第一军。

共产党员被迫撤出第一军以后,毛泽东、周恩来等又建议将这些共产

李富春

党员以及从黄埔军校中退出的共产党员250多人派到其他军去,建立叶挺独立团式的革命军队。然而,中共中央又拒绝了这一正确主张。

在这十分关键的时刻,毛泽东为反击蒋介石和国民党右派尽力做说服工作,试图扭转局势,有时忙得忘了回家。杨开慧在家里等候毛泽东回来,一等一个通宵。平时,毛泽东回到家里,总是有说有笑,现在回家后却一声不响。

一天,杨开慧忍不住问道:"事情怎么样?"

毛泽东只是说了句:"革命又在兜圈子,蒋介石又要下手了!"然后就不作声了。

中共中央拒绝了毛泽东和周恩来等的正确主张后,继续推行以退让求团结的策略。结果,更加助长了蒋介石的反动野心。杨开慧知道了这些妥协让步的做法后,十分愤慨,并对当前这股逆流深感不安。毛泽东看懂了她的心情,安慰她说:"不要紧,天不会塌下来。"

4月2日,蒋介石又向国民党中央委员会提出了《整理党务案》,要求召开二届二中全会加以解决。《整理党务案》有以下9条,总的内容就是加入国民党的共产党员的名册要由国民党掌握,共产党不能担任国民党中央机关的部长职务。此举的目的,就是借整党的名义把共产党排挤出国民党,达到他个人集权的目的。

为了确立对策,中共中央派宣传部主任彭述之和工农部主任张国焘来指导二中全会的中共党团。在党团会上讨论了接不接受蒋介石提出的《整理党务案》时,大家意见不一致。结果,讨论来讨论去,一共讨论了六七天,却毫无结果。

毛泽东坚决反对《整理党务案》。第7天,张国焘按照他和苏联顾问鲍罗廷及陈独秀的意见,要大家签字接受蒋介石的《整理党务案》。尽管如此,在表决时,毛泽东仍没有举手。但是,《整理党务案》还是在中共党团会上得以通过。

5月15日至22日,在蒋介石的主持下,国民党召开二届二中全会。蒋介石提出的排斥共产党领导、限制共产党活动的《整理党务案》在会议上通过,蒋介石的盟兄张人杰被选为中央常务委员会主席,蒋介石当上了中央组织部长并兼任新设的军人部长。中共党员纷纷辞职,毛泽东也辞去了国民党中央宣传部代理部长之职,林伯渠辞去农民部长之职。

二届二中全会后,毛泽东把希望寄托在广大的工人农民身上,

林伯渠

为了给轰轰烈烈的农民运动培养一大批领导骨干,他全力投入了农民运动讲习所的工作。在农讲所,杨开明也全力扶助,一起合作。不久,他也加

入了中国共产党。

7月1日,广东革命政府发布《北伐宣言》,准备举行誓师北伐。北伐战争就要开始了,政治讲习班提前结业。负责政治讲习班的林伯渠来找杨开慧,对她说:"开慧,这一阵你跟润之在讲习班听课、工作,熟悉情况。现在要挑选一批人去湖南,做迎接北伐军的政治工作,你先找些学员谈话,征求意见。"

杨开慧按照林伯渠的指示,分别找学员谈话,挑选了一批学员,最后把名单送给了林伯渠和毛泽东。其中,有毛泽民、贺尔康、庞叔侃、王首道以及由长沙县选拔来的郭屏藩、龚泽湘、朱友富、易子义等30多名学员。

出发这天,杨开慧跟毛泽东来到政治讲习班,看望整装待发的学员。大家都围拢来,问长问短。杨开慧提醒学员们说:

"你们这次出征,不要认为革命形势高涨,就没有困难了,大家思想上都要作好长期斗争的准备,要注意和那里的工人农民站在一边,要经得起艰难环境的考验。"

这时,对于新一场革命的艰巨性,杨开慧和毛泽东完全达到了认识上的一致。

3. 毛泽东夫妇默认了弟弟的"二婚"

送走毛泽民、贺尔康等人之后,毛泽覃与周文楠在广州结婚了。

毛泽覃与周文楠结婚,源于赵先桂的出国。

1925年10月,毛泽覃与赵先桂婚后不久,赵先桂便受党派遣,赴苏联莫斯科中山大学学习。此后,毛泽覃与赵先桂夫妻俩天各一方,断了"红线"。于是,毛泽覃与周文楠又通过自由恋爱走到了一起。

周文楠祖籍江西省临川县,小名三妹,又名周菊年、周润芳,1910年10

毛泽覃与周文楠、周陈轩的合影

月生于广西桂林。她父亲周模彬在清末做过知县、知州,在社会上颇有名望,后来在长沙定居,住在小吴门松桂园一号。周模彬去世后,她和母亲周陈轩及哥哥周自娱一家住在一起。周自娱名颂年,早年中过秀才,做过滇军总司令总参议、江西实业厅调查矿委员、月口行营判官等职,1925年7月广州国民政府改组后,他解甲闲居长沙松桂园。

毛周相识于1924年。当时周文楠的侄孙女周国英在长沙黄家坪颜子庙平民半日学校读四年级,级任老师是毛泽覃。12岁的周国英是班上的好学生,毛泽覃非常喜欢她,常买了笔、墨、纸、砚等奖励她。这时他住在望麓园宁乡同乡会宿舍的织布厂的楼上,此地离周家不远,毛泽覃常去访问,检查周国英作业,这样便和周文楠认识了。

周文楠个头较小,1.5米左右,身材瘦弱,额头、颧骨稍高,细长眼睛,脑后梳着发髻,倒像江南水乡农村妇女的模样。可是,她性格刚毅,举止利落,浑身上下透着一股灵气,颇有乃父气质。当时她在长沙含光女子职业学校念中学。一次,班主任张老师生病,请毛泽覃为他代课,通过学习交流,周文楠便和毛泽覃产生了一定的感情。从毛泽覃嘴里,周文楠了解了

毛泽东一家,她由衷地敬慕这个革命家庭。毛泽民、郭亮、夏明翰、萧子昇等人常在周家活动,众人与周家关系密切。

1925年秋天,毛泽东去广州后,杨开慧也离开了韶山。不久,毛泽覃也去了广州,投奔毛泽东,在黄埔军校政治部工作。

1926年夏天,周文楠在含光女子职业学校毕业。一天,她接到毛泽覃的信,要她去广州学习。于是,她和母亲周陈轩一起去了广州。到广州后,她和毛泽覃结了婚。

对于此桩婚事,由于赵先桂已前往苏联,毛泽覃和赵先桂断了联系,毛泽东和杨开慧对他们的结合并没有反对。

1927年9月,赵先桂回国后得知毛泽覃与他人结婚,非常伤心。然后,她去了湘乡从事党的地下工作。不久,因有人告密,她被湘乡"剿共"司令、团防局长萧介潘逮捕。在几个月的监狱生活中,不管敌人用何种手段来威逼、利诱,她都坚守党的机密,没有屈服。1928年1月,她趁川军一部入湘乡县城,秩序一片混乱之际,逃出监狱,在洞庭湖滨一带从事地下工作。

1930年,她来到山东,担任了山东省委秘书,并改嫁给山东省委宣传部部长裴光。1932年6月,裴光在外地被捕。听到这不幸的消息后,她忍不住痛心哭泣。此举引起了她的邻居——一个国民党特务的怀疑。不久,她被捕入狱,旋遭杀害,时年27岁。这是后话。

周文楠与毛泽覃结婚后,周文楠在妇女运动讲习班学习,也常去农民运动讲习所听课。在长沙,周文楠没有见过毛泽东,到广州后才认识毛泽东。但是,她与大哥大嫂相处得很好。

一天,毛泽东和杨开慧抱着一大堆书,来到他们的住处。因为毛泽东家太挤,又是《政治周报》的通讯处,连放东西的地方都没有,因此把东西搬来寄放在他们家里。

周文楠帮忙搬书。

"孔夫子搬家,全是书。"毛泽东风趣地说着。

这时,杨开慧挑出一本《论语》问周文楠:"看过这个没有?"

她点头。杨开慧又说道:"这位老夫子怎么也想不到,2000年后的今

天,还有人在研究他和他说过的话呢。"

周文楠笑了。随后毛泽东又搬来几件东西,忙完以后,毛泽东又说:"润菊(毛泽覃字号)工作忙,关心你少了,莫怪啰。革命成功了,一切都会好的。"

说完,他们夫妇俩都爽朗地笑了起来。

4.柳直荀强硬接收团防局

1926年7月11日,北伐军胜利地打到了长沙,赵恒惕的走狗叶开鑫逃走。

早在上一年,李维汉等湘区党委就组织了反英讨吴驱逐赵恒惕的运动。赵恒惕部下唐生智倾向革命,3月12日,赵恒惕被迫发表"去职通电",逃往岳州,驱赵斗争取得胜利。3月15日,唐生智进入长沙,代行省长职务。5月初,赵恒惕的部下叶开鑫在吴佩孚的支持下"讨赤讨唐",唐生智退至衡山、衡阳一带,叶开鑫进占长沙。当叶挺师为主力的国民革命军出师北伐后,唐生智在衡阳宣布参加北伐革命,任国民革命军第八军军长,并兼任湖南临时省主席。

击溃叶开鑫后,赵恒惕在湖南的势力彻底垮了。叶开鑫逃走第二日,湖南新省政府成立,柳直荀被任命为省政府委员;全省工团联合会改组为湘南省总工会,郭亮为省总工会委员长;易礼容担任了国民党湖南省党部农民部部长。

7月25日,湖南省政府提出新的农会组织法,决定成立全省农民协会筹备委员会,设立了筹备处。9月初,柳直荀受党组织的委托以省政府委员的身分在长沙小东街旧道署成立省农民协会筹备处,并担任省农民协会筹备委员会秘书长的职务。

柳直荀

不久，柳直荀与筹备处负责人分别向国民党省党部和省政府提出了《撤销清乡督办公署的提案》。

所谓清乡督办公署就是湖南团防局的总头头。湖南团防地主武装起源于前清曾国藩办的团练，清末叫保甲局，辛亥革命后称为团防局。团防局实际上是镇压农民的地主武装，各地团防局长则是乡村中不可一世的土皇帝。

此时全省清乡督办主任为老军阀罗先闿，指挥全省 75 个县的团防部队。

罗先闿的老家也在长沙东乡高桥，与柳直荀的家相距不远。光绪年间，他在清政府巡房营当炊事员，前前后后混了 40 多年，到赵恒惕执政时，当上了地方部队的一个军区司令。赵恒惕在改编地方部队时，看到他年已 60，就封他为全省清乡督办主任。然而，罗先闿在名义上是指挥湖南全省的团防部队，实际上，各县团防都是各自为政，除了长沙县的团防外，其他各县，罗先闿都管不到手。

长沙团防局附设在罗先闿的督办公署内。1926 年 7 月，赵恒惕一垮台，手下的一班喽罗也树倒猢狲散。可是，罗先闿却负隅顽抗，死抓着清乡督办公署不放，并指使各地团防局疯狂清剿和镇压工人、农民和进步人士。

结果，国民党省党部和省政府同意了柳直荀等人的《撤销清乡督办公署的提案》，命令长沙县团防局由县政府督同移交县农协接收。这个命令

马上由省农协筹委转到了长沙县农协。

早在1926年4月20日,湖南省第一个县农民协会——长沙县农民协会就成立了。廖长顺为委员长,陈伏泉、朱友富、易子义、龚泽湘、廖锡瑞等为执行委员。7月,陈伏泉继任廖长顺职务,黄则民、郭屏藩为副委员长。

长沙县农协委员长陈伏泉根据柳直荀的指示,去长沙县政府找县长商洽接收团防局之事。可是,县长却以种种理由推脱,说:"我只可代表县府提出省令,你们直接向罗先闿交涉移交。"

不久,县府召开秋征会,罗先闿也到了场。县长在公布秋征办法后,念读省府的团防局移交指令,罗先闿一听,勃然大怒,声称:"谭延闿、赵恒惕、蒋介石,谁不尊敬我?要我移交,说得好轻松!"

然后,他要县长莫管这桩事,并冲着陈伏泉和朱友富威胁说:"谁想接收团防局,有胆子的就到我督办公署来!"

与会的土豪劣绅都仇视农民运动,见罗先闿这股派头,无不喜形于色:"罗督办有枪有势,靠背硬扎,这回农会硬是碰了对头!"

第一次接收没有结果。陈伏泉立即向省农协作了汇报。

这时,省农协正在开筹委例会。有的委员听了汇报后,说:"令出省府,罗先闿藐视省令,呈请省府办理!"

柳直荀"嚯"地站了起来,说:"省府已命令我们接收,我们接不下来,表明我们无能。罗先闿要我们去督办公署接收,我们不去,就是表示软弱。现在消灭地主武装,必须趁热打铁,坚决把督办公署接收下来!"

柳直荀当场表示亲自出马到督办公署接收团防局。

对此,参加筹委例会的委员们也都坚决支持。

第三天,长沙市工人、农民举行克复汉阳、汉口祝捷大会,各界群众准备大规模游行。事先,柳直荀要文书发函通知罗先闿前来接收团防局,同时拟定了几个口号,要游行队伍在通过清乡督办公署所在的小吴门一带时高呼示威。

上午9时,柳直荀和县农协委员长廖长顺及郭屏藩按时前往清乡督办公署。督办公署门头悬着的虎头牌下,戒备森严。罗先闿站在门口虎视眈眈,警卫全副武装地立在他的两旁。

柳直荀走上前去,也没有说什么客套话,便出示省令,表明来意,问道:"罗先闿,你打算如何移交?"

"我和你父亲是同乡,你这小辈,放明白点!"罗先闿满不在乎,厉声指责,"你不要太放肆了!"

"朝廷不论父子,只有公事公办!"柳直荀义正词严,针锋相对,"我是省政府委员,代表省府要你办移交,不知其他!"

罗先闿一听,冷了半截,但仍装腔作势地"哼"了声说:"要我办移交,莫想!"

这时,游行队伍已至门外。人们紧握拳头,挥手高呼:"撤销清乡督办!""接收团防总局!""打倒土豪劣绅!""铲除军阀罗先闿!"面对声势浩大的示威群众,罗先闿内心恐惧,进退两难,踉跄步入大门。随即,他的一个副官连忙出来"解围",说他心脏病突发,须回家就医,团防局移交问题改日再谈。柳直荀知道罗先闿色厉内荏,也就回了省农协,计议下一步的行动。

柳直荀向省委汇报了接收团防局的情况。为此,省委专门召开了一次

各地组织起来的农民协会

会议,研究这个问题。会议一致认为:消灭地主武装,建立工农自卫武装,是一项刻不容缓的重要任务;长沙为全省政治中心,对全省影响很大,必须先声夺人,带个好头。会议决定采取两个办法:一是停发旧团防局经费,所有团防附加款一律拨归全省总工会和农民协会,作为建立工农武装的基金;一是迅速瓦解长沙团防局基层组织。后一项工作由柳直荀督促长沙县农协立即执行。

长沙县团防局下辖6个联防大队,一个独立分队,计约600名团丁,1000多条枪。柳直荀和县农协的陈伏泉、郭屏藩、朱友富等人分头下乡策动,不到10天工夫,便把它们全部瓦解了。有两个大队还爆发过一次集体向团防局索饷的事件。

至此,罗先闿已完全孤立,只好编造清册,请求省农协接收。随后,罗先闿本人也销声匿迹了。

长沙团防局一经接收,原来的联队组织随即分散,编入18个区农民协会,改为自卫队,不再是欺压农民的工具了。这个胜利的消息,顷刻传到湘潭、宁乡、醴陵、湘乡、浏阳、平江等邻近各县,各地农协纷纷行动,陆续接收改编了当地的团防局。

这样一来,农民运动少了桎梏和障碍,风起云涌,农民群众支援北伐掀起的斗争如火如荼,全省6000多个乡成立了乡农民协会,农会会员发展到100多万人。这些消息传到广州,远离家乡的杨开慧十分兴奋。她把刊登这些消息的报纸送给毛泽东,有时还激动地念给他听。

5.湖南农运牵动杨开慧的心

湖南各地的运动风起云涌,如火如荼,昔日横行霸道的土豪劣绅纷纷受到惩治,威风扫地。关于湖南的消息一个接着一个传到了广州,传到了

毛泽东和杨开慧住的前西街38号。

8月16日,向钧与夏曦等参加了国民党湖南省第二次代表大会,被选为大会执行主席。会后,他在衡山地区城镇乡村建立党的支部,党员由原来的十几个发展到220多人,支部由原来的3个扩建到14个,每一个区农民协会都建立了支部。

贺尔康回长沙后担任了国民党省党部农民运动特派员,并且是中共衡山县地方执委会委员和县农协青年部长。衡山县柴山洲的土豪劣绅,仗着国民党湖南省党部农民部长刘岳峙(衡山人)的势力,组织假农会,与柴山洲特别区农民协会相对抗。贺尔康带领数千农会会员,手持梭标、大刀、鸟铳,杂以锄头、扁担,高举着农会大旗,冲入刘岳峙在衡山的庄园,缴了驻在庄园的团防枪支,然后杀猪出谷,开仓平粜,并且还将刘岳峙的走卒阳厚生、罗仲威抓起来,戴高帽子游垸。

北伐军进入湖南以后,毛泽建根据中共湘南特委的指示,离开女三师,到农村从事农民运动,担任了中共衡阳县委妇女运动委员。她在神皇山办农民协会很出色,得到县农民协会的表扬。8月,她的丈夫陈芬被增补为湘南特委委员,和毛泽建一起带领钟家祠堂学生同土豪钟云楼大斗了一场。钟云楼是当地一个横行霸道、民愤极大的大土豪。陈芬来到学校,对学生历数钟云楼的罪恶之后,带领全校学生涌向钟云楼的晒谷场。钟云楼闻声赶来,对着学生吼道:"你们这些毛伢子想干什么?"学生们一声呼哨,立刻把钟云楼包围起来。在一片谴责声中,钟的长衫被撕破了,头上戴着的博士帽也被掀掉了,狼狈不堪;然后学生像潮水般地涌进钟家,抄没了钟云楼的一部分浮财,分给农民群众。此事,大大鼓舞了农民的斗志,农民运动也得到迅猛的发展。

毛泽东的老朋友陈昌在水口山铅锌矿公开筹建了国民党水口山党部,并担任了书记长。此外,他还带领水口山矿工人党员到附近农村做农民工作,先后建立了18个农民协会,发展会员2万余人。

在韶山,毛福轩已被任命为中共湖南区委特派员和农运特派员,负责湘潭、湘乡、宁乡3县边区党的工作和农民运动。庞叔侃担任了湘潭特委

书记。

向钧、夏曦、贺尔康、毛泽建、毛福轩等人纷纷来信报告湖南的形势,说在湖南,地主、土豪劣绅们惊慌失措起来,纷纷外逃。头等的跑到上海,二等的跑到汉口,三等的跑到长沙,四等的跑到县城,五等以下的,在乡里向农民投降。城里的工人、学生也行动起来了,躲在城里的,一旦被工人、学生发现,立即将其押解回乡,交给农会处理。往日里,总是地主豪绅把无辜的农民抓进大狱,如今,却是农民们把土豪劣绅送到县署关起来了。

这些消息使杨开慧十分振奋。这时张琼来向她告别,受党组织的派遣,她也要回湖南衡阳去组织农运。这使得杨开慧更向往着回到家乡,到湖南去看看了。

10月10日,叶挺独立团与友军攻克武昌,全歼守敌。

这一消息,使杨开慧激动不已,她估计,国民革命政府很快就要迁到武汉去。

果然不出所料。北伐军进入武汉后,随着革命势力由中国南部扩展到中部,革命中心也渐渐北移。为了适应形势的发展,10月下旬,国民政府决定从广州搬到汉口去。随后,毛泽东接到中共中央通知,调任中共中央农民运动委员会书记,前去中共中央所在地上海。

当天晚上,毛泽东回到家里,对杨开慧说:"中央决定调我去中央农委工作,国民政府准备从广州搬到武汉,我先到上海,然后去汉口。"

"我和母亲也先回长沙去。"杨开慧说。

毛泽东点头同意,说:"那你告诉母亲收拾收拾,你们先走。"

"没有想到革命形势发展这么快呵。"向振熙一听回湖南,心里很是高兴,"我们真的走吗?"

"是呀,长沙的形势更是喜人。"杨开慧说,"我们马上收拾东西回湖南去。"

这时,杨开明也准备回湖南从事农民运动。于是,1926年11月,杨开慧同母亲一起,还有杨开明,带着岸英、岸青,从广州坐火车返回湖南。送走杨开慧等人后,毛泽东离开广州,乘船前往中共中央所在地上海。

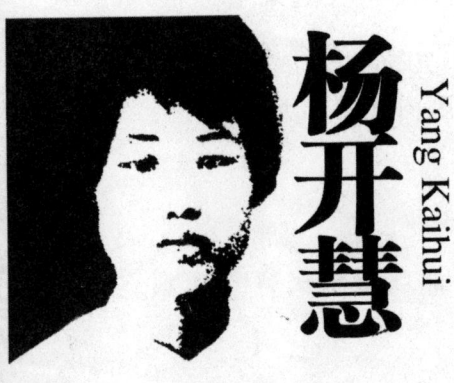

第九章 回到长沙

1.大浪淘沙:昔日同学对农民运动看法不一

杨开慧回到长沙后,住在望麓园。

这时,长沙街头弥漫着一片浓烈的革命气氛,和杨开慧离开时大不相同。毛泽东在湖南播下的革命火种,正在广大工人、农民中熊熊燃烧,特别是农村的革命形势发展得更快。农民组织起来造反,把几千年来封建地主阶级的特权打得落花流水,全省城乡到处是工农运动高涨的新气象。

杨开慧回到长沙后,首先前去看望了柳直荀李淑一夫妇。

这时,李淑一已于1926年11月9日生下了儿子晓昂,才过几天。但是柳直荀没在家。

杨开慧看到好友也做了母亲,十分高兴。看着李淑一怀中的小宝宝,说:"有了孩子,就有了挂牵,但是要累多了啊!"

李淑一说:"是呀,孩子出生那天,直荀正参加会议,回家后高兴地说:'好了,你有安慰了!'"

"他们男人才不顾家呢!丢下我们不管,只会说些安慰话。"杨开慧笑着说。

"直荀也是一心只为革命,不顾家。为了搞农协,他辞去了协均中学的校长一职,工资一个月就少了50块。上次,唐生智要他当长沙市米捐局局长。不知怎的,高桥家里人却先知道了,并且还来了一班人,噼里啪啦地放起鞭炮,说是来报喜的,闹着要喜钱。直荀十分恼怒,当场把他们斥骂了一顿,并一口回绝说:'我没有当局长,也不打算当这个局长!'"

"润之也是这样,他们男人心中装的就是革命。"

毛鉴公祠

两个好友相见有着说不完的话。但是柳直荀因为在农协很忙,杨开慧坐到天黑都没见着他。

杨开慧回家后,王淑兰、毛泽建来到了望麓园。

这时,王淑兰已是韶山特别妇女联合会执行委员。杨开慧走后,韶山的农民运动蓬勃发展。王淑兰以妇女界先锋出现,投入了轰轰烈烈的农民运动。她带领韶山冲的妇女,向封建势力和一切陈规恶习猛烈开火。不久前,她率领韶山冲的一群堂客冲进毛鉴公祠,和男子平起平坐,一起吃祭祠酒,打破了妇女不能进祠堂吃"酒席"的封建族规,杀猪办饭坐上席,博得妇女界的一致拥护。并且,在毛福轩的介绍下,她和毛月秋都加入了中国共产党。毛泽建此时正在衡阳集岳滩的观音堂举办农民讲习所。两人听说杨开慧回了长沙,立即前往看望。

王淑兰高兴地告诉杨开慧:"三嫂,庞叔侃、贺尔康从广州农民运动讲习所回来后,按照润之说的,大力发展农民运动,各乡都成立了农民协会,韶山一带的共产党员已发展到110多人。在韶山党支部的基础上,建立了湘潭特别区委,直接受湖南区党委的领导,由庞叔侃做书记。北伐前夕,农民运动的第一次战斗,就是收缴团防局的枪支,开展对团防局长汤峻岩的

斗争。"

说到这里,王淑兰问道:"三嫂,还记得在韶山时我们同团防局的斗争吧?"

杨开慧答道:"记得!"

王淑兰说:"上七都团防局那个成胥生生病死啦!由银田寺团防局长汤峻岩兼任上七都团防局局长。这家伙杀人不眨眼,上任就杀人,杀了50多人。最先被杀的是两个讨饭的,汤峻岩说:杀两个叫化子开张!大家都叫他'汤屠户',对他恨透了。为了建立和壮大农民武装,保卫农民运动的成果,毛福轩和庞叔侃决定,夺取上七都和银田寺两个团防局的枪支。他们先以区农协的名义,勒令银田寺团防局交枪,汤峻岩准备把枪埋藏起来逃跑。毛福轩知道这一情况后,带领几百名梭镖队员,包围了团防局,汤峻岩得到了应有的惩处。"

杨开慧听了,说:"这真是大快人心!"

王淑兰说起了一件事:"除了成胥生、汤峻岩之外,你还记得我们西二区雪耻会那次举行追悼会的事吧?"

"记得,追悼东一区八叠乡的汪先宗呀!"

"是的,汪先宗那时没死!"

杨开慧一惊:"他没死!现在还活着?"

"他现在死了,我们那次追悼会倒是帮了他的倒忙!"王淑兰说。

"啊!这是怎么回事?"杨开慧更加惊讶了。

随后,王淑兰顿了顿,向杨开慧讲述了汪先宗事件的后续故事。

原来,杨开慧组织党支部发动群众举行追悼会时,事实上,汪先宗当时并没有被杀,仍旧关在团防局的大牢里。然而,八叠乡和湘潭西二区的追悼行动使汪孝逵惊惶不安,深恐因此酿成事变,于是急忙拿出500块银元,贿赠团防局,又以1000银元贿赂叶开鑫部驻株洲炮兵营营长兼清乡队长蒋经。蒋经受贿后于1926年2月4日清晨,秘密地将汪先宗杀害于湘潭三门。

杨开慧想不到事情这么复杂,连声说:"敌人真狡猾!我们以后干工作

必须要三思而行。"

"不过,我们最后还是出了气。"王淑兰说。接着她又告诉杨开慧故事最后的结果。

汪先宗被害事件真相大白,激起了全区、全县和省会各界的极大义愤。2月21日,以中共湘潭县委书记杨昭植为首,组成了追悼汪先宗烈士筹备委员会,并在八叠乡召开了万人追悼大会,控诉军阀、豪绅的罪行。同时,还成立了汪案鸣冤委员会,分赴湘潭,长沙等地请愿,要求当局惩办凶手,抚恤死者家属。湘潭、长沙等地工人、农民、学生也纷纷举行大规模的集会,追悼汪先宗烈士,抗议赵恒惕政府的罪行。7月,北伐军胜利进入湖南后,八叠乡农民协会再一次提出严惩凶手汪孝逵、为汪先宗烈士报仇伸冤的要求。汪孝逵畏罪潜逃,农民协会将其父扣押,迫使他低头认罪,并拿出一部分田产供养烈士家属。

10月,中共湘区执行委员会将汪先宗遗体装进棺木,运往长沙岳麓山,与黄静源烈士的灵柩一起,停放在黄爱、庞人铨烈士的墓侧,并举行4万余人的追悼大会。

杨开慧听了这些心里还是有些懊悔:"如果当时我们不和其他乡一起举行追悼会,说不定汪先宗不会被杀死啊!幸好农会报了仇,现在农会的权力真大!"

王淑兰说:"现在不只农会权力大,妇女会也蛮有权威,两公婆打架的事,我们妇女会也管,不准欺压妇女,男女平等!"

毛泽建也告诉杨开慧:"现在农民斗志高涨,农会开展了许多斗争,给土豪劣绅戴高帽子游乡,罚款、减租、减押、平粜,搞得土豪劣绅胆颤心惊,再也不敢胡作非为。农会还办了许多好事,禁赌、禁烟、修路、筑塘坝。农民编了一首歌,唱起来真好听。"

杨开慧饶有兴趣地问道:"那你们唱唱,我来听听。"

毛泽建、王淑兰同声唱道:

民国十五年真有板呀,

穷人翻身打洋伞,

咿呀呀子哟!

打洋伞呀!

打起洋伞来开会呀,

大家加入农协会,

咿呀呀子哟!

大家加入农协会呀!

农民协会气势雄呀!

首先打倒叶开鑫,

咿呀呀子哟,

打倒叶开鑫呀!

没得洋枪和大炮呀,

就用梭镖来开刀呀,

咿呀呀子哟,

就用梭镖来开刀呀!

唱着唱着,杨开慧也跟着和起来。小时候杨开慧就爱唱歌,在学校读书时,她还是歌咏队的队员,经常上台表演。今天听了这首农民自己编的新歌,她高兴地说:

"这样的歌是农民从自己心眼里唱出来的,唱出了农民的革命豪情,也是农民英雄气概的体现。我要把这首歌告诉润之,让他也高兴高兴。"

说完,毛泽建又说道:"农民协会成了代表广大农民利益的政权机关。从前被人看不起的农会,现在变成了顶荣耀的东西。"

"是啊!千百年受压迫的作田人终于可以直起腰杆子了!"杨开慧无限感慨地说。

在这一场以湖南为中心的农村大革命正以疾风暴雨之势在中国的大地上发生、发展之时,杨开慧认识到这是一场涉及到政治、经济、文化的翻天覆地的大革命,她为农村封建势力被打得落花流水、广大农民扬眉吐气

而欢欣鼓舞。此时,她是党内对农民运动持赞同态度的人之一。

然而,在有人对农民运动拍案叫好的同时,也有人对轰轰烈烈的农民运动进行非难,恨之入骨。杨开慧在与昔日同学接触中马上感觉到了这一气氛。

有一次,杨开慧和几个同学聚在一起。其中,有杨开慧在隐储小学和衡粹女校时的好友黄蕊、黄颐和郑家奕。这些年同学们的变化很大,女同学几乎都出嫁了。但是,各自的对象和命运却不一样,有的嫁在革命家庭,投身了大革命的洪流;有的嫁给了北伐军官;有的嫁给地主的少东家和资产阶级的阔少爷,做起了少奶奶。

此时黄蕊已嫁了一位北伐军官做太太,穿上了时装和高跟鞋。她埋怨说:"我丈夫在外面打仗,农民却抄了我的家,害得我只好跑到长沙来躲难。"

杨开慧站起来问:"你婆家靠收租吃饭,还是靠劳动生活?是土豪劣绅吧?"

对方支吾了半天,才说:"有钱人都逃到城里,赋税收不上来,北伐军缺少军饷,农民运动太过火了。"

杨开慧冷冷地一笑,严肃地说:"你不要把'影响北伐'的罪名栽到农民头上!土豪劣绅勾结军阀和贪官污吏,吞了租税,扣了军饷,正因为他们残酷压榨农民,才有今天这样的下场。你和你丈夫真要革命,就站在农民一边,要反对革命,就站到公婆一边。站到农民一边来,我们欢迎;站在你公婆一边去,就请你走你自己的路吧!"

一听这话,黄蕊好大不高兴,气忿忿地走了。

此时,板仓也建立了党的地下组织。板仓的火种是 1924 年李维汉回到家乡时播下的。他在板仓时,以隐储学校为基地发展小学教员彭岂池、余隽五、黄则民 3 人入党,并秘密成立了共产党小组,由彭岂池任组长。后来,他们又发展了张庚腴、金洪声、陈学富、黄九如、余暄阳、郑兆丙等人入党,随后在隐储校内成立党的支部。1926 年夏,余隽五、彭岂池等,发动当地农民王子余、李光明、王维轩、张福云、黄振德、汪庆生、王振彪等人,成

立清泰乡八区农民协会,由余隽五、彭岂池任委员长,王子余、李光明任副委员长,王维轩等人为农协委员,进行减租减息。与此同时,清泰乡的妇女运动、学生运动亦蓬勃发展。郑家奕担任了清泰乡女界联合会的主任。

1926年北伐胜利进军中,长沙县农会成立,黄则民到长沙县农会任职,郑家奕也随丈夫来到长沙城工作,随后,又和丈夫一起被派往湘潭炭塘子煤矿,郑家奕在那里入了党。前不久,她和黄则民一起调到长沙郊区农民协会工作。

黄蕊走了之后,屋子里沉寂了一会儿。接着,郑家奕打破沉默,对杨开慧说:"长沙城里,这类议论很多,闹得满城风雨,总是离不了一个'糟'字。有的骂农民运动是'惰农运动',说在农村搞减租减息阻碍生产发展;有的骂农会掌权的人是'痞子',还有说农民'无知'、'盲动'的。"

杨开慧问其他同学:"你们怎么看?"

众人马上议论纷纷,一些人觉得这些议论不对,但又讲不清道理。一些人却说:"农民可以参加革命活动,多为北伐军做些事,不应该在这时候提出政治上和经济上的要求,以免破坏了社会秩序,扰乱了北伐后方。"

这时,已是国民党湖南省党部妇女部长的黄颐说:"省党部的刘岳峙正在长沙城内酝酿组织什么'左社',公开宣传要消灭国民党内急势力,反对农村阶级斗争,扬言由他们来管辖各级农民协会……"

杨开慧一听,问道:"这个刘岳峙不是省党部的农民部长吗?"

"正是此人。他还扬言农协不交给他,他就改组省党部……这伙家伙气势很嚣张!"

"这是一个广泛、深刻的社会变革,必然引起土豪劣绅和他们的代言人的反抗。"杨开慧说。

就像在同学聚会中那样,在长沙城内,对于农民运动的各种奇谈怪论纷至沓来,各色各样的人物都在这大革命的洪流中翻波逐浪。

杨开慧很想奋起反击,把这一股邪气打下去,可是,她却一时拿不出更好的办法。这次同学聚会后,她立即给毛泽东写了一封信。信中,杨开慧专门谈了湖南农民运动的各种情况。

2."毛先生泽东奔走革命,卓著勋绩"

农民运动像疾风暴雨般迅猛兴起,在人们面前提出了一系列以往从来没有遇到过的新问题。如何看待农民运动中出现的这些问题,成了社会各界瞩目的焦点。

农民在乡里造反,搅动了绅士们的酣梦。乡里消息传到城里来,城里的绅士立刻大哗。同地主豪绅有千丝万缕联系的国民党右派,包括北伐军的一些军官,坐不住了。他们攻击农民运动"破坏了社会秩序",是"痞子运动",是"扰乱了北伐后方"。一些中间派分子也开始动摇起来,说农民运动已经"越轨"了,应该加以限制,防止被人利用。联合阵线内部潜伏的危机越来越表面化了。

关于农民运动的争论,也反映到党内。

1926年12月初,毛泽东从南昌到达武汉,在汉口设立中央农委办事处,同国民党湖北省党部筹商农讲所事宜。12月13日至18日,毛泽东以中央农委书记身分在汉口参加中共中央特别会议。在会议讨论当年形势时,总书记陈独秀批评湖南工农运动"过火"、"幼稚"、"动摇北伐军心"、"妨碍统一战线",作为中央农委书记,毛泽东不同意陈独秀的意见。结果,两人在中国社会阶级关系和农民运动等重要问题上分歧越来越大。

会后,带着农民运动是否"过火"、"幼稚"等问题,毛泽东准备实地考察湖南农民运动。

12月1日,湖南省第一次农民代表大会和湖南省第一次工人代表大会在长沙同时召开了。由于毛泽东与湖南工农运动有长期深厚的关系,在全省工农群众中享有崇高的威信,大会开幕后曾专电邀请毛泽东参加大会,电称:

敝会已于本日（即一日）开幕，现正讨论各案。先生对于农运富有经验，盼即回湘，指导一切。

12月17日，毛泽东由汉口来到长沙。

毛泽东回到湖南的消息传出后，代表们高兴极了，省农协委员长易礼容和柳直荀更是激动不已。

这时，农村正在发生深刻变革，斗争也十分复杂，而党内外贬低农民在革命斗争中的作用，说农民运动是"惰农运动"，农民要求减租减息是"闹事"等言论，已经到处传扬。许多人急切地盼望着毛泽东回湖南指导工作。吃过早饭不久，易礼容就通知柳直荀，组织大会的工作人员到教育会幻灯场去欢迎毛泽东。

在教育会幻灯场，在郭亮、易礼容和柳直荀的陪同下，毛泽东和欢迎群众见了面。

随后，代表大会发出通告：

毛先生泽东奔走革命，卓著勋绩，对于农民运动，尤为注重。去岁回湘养疴，曾在湘潭韶山一带从事农民运动，湘省之有农运，除岳北农工会外，实以此为最早。后为赵恒惕所知，谋置先生于死地，先生闻讯，间道入粤。在粤历任中国国民党中央党部要职。此次革命军势力北展，先生为发展全国农运，奠定革命基础起见，遂于前月离粤赴长江一带视察农运情形。

农民代表大会开幕时，曾电请先生回湘，指导一切。现先生已抵湘，工农大会定于本日午后2时在幻灯场开会欢迎。

下午2时，欢迎会在教育会的幻灯场召开。除参加大会的代表300余人外，还有许多人前来幻灯场旁听，连楼上都挤满了人。

大会主席致欢迎词后，在热烈的掌声中，毛泽东给欢迎代表讲话。

他说："无论是打倒帝国主义，打倒军阀、土豪劣绅，或者是发展工商

湖南省第一次农民代表大会的代表们合影

业和教育事业,都要靠农民问题的解决……国民革命的中心问题,即是农民问题。"

代表们听着毛泽东的演讲,抑制不住兴奋之情,爆发出雷鸣般的掌声。

毛泽东根据搞农协工作的大多数人是学生出身的情况,讲了一段关于学生的问题,他深刻地指出:"中国的学生多半是很苦的,并且毕了业无处可用,故不得不革命。中国的学生是很重要的,但不是惟一重要的。好比一座3层的楼房,上层是帝国主义者、军阀、土豪、劣绅,下层是工农阶级。中层是学生,有上去与军阀、帝国主义接头的,有下去与工农接头的,还有些上不得下不得的。中国学生的现象,革命的是少数,反革命的也是少数,不革命的最多。青年学生要走下来,坚定地与工农结合在一起,把高踞在上层的帝国主义、军阀和土豪劣绅打倒!"

毛泽东生动而深刻的讲话,极大地鼓舞了与会的代表们。他们回顾自己所走过的道路,更加坚定了与工农相结合的信念。

随后,毛泽东参加了湖南工农代表大会。

在工农代表大会期间,代表们提出了许多关于目前工农运动的问题,省农协委员长易礼容整理后,请毛泽东一一作了解答。

12月28日,在两个大会的闭幕会上,毛泽东向全体代表作了关于革命联合战线问题的演讲。

在演讲一开始,毛泽东就尖锐地指出:"反革命方面已有国际、全国和

全省的联合战线组织,革命方面也应该有同样的联合战线来抵抗他们!"接着,毛泽东斥责"惰农运动"之类对农民的诬蔑,批驳了"帝国主义没有打倒以前,我们内部不要闹事"的理论。然后,他告诉大家说:"现时湖南虽然由国民政府所统治,但实际还是国民政府与赵恒惕的余孽——土豪劣绅共同的统治,他们的势力还很大。"他号召大家加强阶级斗争。

最后,毛泽东严肃地说:

"过去军阀政府只准地主向农民作加租加息的斗争,现在农民向地主要求减点租、减点息,就是'闹事'了吗?"

随即,他有力地挥动着右手,一针见血地指出:"这种只准地主向农民作斗争,不准农民向地主作斗争的人,就是站在帝国主义、反革命一方面,就是破坏革命的人!"

听了毛泽东的讲话,工农代表感到浑身是劲。毛泽东对那些攻击农民运动谬论的批判和驳斥,使许多人心头的乌云驱散了!湖南的革命斗争的航船在迷雾中驶出了。

毛泽东的到来也解开了杨开慧心头上的疑问。

在会议期间,许多大会代表来到望麓园,纷纷拜访毛泽东。此时,杨开慧已经怀了第3个孩子,行动有些不方便,但是,分担毛泽东的工作比什么都重要,她忘记了疲劳,忘记了身孕,夜以继日地接待来访的客人,倾听着他们的谈话,并且记下各地代表们的要求和意见,然后整理出来交给毛泽东。

3.特务掏出手枪:"毛润之在里面吗?"

这时,岸英已经4岁了,岸青2岁,两个孩子正是调皮的时候,杨开慧怀孕在身,孕症反应十分厉害,为了让行动不便的妻子减少一些家务劳

动,毛泽东决定请一位保姆。

经何叔衡的介绍,找到了一位叫陈玉英的妇女。

陈玉英,湖南宁乡县坝塘人,出身于一个"讨米世家",父母终年沿门乞讨。她本人一岁零三个月就做童养媳。婆家姓孙,也是靠讨米为生。此时,她正在长沙做女工。

陈玉英因婆家姓孙,毛泽东和杨开慧一家都称她为"孙嫂"。她去毛泽东家这一天,岸英、岸青和杨老太太,还有杨开智都在那里。到了晚上,毛泽东和杨开慧才回屋。毛泽东和杨开慧见她剪的是短头发,放着一双大脚,很高兴地说:"我们要你给我们做事。"

就这样,陈玉英来到杨开慧身边。

这一段时间,毛泽东正忙着作农民运动的工作,参加工农代表大会,白天吃过饭就外出了,晚上就在房子里看书、写东西。有了孙嫂帮忙带小孩做饭,杨开慧轻松多了。尽管这时她快要生小孩,行走不方便,不大出门,然而,差不多天天都是帮着毛泽东抄写资料,整理许多材料,忙到深夜十一二点钟。

湘潭特别区第一乡农民协会所在地——毛震公祠

为了回击党内外对农民运动的种种攻击和责难，1927年1月4日至2月5日，毛泽东以国民党中央候补执行委员的身分，在省农协负责人戴述人等的陪同下，考察湖南湘潭、湘乡、衡山、醴陵、长沙、宁乡、新化、宝庆、攸县、武冈、新宁等县的农民运动。

毛泽东此行的第一站是湘潭。杨开慧很想和毛泽东一道到韶山看一看。然而，由于怀孕，行动不便，只得作罢。

当天上午，毛泽东到达湘乡。在湘乡汽车站，他意外地遇上了湘乡东山高等小学时的同学毛钦明。毛泽东在东山高小时和毛钦明的弟弟毛森品同学，两人关系很好。1911年春，毛泽东由东山高等小学堂教员贺岚岗先生力荐，去湘乡驻省中学深造。当他步行到湘潭县城时，又恰巧碰上毛钦明、毛森品兄弟，3人挤在湘江小火轮的统舱内前往长沙，后又一齐进入湘乡驻省中学读书。在这里，他们同窗共读了一个多学期，直到辛亥革命爆发学校停办。其后，毛泽东参加了湖南新军，毛钦明兄弟则辍学回乡，以耕读为生。

1925年毛泽东回韶山开展农运时，毛钦明曾专程赶往上屋场与其叙旧，畅谈革命形势。在毛泽东的影响下，毛氏兄弟在家乡参加了农民运动。毛钦明还在韶山加入了中国共产党，化名"韶春"，从事革命活动。此时他已是乡农民协会副委员长。这一次，他来到湘乡县城，与县农民协会联系工作，暂住在汽车站饭店里。两人故地巧遇，格外亲切。毛钦明向毛泽东反映了当地区乡农民协会的情况。毛钦明回家后，立即把毛泽东回韶山的消息告诉大家。

毛泽东回韶山考察农民运动的消息传遍了家乡。1月6日，第一、二乡农协100多人的欢迎队伍，敲锣打鼓，拿着红绿色的三角小旗，前往清溪寺迎接毛泽东。

在半路上的陈公桥，大家碰上了毛泽东，他脚穿布鞋，手里拿着雨伞，大步走来。许多老人和乡农协干部迎上前去，争相与他握手。欢迎的人群除了毛福轩、庞叔侃、李耿侯等党员外，还有毛泽东的许多亲属，如罗石泉、毛泽嵘等。人们放着鞭炮，簇拥着毛泽东回到韶山。

毛泽东吃过午饭,没有休息,来到毛鉴公祠。这是湘潭特别区第一乡农民协会所在地,在这里,乡亲们又举行盛大的欢迎会。毛鉴公祠里里外外,挤满了人群。毛泽东用他那清朗、平缓、通俗的语调发表演说。

在谈到形势的变化时,毛泽东说:"世界总是要变化的,过去只有土车,人靠步行,现在有了汽车,清早从湘乡到湘潭买肉,回到湘乡还可以赶早饭。……几个月以前,土豪劣绅还在乡里作威作福。几个月后,农民运动搞得热火朝天,把几千年的封建地主特权,打得个落花流水。地主的体面威风扫地。'农民万岁,黑脚杆子也算作万岁吗?'开始地主富农表示很大的怀疑,这些人也算得'万岁'吗?现在,'农民万岁'、'农民协会万岁',明明写在红绿告示上,喊得十分响亮,乡里的一切权力归了农会,前后几个月的情况对比,世界不是起了很大的变化吗?……"

大家听着毛泽东这番话,都点着头,纷纷说:"对呀,润之讲得对呀!"

在会上,毛泽东严厉地斥责了反革命的谣言。他问大家:

"现在外头有些谣言,说农民运动搞糟了,你们讲一讲看,他们的说法对不对?"

"不对,农民运动好得很!"众人响亮地回答。

"是啰!"毛泽东以极大的热情,赞扬韶山的农民运动说,"穷人也有一张嘴,一个肚子,总也要吃饭,不吃饭难道捆起肚子挨饿?要吃饭,又拿钱向土豪劣绅平买平卖,这犯了什么法?土豪劣绅把谷米运出去卖高价,让穷人饿肚子,没有这个道理吧!修塘坝、修道路、清匪、禁鸦片、改造游民,这都明明白白摆着是做的好事嘛,他们也指手画脚:搞糟了!搞糟了!这不是讲梦话、发神经病?"

晚上,毛泽东和毛福轩、庞叔侃、李耿侯等人交谈了情况,并转达了妻子杨开慧的问候。

最后,毛泽东语重心长地提醒他们说:"大家辛苦了,有成绩,可是像挑担子一样,还不要想歇肩,要把刀把子拿过来。中山舰事件大家都清楚,说明反动派的确在磨刀了,我们必须防备它这一手。"

大家听了,相对看了一眼,会心地点点头。

这时,夜更深,鸡已叫了头遍。毛泽东踏着寒夜的星光,迈开大步,离开了上屋场。

随后,毛泽东又去了衡山。他依旧是一把雨伞,一双草鞋,走访了上百户农家,召开了无数次会议,掌握了大量的第一手材料。1月24日,他风尘仆仆,带着一大网篮笔记和各种材料,从衡山回到了长沙。

杨开慧接过他的行李,知道他只能住两三天,还要到醴陵和攸县等地去,又按照过去的习惯,为他准备行装。其间,湖南区委李维汉等人请毛泽东在党校和团校

罗学瓒

分别作了一次农运报告。1月27日,毛泽东又坐火车去了醴陵。

毛泽东走后,杨开慧打开毛泽东的那些材料和笔记本,带着极大的喜悦,认真地读起来。各地农民运动风起云涌,惊心动魄!哪是什么"糟得很"?全是"好得很"的事实。杨开慧读着读着,感到一种从来未有的痛快。她好像正踏着毛泽东的足迹,在农村走访,从心里为农会叫好!她知道毛泽东这些材料的重要性,于是,又习惯地将这些调查材料进行分类、选择,细心地整理起来。

毛泽东来到醴陵后,见到了罗学瓒。

罗学瓒在担任长沙人力车夫工会秘书期间,还在湖南自修大学附设补习学校任教。1923年11月,自修大学被赵恒惕查封,原补习学校的学生都转入湘江中学读书,他又到湘江中学讲授历史和地理。以后,他还随着工作的需要,先后在长沙女子师范、湘潭女中、醴陵渌江中学、开联女校、山东齐鲁大学任过教。

1923年党的三大后,罗学瓒担任过中共湘区委员会委员,负责组织工作。后来湘区党委改为湖南区委,他改任区委宣传部长。从1924年到1925年,他除了在长沙从事工人运动、爱国反帝运动和革命教育工作外,还以省特派员身分经常去湘潭、醴陵等地活动。

1925年冬,他接替李石溪任醴陵县委书记,以县立开联女校和渌江中学教员的身分公开活动。

北伐军攻占醴陵后,农民协会的活动已由秘密转为公开,罗学瓒举办了五六批农民干部训练班。农协会员人数猛增到20余万,全县农民运动迅猛发展,对反动派的斗争也更加尖锐起来。当时,驻在醴陵的湘东保安司令罗定,妄想收缴浏、醴、攸等农民武装的枪支。为此,醴陵县委决定解除罗定的武装。罗定闻讯,率部离开醴陵,来到攸县,同当地的豪绅地主勾结,阴谋捕杀了攸县东区农民协会委员长罗震。罗学瓒知道这一情况后,立即组织浏、醴、攸三县工农武装,讨伐罗定,迫使罗定远窜江西莲花等地;接着,又解除了团防局长、恶霸地主彭志藩的武装,并将彭逮捕,押送长沙,经过省特别法庭的审判,处以死刑。

这一次毛泽东来到醴陵,罗学瓒陪同他走乡串寨,实地考查、收集有关农运发展的情况。毛泽东热情地称颂了醴陵地区的农民运动。

在醴陵考察后,毛泽东前往长沙县。在考察期间,毛泽东又一次来到了清泰乡板仓。

然而此时,湖南和全国的革命形势又在发生变化,工农运动虽向前发展,但地主豪绅却已在准备反扑,长沙县的劣绅更是蠢蠢欲动。这样,毛泽东的考察活动受到很大限制。在板仓,他只好白天躲在杨家的阁楼上分析、研究调查材料或看书,晚上出去进行访问、调查或搜集材料。

一天晚饭后,毛泽东在杨家堂屋左边的一间屋子里,以玩麻将为掩护召开座谈会。参加座谈的有陈伏泉、缪配秋、黄则民、朱友富、郭屏藩等人。他们一边座谈,一边把麻将牌弄得哗哗响。毛泽东首先询问了每个人的姓名和家庭人口状况、生活状况以及往年的庄稼收成,然后,详细地向他们了解了板仓地区农民运动的状况。此外,毛泽东还详细地询问了板仓地区

自耕农、半自耕农、雇农所占的比例,并让人用算盘一户一户地进行了计算。最后,毛泽东对长沙县和板仓地区今后如何进一步开展农村革命运动做了重要指示。

座谈会结束后,毛泽东先让陈伏泉他们一个一个离去,待送走大家以后,他才披上一件上衣,推开房门走出去,打算再到几个农民家里去访问。可是,毛泽东刚一跨出院门槛,就被两个穿着便衣的人堵住,其中一个掏出手枪对着毛泽东,气势汹汹地盘问:

"毛润之在里面吗?"

毛泽东轻蔑地瞧了他们一眼,沉着镇定地指了指房里说:

"他们正在玩牌,正好三缺一,你们何不进去试试运气?"

说完,就从容地挑起放在门边的水桶,头也不回地走了出去。

原来这两个人正是长沙劣绅叶德辉的手下,此时叶德辉已与长沙军阀许克祥等人暗中联络,准备背叛革命。这两个便衣信以为真,急忙冲进屋,挑开门帘往里一看,一个人也没有。他们知道上了当,转身就追。只见两只水桶静静地放在路上,毛泽东已无影无踪了,气得两人狠狠地把两只水桶踢得咣咣当当乱响乱滚。

出了院门,毛泽东机敏地闪进一个农民院里。当两个特务离去走远后,他又回到了杨宅。

第二天一早,毛泽东动身离开了板仓,回到了长沙城。

2月5日,因为中央农民运动讲习所的工作,毛泽东历时32天,行程700公里,提前结束了农民运动考察。由于时间关系,宁乡、新化、宝庆、攸县、武冈、新宁几个计划去的县没有去。

回到长沙后,毛泽东根据调查的情况在湘江学校楼上为区委作了一次关于农民运动"好得很"的报告。

此时,杨开慧还在整理毛泽东的调查材料。她因为熬夜明显地消瘦了,眼里网着血丝,两颧高高,脸色发黄。毛泽东这些零散的记录,后来,被她整理成5本厚厚的、完整的材料。

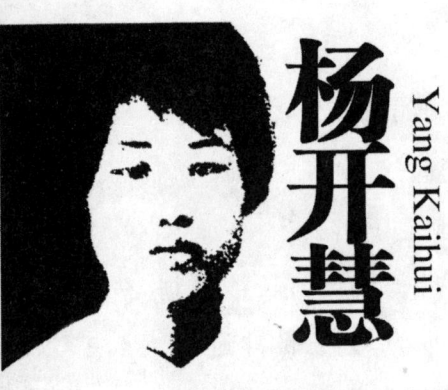

第十章 疾风骤雨

1. 督府堤 41 号:风雨欲来的紧张日子

1927年2月12日,毛泽东从长沙至武汉,主办中央农民运动讲习所。2月底,杨开慧和母亲、孙嫂举家北迁,带着孩子来到武昌,住进了督府堤41号。

督府堤41号是一所三进两层的青砖楼房,靠近长江边,一共有十来间小房。进门两边是客房。过天井下屋左边为毛泽东、杨开慧的卧室。中间一间是书房,后面一间是向振熙和孙嫂带着两个孩子住。其他各间分别住着彭湃、夏明翰等人。

彭湃,广东海陆丰人,一至五届农讲所所长,此时为全国农协临时执委会秘书长。

杨开慧来到武汉时,李立三、刘少奇等人也从上海来到了汉口,并且建立了中华全国总工会驻汉办事处。在1月份,他们组织武汉群众召开反英大会,带领工人群众收回了汉口的英租界。九江工人也闻风而动,从英国人手中收回了租界。李立三因此再次名声大振。但是广州国民政府作出迁都武汉的决定后,这个决议却遭到了国民革命军总司令蒋介石的抵制,他把国民革命军总司令部设在南昌,要求把国民党中央和国民政府迁往南昌,以便进一步控制党政军大权,实行他的夺权计划。国民党和国民政府联席会议否决了蒋介石的主张,正式宣布迁都武汉办公。然而,蒋介石并不甘心失败,第二次提出迁都南昌的要求,并到武汉侦察情势。在他从南昌来武汉的途中路过醴陵时,专门派人把李立三的父亲李昌硅请到他的专车上,长谈一个多小时,然后大肆宣传说"蒋总司令接见李老太爷",

1927年3月毛泽东参加国民党中央会议时合影

企图拉拢李立三和他的妹夫、原衡阳三师的共产党员蒋先云。

但是,李立三根本不买他的账。蒋介石到武汉后,中共与国民党左派召开30万人的"欢迎蒋总司令群众大会"。李立三担任大会总指挥,他在会上代表武汉工人群众发表讲话,当面痛斥蒋介石,戳穿其迁都南昌的阴谋,使得蒋介石十分狼狈。在武汉活动几天一无所获,蒋就恨恨地离汉而去。

蒋介石离开武汉后没几天,三镇就流传一个谣言,说李立三的父亲李昌硅被"过火"的湖南农民运动当作土豪劣绅给打死了。一时之间,武汉围绕农民运动发生的斗争更加尖锐,农民运动"糟得很"、农民运动"过火"的言论甚嚣尘上,并且,"被蒋总司令接见过的李老太爷"、著名共产党人李立三的教私塾的父亲都被农民运动打死了,被用来"最有力"地证明农民运动是"乱来"和"过火"!

不久,因为小女儿、蒋先云的夫人李祗欣患重病,李立三的父亲李昌

硅又来到了武汉,随即谣言不攻自破。于是,人们又说:"耳听不如眼见。毛泽东的考察所见,才是可信的。"

这时,毛泽东刚刚写完《湖南农民运动考察报告》。从长沙到武汉后,杨开慧更加明显地感觉到形势发展的尖锐和复杂:一方面是工农运动的蓬勃发展,另一方面却是反革命势力的联合。杨开慧一边为毛泽东写的《湖南农民运动考察报告》的初稿在煤油灯下一字一句进行校对,联想到李昌硅的谣诼,深感时局的风云诡谲。

按照毛泽东的意见,杨开慧在中央农民运动讲习所做一些具体工作。

中央农民运动讲习所,是培养中国农民革命骨干的大本营。所址设在武昌籫巷13号。农讲所的领导机构是常务委员会,由国民党左派邓演达、毛泽东、陈克文3人组成。毛泽东实际主持全所工作,教务主任为周以栗,夏明翰任农讲所秘书。

夏明翰是应毛泽东之邀,来到武汉,担任全国农民协会的秘书长,兼任毛泽东和农民运动讲习所秘书的。

1922年9月,湖南自修大学附设了补习学校,何叔衡任主任,毛泽东任指导主任,夏明翰担任教导主任。1923年11月,自修大学和附设补习学校被赵恒惕下令查封后,中共湘区委将两所学校的大部分学生,转移到新筹办的湘江中学,夏明翰被毛泽东安排去这所学校教数学。在湘江中学的这段时间里,他除出色完成教学任务外,还担任省学联的干事长。

1922年10月,夏明翰和罗学瓒曾参加领导和组织长沙人力车

新婚的夏明翰夫妇

工人罢工斗争。

1923年10月至1925年1月,夏明翰先后担任过社会主义青年团长沙地委委员,团湘区执行委员会一、二届委员,国民党湖南临时省党部委员,主持过宣传、学运工作,并兼管政治和妇女运动。

1925年5月,他在浏阳北乡毛公桥刘家庵建立了浏阳农村第一个党支部。

1926年农历九月初四日,夏明翰和湘绣女工郑家钧结婚。何叔衡、李维汉、易礼容、郭亮、谢觉哉等来贺喜,在帐帘两边挂了一副别出心裁的描绘他俩至诚相爱的对联:"世上惟有家钧好,天下只有明翰强。"1927年春节前夕,夏明翰夫妇搬到望麓园一号,和毛泽东杨开慧住在一个院子里,欢度了婚后的第一个春节。

同年2月,毛泽东回到武昌,创办了中央农民运动讲习所。夏明翰应毛泽东之邀而来武汉。

第六届的农民运动讲习所学员来自17个省,共800多人。他们大部分来自农村,有的是农民运动中涌现出来的积极分子,所以文化较低,入学

中央农民运动讲习所

考试成绩不好。有人问毛泽东:"收不收他们?"

毛泽东知道工作人员有不同的看法,于是,叫杨开慧去了解情况。杨开慧和农讲所的周以栗、夏明翰一起到学员的住处,调查学员从事农民运动的经历,了解他们的情况,然后倾听他们对农民运动的意见,并征求他们对办好农讲所的建议。

经过几天的认真调查,杨开慧带着答案回来了。

她对毛泽东说:"这一部分学员对农村情况最熟,跟贫苦农民最贴心。这些学员经过训练,回到农村搞革命,也最能起作用。"

毛泽东一听,连声说:"好!"

于是,这些学员全部被农讲所录取。

由于交通不便,加上反动派的阻挠,农讲所的开学典礼因部分人不能及时赶到武昌,被迫推迟,但是上课却在3月7日就开始了。

来到武昌后,毛泽东和杨开慧的生活很艰苦,陈玉英后来回忆说:

> 毛主席和开慧同志穿着也很随便。那时,毛主席只有两件汗衫,一件白衬衣,一件灰布长衫,一出门就不能洗,因为洗了就冒得穿了。有一次,我把毛主席的白衬衣才洗了,毛主席正要去上课,见这件衬衣冒干,开慧同志讲她去借一件来,毛主席说不要了,说完就穿着那件灰布长衫上课去了。开慧同志的穿着也是很朴素的,热天总是一身白粗布褂子。平时穿一件半新半旧的开襟子,外罩一件灰不灰红不红的格子旗袍。毛主席铺盖很朴素,垫的白床单,盖的是兰印花被。毛主席和开慧同志总是这样吃的随便,穿的随便,从不讲究,从不特殊。

虽然日子很艰苦,但是,毛泽东和杨开慧却对陈玉英很好,完全把她当作自家人看待。

初到武汉时,陈玉英不熟路,又不认识字,搞不清街道地名。有一次,她上街买东西,结果走错了路,不晓得如何回家。当她好不容易转回督府堤的时候,已经过了吃中饭时间好久。毛泽东和开慧正在家中,没有责怪

她。当知道她是迷了路后,毛泽东关切地说:"孙嫂,大城市,街巷多,不晓得走,我给你想个办法,我写个条子给你,你就可以问路,或者请别人送你回家来。"

说完,毛泽东便在一条白布条子上写着:"都府堤41号,陈玉英。"

从那以后,陈玉英出门就拿着毛泽东写的布条子,再也没有走错路回不了家。

杨开慧性情温和,对陈玉英很好。她常对陈玉英说,"孙嫂,你在我屋里做事这样忙,是自己家里人一样,不要分什么你我,没有什么上下,都是一样的。"

她很喜欢陈玉英,陈玉英也很喜欢她。虽然远离家门,陈玉英却觉得和毛泽东、杨开慧一家在一起比在自己家里还好,她和杨开慧就像亲姐妹一样无话不说。

武汉的日子,对于杨开慧来说,艰苦而又紧张。复杂的局势扑朔迷离,围绕"农民运动"、迁都的斗争,革命与反革命的势力都在暗暗地较量,此消彼长,此长彼消,一场大风雨即将来临。

2.杨开慧第三个儿子出生

随着临产期的来临,没过多久,杨开慧住进了武昌医院。

4月4日,这一天正是农讲所举行开学典礼的日子,杨开慧和毛泽东的第3个孩子毛岸龙呱呱落地了。虽然近在咫尺,可是父亲毛泽东在第4天才在百忙中抽时间来到医院,看望妻子和自己的新生儿子。

杨开慧3次生孩子,毛泽东3次都没在身边,毛泽东走进病房就说:"你3次生产,我都没来守着,真对不起!"

杨开慧撑起虚弱的身子,豁达而又略带嗔怪地回答说:"生小孩,你在

这里我要生,你不在这里我也要生。"

陪在医院照料的陈玉英,抱着出世才4天的岸龙给毛泽东看。

毛泽东接过毛毛,很疼爱地看了看,并风趣地说:"让我来看看,没有哪个把我的毛伢子斛去吧!"

开慧笑了,病房里的其他人也都发出愉快的笑声。

匆匆而来,然而,毛泽东坐在床边说了一会儿话,就把岸龙递给陈玉英,又匆匆离开了医院。

此时正是蒋介石四一二政变前夕,风声鹤唳,政治局势异常严峻,如何解决农村土地问题、满足农民的土地要求,成为拯救时局和解决革命的出路的迫切问题。4月2日,国民党中央常务委员会第五次扩大会议决定,由邓演达、徐谦、顾孟余、谭平山、毛泽东5人组成土地委员会,"由此会确定一个实行分给土地与农民的步骤","做成乡间普遍的革命现象"。毛泽东正在全力忙于此项工作。这些天,土地委员会要在武汉召开2次委员会、5次扩大会、4次专门审查会,对土地问题进行讨论、决策。因为土地问题事关重大,每次会议都争论很大,毛泽东总是力陈己见,是会议的中心发言人之一,因此,连妻子生产也都顾不上。现在他又赶去与会了。

过了八九十天,杨开慧虚弱的身体还未复原,一天,她在病床上忽然听到医院走廊里两个医生在议论时局,一个说:"上海杀了不少人,血流成了河!"

另一个说:"国共合作搞不成了,只怕又有仗打。"

这突如其来的信息无头无脑,杨开慧不好随便去打听,联想到毛泽东这些天都是来去匆匆,心头马上警觉起来。

这天下午,向警予来看她了。

向警予是今年2月从莫斯科回国到达广州的。在广州,她在法国勤工俭学的好友周恩来和爱人邓颖超家里住了几天;然后与留俄归国人员等20多人,由广州向武汉进发。由于交通不便,火车只通韶关,他们从韶关下车后北行,乘船返湘。到长沙后,她住在稻谷仓的五哥向仙良家里。

在长沙,她拜访了住在天茂花园的蔡母葛健豪。

向警予(左一)回国后途径长沙时与家人合影

葛健豪是 1925 年初回国的。此时,她已加入湖南女界联合会,并在颜子庙的平民女校担任校长。尽管这时向蔡同盟已经解体,但是葛健豪仍视向警予如女儿一般。她见向警予回来了,非常兴奋。看到她仍然穿着原来的粗布衣,马上要为她赶作件新衣,被向警予婉言谢绝。此时蔡庆熙在平民女校当教员,其女刘昂(即刘千昂)已长大成人,她在睡前给向警予打水洗脚时,见她仍穿土布袜,连忙拿一双洋袜给她穿。可是,向警予微笑一下,说:"你看这双袜子很好,还可以穿很久。"

她边说边把原来的土布袜穿上了,向警予的作风让蔡母和全家很受感动。

3月,向警予到达武汉,随后被分配到汉口市总工会宣传部工作。她以前一直在党中央担任领导工作。对于这次工作安排,她欣然接受,对"降职"毫无怨言。

此刻,她与杨开慧故人相见,十分亲热,回忆以前在长沙的时光,叙述别后之情,一直到天黑,向警予才离开医院。临走时,她悄悄地对开慧说:

"上海出事了,蒋介石发动反革命政变,好多同志被杀。"

"哦?!"开慧感到惊讶。

向警予说:"也没有什么了不起,我们正在发动武汉工人游行,跟他们斗。形势不同呵,过去是我们的朋友、同志,有的可能变成我们的敌人。你要注意警惕!"

送走向警予,杨开慧细细回味着她说的话。

这时,毛泽东来了。杨开慧联想到这些天传说的消息,知道形势一定十分严重,再也不愿躺在病床上了。她什么也没问,当天,便出院回到了督府堤家里。

杨开慧出院回家后没几天,蔡和森满怀革命豪情,从列宁的故乡回到了波涛汹涌的长江之滨武汉,也住进了督府堤41号。

当晚,毛泽东和蔡和森谈起了目前已千钧一发的局势。

"润之,我要和陈独秀谈,妥协让步不行,第二次革命论行不通,要拿起武器同蒋介石斗,不然会吃大亏!"蔡和森一听中共中央对于国民党右派步步逼进而处处退让,心急如火燎地说。

"彭湃、方志敏也是这个意见。我们农民运动委员会主张立即开展土地革命,大力武装农民,建立革命政权。"毛泽东说。

"我们可以搞个提议。"蔡和森建议说。

"我和彭湃、江西农协秘书长方志敏正在起草一个提议,题目就叫《迅速开展农民土地革命,大力武装广大农民,建立农村革命政权》。这个提议只怕通不过。"

"先提上去,我在会上要说,我完全赞成!"蔡和森坚持说。

回国后,蔡和森被任命为中国共产党第五次全国代表大会筹备委员会的秘书长。

彭 湃

四一二政变后,毛泽覃奉党的指示,与妻子周文楠一道,从广州乘船到上海然后转赴武汉,恰巧在船上碰见了二哥毛泽民。船到武汉后,他们找到毛泽东,毛泽民被分配做印刷厂的工作,毛泽覃被分配到国民革命军第四军政治部工作。毛泽覃的妻子周文楠身怀有孕,就和杨开慧他们住在一起。

这时,督府堤41号除了毛泽东、彭湃、夏明翰3家外,还增加了蔡和森、毛泽覃两家。而对于毛泽东和杨开慧一家来说,还多了一个可爱的小宝宝——毛岸龙。

3.毛泽东夫妇登上黄鹤楼:心潮逐浪高

4月27日至5月6日,是杨开慧思想上很不平静的日子。中国共产党第五次全国代表大会在汉口济生三马路黄陂同乡会馆召开。

在湖南衡山的向钧也赶来参加会议。

蒋介石在上海发动四一二政变后,中共衡山执委会书记向钧立即派出讲演队分赴各乡揭露蒋介石背叛革命的罪行。4月21日,他又发动衡山各界群众举行讨蒋大会。开会时,天气突变,狂风大作,暴雨倾盆,到会的群众不顾风吹雨打,开完大会又举行游行。这一举动被《新衡山》报称为"我邑破天荒之第一次"。第二天,又上演了12幕大型话剧《蒋介石的反动》,使讨蒋之声遍及城乡。

但是,向钧也只是与杨开慧匆匆一见,就和毛泽东开会去了。

这几天,毛泽东早出晚归。大会讨论了迫切的土地问题,但是,陈独秀却说:"无论如何,在目前没收一切地主底土地,也是太革命了的。我们在相当时期以内,必须保持一种折衷的中庸的路线,或许是很短时期的,然而在最近将来一两个月中,我们必须和小资产阶级保持联盟。农村的阶级

斗争虽然正在发展,然而这个斗争还没有达到极端的程度。因此小地方是不能被剥夺的。"最后,他强调:"我们不应陷入极左的错误,而应该采取不左不右的政策。"

结果,毛泽东等的提案未能提到大会讨论。

夜里,毛泽东很少休息,总在写些东西,天亮以后,草草地吃点东西便急匆匆走了。大会拒绝讨论毛泽东的提案后,毛泽东坚持己见,结果又被排斥在大会领导之外,最后只当选为中央候补执行委员,只有发言权,没有表决权。中央政治局常委会由陈独秀(总书记)、蔡和森、张国焘组成。

党的五大是在蒋介石叛变以后,武汉国民党也即将分共的前夜召开的,政治局势已经十分险恶。然而,

蒋介石

大会不但没有对险象环生的局势作出清醒的估计,甚至有一种盲目乐观的情绪,简单地认为资产阶级脱离革命,不但不会削弱革命,反能减少革命发展的障碍。这种观点使毛泽东十分忧虑,杨开慧也深深地为中国革命的前途忧虑,为中国共产党的命运担心。

会后一天,毛泽东和杨开慧到了武昌的黄鹤矶,登上了黄鹤楼。两人放眼望去,万里长江,烟波浩瀚,龟蛇二山,雾气迷蒙;粤汉线上的火车,鸣着嘶声的汽笛。长长的江汉码头,只显出一片模模糊糊的影子。他们都没有多说话。共同的理想,共同的战斗,共同的忧虑,共同的欣喜,早已把两颗心紧紧地连在一起。

黄鹤楼以传说骑鹤仙人费文祎每乘黄鹤到此楼休息而得名,唐崔颢有名句"黄鹤一去不复返",为历代所传诵,此刻毛泽东在黄鹤楼上心情苍

凉,他禁不住抒发出一位革命家忧国忧民的无尽的感慨:

> 茫茫九派流中国,
> 沉沉一线穿南北。
> 烟雨莽苍苍,
> 龟蛇锁大江。
> 黄鹤知何去?
> 剩有游人处。
> 把酒酹滔滔,
> 心潮逐浪高!

此时,杨开慧也是心潮澎湃,心事重重。

从来不游山玩水的夫妇俩,这一天在黄鹤楼徜徉到夜幕降临,才回到督府堤41号。

4.未来的亲家:毛泽东与刘谦初、张文秋与杨开慧仅见过一面

一天,两个青年男女敲开了督府堤41号的门。

男的身穿军装,叫刘谦初,是北伐军第十一军政治部宣传科社会股股长、宣传队总教官、《血路》杂志周刊的副主编。女的身穿学生装,是中共湖北京山县委妇女委员,叫张文秋。

刘谦初、张文秋为什么冒昧前来拜访毛家呢?

原来,1927年3月,毛泽东的《湖南农民运动考察报告》在国民党《中央日报》副刊刊载后,刘谦初和未婚妻张文秋读到此文,深为文中对中国农村各阶级分析之深刻,对农民运动描述之生动、阐述之精辟,赞不绝口,

他们非常敬佩毛泽东的胆识和才干。这时，张文秋在中共湖北京山县委工作，她很希望得到毛泽东对该县农民运动的指导，于是把自己的想法告诉了未婚夫刘谦初。

4月4日，刘谦初得知毛泽东创办的中央农民运动讲习所举行开学典礼的消息，特地请了一天假，邀张文秋与李桂英一道来到武昌中华路红巷13号。

在开学典礼上，毛泽东身穿灰色长衫，手持讲稿，英姿焕发地在讲台上发表了《湖南农民运动考察报告》的演讲，详细地介绍了湖南农民运动的经过，并高度评价了农民运动"好得很"。学员们对他的讲话，报以经久不息的掌声。

遗憾的是，那天的人太多，刘谦初和张文秋他们根本无法接近毛泽东，更谈不上和他谈话、请他指导了。

张文秋很不甘心，和刘谦初商量专程去拜访毛泽东。因此这一天，张文秋和刘谦初专程来到了都府堤41号毛泽东的家。

张文秋后来对这一次见面有着较为详细的叙述：

谦初拿着十一军政治部的介绍信去敲门，毛泽东家的保姆陈玉英把我和谦初请了进去。我们坐在客厅里，一会儿，身穿灰色长衫的毛泽东走进客厅，他面带微笑，看了介绍信，热情地和我们握手。谦初对毛泽东非常敬仰，他恭恭敬敬地行了一个军礼。

谦初直截了当地提出问题向毛泽东请教。一个是目前国内外的政治形势，一个是农民运动的发展情况。

毛泽东历来注重政治的趋势，不爱纠缠于细枝末节的小问题。谦初的提问正对上了他的兴味。

毛泽东侃侃而谈，他讲到苏联、英美和日本及其他中间国家对中国革命的三种不同态度；讲到在国内也存在三种不同势力；讲到共产党和国民党与北洋军阀之间的斗争。这中间，谦初也不时插话，发表一些自己的看法。

毛泽东柔和亲切的湖南话和谦初浑厚的山东话交织在一起，使我听得饶有兴趣。

谦初问毛泽东："既然中央很重视农民运动，为什么又反对武装农民，不让农民购买枪支呢？"

这个问题与我到武汉的任务有关，所以立刻引起我的关注。

毛泽东气愤地站了起来，说："那不是党的主张。那是陈独秀个人的主张！他的右倾思想已经到了我们不能不反对的地步了。"

在我们谈话中间，杨开慧从房里走出来，给我们倒了茶，端来了花生和瓜子。岸英和岸青紧紧跟在她的身后，一个大约四五岁，一个大约两三岁，都是很逗人喜欢的机灵模样。

我给他们一人抓了一把花生。岸英很有礼貌地说："谢谢！"

岸青也跟着哥哥说："谢谢！"

为了不影响我们的谈话，保姆把两个孩子领了出去。临出门时，兄弟俩回过头来，对我招招手，说："再见！"

怎么也没想到，这两个孩子以后会成为我的女婿。这时我还看到刚出世不久的岸龙睡在摇篮里。

毛泽东又详细地询问了十一军的情况，问起陈铭枢的思想倾向，问起十一军有没有政治委员制度，十一军里有多少共产党员，士兵大都是什么地方人，他们对共产党印象如何等等。谦初一一作答。谦初说，十一军政治部副主任王海萍是共产党员，陈铭枢当时的思想比较左倾，士兵大部分是广东人和福建人，也大都同情和倾向革命。毛泽东说，十一军的《血路》杂志办得很好，他很欣赏上面刊载的《十一军北伐出师宣言》。得知这篇文章出自谦初之手时，毛泽东大发相见恨晚之感慨，再次和谦初握手。

谈话期间，我还向毛泽东问起农民运动讲习所的成立经过。毛泽东风趣地说："农讲所是从斗争中诞生出来的。"

谦初和杨开慧也在一旁很有兴致地听着。

当时，湘鄂赣粤的农运发展很快，为了训练一批农民骨干去领导农运，便让这四省的学员到武昌学习受训。可是，江西的代表被反动派扣留

了,为此,毛泽东十分生气,决定号召全国的农民代表参加讲习所。于是,16个省的农协代表八百多人纷纷来到武昌。当时武汉政府的财政厅长是董必武同志,由他筹拨经费、选择所址和宿舍,这样一来,农民运动讲习所便在武昌成立了。

我听得十分振奋,还想再提问题,因有人登门拜访,谦初和我便起身告辞。毛泽东亲自送我们走出大门,他还盛情地邀请谦初以后到农讲所来作一次演讲,给学员们讲讲北伐的经过,谦初爽快地应诺了。杨开慧还一再邀我们常来玩。

在回去的路上,谦初很有感慨地说:"与毛泽东谈一席话,真是胜读十年书啊!"

然而,随着形势的变化,谦初的这次演讲落空了。

刘谦初,山东人,早年就读于山东齐鲁大学和北京燕京大学。1922年到达革命中心广州,1926年参加北伐革命军,并任第十一军政治部宣传科的社会股股长,在北伐途中加入中国共产党。张文秋原名张国兰,出生于湖北京山县青树岭一个封建世家。她的祖父张玉亭,在咸丰年间被御笔钦点殿试为探花,曾做过凤阳府知府、安徽省道台,最后官至安徽、河南两省巡阅使,后改迁为湖南、湖北两省巡阅使。她父亲张楠,也是前清举人。张文秋出身于名门,15岁时考入湖北省立女子师范学校,受业于共产党人陈潭秋和董必武,1919年1月加入中国共产党。北伐军进驻武汉以后,经武汉中央军事政治学校政

刘谦初

治总教官恽代英的介绍,刘谦初和张文秋相识。不久,两人相爱。

拜访毛泽东后,4月18日,武汉举行了第二次北伐誓师典礼。刘谦初所在的第十一军,由于军长陈铭枢跑到南昌投靠蒋介石,由张发奎兼代军长,部队准备开往河南前线,阻击张作霖向武汉进犯。4月26日,张文秋和刘谦初在武汉结了婚。然后,两人挥泪而别。

以后,两人数度重逢。1930年春天,张文秋生下女儿思齐。第二年4月,已是山东省委书记的刘谦初被山东军阀韩复榘枪杀。1937年张文秋奔赴延安。

在延安,张文秋与八路军129师荣军学校政治处主任陈振亚结婚,第二年秋生下一个女儿,取名张少华,后改名叫邵华。

1949年10月15日,毛岸英和刘思齐结为夫妻。1961年春,邵华又与毛岸青在大连喜结连理。

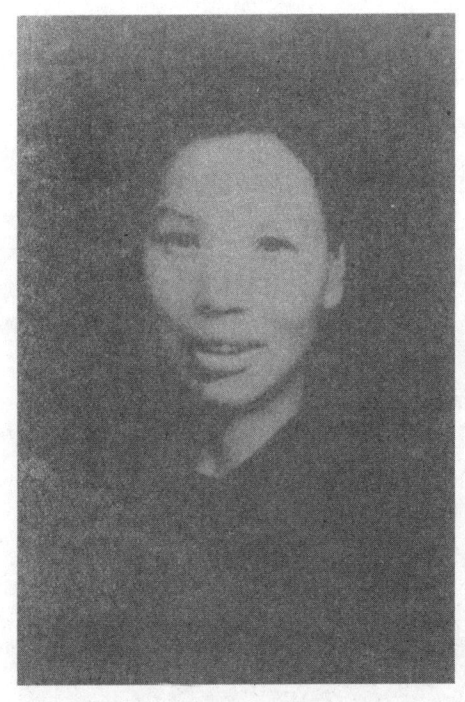

张 文 秋

这些都是后话,此时杨开慧早已牺牲,一切并不知晓。毛泽东与刘谦初仅此见过一面,杨开慧与张文秋也仅此一次见面。此时无论是毛泽东,还是杨开慧,抑或是张文秋和刘谦初,谁都万万想不到1927年4月份见到的竟是他们未来的亲家。

5.马日事变后,杨开慧打开后门接送战友

党的五大之后,陈独秀等人把希望寄托在以唐生智等武装力量为支柱

的武汉国民政府和武汉国民党中央身上,仍然不作两手准备,不抓武装,特别是不抓军队,只是单纯片面地一再强调纠正工农运动中的"左"倾幼稚病,以维持同武汉国民党、国民政府和国民党军事首脑的联合。

5月13日,驻守宜昌的国民党革命军第十四独立师师长夏斗寅首先叛变,通电联蒋反共,攻击武汉政府,并且,切断长武铁路。17日,他又率部逼近离武汉仅40余里的纸坊、土地堂一带,形势万分危急。蔡和森、李立三主张打退叛军进攻,保卫武汉。

此时,蔡和森是中央政治局三个常委之一,担任中央宣传部长,又代理中央秘书长。李立三为中央工人部长,两人都是中央政治局委员。他们提出的以暴动对付暴动的意见,得到了党内大多数同志的支持。在危急时刻,毛泽东当机立断,将农讲所学员400余人枪紧急输送出去,同中央军校学生编成中央独立师,配合叶挺部队,最后终于平定了夏斗寅部的叛乱,挽救了武汉政府。

在风雨欲来的时刻,武汉夏斗寅的叛乱立即波及湖南。

进入1927年后,湖南也已是风雨欲来。

为镇压各县土豪劣绅对农运的反扑,早在1926年12月,湘省区委就通过国民党省党部会同省政府组织成立了湖南省审判土豪劣绅特别法庭,省党部推定谢觉哉、易礼容、邱维震为委员。1927年1月,省政府公布了湖南省惩治土豪劣绅暂行条例。长沙、浏阳、祁阳、城步、临湘等县相继建立了审判土豪劣绅特别法庭,各地掀起了一个打击土豪劣绅的运动。2月,湘阴发生土豪劣绅任德纯、任觉樵、彭伯藩煽动农民600余人围攻农协、杀死农协会员的事件。3月20日,省政府派军队逮捕凶手;次日,土豪劣绅又煽动农民将凶手抢回,军队被迫开枪,打死农民6人;事后,土豪又组织抬尸游行向省农协"请愿"。为此,易礼容、柳直荀等人主持省农协专门发表《为湘阴惨案告农友》书,号召农民勿受土豪劣绅挑拨,相互化除成见,联合向反动派进攻。随后,省工会劳动介绍部部长、庞人铨的四哥、共产党员庞人健率人将杀害黄爱、庞人铨的主谋李佑文捕送至总工会转卫戍司令部,经省审判土豪劣绅法庭叛决,于4月5日处死。这些决然措施一时刹住了湖南土豪劣绅的歪风。

蒋介石发动四一二政变后,柳直荀、谢觉哉等联合署名,发出声讨蒋介石的通电,怒斥蒋介石"倒行逆施"。在反击反革命逆流时,中共湖南区委一致决定对长沙有名的"文妖"、大劣绅叶德辉予以逮捕,交省特别法庭公审。

叶德辉原是清朝的一个进士,在清末做过几任大官,是湖南省有名的劣绅。戊戌政变时,他专门和维新派作对;辛亥革命

长沙土豪劣绅头领叶德辉

后,他仍反对革命,参与1910年镇压长沙饥民暴动;袁世凯称帝时,他在湖南大办"筹安会",称圣劝进;张勋搞复辟时,他千里迢迢跑去面朝"圣君";直系军阀吴佩孚驻防湖南,他极力奉承巴结;赵恒惕在湖南搞联省自治,他去暗通声气。现在蒋介石在上海发动政变,他又在长沙勾结各处土豪劣绅,给蒋介石、谭延闿写密信,发电报,送情报,忙得不亦乐乎。对于这样一个极端反动的家伙,革命群众异常愤恨,省区委一致决定抓住叶德辉公审。

然而,叶德辉老奸巨猾,对农民运动早有戒备,归无定期,宿无定处。加之他耳目甚多,又与驻在湖南的唐生智部何键三十五军长沙驻军三十六团团长许克祥交往甚密。所以,要抓住这个大劣绅需要费一番心思。

4月13日,叶德辉正在坡子街姘妇家里。突然,随从送来一张名片。叶德辉一看,是长沙师范学校校长柳午亭先生的名片。柳午亭在教育界很有声望,叶德辉不敢怠慢,连忙整理衣冠,出来见客。然而,当他走到门口时,却不见柳午亭,只见他的儿子柳直荀和几个工农纠察队员,不由得大吃一

惊,立即转身逃走。这时工农纠察队员上来一把将他抓住。然后,前往叶家,从书室里搜出许多反革命文件,以及他与南北各军阀来往函电等。于是,柳直荀下令将叶德辉押解到革命法庭。

这时,已是午夜两点了。柳直荀和郭亮等连夜审查罪证,并赶发紧急通知,召开群众公审大会。

第二天上午10点,湖南工农商学各界革命团体举行10多万人的反蒋示威和铲除反革命分子示威大会。主席团宣布叶德辉的罪状,当场处决。

但是,与此同时,敌人也加紧了反革命的步伐,情况越来越紧急。

五大以后,湖南区委改称省委,李维汉调任中央组织部部长,省委书记一职由夏曦接任。当李维汉返回长沙刚刚向夏曦移交完工作,准备返回汉口时,夏斗寅叛变,长武路中断,无法成行,湖南省委与中央的联系也中断了。接着,湖南发生连锁反应。5月18日,常德近郊农民协会委员长被凌迟处死;5月19日,唐生智部三十五军何键部占领益阳县工会、农民协会,农民自卫军及纠察队被缴械,一时长沙风声紧张。

许多迹象表明,湖南局势日益紧张。李维汉和省委估计湖南也有发生反革命事变的可能,立即通告各县工农武装准备就地自卫,并指定了四路总指挥。5月20日晚上,省委又召开会议。会上,省委书记夏曦提出:"如发生事变,几个公开活动的负责人郭亮、戴晓云、李维汉和我本人,在长沙很难隐蔽,应转移地方。"

李维汉同意他的提议,但又提出两项建议:"一是省委几个负责人分4路转移,就地指挥工作,同时派人到中央报告请示,我自己则设法回中央。二是在长沙成立秘密临时省委。"

大家同意这样办,并决定薛世纶、王则鸣、林蔚为临时省委成员,薛世纶为书记。随即准备转移的几个人都发了费用。

第二天早餐后,李维汉还没走,就接到林蔚报告:"夏曦没有告诉省委就走了,只在国民党省党部办公室留了一张条子,说是同凌炳去武汉向中央报告工作。今天国民党省党校举行开学仪式,原定夏曦代表中共湖南省委出席讲话,现在怎么办?"

最后,党校讲话临时由李维汉代替。

同一天上午,李淑一带着孩子回到离省农协不远的顺星桥娘家。下午,柳直荀匆匆地赶来顺星桥和李淑一作别,说局势危害,需要离开长沙。李淑一的母亲见他还没吃午饭,连忙从坛子里夹了些辣椒萝卜,弄了两个皮蛋,用茶泡了一碗饭给他吃了。饭后,柳直荀又匆匆地赶回省农协。

这竟是柳直荀与家人最后的告别!

由于夏曦出走,晚上省委开会,推郭亮代理省委书记。这时,虽然得悉武汉夏斗寅被击溃,但在省委会上分析形势时,众人估计湖南反动事变仍有可能发生,决定20日确定的工农武装准备就地自卫、成立秘密省委等准备应变的方针和措施继续有效,并要抓紧向中央请示。散会不久,大约10时左右,长沙城枪声四起,马日反革命事变发生。驻长沙的三十六团团长许克祥、三十五军教导团长王东原、三十五军留守处主任陶柳、三十六军留守处陈其祥等率兵1000多人,分途袭击国民党省、市党部,省工会,省农民协会,省党校,将工人纠察队和农民自卫总队缴械,捣毁特别法庭,释放被关押的土豪劣绅,捕杀共产党员和革命群众。随即,国民党右派分子彭国钧、仇鳌、萧翼锟等在长沙组织了包括许克祥、陈其祥在内的反共的"救党委员会",宣布脱离武汉政府,服从蒋介石的命令,并通令恢复全省的地主团防武装,在各县实行反革命的"清乡"。

在抵抗中,柳直荀带领驻在省农协的农民自卫军队,拿起枪杆,投入了战斗。可是,寡不敌众,最后他只好冒着大雨,孤身一人赶到轮船码头,搭上了从长沙到湘潭的小火轮。郭亮指挥工人纠察队抵抗一阵后,因弹药缺乏,外无接应,不得不带领工人纠察队员撤往河西。第二天,他与柳直荀取得了联系,商定以省总工会、省农民协会的名义,向各县发出围攻长沙的命令,并在湘潭建立农军总指挥部。

长沙附近的农民,听说郭亮、柳直荀在组织力量,准备反攻长沙,感到非常振奋。随后,平江、浏阳、醴陵、萍乡、湘乡、湘潭、宁乡、益阳、衡山等地的农军,如风起云涌,从四面八方奔向长沙。

5月29日,柳直荀指挥湘潭、湘乡等地的农军,大部集中于姜畲一带,

一部分集中于易家湾,控制着通向长沙南面的门户。与此同时,郭亮指挥宁乡、长沙农军大部集中于岳麓山后山一带,待机进攻长沙。醴陵、萍乡等地农军进至株洲一带,拆毁了一部分铁路。

衡山、衡阳的农军则集中于护湘关一带,准备向长沙推进。

30日,湘潭、湘乡农军逼近长沙。31日,浏阳农军数千人抵长沙小吴门外二里牌、峨眉岭等处,开始与叛变军队接触。从长沙退到河西的长沙工人纠察队,也立即投入了反扑长沙城的准备工作。

这时,长沙的叛军只有2000多人,1000多条枪,在5倍的工农力量包围下,成为瓮中之鳖。反共"英雄"许克祥也换上了便衣,悄悄地买好了船票,准备出逃。

但是,以陈独秀为首的中共中央却下了一道命令:"农民不得进城武装斗争,湖南问题须静候国民政府解决。"

农民军一撤退,反革命势力就疯狂反扑,开始了全省规模的大屠杀。

围攻长沙失败后,柳直荀怀着无比悲愤的心情,决定离开湖南前往江西,再行计议下一步出路。他穿上在雅礼大学读书时很少穿的西装,佩着领带,装扮成一个牧师的模样。然而,刚到湘赣两省交界的老关,就被当地的民团逮捕。民团的团长追问柳直荀:"你是什么人?"

柳直荀不慌不忙地说:"我是雅礼大学的牧师。"

团长看他一身西装革履,心想:"牧师,这是惹不得的人物!"立即把他放走了。

去江西,关隘太多,风险太大,柳直荀只好退回长沙。然而,这时长沙仍笼罩在腥风血雨之中。柳直荀隐蔽在一个亲属的家里。浏阳门外识字岭杀人的枪声不绝于耳,从南门口到北门正街,从城东的小吴门到河西的荣湾镇,到处张贴着捉拿毛泽东、郭亮、柳直荀等共产党人的通缉令。于是,在亲属的掩护下,柳直荀离开了白色恐怖的长沙,到达了武汉。

长沙马日事变发生后,6月3日,毛泽东任常委的全国农协发出声讨通电,要求国民政府对许克祥"立予免职查办"。面对强大的反革命武装,面对党内领导的妥协退让,革命的出路在哪里呢?湖南的共产党员和工农

运动的骨干,很自然地想到了毛泽东。他们揩干身上的血迹,掩埋好同伴的尸体,都不约而同地奔向武昌督府堤41号,去找毛泽东。

从5月下旬起,杨开慧用全部精力来接待来自湖南的同志。同志们冒着被捕的风险,有的带着枪伤,有的拿着战友的血衣,来到督府堤,拉住毛泽东和杨开慧的手,热泪交流!他们悲痛地讲起湖南的情况,愤怒地控诉敌人惨绝人寰地屠杀工农的暴行。

杨开慧含着热泪,带着悲愤,把战友们讲的每一件事、每一句话都铭刻在自己心上。这些日子里,她吃得很少,睡得很少。母亲和孙嫂见她又黄又瘦,特意为她弄了一点好菜,她却端去给来访的湖南的同志吃。

找毛泽东的人越来越多,为了保密和安全,她打开督府堤通向长江边的后门,亲自把他们接进来,又亲自把他们送出去。

湖南仍处在白色恐怖之中,从那里来的同志一时还回不去。杨开慧又妥善地为他们安排住宿,把很多人都安排到了汉口旅社。然后,他们组织宣传队,分赴武汉街头,向广大群众说明湖南农民运动的真象,揭露国民党右派的罪行,要求严惩发动马日事变的罪魁祸首。

6.蔡和森被撤职,在毛泽东家养病

然而,形势的逆转比预料的来得更快。

6月6日,国民革命军第五方面军总指挥朱培德在江西以"礼送出境"的名义逐走大批共产党员和国民党左派人士。6月10日,武汉国民政府主席汪精卫赴郑州和第二集团军总司令冯玉祥、第四集团军总司令唐生智举行会议。9天后,冯玉祥又赴徐州同蒋介石会谈。幕后的交易表明:蒋汪携手,宁汉合流,反共反苏,已是势所必然。

在这期间,毛泽东和谭平山、邓演达等,以中华全国农协临时执行会

常委的名义,连续发表4个《训令》,要求明令制止江西驱逐共产党及工农领袖之行动,严惩屠杀民众的反动派,揭露蒋冯的徐州会谈是"谋反前敌武装同志及国民政府",要求国民政府保护工人纠察队和农民自卫军;并号召各级农协严密组织,武装自卫。

冯玉祥(左一)、蒋介石(左三)

此时,国共两党的全面破裂已如箭在弦上,到了就要摊牌的最后时刻,越来越多的共产党人意识到这一点,努力寻找出路。

6月17日,中共中央军事部长周恩来根据湖南情况,在中央常委会上提出湖南暴动计划,但被共产国际代表罗易拒绝,从不轻易发火的周恩来气得和他大闹一场。

会上,蔡和森因为夏曦等人对待许克祥叛变前处置不力,工作有误,提议改组湖南省委,由毛泽东担任书记。但是这个意见在会上不仅没有被讨论,还引来一些非议。有人说他和毛泽东要在党内组织"左派"。3个月后,蔡和森解释说:"和森与毛泽东同志之关系,绝对不是什么企图组织左派,只因泽东一向反对中央农民政策。1926年冬季以来,完全代表湖南土地革命的倾向,为一切敌人之所痛恨,而为一切农民之所欢迎,所以,马日事变后,和森主张他回湘工作。"

这时,由于中央派出大批军事干部前往湖南,湖南虽遭许克祥的屠杀,但革命情绪仍然高涨,总的革命形势又开始有了转机。

陈独秀又被局势暂时的好转冲昏了头脑,认为危机业已延缓,又主张

对国民党继续退让。蔡和森不同意这种看法,说:"我们必须具有一种明确的意识,再也不要说什么让步,什么取缔工农过火的话了。今后我们的任务,再也不是要退让,而只能是进攻。"

然而,陈独秀、张国焘等人对于国民党右派和新军阀已习惯于退让和妥协,一听蔡和森要进攻,马上指责他:"这是左派幼稚病,是发狂,是要与国民党决裂。"

结果,在中央政治局,因为陈独秀与张国焘力主退让,持进攻态度的蔡和森在党中央领导机关的处境越来越困难。

6月下旬,蔡和森哮喘病和胃病又复发。接着,他被撤了代理中央秘书长职务,由张国焘以常委资格取而代之。这样,蔡和森被迫离职养病。

蔡和森被撤职的第二天,便来到武昌都府堤41号毛泽东的家里养病。他得到毛泽东和杨开慧的热情关怀和照顾,杨开慧还特地买了鸭子和海参炖汤给他吃。

由于湖南省委遭受马日事变的严重打击已接近瘫痪,必须尽快恢复强有力的党的工作,才能巩固湖南。这样,到6月24日,中共中央政治局常委会议才决定成立以毛泽东为书记的新的湖南省委。

这时,毛泽东正在作回湖南的准备,向从湖南各地来汉的基层农协干部了解情况,安排暂避武汉的湘省工会、农协干部郭亮等人回湘转入地下工作。

6月24日,毛泽东得到中央任命后,当日即乘火车返回湖南。

7."上山可以造成军事势力的基础"

回湘后,毛泽东冒着生命危险,立即在长沙、湘潭、衡山农村奔走,恢复党、工会、农协组织,并将各地公开的党、工会、农协的工作转入地下。

6月26日，第四集团军总司令唐生智打着调解紧张局势的名义回长沙。唐生智，湖南东安人，在4月蒋介石叛变后，他曾受命武汉国民政府，率师进行第二次北伐，力克郑州。唐生智抵达长沙时，欢迎他的既有何键特使余湘三等策动的人马，也有中共长沙市基层支部组织的工农群众。

然而，唐到长沙后，由于何键发动马日事变，动摇了他在湖南的群众基础，即被余湘三、张翼鹏、王东原等所左右，没过几天，唐生智就在余湘三等豪绅政客支持下，悍然致电武汉国民政府：

> 工农运动领导失败，横流溃决，迭呈恐怖，到处抽捐罚款，肆意侮辱，甚至加以杀害，日言工农商学兵大联合，则日事拆散联合战线，提倡阶级斗争，务使各不相容。

紧接着，他又明令全省取消工农团体，停办中等以上学校，取缔"二五减租"，公开反对共产党，

唐生智

默认长沙市公安局逮捕共产党员数十名，杀害5人，并企图危害毛泽东。

在这种情况下，毛泽东毅然举起反对唐生智的旗帜，制订《中共湖南省委目前工作计划》。在这份工作计划中，毛泽东提出："一切民众的宣传和组织，一切经济的和政治的斗争，一切口号的鼓动，都以推翻唐生智的统治为目的。"为此，他计划准备建立以徐特立为首的国民党秘密省党部，重组全省总工会、全省农民协会，恢复各地党组织，健全领导力量，对于动摇变节分子进行洗刷。其中，毛泽东特别强调要设法保存武装，并提出了三个办法："第一，编成合法的挨户团，次之则上山，再次之则将枪支分散

埋入土中。"

为了充实省委力量,毛泽东又将在五大后投笔从戎的夏明翰从北伐军中调回湖南,担任省委委员兼组织部长。随即,湖南省委根据毛泽东主持制订的工作计划,确定将人力、财力集中到重要的县份,如长沙、湘潭、醴陵、湘乡、平江、浏阳、岳阳、湘阴、宁乡、安化、益阳、常德、南县、华容、衡阳、衡山、耒阳、郴州、宜章、汝城、宝庆等县。然后,在这些地方重新组织县委或中心县委,并对工农武装根据不同情况作出3种安排:

一、已经暴露了的工人纠察队、农民自卫军,如湘潭、湘乡、宁乡、浏阳、平江、醴陵的工农组织,"上山学匪",准备长期奋斗。

二、尚在灰色或潜伏状态中的工农武装仍保持合法团体——挨户团名称,待到起义时,再打出自己的旗帜。

三、力量弱小、组织又不甚健全的工农武装,则把枪支埋于土内,人员分散隐蔽,或投入贺龙、叶挺部,或潜入国民党军队、反动团防,设法制造兵变,夺取枪支。

省委作出如上部署后,又曾"不下数十次"通知各地党组织,要求认真贯彻执行。

在毛泽东的安排下,郭亮前去平江、浏阳,指导当地农协武装退到浏阳与江西边界;夏明翰和杨开明前往安源,纠正安源工人武装领导人刘义打着国民政府中央委员的招牌大吹大擂的错误,除将所有警兵改为工人,排长改职员外,还安排一灰色同志充当安源煤矿保安科长;毛简青回平江任县委书记,把县农民自卫军和工人纠察队合编为工农义勇队,由余贲民率领,开往幕阜山区整训;湘潭西乡农军由县农协委员长郭咏泉率领撤往韶山宁乡边境山区;宁乡农军由喻东生、谢南岭统率撤到沩山;宜章、郴州、资兴农军由陈东日、武文元指挥,撤至汝城,与汝城农军及广东惠潮梅农军汇合;罗学瓒和孙小山等率醴陵工农武装撤至安源,与安源工人武装汇合。

这样,湖南保存了大量工农武装,约有2000支枪。以后,集中在安源的工农武装和湘赣边的平江、浏阳农军,成了秋收起义的基本队伍;宜章、郴

州、资兴、汝城、桂东、耒阳、安仁等地农军,则成为湘南起义的重要力量。

毛泽东在湖南组织推翻唐生智的活动,引起了唐生智的嫉恨。

唐急电武汉国民政府主席汪精卫,请求处置办法。汪精卫又逼迫陈独秀,陈独秀得知消息,命令毛泽东速回武汉。若干年后,毛泽东与斯诺谈话时曾追忆此事说:

> 许多共产党领导人这时得到党的命令,要他们离开中国,到俄国去或者到上海和其他安全的地方去。我奉命前往四川,但我说服陈独秀改派我到湖南去担任省委书记。十天以后,他又命令我立刻回去,指责我组织暴动反对当时在武汉当权的唐生智。

毛泽东只好于7月初回武汉。

7月4日,毛泽东参加了中共中央常委扩大会议。出席会议的有陈独秀、李维汉、邓中夏、蔡和森、柳直荀、周恩来、戴述人、张国焘等。

会议在讨论湖南问题时,毛泽东多次发言。当陈独秀提出国民党中央农民部派人改组农协时,毛泽东建议说:"派一左派同志为好。"

接着,在讨论工农武装的出路时,陈独秀提出:"省党部应特别注意已经叛变革命或即将叛变革命的各军招兵问题,我们可以不客气地多将群众送给他们。"

对此,毛泽东针对陈独秀的这一错误主张,指出:"这可不行。工农武装改成安抚军合法保存,此条实难办到。"

"那怎么办?"陈问。

"应该上山。"

"上山?"

"对,上山可造成军事势力的基础。不保存武力,则将来一到事变,我们即无办法。"

为此,毛泽东还主张以办军事"训练班"的名义招集队伍。在这次会议上,蔡和森也主张"农民自卫军上山"和"迅速发展乡村中党"。这两位老同

学、老战友在挽救革命危机的紧要关头,思想完全一致。

但是,陈独秀仍无动于衷,毛泽东又大声疾呼:"不保存武力,则将来一到事变,我们即无办法。"

此次会议虽是为讨论湖南农协和农民武装如何对付敌人搜捕和屠杀而举办,却仍没有解决当前最为急迫的如何应付汪精卫、唐生智等人叛变的问题。

这时,形势越来越严峻,武汉的局势变得更加紧张。以汪精卫为首的武汉国民党政府开始公开发布禁止集会、游行、罢工的通告。鉴于形势严峻,已在国民革命军第四军政治部任上尉的毛泽覃准备同邓中夏再次前往广州,他们登上了南去的列车后,才到长沙,因局势太紧,无法南进,只得又折回武汉。深夜,毛泽覃敲响了妻子周文楠的房门,灯光下,只见他身着军装,腰挎短枪,军帽边缘已被汗水浸湿。他望着即将分娩的妻子,半天没吱声。等了好一阵,毛泽覃才低声对妻子说:"我不能照顾你了,我要跟随部队行动,准备往江西南昌方向走。"

第二天天刚亮,毛泽覃便离开了家,几天以后周文楠即回长沙。随后,杨开慧和孙嫂带着孩子也在汉口租界租了一处房子,以应付急变。

8.杨开慧作了最坏的打算:把岸青送回了老家

局势越来越紧张,武汉的反革命政变迫在眉睫。7月12日,根据共产国际的指示,中共中央进行改组,陈独秀停职,由张国焘、李维汉、周恩来、李立三、张太雷组成临时中央政治局常委会,主持全国大局。13日,中共中央发表对时局宣言,谴责武汉国民党中央和国民政府的反共活动,命令在武汉政府的共产党员退出。7月15日,汪精卫公开宣布同共产党决裂。

7月20日,刚刚改组过的中共中央临时常委会发出《中央通告农字第

九号——目前农民运动的总策略》,明确提出中国革命已"进到一个新阶段——土地革命的阶段"。

毛泽东率先响应通告的精神。

7月底,毛泽东起草了《中共湖南省委关于湘南运动的大纲》。在这个文件中,毛泽东表述了下列意见:

> 湘南特别运动以汝城县为中心,由此中心进而占领桂东、宜章、郴州等四、五县,成一政治形势,组织一政府模样的革命指挥机关,实行土地革命,与长沙之唐政府对抗,与湘西之反唐部队取联络。此湘南政府之作用有:(1)使唐在湖南本来未稳定的统治更趋于不稳定,激起唐部下之迅速分化;(2)为全省农民暴动先锋队,造成革命力量之中心,以达推翻唐政府之目的。

8月1日,中央常委批准了毛泽东关于湘南运动的建议大纲,并寄发湖南省委。

同一日,以周恩来为书记,李立三、彭湃、恽代英等人为委员的前敌委员会在江西南昌发动起义,郭亮、柳直荀等人受党的委派也参加了起义。此时,已担任北伐军第三十五军第二师政治部主任的陈昌也赶往南昌参加了起义。这一次起义揭开了中国共产党武装反抗国民党反动派的序幕。

8月3日,中共中央发布《关于湘鄂粤赣四省农民秋收暴动大纲》,其中规定组织湖南特别委员会,由毛泽东任书记,成员有夏曦、郭亮和任卓宣。

8月1日南昌起义前,国民党武汉政府尚未大规模公开逮捕屠杀共产党人。南昌起义爆发后,8月2日,武汉政府露出了狰狞面目,明令对共产党员"一经拿获即行明正典刑,决不宽恕",开始了公开的反革命屠杀。汪精卫发出"宁可枉杀一千,不可使一人漏网"的疯狂指令,大规模地逮捕、屠杀共产党人和革命群众。与此同时,一切工会、农会和革命团体都被封闭。一时间,武汉三镇处于白色恐怖之中。

此时,杨开慧早就作了最坏的打算,她把板仓老家的族兄杨秀生叫到了武汉,让他先把保姆和孩子带回湖南乡下。对此,陈玉英回忆说:

> 武汉形势越来越紧张。我们只在武昌住了四个多月,就回湖南了。七月中旬,板仓的杨秀生接了我和岸青,还有十一件行李,大都是毛主席、开慧同志看过的书和写的笔记,回到了开慧同志家乡——长沙县东乡板仓。

为了挽救党和革命,营救被捕的同志,毛泽东不顾个人安危,在腥风血雨之中四处奔走。而汪精卫的叛军、特务也正在四处追捕共产党"要犯"毛泽东。

一天,毛泽东送几个农讲所的学员回乡组织革命,一直送到江边,看着他们平安上船,然后才放心地离开码头。当他回来走到六渡桥时,遇上了两个便衣特务。他们打量着一身工人装扮的毛泽东,迟疑了一会儿问:"你,你看见毛润之他们没有?"

面对特务的盘问,毛泽东心中一震,但马上又镇定下来。他从对方的问话中判断出他们并没有认出他,灵机一动,从容地说:"毛润之是谁?我不认识。"

"你刚才看见有几个人从这里过去吗?其中有一个高高瘦瘦的,像个教书先生。"一个特务面对着眼前这位高高瘦瘦的"教书先生"却像吃了迷魂汤似的接着盘问。

"哦!看见了,他们到码头上去了。"毛泽东坦然地用手往码头的方向一指。

两个特务信以为真,顺着指的方向追去。

毛泽东很快消失在大街上,平平安安地回到了武昌督府堤41号他的家里。一进屋,毛泽东便对杨开慧说:"我们得换一个地方,敌人已注意我们了。"

当晚,毛泽东一家便转移到一位同志家中。

这时，杨开慧对毛泽东的安危十分担忧，她想请毛泽东及早离开武汉，但毛泽东还有很多重要的工作要做，一时还不能走。因此，她特别注意加强戒备。每天早晨，毛泽东外出以前，她总要先打开房门，观察动静；每天夜里，不论毛泽东回来得多么晚，她总是等他回来后才睡。平时，党内同志来找毛泽东，她总是前后照顾；有时毛泽东外出参加会议，她还亲自陪送。

9."我不愿意跟你们去住高楼大厦"

在这革命的紧急关头，中共中央在武汉召开了紧急会议，这就是有名的八七会议。出席这次会议的中央委员，候补中央委员，监察委员，共青团代表，上海、湖南、湖北代表和军委代表，共计21个人。瞿秋白、张太雷、邓中夏、任弼时、苏兆征、顾顺章、罗亦农、陈乔年、蔡和森、李震瀛、陆沉、毛泽东、杨匏安、王荷波、李子芬、杨善南、陆定一、彭公达、郑超麟、王一飞、李维汉等人都参加了会议。同时，参加会议的还有时任党中央秘书处长的邓小平。此外，国际代表罗米纳兹和其他两个苏联同志也出席了会议。虽然出席会议的人不多，但因环境险恶，中央内部交通却花了3天工夫，将他们一个一个地带进会场。一进一出前后花了6天工夫。

八七会议的会场，设在汉口市原三教街41号。这是一座公寓式的房子，会场选在楼上的一间房内。

由于环境险恶，八七会议由上午到晚上只开了一天。

会议最后在选举临时中央政治局时，李维汉和蔡和森等主张让毛泽东加入政治局，但是，毛泽东却一再提出："我准备去参加秋收起义，不能加入政治局。"

国际代表罗米纳兹说："那就将名单付诸表决吧！"

瞿秋白

结果,表决后,选出临时政治局正式委员9人,候补委员7人。

9名正式委员是:苏兆征、向忠发、瞿秋白、罗亦农、顾顺章、王荷波、罗迈、彭湃、任弼时。7名候补委员是:邓中夏、周恩来、毛泽东、彭公达、张太雷、张国焘、李立三。

选举完毕,李维汉宣布会议圆满结束。

在会后,瞿秋白要毛泽东去上海党中央工作。而毛泽东此时已决心去发动秋收起义,上山打游击,于是回答说:"我不愿跟你们去住高楼大厦,我要上山交绿林朋友。"

随后,毛泽东"上山"的请求得到了瞿秋白和中央的批准。

8月9日,毛泽东出席由瞿秋白主持召开的临时中央政治局第一次会议。会议选举瞿秋白、苏兆征、李维汉为临时中央政治局常委。瞿秋白兼管农委、宣传部并任党报总编辑,苏兆征兼管工委,李维汉兼管组织部和秘书厅。会议进一步讨论了湘、鄂、赣、粤4省秋收起义问题和各地党的工作。在讨论湖南问题时,湖南省委书记易礼容提出:"最好由湘南工农武装,编成一师与南昌起义部队配合共同夺取广东。"

共产国际赴长沙的巡视员马也尔也赞同这一意见:"易礼容的这一意见可取。"

这是看轻湘省暴动,忽视了应将湖南形成统一的革命力量的观点。毛泽东马上表示反对,说:"组织一师往广东是很错误的。大家不应只看到一个广东,湖南也是很重要的。"

接着,他又解释说:"湖南民众组织比广东还要扩大,所缺的是武装,

现在正是暴动时期，更需要武装。前不久我起草经常委通过的一个计划，要在湘南形成一师的武装，占据五六县，形成一政治基础，发展全省的土地革命。纵然失败也不用去广东而应上山。现在的省委是在事变后收拾残局的，成立不到两月，它在恢复湖南组织上是建立了一点功劳的。以后省委应增加工农同志，以前党内群众对党的负责人是不满的。"

毛泽东的意见得到了中央政治局的赞同。会议决定毛泽东以中央特派员的身分回湖南传达八七会议精神，改组省委，领导秋收起义。并决定蔡和森、王荷波前往北方，组织中央北方局，王荷波为书记，以蔡和森、王荷波、彭述之、张昆弟（1921年回国后一直在北京、河南、天津等地从事工人运动）、刘伯庄为委员，其中蔡和森为秘书，管理顺直、山西、满洲、内蒙和山东等省党的工作。

会议结束后，毛泽东立即和杨开慧准备回湖南，去领导湘赣边界的秋收起义。

10."抓我的人就在车上，我哪能做声"

8月12日，毛泽东和杨开慧离开武汉，前去长沙。

在此前一天，杨开慧收拾好了行李之后，去和已转入地下工作的向警予告别。此时向警予已于七一五事变后调湖北省委宣传部工作。杨开慧来到她的住处时，她正刚从阳罗附近传达八七会议精神回来，在白色恐怖下，两人依依惜别。

这一天大清早，杨开慧和毛泽东都化了装。杨开慧穿着一件素净的、灰色带格子花的短旗袍，毛泽东穿了一套白色的学生服，为防意外，网篮里还带了一套灰色的中山装。出发时，杨开慧和母亲、岸英、岸龙先走，毛泽东和另外几个人结伴后行，约定到鲇鱼套车站会合。

酷夏的武汉天气很闷热。吃完早饭后,杨开慧身上流着汗,手里抱着刚生下4个多月的岸龙,身旁站着大儿子岸英,在鲇鱼套车站的进站口等候着毛泽东。母亲向振熙在远远的土站台上守着行李。

岸英用小手擦着脸上那些流不完的汗水,仰起小脸问:

"妈妈,爸爸怎么还不来?"

孩子的疑问,更增加了母亲的焦虑。

车站入口,国民党军队的岗哨正在盘问旅客。站台的另一边,有几个鬼里鬼气的家伙,像游魂似的东游西逛,好像也在等候什么。眼看火车头喘着粗气进站了,但是毛泽东还是不见人影,杨开慧担心误车,神色不安地转过身子,忽然看见有几辆黄包车朝进站口飞驰而来。前面的停下了,车上跳下来3个妇女,其中有两个她认识。刚打过招呼,毛泽东从最后一辆黄包车上走下来,向她们挥了挥手,便朝前走了。

杨开慧见毛泽东他们进了站,这才放下了一颗心。她又有意等了一会儿,才一手抱岸龙,一手拉岸英,跟着进站上了火车。

他们刚刚上车,火车便开动了。

这是南行的列车,车厢破旧,挤满了人。由于路基不好,火车一摇三晃地向前移动着。杨开慧和母亲带孩子坐在前边,毛泽东坐在后边,彼此很少说话。几天来,杨开慧很少睡觉,上车不久就打起盹来。有时候停车,国民党士兵的怒喝声把她惊醒,她一惊醒,便朝毛泽东那里望上一眼,看到他还在才又放下心。就这样摇着,晃着,迷蒙着,也不知过了多久,杨开慧忽然听见有人说:快到长沙北站了。

她看到两个孩子睡得正香,再往后边一望,毛泽东却不见了。她以为可能是毛泽东暂时离开自己的座位,可是等了好一会儿,仍然不见毛泽东的身影。

她心里着急了。虽然事先有相机行动的思想准备,但此时还是放心不下。于是,她轻声把这情况告诉了几个同行的伙伴。

大家心里都很焦急,可又不敢作声。火车上不仅有国民党押车的士兵,还有敌人的暗探,这样的事怎么能声张呢?

杨开慧什么也没有说,只是暗暗地抱怨自己,担心毛泽东会出事,忍不住掉下眼泪来。

火车到站了,她抱着孩子,出了站台。

当她怀着焦急的心情走到望麓园一号,刚要敲门时,只见一个高大魁梧的人将门帘一掀,站在她面前笑眯眯地说:"你们来哒!"

杨开慧见是毛泽东,满肚子忧虑一下都飞到九霄云外去了。她心里十分高兴,嘴上却埋怨说:"你要先走,又不做声,害得我们担心死了,还笑呢!"

毛泽东接过行李,笑着说:"抓我的人就在车上,我哪能做声呀?"

杨开慧一听没有再说什么了。她衷心佩服毛泽东机智果断,化险为夷。心想,今后自己无论碰到多么复杂的情况,都要从容镇定。

在望麓园吃完中饭,毛泽东、杨开慧和向氏又带着两个孩子前往板仓。这时长沙一片白色恐怖,他们打算把老人和孩子安排到板仓去,再回长沙。

11. 此时长沙的气氛十分紧张

当杨开慧和毛泽东一行回到板仓时,杨开智早已回家。

年初,杨开智从北京回了湖南后从事着农业试验场工作。毛泽东回湘考察农民运动时,介绍他去常德杨山森林局担任了该局局长。不久,在常德,他经前妻李一纯介绍,与李一纯的七妹李崇德结了婚。李崇德年仅17岁,正在省立第二中学读书,高中尚未毕业。这时,杨开智因为李崇德放暑假也回了板仓。看到杨开智和李崇德相亲相爱,毛泽东和杨开慧从内心里感到高兴。

此时,大革命失败后,板仓也被一片白色恐怖笼罩着。

早在 1926 年,长沙县属锦绣、大贤、伏龙、临湘、河西、云母、清泰、尊阳、万寿、明道、轻康、淳化、麓山、龙喜、嵩山、五美等镇乡就已建立了农民协会。到 1927 年春,全县共建立 19 个区级农会,赤旗招展,会员人数超过 20 万,农会能直接领导的群众达到 100 万,约为当时全县人口的 80%。

马日事变发生后,长沙各县的革命群众无比愤慨。5 月 29 日,麓山镇农协委员长易子义等,召集麓山、河西两区农民纠察队几千人,在齐天庙开会,

杨开智、李崇德与母亲向振熙以及杨展的合影

决议联合全县十八镇乡,于 5 月底分路围攻长沙,易子义为总指挥。30 日和 31 日湘潭、浏阳农军包围长沙时长沙县河西、麓山两镇几千人集合在河西一带,准备扑城。大贤镇农军从檀木岭向长沙进发,杨桥、霞凝等地农协也作出了扑城准备。但是由于陈独秀下达的命令,扑城计划被迫停止。随即,反革命和土豪劣绅马上进行疯狂反扑,长沙县农协委员长陈伏泉和长沙各县、乡农会干部和共产党员全成了敌人追捕的对象。

党组织被迫分散,彭岂池、余隽五、杨立三、黄则民等皆亡命外出。农协委员长陈伏泉没有走,他把十多支短枪分藏到城乡各处。然后,东一晚西一晚居所不定,团防局几次到文家市搜抓均未得手。有一次又来枪兵,陈伏泉见外逃无望,躲入预先挖好以备万一的土洞中,洞虽靠近后山,而洞道很深,洞外又有一堵短墙掩护,竟把团丁瞒过。洞里暗无天日,他不知在洞中躲了多少个日日夜夜,后来跑到湘阴一个朋友家里,改名换姓,开蒙馆授徒。

为了更好地开展湖南的工作,毛泽东决定先对正在剧烈变动中的湖南社会情况和群众心理状态进行一次调查,摸摸底。在杨家大屋,他邀请了汪庆生、缪配秋等5位农民、一位篾匠和一位小学教师召开调查会。

汪庆生、缪配秋等7人都是隐蔽起来的地下党员,他们向毛泽东汇报了长沙县和板仓农民协会和党组织的情况,并且针对大革命的失败提出只有全盘解决农民的土地问题,才能真正把农民发动组织起来的想法。毛泽东与他们进行了2天座谈,然后才和杨开慧回到长沙。

此时长沙城的气氛十分紧张。警备司令部的刽子手们,押着一队队带有脚镣手铐的共产党员游街;省清乡司令部的侦缉队,像疯狗一样到处乱窜。形势十分严峻。

回到长沙后,毛泽东针对长沙县党组织已瘫痪的状况,委派仇寿松担任中共长沙县委书记,恢复党的组织。1922年夏在长沙泥木工人的罢工斗争中,仇寿松和舒玉林两人,随任树德、朱友富一起始终在斗争的最前线。经过一系列的斗争实践,两人于1923年春天加入了中国共产党。1925年秋,仇寿松受党组织派遣,同萧石月到新化锡矿山秘密筹建矿工会。1926年7月舒玉林也受湘区委的派遣来到锡矿山。1927年2月19日,在锡矿山工会第二次会员代表大会上,仇寿松当选为工会执行委员会委员长,舒玉林当选为执行委员兼工人纠察总队总队长。马日事变后,仇寿松和舒玉林回到长沙,转入地下斗争。11月上旬,舒玉林受党的派遣,到常德任中共湘

仇寿松

西特委军事委员,以做木工为掩护,组织农民自卫军。

在毛泽东安排好仇寿松前往长沙县后,毛福轩和庞叔侃、李耿侯、毛月秋等人从韶山来到省城,找到了毛泽东和杨开慧。

杨开慧一见毛福轩等人,马上问起湘潭和韶山的情况。

尽管她对湘潭和韶山的情况没有乐观的估计,但是,毛福轩等人的汇报结果还是让她始料不及。

原来,马日事变后,许克祥的军队开进了韶山,湘潭县也被叛军所控制。杨昭植同韶山特委书记庞叔侃紧急集中农军,于5月23日一举占领湘潭县城。这一有力的反击,引得当时上海的《申报》都作了报道。当天,省农民协会秘书长柳直荀从长沙赶到湘潭,传达临时省委关于5月31日围攻长沙的紧急指示,成立湘宁边区中路军指挥部,并任命杨昭植为总指挥。31日,湘宁边区万余农军,在云湖桥举行誓师大会,配合其他各地农军向长沙进发,半路上忽然奉命撤退,而敌人则趁机反扑,杨昭植指挥农军在姜畬苦战三昼夜后,终因力量不支而被迫分散转移。在这次战斗中,毛新梅壮烈牺牲。6月3日,杨昭植去长沙向党组织请示,行至和尚岭,被河东"铲共义勇队"队长戴万富侦悉,不幸被抓。

"杨昭植被捕后,湘潭县长蒋先余如获至宝,立即宣布全城戒严,将他押到县署审问。"毛福轩说。

"杨昭植全说了?"杨开慧心中一紧,马上问道。

"没有。"毛福轩说,"杨昭植是个硬汉子。蒋先余审讯用刑极其残忍,他先用竹鞭把杨昭植打得遍身是血,杨不说。蒋先余又用木杠压断了他的两腿,他还是不说。最后蒋先余用烧着木炭的铁桶吊在杨昭植的背上烤,使他几次昏死过去,终未能使他后退一步。蒋先余没有办法,只得宣布将他斩决。"

"哦!"杨开慧对杨昭植顿生敬意,"后来呢?"

"行刑的那一天,即6月6日上午,杨昭植被押往刑场时,群众纷纷涌来向他告别,人越聚越多,蒋先余慌忙改在县署前的学坪上将他杀害,并在遗体上浇煤油,点火焚烧。"庞叔侃补充说。

"敌人真残忍!"杨开慧说。

"是呀。"毛福轩接着说,"此后土豪劣绅与之互相勾结,狼狈为奸。他们疯狂逮捕、关押、屠杀共产党员和农运干部,穷凶极恶。韶山的农协和地下党受到重创。"

"韶山的情况如何?"杨开慧急切地问。

"上屋场被何键派人抄了家,屋产被没收了。"

"王淑兰呢?"

"王淑兰不得已离开了韶山,不知逃到哪去了。据说是躲在湘乡。"

"其他亲戚受了我的连累吗?"毛泽东此时也忍不住问。

"杨林的罗鹤楼受到劣绅的迫害,一家人远徙到了外乡,在外颠沛流离。罗石泉一家大小去了华容县齐湖口居住,他本人教书和行医,儿子罗正凯则在围子里种田。毛泽嵘受到追捕,也逃到华容或平江了,有家不能归,改名叫毛冬青,在外种田。"

"受迫害的还有谁吗?"杨开慧问。

"噢,毛钦明被杀了。"

"哦,如何杀的?"毛泽东问。

"湘潭大开杀戒后,他要到武汉找你,不料途中被团丁逮捕,抓到长沙被杀害。毛钦明牺牲后,弟弟毛森品逃匿他乡,以教书为生。"庞叔侃说。

"幸好,我们在围捕之前逃出韶山,不然也早就成无头鬼了。"李耿侯说,"杀的人太多了。"

毛泽东听了韶山的情况,久久不言。

最后,他把毛福轩等人全留下来了,并就如何开展下一步的全省农民工作进行座谈。

在毛泽东座谈时,杨开慧则在长沙全城了解敌情。她从南门向东绕去,看见天心阁的城墙上面挂着共产党员和革命志士的头颅。经过荒凉的识字岭,那里的狗眼睛被喝下的人血浸红了,碰见生人便往身上扑。她的心禁不住一阵阵绞痛。

杨开慧在走访中,获悉敌人正派出大批军警特务,到处搜查共产党省

委机关,便向毛泽东建议更换住处。随即,他们从望麓园搬到了北门外福寿桥附近的八角门楼。

这里离省委机关沈家大屋很近,便于和湖南省委联系。

一搬进八角门楼,杨开慧便拿一条板凳坐在门口,手里捧着一本书,两眼盯着外面的巷子,观察动静。屋子里,新省委书记彭公达刚将改组结果汇报完,毛泽东便用五倍子水密写了通知,派人外出筹集枪支弹药,准备下一步的斗争。

12. 毛泽东杨开慧最后诀别于月黑风高之夜

8月18日,改组后的新湖南省委在长沙近郊的沈家大屋举行会议。

新省委以彭公达为书记,易礼容、夏明翰、夏曦、罗学瓒、杨开明、毛福轩、贺尔康等人为委员,贺尔康为农委书记,杨开明为省委秘书。

会上,在农民和土地等问题上发生了分歧。这时湖南省委对于必须发动农民,实行土地革命,解决农民的土地问题有了共识。但是,关于如何具体实行却有不同的看法。

彭公达说:"中国小地主的土地占中国土地的多数,没收小地主的土地,小地主必定与大地主团结,站到反革命方面去。因此,对土地问题,只能没收大地主及反革命分子的土地交给农民。"

但是,易礼容等人却反对,说:"中国革命的发展现在已经到了一个全部没收土地,实行土地国有的时期。因此,必须没收全部土地,包括自耕农的土地。"

彭公达和易礼容各执一词。对于两种意见,毛泽东说:"中国大地主少,小地主多,若只没收大地主的土地,则没收的土地少,贫家要求土地的又多,必然不能满足农民的要求。因此,要能全部抓着农民,必须没收地主

的土地交给农民。同时,对被没收土地的地主,必须有一个妥善的方法安插。"

结果,毛泽东的意见得到了多数省委委员的赞成,在土地问题上,新省委形成了共识:现在的土地革命到了要根本取消地租制度、推翻地主政权的时期,此时党对农民的政策应当是贫农领导中农、稳住富农、整个推翻地主制度的革命。

紧接着讨论关于秋收暴动问题,毛泽东阐述了两点意见,集中起来,就是要实行枪杆子夺取政权。并

彭公达

且,他还提出:"我们不应该再打出国民党的旗子了,应高高打出共产党的旗子。因为国民党的旗子已成军阀的旗子,已经完全是一面黑旗,只有共产党的旗子才是人民的旗子。再打国民党的旗子,必会再失败。"

毛泽东的意见,得到了省委的同意。

最后,会议具体研究了暴动的计划。

此时中央要求湖南发动"全省暴动",但是,由于唐生智部队南下,湘南事实上与长沙已经隔绝。毛泽东认为暴动力量不足,主张缩小暴动的范围,只在湘中四围各县举行暴动。讨论中,"泽东持之最坚,(易)礼容、(夏)明翰等均赞同其说。其是仅公达一人主张湖南全省暴动"。于是,省委决定放弃其他几个中心,进行以长沙为中心的湘中暴动,同时暴动的为湘潭、宁乡、醴陵、浏阳、平江、安源、岳州等7个县。

8月19日,省委将上述意见报告中共中央。第二天,毛泽东又写信给中央说明计划修改的不同意见。

沈家大屋省委会议后,秋收起义的决定使杨开慧觉得眼前的一切都变得明朗起来。她的心情也特别激动。革命在最艰难的年头,终于拨正了航

向;群众在最痛苦的日子里,终于找到了最正确的领导。

她又满怀胜利的信心,对党的事业和革命的前途充满了希望。

8月22日,瞿秋白、苏兆征和李维汉召开常委会研究湖南省委的秋收暴动计划和毛泽东的信件。23日,中共中央给湖南省委复信,虽然在原则上表示以长沙为暴动起点的计划是对的,但又批评说:暴动计划"偏重于军力,其结果只是一种军事冒险",并且提出"此时我们仍然要以国民党名义来赞助农工的民主政权",如果现在就抛弃国民党的旗帜、实现苏维埃政权,"这是不对的";还主张在土地问题上"主要口号是'没收大地主土地',对小地主则提出减租的口号"。

毛泽东收信后,采取具体问题具体分析的态度,对其中符合实际情况的部分贯彻执行,对不切实际的批评给予答复。然后,毛泽东和湖南省委坚持从实际情况出发,制订了明确的暴动纲领:

一、省的党组织同国民党完全脱离关系。

二、组织工农革命军。

三、没收大地主以及中、小地主的土地财产。

四、在湖南建立独立于国民党的共产党力量。

五、组织工农兵苏维埃。

随后,省委决定省委书记彭公达直接组织长沙暴动。前委书记毛泽东去发动和领导安源、醴陵、浏阳、平江一带的起义,然后组织义军一起会攻长沙。

随即,毛泽东又派夏明翰去浏阳、平江,毛福轩回韶山,在湘潭工作的向钧去株洲,庞叔侃到安源,准备组织武装策应秋收起义。

秋收起义的行动已如箭在弦上,一触即发。

8月30日,中共湖南省委在长沙接到安源市委有关湘赣边界工农武装情况的报告后召开省委常委会议,具体讨论确定秋收暴动的计划。会议决定,以中国共产党的名义领导此次暴动,组成中共湖南省委前敌委员会和行动委员会。其中,毛泽东为前委书记,负责将修水、铜鼓、安源的武装力量编成工农革命军第一师,并兼任师长;易礼容为行委书记。暴动的口

![毛泽东照片]

毛 泽 东

号是："暴动打倒唐生智、汪精卫！""暴动打倒国民政府！""暴动农民夺取土地！""农民革命才是真正的革命"等10条。集中力量在条件较好的平江、浏阳、醴陵等县和安源发起暴动，夺取长沙。

秋收暴动就要开始了，杨开慧期待着这场暴风雨的到来。她开始作着参加秋收起义的准备。

然而，毛泽东已意识到未来斗争的艰巨性，决定自己独自前往，而让

杨开慧回板仓,去照顾母亲和孩子,并参加那里的农民运动。杨开慧多么希望跟毛泽东一起,奔向湘赣边界,去参加秋收暴动啊!但是考虑再三,她还是接受了毛泽东的意见。

毛泽东先送杨开慧回板仓。

对于这一次毛泽东送妻子回板仓,陈玉英后来回忆说:

> 当时我正在生病,睡在床上起不来。后来,听说是毛主席送他们回来的。毛主席从屋后竹山翻过来,脚都有歇,又翻过后山走了。

毛杨此别成为永诀。毛杨最后分别的这个月黑风高的晚上,具体是哪一日却一直众说纷纭,没有一个确切的说法。

8月31日,毛泽东从长沙乘火车前往安源。

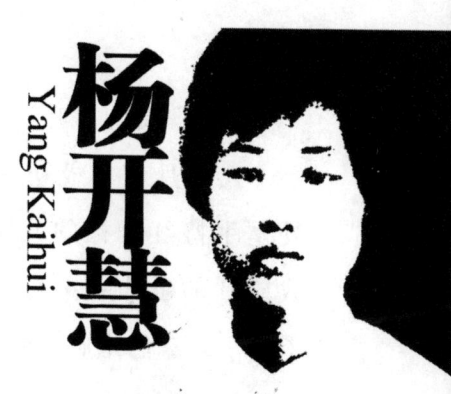

第十一章 板仓的战斗

1. "人手少，可以暗地搞破坏活动"

秋风阵起，落叶满山。

几个月前，板仓一带的村落里，到处是戴着红臂章的农民自卫军，到处是手持红缨枪的儿童团员，到处是盖着农民协会大印的告示，到处是威武雄壮的歌声……可是现在，这一切在长沙、在板仓再也看不见听不到了。一到暮色来临的时候，家家户户赶紧关上屋门。也往往在这样的时候，一群群持枪的白狗子，又抓走一批批革命者和无辜百姓。过了几天，就传来了谁谁被杀害的消息。山岗上，增添一座又一座的新坟。

在这残酷、艰难的岁月里，原来的农会干部、共产党员有的逃离了家乡，有的做了敌人的鹰犬，而更多的人则是把仇恨埋在心里，默默地思索着：下一步怎么走呢？党在哪里呢？人们热切地盼望着党。

杨开慧回到板仓后不久，就接到县委书记仇寿松的通知，要她协助福临区负责板仓党支部的工作。

板仓地处长沙、平江、湘阴、岳阳四县交界处，杨开慧舅舅的家就在平江乡下，距离较近。她先到大舅向理卿家，作了安排部署，万一敌人搜捕，就到此藏身。然后，她开始召集已经躲藏起来的党员，恢复党的地下组织。

马日事变时，郊区农民协会被许克祥的部队包围，黄则民、郑家奕和其他同志从韭菜园后面下水道爬出来，逃脱了敌人追捕。不久前，郑家奕根据上级指示，回到板仓，在杨柳坡当小学教员，继续从事党的地下工作。

郑家奕是一个很泼辣的妇女，蓄着短发，穿着白衣青裙，和开慧一般高，年龄比她大5岁，她们是隐储小学和衡粹女校时的同学。杨开慧前去

找到郑家奕,然后,两人走家串户,把马日事变后未离乡的同志组织起来,很快,她们就建立了党的临时支部,杨开慧和郑家奕分别担任正副书记。接着,她们又在福临建立联络点,沟通了与县委、省委的联系。

秋收暴动的时间越来越近了。杨开慧按照县委的要求,主动担负秋收暴动的宣传和支援工作。她发现动员工作还做得不够,便和郑家奕商量,把板仓地区的党员和农会骨干找来,再开一次动员会。

这一天,杨开慧起了个大早。她打开后门,一阵阵清凉的晨风从松林吹进屋里,使人感到特别清新、爽快。她简单地梳洗了一下,俯身看了看孩子,然后抱起岸龙,带上后门,抱着孩子向山上走去。

山上是茂密的小松林,晨曦从松针里透过来,照着山背上的一条小路。她紧走几步,忽然有人在悄声喊:"霞仔!霞仔!"接着是树枝乱晃,郑家奕领着几个农会骨干跑过来了。杨开慧一见,说:"你们来得好早!"

郑家奕边走边说:"大家听说你回来领导我们搞斗争,都很高兴。"

几个人快步来到开会地点——象牙山屋场的杉树坡时,天已大亮。杉树坡的坡上,有几棵几丈高的杉树,笔直地挺立着。枝叶茂密,遮住了夜空。这片密密的山林,正处在长沙、平江、浏阳三县的接壤之处。每当破晓,此地一声鸡啼,三县都可听到,有"鸡鸣三县"之称。这时候,三县边界地带的党员汇集在杉树坡上,同志们激动地握着手,轻轻地说:"这可好了,上级党来人了!"到会的30多个人中,有地下党员,也有农民协会和手工业工会的负责人。他们是李光明、王维轩、黄振彪、汪庆生、缪配秋、杨应龙等人,郑家奕宣布会议开始。

大家立即围在杨开慧身边坐下来。

首先,共产党员、农协副委员长李光明站了起来。他传达了上级关于配合秋收暴动的几个通知,并且告诉大家:"离暴动时间只有几天了,我们的武器很少,没有枪,人员也不够。大家讨论讨论,到底怎么办好?"

有人说:"现在反动派正得势,动辄就杀人,搞暴动弄不好要掉脑袋。"

马上,有人反驳道:"要暴动就不能怕杀头。横直是个拼命的形势,砍了头不过碗大个疤,要暴动就坚决暴动到底!"

正在众人议论不休的时候,王维轩大声提议:"我们还是听听霞姑的看法吧!"

马日事变后,尽管一片白色恐怖,作为农协委员,王维轩没有逃走,而是坚持留在板仓,他专门来往于板仓、湘阴、平江等地,沟通组织消息。

大家立即安静下来,他们中有的人从小就熟悉杨开慧,有的在以后的岁月认识她的,有的是今天第一次见到她,但是,他们知道,杨开慧一直跟毛泽东在一起,参加过不少惊心动魄的斗争,有着丰富的革命经验。在目前这样的紧要关头,他们正需要她的指导。这时,杨开慧站了起来,环顾四周,从容不迫地说:

"马日事变以来,共产党员和工人农民天天都在流血,直到现在,反动派并没有放下屠刀。我们怎么办?是等着敌人把刀架在颈子上来,还是拿起武器,跟敌人斗争?我们面前只有一条路,就是武装夺取政权。不拼出去,不去搞暴动,我们就没有出路,许多人的血就白流了,头也白掉了!现在,党组织、农会、工会、女界联合会都要加紧做工作,广泛地动员民众。只有组织暴动,铲除土豪劣绅,实行土地革命,打倒国民政府,建立工农政权,劳苦大众才有翻身出头的日子。"

讲到这里,王维轩问道:"我们人少力量小,怎么个行动法?"

杨开慧回答说:"人手少,可以暗地搞破坏活动。"

这时,年轻的地下党员黄振彪问:"怎么破坏呀?"

杨开慧胸有成竹地说:"可以贴标语,剪电线,破坏铁路。大家要开动脑筋去想。办法总是可以想出来的。"

王维轩一边摸脑壳,一边站起来说:"我看这办法要得!各个地方的暴动开始以后,反动派就要通过电话告急,蒋介石就要通过铁路和公路运兵。我们用钳子、剪刀把电线剪断,土豪劣绅没法向何键报告情况,何键的命令也没法传下来。我们把铁路扒断,让国民党的军车出轨,有兵也运不出去。我看就这么办!"

会场立刻活跃起来,有的主动要求去白水火车站破坏铁路,有的提出要去外地借炸药,组织破坏小组,有的要求组织力量去夺取团防局的枪支

来武装自己……一个配合秋收暴动的行动计划,在杨开慧的指导下,很快就制订出来了。

9月初的一个晚上,几乎是一夜之间,板仓地区到处都贴出了配合秋收暴动的标语。接着,在竹山铺、福临铺、清泰桥一带,也贴出了同样内容的标语。

"打倒国民政府!"

"打倒蒋介石!"

"打倒汪精卫!"

"打倒军阀!"

"打倒土豪劣绅!"

"贫苦农民起来,夺取地主的土地!"

"组织工农政权!"

"建立工农革命军!"

清泰乡一带的土豪劣绅刚刚庆幸农协打下去了,现在又出现这么多的标语,一下子又闻风丧胆,有的往长沙城内跑,有的要求清乡队保护家院,有的躲进了团防局。一个农民协会的会员,追到临福铺团防局长张现田家里,对他说:"团总,你要小心。我们就要成立工农革命军了。你如果窝藏土豪劣绅,我们是要找你算账的。过去被你搜去的梭镖,农会是有数的,你要好好保管。"

张现田听了,吓得要死,连夜把躲在家里的几个土豪劣绅赶出门去。

临福区原来那些穷凶极恶的杀人狂也吓得缩了手,暂时收敛了起来。

2. 秋收起义一路进军,杨开慧天天"打牌"

再说毛泽东从板仓回到长沙后,第二天又从长沙出发,前往位于湘赣

浏阳县委书记潘心源

边境的安源、铜鼓地区,做起义的组织工作。这时,党领导的湘东赣西的革命武装,主要是他在6月份保存在修水、铜鼓和安源这几个地方的农军、义勇队、工人纠察队和矿警队。

9月初,毛泽东到达安源,在张家湾召开了军事会议。参加会议的有浏阳县委书记潘心源、安福农民自卫军总指挥王兴亚等有关负责人。

会议详细讨论并制定了湘赣边秋收暴动的部署,决定参加起义的武装力量兵分三路,进军长沙。第一路以安源工人和矿警队为主力,编为工农革命军第一师第二团,团长王兴亚,进攻萍乡、醴陵,向长沙取包围形势;第二路以滕代远率领的平江工农义勇队和余洒度率领的武汉国民政府警卫团为主力,编为第一团,自修水进攻平江,夺取平江后,再向长沙进攻;第三路以潘心源率领的浏阳农民义勇队及一部分原武汉国民政府警卫团战士为主力,编为第三团,由铜鼓向浏阳进攻,进逼长沙。三路得手后,会攻长沙。

在会上,王兴亚还向毛泽东建议:"如果起义失败,可投奔到井冈山去,我在那里有袁文才、王佐两个老庚。"

"袁文才、王佐?"毛泽东有些奇怪地问。

"是的,袁文才、王佐是活跃在江西井冈山茅坪、茨坪一带的两支地方武装。其中袁文才还是共产党呢!"王兴亚回答说。

毛泽东把这两个人的名字记在心上了。

安源会议后,毛泽东即化名为安源煤矿的采购员张先生,和潘心源等

一起,直奔铜鼓县城。

秋收时节暮云沉,霹雳一声暴动起。

9月9日,在毛泽东和湖南省委的领导下,爆发了震撼全国的湘赣秋收起义。

起义首先从切断敌人的交通开始。这一天,铁路工人在群众配合下,破坏了长沙至岳阳、株洲的铁路线。国民党政府手忙脚乱,赶紧派人抢修,派兵守卫。

9月10日,破坏队拆除了粤汉铁路的一段枕木,并从安源运来许多炸药,对戒备森严的长沙猴子石、新河、白水一带的铁路、桥梁、水塔进行爆破,使火车难以通行。这时,板仓地区的破坏小组配合铁路工人,拧松了附近的一座铁路桥上的道钉。

9月11日,国民党军车陷车一次,粤汉、株萍两路火车因此停开。

这一天,长沙县河东农民捣毁团防局5处,河西农民捣毁团防局2处,共处决土豪、劣绅8人,缴获了80多条枪。

9日至15日,长沙通浏阳、平江的电话线被割断,有力地配合了起义军的战斗行动。

9月12日,毛泽东领导的起义军打下了醴陵。14日,又打下了浏阳。

起义的消息不断传到板仓,杨开慧的心里像是掀起了万丈狂澜,翻腾不息。她盼啊盼啊,终于盼来了这一天!毛泽东亲手举起了秋收起义的火炬,把反抗的烈火点燃了。根据多年的切身体验,她坚定不移地相信,在毛泽东领导下,武装斗争的烈火,一定会越烧越旺;革命的道路,一定会越来越宽广。这些日子,她睡眠很少。夜阑人静时,她独自坐在灯下,凝神思考问题。白天,她照例摆出一桌麻将或骨牌,一边"打牌",一边和来访的战友谈工作。她很少有滔滔不绝的议论,也不常发表慷慨激昂的演说。然而,她都是朴朴实实、热情地宣传毛泽东的主张,指导着地下党的斗争。

秋收起义后,板仓地区的共产党员和农会会员,个个精神振奋,斗志昂扬。有的主张农民协会应当亮出牌子,公开活动,以便号召群众,参加秋收起义。有的主张立即消灭团防局和清乡队,夺取枪支,拉出去围攻长沙。

一天,党支部的郑家奕来说:"有的同志主张亮出牌子,拉起队伍,夺取团防局的枪支,然后围攻长沙城。"

杨开慧向她分析了形势,说:"我们的力量还很弱,地下组织不能过早暴露,什么时候拉出去,还是要等上级的命令。"

3.杨开慧指挥的"夺枪行动"

几天以后,秋收起义形势忽然起了变化。长沙方面传来关于农军的消息,众说纷纭;地下党一时得不到起义军的确切消息,杨开慧心急如火。

9月下旬,她隐隐约约地听到一些消息。秋收起义攻打长沙失败,已不知去向了。

原来,毛泽东由潘心源陪同赶往铜鼓时,走到浏阳境内,在七溪坳与十来个团丁相遇。为了掩护毛泽东,潘心源走上前,说:"我们是布商……"然后,故意将随身带的银元抖落在地。趁团丁拾捡银元之机,他暗示毛泽东走开,他自己则单独往大路跑去,有意把团丁引向自己,结果潘心源被捉住。随后,团总见他风度潇洒,谈吐不凡,以为是个有来头的人物,不敢怠慢,便派两名团丁将他送往县城。当走到离县城30多里的炭棚时,潘心源借口脚痛,要在这里休息,并将钱交给团丁,请他们去休息喝茶;然后趁其不备,他窜进路旁的丛林中,得以脱险。

9月10日,毛泽东和潘心源先后到达铜鼓,宣布把浏阳工农义勇队改编为工农革命军第一军第一师第三团,向浏阳进发。而在这前一天,秋收起义已按原定日期爆发;彭公达、夏明翰、罗学瓒等省委成员组织铁路工人破坏了长沙至岳阳和长沙至株洲的铁路;工农革命军第一师师部在修水率第一团宣布起义,并向平江方向推进。途中,去武汉报告工作的原武汉国民政府警卫团团长、共产党员卢德铭赶回部队,就任工农革命军第一

师总指挥。10日深夜,安源工农武装和矿警队起义,组成工农革命军第一师第二团,向萍乡方向前进。于是,秋收起义形成了3路,分别向平江、浏阳、萍乡推进。

不过,此时全国革命形势已走向低潮,敌人的力量大大超过革命力量。从湘赣边界来说,群众没有充分发动起来,起义军本来就很薄弱,兵力又分散使用,而进攻目标却是湖南的中心城市长沙。这个计划实际上是难以实现的。当起义军师部和第一团在11日到达平江东郊金坪时,起义前收编的黔军邱国轩团突然叛变,并从背后发动袭击,部队受到巨大损失。第三团也在14日进攻浏阳东门市时因力量薄弱而失利。第二团出师后最初发展顺利,12日和16日先后攻克醴陵、浏阳县城,但因何键以正规军集中优势兵力反攻,几乎全部溃散。

在这种情况下,毛泽东当机立断,改变原有部署,下令各起义部队停止进攻,先退到浏阳文家市集中。这时,起义军已由原来的5000人锐减到1500余人。湘赣边界起义严重受挫。9月15日晚,彭公达和省委决定停止原来准备在第二天发动的长沙暴动。

然而,省委停止长沙暴动的正确决定却受到国际代表马也尔的严厉指责和批评。

9月19日晚,毛泽东在文家市里仁学校主持召开有师团负责人参加的前敌委员会会议。在会上,第一师师长余洒度仍坚持"取浏阳再攻长沙",但是,毛泽东清醒地对客观形势作出判断,认为各地农民起义并没有形成巨大声势,单靠工农革命军的现有力量不可能攻占何键强固设防的长沙,原来的计划无法实现,主张放弃进攻长沙,让起义军向南转移到敌人统治力量薄弱的农村山区,去寻找落脚点,以保存力量再图发展。经过激烈争论,在总指挥卢德铭等支持下,会议通过了毛泽东的主张,"议决退往湘南"。

起义军在文家市住了两夜,便沿湘赣边界南下。

于是,毛泽东率领的起义军"突然消失"了。

对于这些情况,杨开慧当然不知晓,但是,毛泽东他们突然消失,意味

着起义失败了,她的心里十分不安,整夜整夜地睡不着,对毛泽东的安危十分挂念。

虽然杨开慧此时不了解起义军受挫的经过,也不了解前敌委员会的情况,但是,她对长沙和板仓地区的形势也如毛泽东一样,有着清醒的看法。她检查了板仓这一段的斗争,觉得同志们的工作没有停顿,积极配合了秋收暴动,虽然起义没成功,她认识到关键的原因就是敌强我弱,革命还处于低潮。据此,她估计起义军撤退后,团防局和劣绅们必然会反扑,于是马上通知各处地下党组织,要大家作好反击的准备。

果然,清泰、白石一带的土豪劣绅开始反扑了。

一天,隐储学校的党员报告,一个地下党员在竹山铺下面桥间贴出"打倒土豪劣绅"的标语,点了劣绅李三胡子的名字,李三胡子派人到处查笔迹,扬言要抓人。

紧接着,杨柳坡党支部报告,福临铺团防局长张现田,派出探子四处搜捕共产党员,气焰十分嚣张。

随即,王维轩又前来农会报告:"大劣绅李三胡子又派狗腿子跟踪秘密农会,并且捐了几条步枪给清乡队,咬牙切齿地发誓:要清除板仓地区的暴徒。"

李三胡子是绰号,真名叫李月桃,其儿子是湖北汉阳兵工厂的厂长。

杨开慧接到这些报告后,立即叫王维轩找来郑家奕和板仓的地下党员缪配秋商量。

缪配秋说:"应当吸取马日事变的教训,不等敌人动手,先给它一个下马威!"

郑家奕也主张打击敌人的气焰。

杨开慧欣然同意他们的主张。

接着,地下党在符家场、杨柳坡和杨公庙等地召开秘密会。会上,大家分析了本地区土豪劣绅活动的情况,决定首先集中力量打击对地下组织威胁很大的福临铺团防局,然后再惩办劣绅李三胡子。杨开慧往来奔走,把这几个地方的党员和农会骨干组织起来,作好了行动计划。

第一次行动开始了。目标是福临铺的团防局。李光明、王维轩、黄振彪、汪庆生、缪锡廷、汪振福、杨应龙等100多个共产党员和农会会员接到通知：带上大刀、梭镖、斧头、扁担，夜间到孙氏墓庐集合。

孙氏墓庐是在一片稻田中间的一块墓地，周围栽了不少柏树，比较隐蔽。天黑之后，大家一个一个地来了，蹲在树下，躲在墓穴周围，准备集合出发。杨开慧和郑家奕两个女同志没有参加，这次行动由板仓和杨柳坡党支部共同负责。不知是谁，从田塍上跳下来时滑了一跤，狗叫了起来，守墓人张一蛮子被惊醒了，提起铜锣就敲。于是，整个冲里的狗都叫了。因为暴露了目标，众人只好撤退。

第一次行动的失败，引起了杨开慧的深思。事后，她召集大家总结教训。她说："这一次打击目标并没有选错，问题是情况不明，去的人又太多太杂，不利于秘密行动。"

"是呀，"农协副委员长李光明也意识到了这一点，说，"我们这次事先准备工作没做好！"

杨开慧说："毛泽东领导工人罢工和韶山农民平粜阻禁时，每次行动前，总是先观察敌情，做到了如指掌，然后再周密地研究行动计划，考虑几种行动方案，因而每次行动都能取得胜利。我们也应该如此！"

大家都同意杨开慧的看法。经过研究，决定由板仓党支部负责，再组织30多人的精干队伍，去夺取福临铺团防局的枪支，打击张现田的威风。

谁知正在此时张现田调走了，团防局又换了新局长。党支部决定计划仍照旧进行。过了几天，赤卫队把情况摸准之后，行动开始了。这天夜晚，他们先派了一名与"新局长"有"世交"的教员出身的同志，以登门贺喜为名，携带礼品，去牵制新局长的行动。

傍晚时分，教员来到局长厅堂，献上贺礼，拱手道喜，乐得新局长手舞足蹈，立即摆酒设宴，款待世交，寒暄叙旧。酒过三巡，只听得"砰！砰！"几声枪响，像是街口什么地方传来的。过了吸口烟的工夫，就有值勤的副官前来报告，说："东、西两头街口哨兵被杀了，黑压压一片人马正朝团防局扑来……"

新局长脸色煞白,急忙用颤抖的声音发令:"紧……紧急集合!"说罢,丢下客人,躲到后园里听动静去了。

原来,这天晚上,当教员先生踏进团防局约摸两小时之后,李光明、王维轩等30来个赤卫队员,从东、西两头分别摸进了街口,一下夺得了两支枪。这时,在西街巡逻的团丁发现了动静,立即鸣枪报警。为避免暴露,赤卫队员立即分散,神不知鬼不觉地撤离了。

第二次行动的结果,地下党杀死了团防局两个哨兵,还搞到了两条步枪。结果,由于"清乡不力",刚上任没几天的团防局长就被何键撤了职,又调回张现田。

夺枪后不久,发生了一件事,使地下党又得到了两支枪。

这一天,王维轩正在田间挑粪,突然听说有两个国民党散兵持枪在乡里拦路抢劫。他马上叫堂弟、共产党员王振福赶去,结果正遇上散兵逃跑。原来散兵遇到一个穿便衣的,便动手抢劫,没想到那人是名军官,手脚有些功夫,在过路人帮助下,两个散兵被打翻在地,他们爬起后,吓得捡起枪,踉踉跄跄向山上逃跑。王维轩与汪振福结伴跟踪尾追,在山上寻了几天,终于发现了那两个散兵埋藏的两支汉阳造和一些子弹。因此,地下党又多了两支枪。

有了枪,地下党的下一步行动又开始了。

初冬的夜晚,大地黑沉沉的,村里的人家都已进入梦乡。郑家奕受杨开慧的委托,带着杨柳坡的党员和农会骨干王维轩等人,带着两条枪,包围了劣绅李三胡子的住处——李家屋场。

李三胡子平时气如斗牛,这一次睡梦中惊醒,战战兢兢地爬起来,隔着门缝问:"你们要多少钱?"

他女儿也吓得要死,慌慌张张地从钱柜里往外捧光洋,弄得光洋哗哗啦啦满地滚。

郑家奕告诉李三胡子:"我们也不要你的臭钱,今天要你出来跟大家见见面。"

李三胡子看着来人手持梭镖大刀,带着枪,便颤颤抖抖地走出来了。

然后,他请求用几百块光洋赎命。郑家奕征求大家的意见:"怎么办?"

这时有人回答说:"李三胡子有钱有势,欺压众人,不杀不足以平民愤!"

这时,持枪的汪振彪早就按捺不住了,向着摇晃的黑影就是一枪,李三胡子倒下了。枪声划破夜空,传得很远很远。大家认为李三胡子必死无疑,急匆匆地离开了李家屋场。

然而,李三胡子并没有死。他一听枪声就吓得瘫成一堆肉泥,倒在了地上。地下党一走,他从地上爬起来,连夜坐轿子逃到长沙,后来又跑到在武昌汉阳兵工厂做厂长的儿子那里,从此再也不敢回老家。

这次事件以后,长沙的团防局和清乡队加强了戒备,县长撤掉了张现田的团防局局长,换上了凶狠毒辣的凌巨清,团防局也搬到了距飘峰山约10里地的天王寺。然而,凌巨清的命运也没好多少,就在他上任后不久,赤卫队员就火烧了他的厨房,吓得他魂飞魄散,草木皆兵。

镇压李三胡子的消息打击了土豪劣绅的反革命气焰,大长了革命人民的威风。清泰乡一带的地主恶霸,发觉团防局和清乡队并不可靠,纷纷上书省长何键,要求派兵"驻剿共党","惩办暴徒"。杨开慧和她的战友们面临着一场更加严重的斗争。

4.表弟向钧被杀:"穷人翻身的希望只能寄托在斗争上面"

此时整个湖南乃至全国仍是一片白色恐怖,腥风血雨。

秋收起义失败了,随后恽代英、张太雷等人领导的广州起义也失败了,此时党的政策应该是采取革命低潮时的退却策略,保存实力,壮大力量,而不是去实行进攻方针。然而,正在这时,11月9日,中共中央在上海召开了临时政治局扩大会议,却得出了"中国革命无疑的是在高涨"的结

论,并决议全国各地党组织发动夺取政权的总暴动。

参加此次会议的有瞿秋白、苏兆征、李维汉、任弼时、顾顺章、罗亦农、向忠发、周恩来、张太雷、李立三、邓中夏、蔡和森、任旭等人,此外,还有国际代表罗米纳兹。会议是由瞿秋白主持的。会议的议事日程为:一、政治报告和讨论;二、党的组织问题;三、召集第六次代表大会问题。会上通过了《中国现状与党的任务决议案》和《政治纪律决议案》决议。

会议除认为现时全中国的状况是直接革命的形势外,在《政治纪律决议案》中指责湖南省委停止预计的长沙暴动,"完全违背中央策略",是"单纯的军事投机",并宣布给予如下的处分:

> 湖南省委委员彭公达、毛泽东、易礼容、夏明翰,应撤销其现在省委委员资格。彭公达同志应开除其中央政治局候补委员资格,并留党察看半年。毛泽东同志为八七紧急会议后中央派赴湖南改组省委执行中央秋暴政策的特派员,事实上为湖南省委的中心,湖南省委所作(犯)的错误,毛同志应负严重的责任,应予开除中央临时政治局候补委员。

十一月扩大会议后,中央对两湖的工作又多次作出指示,特别命令湖北湖南两个省委利用唐生智"崩溃与大小军阀混战,工商业财政破产"局面,发动两湖的革命,创造部分的暴动,汇合而成为总的夺取政权建立工农兵士代表会议的政权的暴动。

随后,湖北中共长江局书记罗亦农从长沙前往武汉,召开长江局会议,准备湖北年关暴动。湖南省委也决定发动夺取全省政权的年关总暴动,几大暴动一起打响。

11月下旬,向钧奉派去湘西巡视工作,并在邵阳、武冈等地部署举行年关暴动。

湘赣边界秋收起义爆发后,向钧和共产党员、株洲转运局局长朱少连在株洲组织工农革命军第一师第四团,也发动了武装起义。9月12日晚上,他们带领100多工人暴动队,先汇集到七斗冲的凉坨坳上,然后分三

路朝团防局所在地殷家祠堂进发。在一片枪声和"土炸弹"爆炸声中,以冯福林为头子的团防局40多名团丁,慌忙边打枪边从后门逃窜到湘江对岸。随后,大批敌兵闻讯包抄过来,向钧和朱少连等人及暴动队只好分散隐蔽,侥幸脱险。之后,向钧回到长沙。9月27日,中央特派员任弼时主持湖南省委常委会,改组湖南省委,向钧被任命为省委农民部长。年关暴动计划制订后,他即奔赴湘西,在衡山、湘潭、长沙、株洲、邵阳以及湘西各地进行暴动准备。

在这革命与反革命激烈较量的

向钧

时候,年关暴动因为敌强我弱而夭折。1928年即将来临了,年终的一天,向钧的母亲叶素珍从板仓专程前来长沙,劝儿子回家过年。但是,向钧说服母亲,并将她送走。谁知这一见面就成为母子最后的诀别。第二天下午,向钧去长沙市屈关祠西梧桐六号参加会议,由于叛徒告密,他和其他6名同志被特务包围,然后一起被捕。

被捕后,特务们对他动用种种酷刑,他都没有屈服。在狱中,他忍着剧痛,用法庭要他写自首书的纸笔,写出了一篇讨伐国民党反动派屠杀工农、摧残革命的檄文。

何键见向钧不屈服,决定将他杀害。

1928年1月24日,天空乌云密布,长沙教育会坪内,军警戒备森严。向钧带着手铐脚镣,步履艰难,被军警押上刑场。面对群众,他大声地宣讲"革命必胜,反革命必败"的道理,痛斥蒋介石、何键无耻之流。刽子手见止不住他的口,就用刺刀戳破了他的嘴唇,他张着流血的口不停地高呼:"打倒蒋介石!""共产党万岁!"然后,英勇就义。

牺牲时，向钧年仅22岁。

噩耗传来，向家、杨家震惊之余，一片悲戚。亲人们含着泪，将向钧的遗体运回平江，安葬在向家石洞瑶花园东茅嘴。

向钧之死，也使得杨开慧十分忧伤，但同时她意识到肩上的担子更重了，更加激起了革命到底、反抗军阀和罪恶的社会的决心。在白色恐怖之下，向钧一死，叶素珍担惊受怕，不分白天夜晚地祷告，有时还去回龙庙烧香献供，乞求菩萨为全家禳灾降福。

有一天晚上，在围火塘烤火的时候，杨开慧对舅妈说：

"舅妈，木脑壳、泥菩萨什么也不懂啊，拜它有什么用处？"

"唉，阿弥陀佛，这年头多灾多难，谁不希望菩萨来消灾弭难？"

"前几年板仓几个乡里大办农会，什么都归农会说了算，土豪劣绅、贪官污吏一齐倒台，哪一件是木脑壳、泥菩萨显的灵？全靠农民自己的手和脚打天下啊！"

"那是过去的黄历。"叶素珍仍然不解地说，"如今不同了，天下又归他们啦！"

杨开慧告诉她："这只是暂时的。"接着，她又举了许多事例说明迷信菩萨终归没用，而各地秘密农会巧斗勇斗土豪劣绅，夺取团防局，才又使刽子手屠刀落地。最后，她说："还是农民的手脚飞灵，真刀真枪飞灵！穷人翻身的希望只能寄托在斗争上面。"

叶素珍听罢，以后再也不去烧香拜佛了。

5."工人农民一定会有翻身解放的一天"

板仓地下党把土豪劣绅和团防局威风打下之后，清泰土豪劣绅又怕"红脑壳"了。团防局更是对这些"红脑壳"无可奈何，去捉他又抓不到，不

留神,他又冒出来了。在惊魂稍定之后,劣绅和团防局猜测纷纭。各乡保甲一口咬定,是小股红军游击队过境来了,以显示其政治影响。然而,板仓一些地痞流氓却居心叵测地放出了流言:"板仓的杨霞姑回来了。她是共党首领毛泽东的妻子!"

清泰乡乡长叫范觐溪,原是何键办的"湖南省国术训练馆"的教官。他父亲与杨昌济曾一起留学日本,并且他本人与杨开慧是小学同学。但是,现在他却成为清泰一带一条凶恶的地头蛇,外号"范落壳",他以心狠手辣、残杀革命者受到何键的赏识。

他听到关于杨开慧的各种谣传,于是打着攀亲访友的幌子,几次窜到杨家下屋,探听虚实。但是,他连杨开慧的影子都没见着,更不知杨开慧回板仓是真是假。

随后,团防局、土豪劣绅、流氓地痞抱成一团,结成反革命同盟,进一步强化清泰乡一带的恐怖统治,搞"保甲连坐",印发"清共"传单布告,召开"铲共"的乡民大会,妄图以此扑灭板仓的烈火。临近的宁乡县警察局中队长、自卫联防第四区副主任梁振球更是连连杀人,几乎红了眼。

缪锡廷是清泰乡飘峰村人,虽然与梁振球是亲戚,但是家里很穷,他小时随娘讨米,当过皮匠,农会成立后,在协会里担任过秘书。这一次反攻倒算,梁振球把他也列上了逮捕的名单。缪锡廷一听说逮捕名单上有自己,仗着与梁振球是亲戚的关系,自以为能够得到梁振球的庇护,于是主动前往警察局投案。结果,人一到,马上就被梁振球逮住关了起来。缪锡廷的婶娘缪谢氏与梁振球是亲家,听说侄儿被扣留在警察局,连忙前往去讨保,梁振球一见她来,对她说:"亲家母,要得啰!你在这里吃了饭再回去。"

言罢,他马上叫人将缪锡廷秘密处死。

随即,湖南省长何键亲任全省清乡司令,各地团防局、清乡队全变成屠刀队,见"红"就杀,在白色恐怖的重围中,板仓一带群众的情绪又暂时低落下来。

一个风雪交加的夜晚,杨开慧来到了隔壁邻居缪四叔的家。

一进门,缪四叔就十分谨慎地巡视了一下门外,马上关起门,小声地

对她说:"霞仔啊,现在外面风声很紧,范觊溪那条恶狼老盯住你不放,白天你还是少出门的好。俗话说,'人心隔肚皮',如今这个世道啊,有的人不一定靠得住。你要加倍注意啊!"

杨开慧说:"谢谢四叔的关照,近两个月来,我除了到石洞外婆家走走亲戚外,白天没有多出门,主要在家读书、看报、写字,只在晚上到一些熟人家坐坐,范觊溪抓不到什么把柄的。"

谈了一阵之后,缪四婶含着泪水在旁边插了一句:"缪四啊,你不出门借米呀?孩子们饿得不行了!"

杨开慧猛然抬起头,环视着缪家的几个孩子,只见他们饿得面黄肌瘦,穿着破破烂烂,冻得直打哆嗦。这怎么能生活下去呢?她急忙回家同母亲商量,要她先送几升米去。然后,她又把自己的衣物清点一番,挑了一些送去。

缪四叔双手捧住杨开慧送来的衣包,一股暖流通遍全身,他禁不住泪水纵横地说:"你妈刚给我家送来了米,你又拿来了这一包衣服,真救了我们一家呀!"

杨开慧连忙说:"一家人快莫这样讲,是国民党反动派和狠心的财主,逼得穷人无衣无食的。"

"霞仔,是啊,这样的鬼世道,共产党不把它翻个天,就没有我们穷人的活路了!"

"四叔,只要我们同心战斗,这个天一定会翻过来的!"

经过这次对缪家的走访,杨开慧进一步感觉到,在这兵灾连年、民不聊生的岁月里,要把基本群众发动和组织起来,如果不从关心群众的疾苦入手,工作的局面是很难打开的。于是,她便同母亲商量说:"邻里乡亲的困难,我们一定要尽力帮助,不管借一升、两升米都设法借给他们,只有这样,才能把大家团结在党的周围,革命力量才会强大,穷苦的日子也就能早些结束。"

其实,这时杨开慧自己家的生活也是十分艰苦的。平日,要是岸英和岸青兄弟俩在溪里捉到几条小游鱼,照例都是放到火灰里煨熟后,拌点盐

就吃,从没放过油。但她为了党的工作,不把自己的困难挂在心上,而是把板仓贫苦农民的疾苦当成自己的疾苦,省吃俭用,想尽办法帮助他们。

有一次,她见到一位70多岁的老人,冬天还穿着一条破烂的单裤,由于挨冻受寒,哮喘不止,浑身打颤。看到这种情景,她转身回家,把自己的一条裤子送给了这位老人,还送给她两块钱用。老人一家非常感激。

在板仓,贫苦农民都把杨开慧当作贴心人,众口一词地称赞她:"霞仔的为人真是太好了,她只要有两条裤子,就要分一条给别人!"

在斗争的低潮时,杨开慧更注意发挥党员的骨干作用。

缪配秋就住在板仓上屋后的山坳下,他出身很贫苦,是个性刚强的人,担任过农协委员,工作积极,斗争坚决,打地主、斗土豪,事事走在前,一心扑在办农民协会上,他参加过毛泽东在板仓召开的农会座谈会。马日事变后,他一直没有屈服。他的爱人叫秋一,出身也很穷苦,是个从没包过头裹过脚的"野妹子",在那如火如荼的农协运动中,她是女界联合会的小组长,是信得过的妇女积极分子。缪配秋和秋一是在共同的斗争中,互相爱慕而结合的,是板仓冲里第一对自由结婚的夫妇。

但秋一还不是共产党员。目前秋一的态度是否和缪配秋一样坚决呢?杨开慧还不十分有底。

一天傍晚,杨开慧身着平江毛蓝大布褂子,穿着同普通农妇一样,提个小竹篮,拿根打狗棍,来到了缪配秋家里。秋一正在纺纱。

"秋一嫂,你家有菜卖吗?"

杨开慧和秋一打招呼,并走进了屋。

这时,秋一的婆婆正卧病在床,杨开慧见状,马上挨着老人坐在床沿,关切地问寒问暖。秋一停住纺车,要生火给她烧茶。杨开慧忙止住她,说:"刚从家里喝过茶来的,配秋哥在家不?我想买点菜。"

秋一说:"他正在田里做工夫,要不我去叫他回来?"

"不用了。"杨开慧又婉言谢绝了她的好意,并体贴地对她说,"天不早了,你正忙不开,孩子要洗刷,婆婆要服侍;这山前屋后我都熟悉,配秋哥在哪条冲里做工夫,我去找他。"

说完,她就走了。

这样,一次、两次过去了。精明的秋一心里估摸着:杨开慧来家"买菜"后,缪配秋晚上就出去,有时鸡叫二遍才回屋来。秋一等他回家问,缪配秋就说是到坳背下屋串门子去了。日子长了,秋一明白了是怎么一回事。

有一天,杨开慧带着岸英,提着采有野花的小竹篮,又来到了缪配秋家。这一次,秋一终于禁不住地问她说:"霞仔,这天还能翻过来吗?"

杨开慧听了这句蕴藏在心底的话语,深深感到大革命中的农协积极分子,他们的心里是始终铭记着大革命,向着共产党的;但在白色恐怖下,他们不知道该怎么办。她便语重心长地说:"革命的低潮只是暂时的,农民协会还是要兴起来,土豪劣绅一定要铲除的,国民党反动派的统治长不了,工人农民一定会有翻身解放的一天。"

这几句话说得秋一心里亮堂堂的。她激动地说:"霞仔,你做配秋的工作,不要瞒了我这个帮手啊,我就是一心指望共产党早点回来!有么子任务尽管交给我吧!"

就这样,在血腥屠杀之后,杨开慧又渐渐把板仓的革命力量凝聚汇合起来了。

6.板仓与井冈山之间的信鸿

秋收暴动失败,整个湖南都是一片白色恐怖,许多同志不是被抓就是被杀,毛泽东也是去向不知,生死不明。这令杨开慧十分牵挂和担心。她带着几个孩子和母亲生活在一起,每每想起丈夫,心里就十分不安。

这一天,一阵大雨过后,在透蓝的天空上,挂起了一道彩虹。清莹的流水洗着山坳,哗哗啦啦地从山上流了下来。

院里,岸英和岸青踏进积水,边跑边喊:"我们敢在大海里航船!开船哪!"这时候,杨开慧走进了院门,她看着孩子在风雨中那么勇敢,心里不

杨开慧的三个儿子——岸英、岸青和岸龙（从右到左）

禁感到一些欣慰。孩子们看到母亲，都跑过来，围在妈妈的身边。这时向振熙也从外面回家了。

回到屋里，向氏掩好门，坐在女儿身旁，忧心忡忡地说："听长沙来的人说，城里到处贴着悬赏缉拿润之的告示！"

杨开慧一听，反而高兴起来，脸上露出久违的笑容，说："妈妈，润之好久没有讯息，现在敌人贴出告示悬赏捉拿，就说明他还活着，还在斗争！这是好消息啊！"

向振熙一听，也转忧为喜。

太阳快落山时，陈玉英匆匆地从外面回来，一进门，她面带喜色地说："杨先生！刚才我去罗家铺子买东西，正好取来一封给你的信！"

说着，她把信交给了开慧。

杨开慧接过一看，信封上写着："杨云锦收，周石林寄。"她一见这熟悉的字迹，就像见到了阔别已久的亲人，她按住激动怦跳的胸脯，赶忙走到桌前点亮了油灯。岸英跑过来问："妈妈！谁来的信？"

杨开慧回答说："爸爸！"

岸青和岸龙一听是爸爸来的信，高兴得就在屋里又跳又蹦，大喊："爸爸来信啦！爸爸来信啦！"

向振熙忙拉住了他们:"别作声,不要让外人知道!"

杨开慧急忙拆开信封,取出里面的信笺,把它泡在一碗清水中,白纸上渐渐隐现出一行用明矾水写的字迹。

灯光下,开慧看见信上写着:

霞:

我在做生意,生意兴隆,最近赚了一大笔钱。

这寥寥数语,虽然仅十来个字,但是杨开慧忍不住笑意溢满了脸额。

因为毛泽东这隐语告诉她:他不仅活着,而且情况很好,革命事业很兴隆!

原来,秋收起义的工农革命军在文家市住了两夜,便沿湘赣边界南下。因为湘军战斗力强,赣军战斗力较弱,毛泽东率领他们沿江西一侧前进。行军途中,他又接到浏阳、平江地下党负责人宋任穷从江西省委带回的信件,得知罗霄山脉中段的宁冈有一支我党所领导的武装,有几十支枪。毛泽东在安源张家湾会议上曾听王兴亚谈到过这个情况,虽然王兴亚在战斗中打散了,但他说的消息却得到了证实。于是,毛泽东率军向罗霄山急进。

当部队到达江西省萍乡县上栗村时,毛泽东又得知萍乡县城驻有国民党的重兵,不能通过,便改道在芦溪宿营。第二天清晨,向莲花方向前进时,因为侦察不力,情况不明,后卫遭到国民党军队袭击,仓促应战,造成人枪各损失300,总指挥卢德铭为了掩护后卫部队撤退英勇牺牲。

当天,工农革命军到莲花县甘家村。由于一再受挫,总指挥牺牲,部队情绪十分低落。毛泽东召开前委会,决定攻打莲花县城。第二天清晨,工农革命军冒雨奔袭,在当地工农群众配合下,一举攻克县城。

9月29日,部队翻过山口,到达永新县三湾村。这里群山环抱,追敌已被摆脱,又没有地方反动武装,比较安全。部队在村里住了5天。这是工农革命军自秋收起义以来第一次得到从容休整的机会。进村的当晚,毛泽东

在"泰和祥"杂货铺召开中共前敌委员会扩大会议,讨论部队现状及其解决的措施,对部队实行了整顿和改编,战斗力得到大大提高。

10月3日,起义军到达宁冈县古城。前委又召开了两天扩大会议,与宁冈区委书记龙超清和井冈山农民军袁文才部属陈慕平(他原是武昌中央农民运动讲习所的学员)接上了头。会上,总结了湘赣边界秋收起义以来的经验教训,决定在罗霄山脉中段井冈山建立落脚点和开展游击战争。

10月27日,毛泽东带领部队到了茨坪,开始创建以宁冈为大本营的井冈山根据地。

在此期间,毛泽东给杨开慧写了这一封信。但是由于关山迢迢,敌人重重封锁,这封信经过不少周折,直到现在,才辗转传到杨开慧手里。

到此刻,杨开慧才终于有了毛泽东的准确消息,知道毛泽东到了井冈山。

她反复地读着这封信,竭力想从字里行间找出更多的东西。然后,她又翻箱倒柜,找出一本地图,仔细察看了井冈山一带的地形,看到这里大山重重,群山叠嶂,知道毛泽东此去好比虎归深山,鱼游大海,革命有救了。她会心地笑了。

这时管理着罗家铺子这个邮箱的是汪庆生,每当邮来了"周石林"的信,他就知道是毛泽东用化名寄给杨开慧的,便将信交给常去铺子里买东西的陈玉英带交杨开慧。

在那风雨如磐、虎狼成群的年代里,杨开慧与转战罗霄山脉的毛泽东保持联系,是一件很不容易的事!他们通常要利用各种渠道,各种形式,经过许多周折,才能联系上一次。毛泽东使用化名和利用江西、福建党的秘密机关,有时将信直接寄到板仓附近的罗家铺子邮政信箱;有时,毛泽东将信寄往长沙,经杨开慧舅舅处收转。他邮寄长沙的地方有两处:一处是下学宫街18号,开慧的五舅住处;一处是开慧的表舅向朗卿的西长街生生盐号,从这里再转给六舅向明卿。每次的信,都是大信封里装着小信封,外头信封上写有向明卿的名字,里面小信封上,写着"霞收"或"杨霞收"等字样。信由进城贩卖平江土大布的邻居缪仲和带回板仓。

杨开慧寄给毛泽东的信,则由缪仲和带到长沙投邮。要是在平江石洞时,就托附近万顺铺里一名挑脚工人符师傅,将信捎到长沙邮寄。有时,她要上学的表弟向三立,在接取她订阅的报纸杂志时,顺道将信投入万顺铺上屋的床华堂代办邮柜。

杨开慧的信由邮局直接寄往江西井冈山下一个药铺。这个药铺是一个地下交通站,药铺老板是地下党员,通过他再将信件交给毛泽东。

但是,后来形势又发生变化,杨开慧寄给毛泽东的信件,不能直接邮往井冈山了。她只好先把信寄至长沙、武汉、上海等地的亲友那里,再通过他们,递送到毛泽东的手里。杨开慧在信封上常写着这样一些地址:"长沙局关祠"某某号托某人再转交;或者写上"汉口大董家巷同济布庄"转交;有的还写着"上海静安寺"某某里弄某某号转交。经过这些联络地点,再经过地下党同志,将信捎上井冈山。

这样,来往一次信件,常常辗转好几个月的时间。虽然两人收到的信里的事发生在好几个月前,但是在敌人严密封锁残酷"会剿"的年月里,封封书信表达着杨开慧对革命的无比忠诚,字字句句寄托着她对丈夫毛泽东的战友深情。

7.噩耗接二连三传来,杨开慧欲哭无泪

进入1928年春后,1927年十一月扩大会议的"左"倾盲动主义带来的恶果马上显露出来,噩耗接二连三地传到板仓。

首先是夏明翰被杀害。

1927年底,两湖年关暴动因条件不具备而相继取消,统治湖北的军阀胡宗铎和湖南的何键为巩固其军阀统治,变本加厉地实行白色恐怖,疯狂地"铲共",遍地腥风血雨,满街狼犬,白色恐怖笼罩两湖城乡。

长江局实行年关暴动后,武汉共产党遭到大屠杀。湖北省工委书记黄五一被捕,许多共产党员壮烈牺牲。担任地下支部交通员的宋若林,吓得惶惶不可终日,邀集支部另一党员唐才佳逃跑。

宋若林原名宋根生,出身于湖南浏阳县一个大地主家庭,在武昌旅鄂中学读书。1926年加入中国共产党,担任过武昌学生联合会的干事。因与后来担任湖北省工委书记的黄五一关系很好,就在黄五一领导下的一个地下支部担任交通员,并担负了与向警予联系的任务。但是,宋若林的父亲曾在湖南农民运动中受到清算,怀恨在心,马日事变后,他当上铲共联乡办事处的头目,一度指使宋若林叛变革命,只因时机未成熟,宋若林未能叛变。

谁知宋若林和唐才佳逃离武汉后,在半路上却遇到叛徒黄佑南,在黄佑南的指认下两人当即被捕。被捕后,宋若林很快就供出了湖北省委委员夏明翰。

在秋收起义后,夏明翰受省委派遣在浏阳和平江一带组织武装,准备暴动。在十一月扩大会议后,共青团湖北省委书记刘昌群要求长江局书记罗亦农在3至5天内发动全省暴动夺取政权。罗亦农看到武汉三镇敌我力量悬殊,拒绝了他的暴动主张。桂系军阀胡宗铎等进入武汉后,刘昌群联合其他同志向中共中央报告,指责罗亦农和中共湖北省委在唐生智自汉溃逃时"畏缩不前,临时退缩",犯了极严重的机会主义错误,要求中共中央"彻底追究"。12月4日,中共中央常委决定组成以苏兆征为书记的湖北特别委员会,前往武汉调查解决。

12月湖北省委改组,郭亮任省委书记,夏明翰等人为省委委员。

1928年初,夏明翰从长沙告别妻子和刚出生的女儿来到武汉,出任湖北省委委员。

当夏明翰来到湖北时,由于上一年年底的"左"倾盲动使湖北党组织受到极大破坏,武汉形势十分严峻,省委连住的房子都找不到。开始夏明翰住在湖南商号,发现武汉卫戍司令部已盯上那里,便迁到东方旅社,与徐特立、谢觉哉、熊谨玎等研究下一步工作。没过几天,谢觉哉突然通知

说:"交通员宋若林已靠不住,赶快转移。"

夏明翰便回到东方旅社收拾东西。他正准备转移时,叛徒宋若林带着警探闯进了房间。警探将夏明翰团团围住,妄图从这位共产党的"大官"身上,搜出金银财宝和重要的机密文件。然而,他们翻箱倒柜搜查了一遍,只搜到了一个手电筒,一块怀表,此外,还有他戴的一副近视眼镜。

夏明翰被捕后,连续受到刑讯,但是他坚贞不屈。回到牢房,他知生命将要结束,忍着伤痛用半截铅笔给母亲、妻子、大姐分别写了三封信。在给妻子郑家钧的信上,他还留下了一个带血迹的吻印。被捕两天后即1928年3月20日的清晨,夏明翰被带到汉口余记里刑场。执行官问他有无遗言,他大喝道:"有,给我纸笔来!"接着,他挥笔写下就义诗:

砍头不要紧,
只要主义真,
杀了夏明翰,
还有后来人。

杨开慧从《大公报》上看到夏明翰牺牲的消息后十分悲痛,她几乎是看着夏明翰成长并走上革命道路的。这些年来,他为革命大义灭亲,英勇无畏,许多事迹可歌可泣,现在他又豪情万丈地血洒刑场,杨开慧为他的英雄气概所深深震动,一连几夜,她心情难以平静。

然而,正在这时,又一个坏消息传来:郭亮在长沙被杀害,头颅被挂在长沙城司门口示众。

郭亮参加南昌起义去了,怎么在湖北担任省委书记,这一次又牺牲在长沙呢?

原来,南昌起义后,郭亮被任命为农工委员会委员。起义部队南下时,他到贺龙的部队中做政治工作。在潮汕地区突围的战斗中,他和柳直荀都与部队失掉了联系。后在普宁经周恩来安排,他们先去香港,再转道上海去。11月抵达上海后,郭亮住进了医院治病养伤。由于"罗亦农事件",12

月党中央派他前往武汉湖北省委工作,任中共湖北省委书记。1928年1月9日,他又被任命为刚组建的湘西北特委书记。但尚未启程,又被调往刚建立的湘鄂赣边特委任书记,从事恢复和发展平江、岳阳、湘阴、铜鼓、修水、蒲圻、通城、崇阳、咸宁等10多个县的武装工作。

元宵节过后,郭亮从武汉重返领导过粤汉铁路大罢工的岳州,在岳州城内翰林街开了个"李记煤栈",建立起湘鄂赣边特委机关,还在街上开一处饭铺做秘密交通站。他化名李材,以煤栈老板身分掩护革命活动。

这时,岳州为国民党桂系军阀盘踞着,形势十分险恶。先期到达岳州的6位同志在下河街旅馆被捕,被枪杀在通往城外的路上。在短短的20天里,又有30多名共产党员、共青团员惨遭杀害。然而,郭亮却力避艰险,只一个多月时间,即与三省边界十余县的党组织取得了联系。在他有力的指导下,各县党组织发展很快,平江、浏阳一带的武装斗争发展尤为迅速。

但是,意外的事情发生了。3月下旬,驻麻塘国民党桂系军队里一个下级军官暴露了共产党员的身分,使郭亮已经策划发动麻塘起义的计划受挫;而特委与汉口中央长江局的联系也中断了。于是,他一面加派干部去麻塘继续领导起义,一面派省委军事部长苏先骏去长沙找湖南省委联系。不料苏先骏在长沙被捕,随即叛变,并向何键供出了郭亮的住处。何键当即派侦缉处长龚澍亲自带一个手枪连于27日乘专车到达岳州。当晚郭亮被捕,随即押往长沙。

28日下午4时,郭亮被押抵长沙。消息传出后,长沙城的工人、学生和市民纷纷来到"铲共法院"监狱看望他。监狱门口虽然军警林立,但还是被人群围得水泄不通。这一情景吓坏了何键,他立即宣布全城特别戒严。当天半夜,郭亮惨遭秘密杀害。

何键将他的头颅挂在司门口示众3天。之后,又挂到铜官东山寺戏台的柱子上示众。

消息传到板仓,杨开慧对敌人的暴行极其愤怒。她怀着极其悲愤的心情,在板仓的空屋里设灵拜祭,沉痛哀悼自己敬仰的战友。

谁知,杨开慧的泪水还没抹干,又传来向警予在武汉被捕的消息。

向警予

原来,在夏明翰惨遭杀害时,武汉卫戍司令部将叛徒宋若林绑去陪斩,宋若林吓破了胆,第二天又带着军警将同一支部的施继高逮捕,接着,他又出卖了向警予与她的助手陈桓乔。可耻的叛徒企图用革命者的头颅和鲜血换取自己的狗命。

为捉住大名鼎鼎的向警予,宋若林亲自带队,武汉卫戍司令部的稽查队员和法巡捕房的密探100多人包围了向警予所居住的三德里96号。向警予和她的助手陈桓乔被捕后,立即被关押在法巡捕房拘留所里。

向警予与陈桓乔入狱后就商定了口供:她自称易夏氏,叫夏云英,湖南人,失业的小学教员;陈桓乔称易陈氏,广西人,丈夫湖南人,向警予是她的妯娌。

由于叛徒告密,在法巡捕房提审时,审讯人员开始用法语向向警予提问。向警予装不懂,审判官只好改用中国话问,向警予按照商定的口供回答。审讯人员无法,只得草草收场。隔数日,又审问。向警予坚不吐实,审讯人员只好"不了了之"。

半个月后的一个深夜,法国审讯人员带了一个翻译来到拘留所,对向警予说:"我们没有证据说明你们是共产党员,不能随便把你们引渡给武汉卫戍司令部,又不能说你们不是共产党。"

向警予没有回答。

"现在送你们出法租界,放你们走。"审讯人员随即又说。

向警予知道法巡捕暗地要把她们送到卫戍司令部去,便抗议道:"我们无罪,为什么不公开释放?这是你们蹂躏人权的不法行为。我们拒绝你们这种引渡阴谋。"

法国佬迟疑片刻,悻悻地走了。

此时党组织得知向警予入狱,大力组织营救。远在上海的蔡和森得知向警予被捕后心急如火,打电报给已在国民党中做官的萧子暲要求释放易夏氏。萧子暲与毛泽东分道扬镳后,在大革命时期,曾任国民党北平市党务指导委员。国共分裂后,当过故宫博物馆监守,此时还是国民政府农矿部政务次长。

萧子暲接到蔡和森的电报后是否出面营救过向警予,史无记载,不得而知。至于萧子暲,以后他长期旅居海外;而蔡和森后则于1931年在香港被叛徒顾顺章出卖被捕,壮烈牺牲。这是后话。

法租界巡捕房内,由于向警予一直未暴露身分,法领事也因"案无证据"未将她引渡给国民党武汉卫戍司令部。对此,武汉卫戍司令胡宗铎暴跳如雷,紧接着导演出一场所谓"收回法租界"的丑剧。

3月22日,武汉市公安局以"准予票传过局质问"的名义,要求法领事陆公德将向警予遣交给他们,结果遭到拒绝。接着,胡宗铎亲自向南京国民党中央党部、国民政府和外交部等发出急电,诬蔑说:"共产党以20万元保护费贿赂法领事。"要求国民党中央速与法使严重交涉,并煞有介事地叫嚣要收回法租界。

国民党外交特派员李芳等人马上作出反应,打电报向法国政府"告洋状",诬陷陆公德接受巨贿,勾结共产党。与此同时,胡宗铎又策划一些人在武汉成立所谓"收回法租界后援会"、"经济绝交委员会",发出快邮代电,制造谣言,大肆叫嚷"引渡易夏氏"、"收回法租界"。在此情形下,法国当局害怕事态发展,慌忙将陆公德撤换,由副领事吕尔根升任领事。

4月3日,胡宗铎迫不及待地访问吕尔根。

几天之后,法租界巡捕房将向警予引渡给武汉卫戍司令部,并将其关

押在汉口余记里军法处监狱的女牢房。

4月14日,军法处开始对向警予进行初审。上海《申报》作了如下报道:

军法官问:你年纪怎样?

回答:我是湖南溆浦人,年卅二岁。

问:你几时加入共产党?

答:我从未加入共产党。

问:你住在何处?

答:住三德里96号。

问:你有丈夫否?

答:有丈夫,我的丈夫似脱非脱,他不在上海即在南京。

问:你几时到湖北来的?

答:我一人由上海来,就准备回家去。

问:你在此地干什么?

答:因为我与丈夫不和睦,心中不舒适,故在此暂住,并没做什么。

问:你知道向警予么?

答:她是我的同学,颇能知道。

问:你还有什么名字?

答:我又叫夏云英。

问:你不是向警予吗?你还当过《大江》报的主笔?

答:我不知《大江》报,我不知道这回事。

问:你究竟肯说你实在情形么?

答:不是不说,实在没有什么可说。

问:《大江》报的组织怎样?谁负责?地点在何处?

答:我实在不知道。

结果,初审一无所获。

4月17日进行复审,据武汉报纸透露:其结果"与初审略同"。

4月18日进行三审。法官宣称已查明她是向警予,逼她招供。向警予投下鄙夷的目光,昂然道:"要杀就杀,至于我是不是向警予没有多大关系。横竖你们是屠杀人民的刽子手!革命者不会在你们屠刀下求生。等着吧!你们的末日,就在明天!"

胡宗铎无计可施,又利用叛徒宋若林当面质证。

在法庭上,宋若林有条有据,"历历如绘"。向警予骂道:"你这个没有良心的东西,我根本不认识你。像你这样的败类,活着是条狗,死了要遗臭万年。人民不会饶恕你的。"

随后,几个留法的女同学也前来探监,对向警予进行劝慰。向警予视死如归,表示心迹说:"我坚信主义,愿以身殉。"

5月1日,向警予在余记里刑场饮弹捐躯。

杨开慧从《大公报》、《申报》上陆续看到向警予的消息,虽然开始时她不知道"夏云英"就是向警予,但是,以后她也渐渐猜想而知。这一段时间,她十分关注来自武汉的消息,深深地为战友焦虑、担心,甚至晚上都睡不着。然而,当向警予牺牲的消息传来时,她却没有哭,也没有眼泪,愤怒的她心中只有仇恨的火焰在燃烧。

8.杨开慧与省委失去联系

在何键的清剿下,郭亮被捕前后,湖南省委连遭破坏,先是省委书记王一飞被捕牺牲,接着继任书记任卓宣又被捕叛变,3位省委常委只剩下何资深一人维持工作。3月下旬,何资深在长沙无法立足,未经中央和省委同意,自行前往了上海,结果使湖南省委工作陷入停顿。这时湖南城乡到处搜索着共产党人的行踪,党的活动遇到了前所未有的困难。党的骨干有的被捕,有的牺牲,有的被迫逃跑外地,个别人则对革命怀疑、动摇,有的

林育英

甚至叛变、投降。仅1928年6月至9月3个月的时间内,湖南全省被惨杀和被逮捕的共产党员和革命群众就有3700多人,其中被杀害者1700多,被通缉者近4000人。三湘四水有"死地"之称!

在这种情况下,在板仓的杨开慧也与上级党组织失去了联系,工作陷入了停顿。

4月,原中共湖北汉阳区委书记林育英受党中央的委派,从上海到达安源,与滕代远组建新的湖南省委。

6月5日,中共中央常委会批准湖南省委由杨福涛、廖保庭、林育英、易庆和、杨开明等5人组成常委,杨福涛为书记,未到任前由廖保庭代理。此后不久,由于易庆和被捕叛变,省委常委改由廖保庭、林育英、袁德生、宁迪卿组成,廖保庭为书记,省委机关驻在安源。杨开明改任中共湘赣边界特委书记,并赴湘赣边界巡视工作。

在赴湘赣边界前一天,杨开明悄悄地回到了板仓。此时,杨开明已经23岁,个子很高大。杨开慧见到久别的堂弟,十分高兴。这次回来,杨开明除了告诉杨开慧省委任卓宣是叛徒出卖党的组织,以致省委书记王一飞被捕,英勇就义的消息外,还告诉她:"长沙县委也遭到了破坏。"

"仇寿松呢?他本人情况如何?"杨开慧急切地问。

"他也于4月2日牺牲了。"

"如何被抓的?"

"2月25日,他在长沙南门外大椿桥尼姑庵开会时被捕,在狱中关了一个月,4月2日在识字岭刑场被杀害。"

"他好像才29岁啊!"杨开慧说。

"是的,他牺牲后,人们从他的衣袋里,取出了一封沾满血迹的遗书,

遗书只有简简单单的一句话:'吾妻:你要革命到底,好好把两个儿女抚养成人,天会亮的!'"

难怪这一段时间她总找不到县委的同志,原来他们都牺牲了!杨开慧又是一阵揪心的痛,久久无言。

"泽建也被捕了。"过了一会儿,杨开明打破沉默说。

"哦!"杨开慧心一惊,接着又缓缓问道,"还活着吗?"

"她还活着,关在衡山,但是陈芬已经牺牲了。"

接着,杨开明讲了毛泽建和陈芬的情况。原来,1927年10月,毛泽建接受新的任务,和陈芬一道,同被派赴衡山。新县委成立后,陈芬任书记,她任县委妇女委员。随即,他们成立了衡北游击师,她带领游击队袭击挨户团,打击土豪劣绅,爆炸县衙门,破坏铁路与通讯设备,成了令敌人闻风丧胆的女游击队长。1928年春,在湘南特委领导下,毛泽建和丈夫陈芬又参加了南岳暴动,一度攻占了南岳镇。不久,因党组织遭到破坏,他俩与上级联系中断;不久,听说朱德领导的工农革命军已进抵耒阳,又转移到耒阳。其实,这时朱德的队伍已赴井冈山,他俩就在当地组织游击队,开展地下斗争。毛泽建担任队长,陈芬任党代表。这时她已怀孕七八个月,仍奋不顾身,指挥战斗。然而,在6月的一次突围中,两人同时被捕,不久陈芬就牺牲。随后,井冈山下来的一支队伍袭击挨户团,并救出了毛泽建。但敌人很快反扑,而毛泽建则即将临产,只好藏匿在当地一位孤老婆婆家里,才生下一个孩子(后夭折)。由于孩子的哭声惊动了挨户团,她又一次被敌人逮捕了。

毛泽建

"还有其他人的消息吗?"杨开慧轻轻地问,她想知道更多人的情况。

"哦,秋收起义后,李耿侯带领起义的农民军转向了井冈山,找毛泽东;毛福轩和罗学瓒回到长沙,已经难以活动,不久前被党中央调往了上海工作。"

听到这,杨开慧又暗暗松了一口气:"那王淑兰呢?"

"王淑兰已离开韶山,在湘乡一带坚持地下工作。不久前也被捕,关在长沙司李湾的监狱里。"

杨开慧又是心一紧,问道:"周文楠呢?"

"周文楠去年9月8日,在松桂园生下儿子。产后不久,在长沙做地下工作,今年开春后,不幸被捕,现在还关在司禁湾陆军监狱的大牢里。儿子毛楚雄被外婆接回了松桂园。"

这些不幸的消息,使杨开慧的心情格外沉重。

接着,杨开明对开慧说:

"省委派我去湘赣边界特委工作,去做特委书记,又可以同

周文楠、毛楚雄母子合影

姐夫在一起了。听说泽覃也在那边,不知姐有什么吩咐。"

听到杨开明要去井冈山,杨开慧匆忙写了封信,将两双新做的布鞋托他捎给毛泽东,并说:"你把这里的情形告诉他,让他放心。我会按照他的嘱咐办事的。"

最后,杨开明传达了省委决定,鉴于长沙县委已遭破坏,要杨开慧直接与湘鄂赣特委秘密联络。

杨开明走后不久,杨开慧得知湖南省委从湘潭转移到了安源。她亲自把交通员找来,为他化了装,又亲手将五倍子水写成的秘密信件,缝在交

通员打满补丁的上衣里,派他到安源工人夜校去接头。密信中,杨开慧向省委汇报了板仓地区的情况,迫切地等待着省委对她的工作作出具体指示。但是,由于白色恐怖,何键几番在安源搜捕,省委书记廖保庭被捕叛变,林育英等常委被迫转移到上海,从此杨开慧又与省委失去了联系。眼见得革命处在困难关头,群众极需要党的领导,该怎么办?杨开慧下定决心,哪怕只剩下一个人,也要坚持战斗下去!

9.长沙各地关于杨开慧有各种各样的传说

1928年秋,在斗争最困难的时候,杨开慧与湘鄂赣边区特委书记滕代远取得了联系。她激动万分,立即写了工作汇报,派交通员到平江县萝卜洞去找滕代远。

滕代远领导的边区特委很快就回信了。在回信中,他对杨开慧的工作给予了热情的鼓励,并且转告她:当前全党的中心任务仍然是搞武装斗争。

杨开慧接到边区特委的信后,连续几天都在反复考虑如何进一步开展武装斗争,最后,她决定像当年毛泽东到5个县考察农民运动那样,对板仓地区的劳苦民众,作一番认真的调查了解,为进一步发展地下斗争打好基础。

她首先调查访问了自己的邻居缪三嫂。

缪三嫂是飘峰山人。父亲姓黄,给地主家当牛做马一辈子,很早便累死了,剩下母亲带着5个孩子过活。杨开慧曾经到过她娘家。娘家一家6口,连一张床也没有,全睡在草堆里。杨开慧觉得,这样的贫苦人革命性最强,他们就像干柴,只要投上一把火,就会熊熊燃烧。

经过调查之后,杨开慧就妇女解放与革命的前途问题,写了一篇文

章，题目就叫《缪三嫂》。

杨开慧的这篇文章，很快便在地下党员和妇女骨干中流传开来。她在文章里告诉战友们，像缪三嫂这样的穷苦妇女，从生下来的时候起，就在饥饿线上挣扎着。她们要摆脱死亡的威胁，养活自己的父母和子女，决不能听人摆布，更不能靠财主发善心，只有一条路，就是砸烂旧的社会制度，投身到革命斗争中去，在斗争中解放自己。她还告诉大家：要注意发动那些最穷苦的农民来革命，其中包括像缪三嫂这样的妇女。

在调查的同时，杨开慧又通过交通员，与浏阳县五都五美乡的地下党组织取得了联系。随后，板仓一带的地下斗争，与平江、湘阴、浏阳等处的地下斗争，联结起来了。

长沙、平江、湘阴三县边界的地下斗争，不断深入。杨开慧的名字，开始在贫苦农民中传颂。大家为了掩护她，都亲昵地叫她

滕代远

"霞姑"。但是与此同时，杨开慧的名字也使敌人感到头痛。团防局的头头和土豪乡绅对杨开慧咬牙切齿，恨不得立刻把她抓到手，但找来找去连她的影子也没找到。

这时，在长沙各地有各种各样的传说：国民党清乡司令部向何键报告说，杨开慧带了一支装备精良的女赤卫队，从井冈山杀下来，正在平江、湘阴一带活动。

长沙县警备司令部也向上报告说，杨开慧正在影珠山和飘峰山一带组织游击队，直接威胁省城。何键的侦缉队得到另外的消息说，杨开慧昨天

化装进城,在督军衙门探得重要情报,正赶回井冈山……

其实,杨开慧仍然跟留在板仓的地下党员、农协骨干们在一起,战斗在板仓。

10.毛泽东否决了湖南省委的意见

1928年6月下旬的一天,两位"生意人"由安源出发,昼伏夜出,朝井冈山方向急急进发。过了莲花县,便分道而行,一个去毛泽东所在的永新县,一个去红军的大本营宁冈县。

两个月前,即1928年4月,毛泽东在井冈山的力量获得了空前壮大,并且成立了工农革命军第四军。在红四军党的第一次代表大会上,还选举成立了中共红四军军委,毛泽东任军委书记。其中,军长由朱德担任,王尔琢任参谋长,毛泽东兼第十一师师长,陈毅为第十二师师长。

此时,毛泽东在井冈山建党建军,相继建立茶陵、遂川、宁冈三县红色政权,并且基本形成以宁冈为中心的湘赣边界的"工农武装割据"局面。但是,毛泽东的创造却受到了中共中央的批评和责难。

3月上旬,湘南特委派军事部长周鲁来到井冈山,传达中央去年的十一月扩大会议的精神和省委的指示。谁知,周鲁却将临时中央开除毛泽东政治局候补委员的处分,错误地传达为开除党籍,并对毛泽东在井冈山的斗争进行了批评。但是,这种挫折只是暂时的,不久中央文件澄清了将毛泽东"开除党籍"的误传,并且朱毛一会师,使井冈山又获得了近千支枪和训练严格、装备齐全的2000多人,井冈山实力大大增强。

然而,毛泽东和朱德的会师却引起了国民党的仇视。4月下旬,湘赣两省开始协商对工农革命军第四军实行第二次"进剿"。5月初,江西国民党军第三十一军第二十七师以两个团的兵力,兵分两路对井冈山根据地发

朱德

动进攻。一路从永新城推进到龙源口,企图越过七溪岭深入根据地的中心宁冈,一路经拿山、五斗江向遂川的黄坳方向进攻,企图楔入茨坪。敌师长杨如轩坐镇永新指挥。

红四军军委决定采取"集中兵力歼敌一路"的作战方针,首先歼灭向遂川方向进攻之敌。具体部署是,由朱德、陈毅率领第二十八团、二十九团担任主力,迎战遂川方向之敌;毛泽东、何挺颖率第三十一团,在新老七溪岭阻击进攻宁冈之敌。

5月5日,由湘南暴动农军编成的第二十九团,首先在黄坳与调动中的敌军后卫遭遇。二十九团奋勇作战,歼敌一个营,首战告捷。接着,第二十八团奔袭五斗江,歼敌一个团大部,残敌向永新方向逃窜。为不失战机,我第二十八团、二十九团乘胜向永新推进,在永新附近的北岭歼敌后卫一部,继而攻占永新城。位于龙源口之敌一路得知上述情况后,慑于被歼,逃往吉安。至此,粉碎了赣敌对井冈山根据地的第二次"进剿"。

这是井冈山会师后的第一个大胜仗。这个胜仗,也是刚上山的朱德部队给井冈山军民的一份见面礼。

井冈山一片欢腾,毛泽东也感到十分振奋。

接着,工农革命军又粉碎了敌人的第三次"进剿",第二次胜利地攻占永新城。

1928年5月20日,在宁冈茅坪谢氏慎公祠,毛泽东主持召开湘赣边界党的第一次代表大会。

大会选举产生了中共湘赣边界特别委员会,毛泽东任书记。红四军军委书记改由陈毅担任。为了统一领导边界各县工农兵政府,在宁冈茅坪建立湘赣边界工农兵苏维埃政府,袁文才任主席,设土地、军事、财政、司法4个部和工农运动、青年、妇女3个委员会,使工作全面展开。边界各县、区、乡工农兵政府都成立土地委员会小组,领导土地革命。

正当井冈山革命根据地生气勃勃地进入全盛时期时,有两个"生意人"到了永新和宁冈两地。

这两位"生意人"是奉中共湖南省委之命,前来红四军和湘赣边界特委的省委巡视员杜修经和湘赣边界特委新书记杨开明。

杜修经到达永新城后,找到毛泽东,送给毛泽东一封秘信。这是中共湖南省委6月26日给湘赣边界特委发出的指示信,全文如下:

湘赣边界特委:

　　省委决定四军攻永新敌军后,立即向湖南发展,留袁文才同志一营守山,并由二十八团拨枪二百条,武装莲花、永新农民,极力扩大赤卫队的组织,实行赤色戒严,用群众作战的力量,以阻止敌军的侵入,造成工农为主体的湘赣边割据。在同志中即纠正对红军的依赖观点。应积极提高群众的自信力与创造力。至要!至要!

　　泽东同志随军出发,省委派杨开明同志为特委书记,袁文才同志参加特委,并指定莲花派两个最有能力的同志到特委工作,其余的仍旧。

　　详见省委通知,并由省委巡视员杜同志及杨开明同志面述一切。

　　此致

敬礼

湖南省委

3个月前,省委派来的那位特派员周鲁,撤了毛泽东的职,使他成了党外"民主人士"。如今,省委又派来了"钦差大臣",而且指示红四军"立即向湘南发展",并命令他"须随军出发"。

看罢省委的指示信,毛泽东双眉紧锁。他已得到情报,打败"江西两只羊"杨如轩、杨池生之后,敌人正在加紧反扑,准备再次发动"会剿"。此刻,大军压境,怎能把红军主力调往湘南呢?对于省委的乱指挥,毛泽东感到很不满。当晚,毛泽东召集了红四军军委、湘赣边界特委、永新县委的联席会议,杜修经传达中共湖南省委的意见,毛泽东当场说明这个指示"不适宜",朱德、陈毅、宛希先等人都赞成毛泽东的意见。结果,对省委的意见,无人支持。于是,毛泽东以联席会议的名义,否决了省委的意见,并于7月4日致信湖南省委:

> 湘省敌人非常强硬,实厚力强,不似赣敌易攻,赣敌人被我连败四次,其胆已裂,且受我释放俘虏影响,军心大摇……故为避免硬战斗,此时不宜向湘南冲击,反会更深入了敌人的重围,恐招全军覆灭之祸……

信寄走了,毛泽东松了一口气,离开永新县城,到50公里以外的永新乡下去做巩固根据地的工作。

这时作为省委派来的新任边界特委书记的杨开明,到达宁冈后,找到了红四军总部及朱德等人,正式接替毛泽东的特委书记职务。

不久,红军内部发生了一个严重事件,致使红军遭受惨重损失。其中,杨开明难辞其咎。

7月,湖南何键部吴尚第八军自酃县向宁冈进犯,江西的桂系第三军、六军11个团从吉安、安福向永新进犯,企图在永新会合。为粉碎敌人的会剿,红军决定集中兵力先打退进犯宁冈的湘敌,再对付赣敌。于是,兵分两路,一路由朱德、陈毅率领红二十八、二十九团,从莲花进取湘敌巢穴酃县、茶陵,迫使湘敌回援;一路由毛泽东率领红三十一团去永新附近,打击入侵之赣敌,切断湘赣两敌之交通。7月12日,红二十八、二十九团一路攻克酃县,吴尚仓皇退往茶陵。这时,红二十八、二十九团应乘胜进攻茶陵,再回师永新,与三十一团一起打退永新之敌。这样,即可一举粉碎会剿,根据地也可乘机得到扩大。

谁知这时已经来到湘南大门口的二十九团,多原是湖南宜章农民组成的。他们小农意识,家乡观念比较浓厚,总想打回老家去。而杜修经、杨开明带来的省委的"六·二六"指示正好符合这部分人的落后思想,现在到了家门口,他们坚决要求打回湘南去。于是,二十九团的士兵委员会瞒着军委开会,擅自决定去湘南,并且找好了带路的人。对于二十九团士兵中的这种错误倾向,随军行动的杜修经不但不出面制止,反而"导扬"其错误思想,怂恿二十九团去湘南。陈毅、朱德几次召开军委扩大会、士兵委员会、军官会议,进行解释和劝阻,终不能统一思想,最后也只好同意二十九团打回湖南老家的要求,同时让二十八团同去,以免二十九团孤军深入。出发时,红四军军委取消,组织前委,陈毅任书记。

事情决定后,杜修经请示了湘赣边界特委书记杨开明。杨开明对此未加反对,相反表示赞成和支持,并说:"决定了,就走吧!老毛那里,我跟他说。"

毛泽东对分兵进军湘南是力持异议的,在传达省委指示的联席会议上他就旗帜鲜明予以反对。然而,对此重大军事行动杨开明事后并没有跟他说。

7月17日,部队向湘南进发。临行之际,心情沉重的陈毅匆匆写信给尚在永新的毛泽东报告此次行动,并说:"润之若在,必能阻止部队南行。无论胜败,都会回来的。带部队出去,必定把部队带回来。"

毛泽东知道了这一消息后,非常焦急,随即写了3页长信派人前去劝阻二十八团、二十九团。尽管送信者赶上了部队,但部队去湘南的计划已定,尽管毛泽东在信中苦口婆心地劝说,仍无济于事,两个团还是朝湘南而去。结果,湘南之战,二十九团几乎全团覆灭,二十八团营长袁崇全率部叛变投敌,团长王尔琢前去追赶,遭袁崇全枪杀。到此,红军几乎损失了一半的兵力。史称"八月失败"。

"八月失败"使毛泽东、朱德的部队蒙受了沉重的损失。接着,赣军猛扑永新、莲花、宁冈,三县县城陷入敌手,连井冈山都危在旦夕,红军凭借天险,经过一场苦战,总算保住了自己的根据地。

王尔琢被杀,全军深感悲愤。作为正在开创革命根据地的毛泽东,深感革命痛失英才,含悲题写了一副挽联:

一哭同胞,再哭同胞,同胞今已矣!留却工农难承受;
生为阶级,死为阶级,阶级念如何?得到解放方甘心。

9月,毛泽东、朱德、陈毅率红四军重回井冈山。前委取消,组织了行动委员会,毛泽东任书记。

"八月失败"的主要责任者是杜修经。

但是,作为中共湘赣边界特委书记的杨开明,对"八月失败"也负有重要责任。在二十八、二十九团准备进军湘南时,他没有考虑这一行动可能导致的严重后果,对于杜修经等人的意见没有提出反对,相反予以首肯,事情发生后,又没有设法加以劝阻。

1928年11月25日,毛泽东写了一封致中共中央的信,亦即后来收入《毛泽东选集》第一卷的《井冈

王尔琢

山的斗争》一文。其中,毛泽东总结了井冈山斗争一年来的重要经验:"红军以集中为原则。"并分析了"八月失败"的原因,信中指出:

八月失败,完全在于一部分同志不明了当时正是统治阶级暂时稳定时期,反而采取在统治阶级破裂时期的政策,分兵向湘南冒进,致使边界和湘南同归失败。湖南省委代表杜修经和省委派充边界特委书记的杨开明,乘力持异议的毛泽东、宛希先诸人远在永新的时候,不察当时的环

境,不顾军委、特委、永新县委联席会议不同意湖南省委主张的决议,只知形式地执行湖南省委向湘南去的命令,附和红军第二十九团(成分是宜章农民)逃避斗争欲回家乡的情绪,因而招致边界和湘南两方面的失败。

信中,毛泽东谈及对这种乱指挥、瞎指挥的苦恼,也流露出对杜修经、杨开明等"钦差大臣"的不满。

但是,杨开明毕竟是一位坚强的共产党员。在长期艰苦的斗争环境下,他对共产党有着坚定的信念,在"八月失败"后,他意识到自己的错误。他积极工作,不计较个人得失,不顾个人安危,在井冈山跟着毛泽东、朱德进行艰苦卓绝的根据地斗争。

其间,他身患重病,仍然带病坚持工作。对"八月斗争"的失败,他深感责任重大,心情是非常沉重的。在经过一段时间的总结、反思之后,他抱病向中共中央写了一份长达3万多字的《杨克敏关于湘赣边苏区情况的综合报告》,并对自己的错误进行了检查。

1928年10月,杨开明继续当选中共湘赣边界特委书记。

11.念我远方人,复及数良朋

1928年的冬月,天寒地冻,北风怒吼。

长沙、宁乡、平江一带仍是白色恐怖,特务四处横行。一次,梁振球在白沙桥庙里主持一个白军追悼会,有个诨名叫冯五牛屎的人,在会场外面摆摊做包子。他马上指其为红军坐探,就地杀害。

此时,毛泽东与杨开慧仍保持通信联系。

有一次,毛泽东由江西寄来一信,内容十分重要。盐号的账房先生收

到此信后,不知内情,没有及时告诉向明卿,把信放到抽屉里,放了几个月后,才由向朗卿转给向明卿。毛泽东很久不见回信,担心地下交通站出了问题,为了向家和杨家的安全,从此,与杨开慧中断了联系,音讯杳然。

杨开慧非常想念在井冈山战斗的毛泽东。她在日记式的《散记》中曾写道:

> 无论怎样都睡不着,虽然倒在床上,一连几晚都是这样,合起来还睡不到一个晚上的时辰。十多天了,半月了,一月了,总不见来信。我检(简)直要疯了,我设一些假想,脑子像戏台一样,还睡什么觉?人越见枯瘦了。

1929年1月,杨开明携带他写的综合报告,步行20多天,由井冈山到达上海,代表红四军前委向中共中央汇报。

到达上海后,他给杨开慧写了一封信,告诉她在井冈山见到了毛泽东,并说毛泽东的双脚被草鞋打烂了,久治不愈,一直在休养。

在信中,他还告诉杨开慧,在上海见到了毛泽民,泽民也向她问候。

杨开慧收到杨开明的信,信中毛泽东的消息使她久久难以平静。不眠之夜,杨开慧在毛边纸上写下了一首这样的诗:

> 平阴起朔风,浓寒入肌骨。
> 念兹远行人,平波突起伏。
> 足疾已否痊,寒衣是否备?
> 孤眠谁爱护,是否亦凄苦。
> 书信不可通,欲问无人语。
> 恨无双飞翮,飞去见兹人。
> 兹人不得见,惆怅无已时。

这首诗中,既有"孤眠谁爱护"的幽怨,更有股股涌起的相思之情。此时,她与毛泽东分别已一年多了,在漫漫的不眠之夜,思念"远行人",情真

意挚,刻骨铭心。

想见毛泽东而不得,杨开慧愁怀难解,又想起了她的亲友和同志。

首先,她想起了堂妹开秀。杨开秀是叔父杨昌恺的二女儿,是杨开明的姐姐,她比杨开慧小6岁。在结婚回板仓那个春节,秀妹还顽皮地和润之开玩笑,给他饭中放腊肉骨头。此时她也已结婚,她的爱人萧宗仁,是湘西党组织创建人及武装暴动领导人之一,而且是个画家,曾在周南女校教美术,以此掩护党的地下活动。他们现在在哪里?风云变幻莫测,他们夫妇平安吗?在灯下杨开慧提笔写道:

家有一秀妹,前兹为我亲。
忆昔自京归,同榻共晨昏。
偶去三五日,适有冰人至。
狂跳盼我归,急切如燃眉。
迩后入福湘,伊自往岳州。
住岳不数月,仍复归长沙。
急切思若人,至复得相亲。
当时各陈迹,历历在吾心。
风云诚莫测,人情亦复如。
追索伤我怀,五内相煎熬。
愿将金石意,感尔故人心。
朋情至可贵,无可相比伦。

想着想着,又有一个身影来到开慧的面前。这就是她的前嫂李一纯。当年李一纯替她直接探问毛泽东的心意,是她与毛泽东爱情的见证人。尽管她与哥哥的工作和志趣各不相同,最后离了婚,但是杨开慧心里还是十分惦记着她。这位具有远见卓识、气度不凡的"一纯姐",在上海为革命奔波,一切都还好吗?想到这里,杨开慧蘸着墨汁,又在纸上写道:

沪有一纯姊,思伊伤我怀;
能识我衷肠,能别我贤愚。

其实这时李一纯已不在上海了,她和蔡和森、李立三等人已经前往苏联莫斯科参加党的六大了。

自鸣钟"哒哒"地响了3下,已经是半夜三更了,孩子们正在酣睡。

杨开慧把烘笼拨了几下,炭末的余烬也快烧完了。外面北风呼呼响,吹得纸窗阵阵作响。她却毫无睡意,起身把一床毛毯披在肩上,又动笔继续写道:

城中有友妹,不知伊处居。
爱我尚无变,情怀相永依。

友妹就是杨开英。杨开英是杨开明的妹妹,1915年出生,现在正在长沙含光女中读书,已经有许久没有回家了。这时杨开秀已远在邵阳,一时不得相见,杨开明又在上海,不能归来,只有杨开英寒暑假和她相聚一起。开英开朗活泼,暑假回来时与她谈及学校的事,当时自己多么羡慕她,多么想继续升学深造呵。杨开慧在《杂感》中多次流露这种想法。但她不能再入学校了,除了年龄和孩子的原因外,板仓的革命工作已使她走不开了,纵使去上学,敌人也不会放过她。

雄鸡喔喔地叫起来,杨开慧打开窗户,一缕曙光射了进来,天快亮了。她飞快写完《偶感》一诗:

良朋尽如此,数亦何寥寥。
念我远方人,复及数良朋。
心怀长郁郁,何日复重逢。

母亲进房来,每当看见桌上的笔墨,总是深深叹口气:"唉,又是一夜

未睡。"

然而,形势一天天险恶,容不得杨开慧在儿女私情中沉湎了。板仓的地下党员缪配秋被团防局抓去了,随即又传来李光明被杀害的消息。

李光明是在去年11月的一个晚上被梁振球抓去的。被捕时,他还叮嘱家属和乡邻:"不要怕,我绝不会连累别人。"被捕后,梁振球对他严刑拷打,逼迫他供出福临地下党和杨开慧等人的情况,终无口供。1929年2月25日,梁振球把他惨杀在福临铺白马嘴河滩上。

没过几天,3月7日的《民国日报》上又登载有朱德妻萧奎联(伍若兰的化名)被挂头示众的报道,还附有两篇欣赏人头的文章。

杨开慧早就在和毛泽东的通信中知道朱德和他在一起战斗,两人是井冈山斗争的领导者。杨开慧看到朱德的妻子被杀害的报道,像一根根钢针刺在心尖上。她悲痛,她愤怒,她要战斗。

在湘鄂赣特委书记郭亮因叛徒告密,被军阀省长何键抓去砍头示众后,鲁迅曾在一篇《头》的杂文中写道:

"说到挂头,是我看了今天《申报》上载湖南共产党郭亮'伏诛'后,将他的头挂来挂去,'遍历长岳',偶然拉扯上去的。可惜湖南当局,竟没有写了列宁(或者溯而上之,到马克思;或者更溯而上之,到黑格尔等等)的道德上的罪状、一同张贴,以正影响之罪也。湖南似乎太缺乏批评家。"

杨开慧将灯油添满,拿起笔,效法鲁迅的笔法,写了题为《见欣赏人头而起的悲感》的杂文:

> 或许是我太不合时宜的缘故罢!为什么人家欣喜的事,我都要悲伤呢?上个月底,湖南民国日报上登载了两篇欣赏人头的美妙文章,欲知时代精神者不可不读!朱德妻,多一半是共产党,更可许是一个重要角色,若如此杀之并不很冤枉。然而杀她的,不是因她本身的罪恶!欣赏她的人头认以为快的,也不是因她本身的罪恶!如是乎,我就记起了前清时候罪诛九族的故事!如是乎,我那个"杀人者不得已也"拿在这里就解不通了!欣赏的多热烈,在报章上可以寻到代表他们的美妙文章!如是乎,我之

"少数凶残者之所为也"在这里也就解不能了!如是乎,我就找到了时代精神原来如此!然而,我是一个弱到生怕被杀,因而怕杀人的人。我终究是个不合时宜的人。我不能去看人头。而且我的胸房充溢着悲惨。懂得了!原来如此。我的时代眼光,竟走错了千里路呵!我以为现在的人类,人类里头的一部分中国人类,其文明程度,已经到了差一点儿不把死刑废除!想不到前清时候罪诛九族的故事,现在还给我亲眼瞧到(杀朱德妻事虽然未及九族,根本是一个意思)!我从前根据我的时代眼光,对于杀人的事实,常常是这样说,杀人是出于不得已的呀!虽然事实常常不是这样的,我只惨然地说,这是什么事呵!还以为这不过是少数凶残的人类所做的,普通人并不如此!可是呵,这一次杀朱德妻的事,才把我清醒过来!原来我们还没有脱脑前清时候的"文明风气",罪诛九族的道理,还在人们的心里波动!另外,我又知道杀人不但不是悲感情奔赴着,以欣赏人头为最快的情绪?幸喜想到了莫愁,立时觉得我并不是绝对的孤立!在这里要谢谢我亲爱的莫愁了!

杨开慧的满腔愤懑随着她的笔,倾泻而出。文章写好后,她准备寄往报纸的副刊,还准备印成传单,在群众中散发。

但是,因为形势越来越险恶,她终于没有来得及寄出。这时,敌人的鹰犬四出,形势越来越严峻,长沙各区乡的清乡队、团防局日夜行动捕捉共

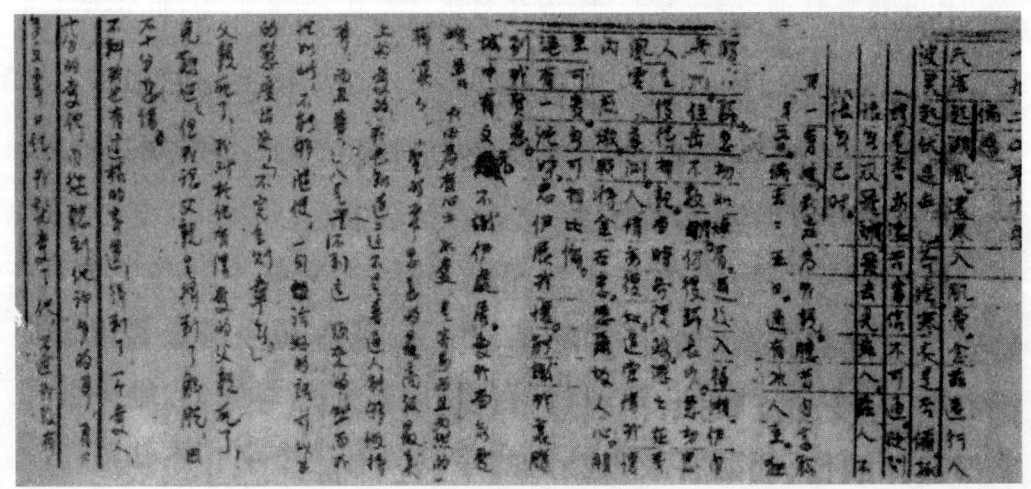

杨开慧的手迹

产党人,杨开慧不得不时常转移,辗转在亲友家。在辗转躲藏之中,她又从长沙得到消息:8月20日,在衡山监狱的毛泽建被敌人惨杀在马王庙刑场,年仅24岁。

由于白色恐怖,几个月之中,杨开慧几乎是在亲友家躲藏流离中度过,尽管没有被团丁和清乡队发现,却几次险象环生。一天,杨开慧刚刚从浏阳回到板仓家中。下午,隔壁老农缪一爹在山上放牛,忽然看见清乡队一些穿黄衣的人,大约一二十个,都背着枪,朝板仓方向走来。他立即要缪三嫂赶来送信,杨开慧连忙走小门,穿后山,来到余家坳。事后,清乡队守着杨家下屋,围了一夜。

情况危急,杨开慧只好又来到平江舅舅家。但风声稍一松,她又回到板仓。

这一天正是12月26日。早晨起床,杨开慧要陈玉英到余家铺子买了几斤肉和挂面。晚上,一家人围坐在一起吃面。岸英、岸青和岸龙可高兴啦!他们好久没有吃过面,更没有吃过肉了。只有向振熙心里明白,这是女儿为毛泽东做生日。她看见外孙吃面高兴的样子,轻声问道:

"岸英、岸青,今天是爸爸生日,你们知道不?"

岸青、岸龙瞪大了眼睛,岸英问:"爸爸为什么还不回家?我们好想他!他到哪里去了?"

儿子的问话把杨开慧的心思又勾起来了。当晚,她在《散记》中写道:

……父子感情真是一个谜。我不是父亲,真没法子去明白它。

今天是他的生日,我格外的不能忘记他。我暗中行事,使家人买了一点菜,晚上又下了几碗面。妈妈也记着这个日子。晚上睡在被里又伤感了一回。听说他病了,并且是积劳的原故,这真不是一个小问题。没有我在旁边,他不会注意的……

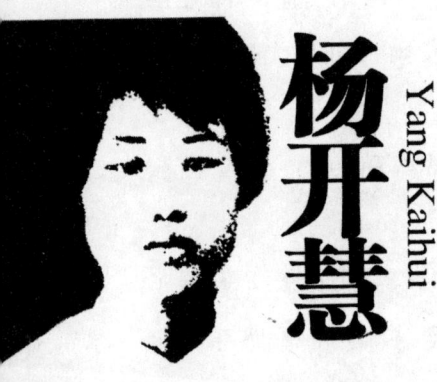

第十二章 为有牺牲多壮志

1. 新年伊始，传来杨开明出事的噩耗

形势仍然一天比一天恶化，尽管杨开慧母子逃过了一劫又一劫，但是，她深知敌人的凶残，也不得不作好最坏的打算，随时准备牺牲。为此，她给远在上海的杨开明写了一封自称是"遗嘱样的信"。其中，她写道：

我好像已经看见死神——唉！它那冷酷的面孔！说到死，本来我并不惧怕，而且可以说我喜欢的事。只有我的母亲和我的小孩呵，我有点可怜他们！而且这种情绪缠扰得我非常厉害——前晚竟使我半睡半醒地闹了一晚。我决定把他们——小孩们托付你们。经济上只要他们的叔父长存，是不至于不管他们的；且他们的叔父是有很深的爱对于他们的。但是倘若真个失掉一个母亲，或者更加一个父亲，那不是一个叔父的爱可以抵得住的。必须得你们各方面的爱护，方能在温暖的春天里自然生长，而不至受那狂风骤雨的侵袭！

进入1930年新年，正当板仓大屋喜气洋洋欢度春节时，突然传来一个料想不到的消息：杨开明出事了。

年前，杨开明在汉口被捕，正月初一被押解到了长沙。

原来，杨开明到达上海向中央汇报工作后，1929年下半年又被党中央派到武汉开展革命活动。党组织委任他为湘鄂赣三省特派员，准备赴湘鄂西根据地贺龙处工作。除夕之夜，他被叛徒出卖。敌人认为抓到了共产党的大人物，即日押解原籍，关入长沙福星街陆军署监狱，准备处决。

难怪许久没有他的消息,杨开慧曾写了几封信,都无法寄出。当她听到杨开明被捕的消息时惊得半晌都说不出话!原来她还准备自己牺牲了把孩子们托付给他,却没想到他竟然先她而被捕!

杨昌恺和向振熙听到此消息,非常着急,商量营救。杨开慧审时度势,说:"此事只有请蔡元培、章士钊先生出面,或许有点转机。"

于是,向振熙由开智陪同前往北京,去找蔡、章二位先生,请求营救。

章士钊

当母亲和哥哥离开板仓后,杨开慧竟然忧中有喜地收到了一封来自远方的信笺。

信是毛泽东写来的。

原来,此前红军内部对于建军问题发生争执,毛泽东被迫离开了红四军前委,在瑞金地方做政府工作。红四军发生分歧后,陈毅前去上海向党中央汇报工作。10月,他从上海返回井冈山,传达了中央"九月来信"精神。中央在信中肯定了毛泽东关于"工农武装割据"的思想和建党建军的基本原则,毛泽东在井冈山的领导地位得到了维护,并重回了红四军。

在与陈毅的交谈中,他得知李立三从苏联参加党的六大后回国担任了中共中央的秘书长,并且知道毛泽民也在上海。此时,他与杨开慧断了联系快一年了,也不知道她母子的消息,心中焦急。于是,立即给李立三写了一封信:

立三兄:

多久不和你通讯了。陈毅同志来才知道你的情况。我大病三个月,现虽好了,但精神未全复原。开慧和岸英等我时常念及他们,想和他们通

讯,不知通信处,闻说泽民在上海,请兄替我通知泽民,要他把开慧的通信处告诉我,并要她写信给我。

……

毛泽东

毛泽东给李立三去信后,李立三立即找到毛泽民,了解杨开慧的情况,然后复信毛泽东。毛泽东得知开慧母子的下落,然后马上给她们写信。1930年1月28日,杨开慧在《散记》中记载了毛泽东来信之事:

太难过了,太寂寞了,太伤心了。这个日子我检(简)直想逃避它。但为着这几个小宝我终于不能去逃避。他终于有信来了,我接着喜欢得眼泪滚流下来了。然而他那生活终归是要使我忧念的,我总是要带着痛苦度日。

伤心的日子依然来了,一月、两月、半年、一年,至于三年……

再说向振熙母子来到北京后,找到了故友蔡元培、章士钊。随后,章士钊带着蔡元培的信件,赶到长沙,找国民党湖南省政府主席何键。何键考虑到杨开明是杨昌济先生亲侄,又碍着章、蔡两先生面子,开始有点松动,基本同意保释。但是,他又提出一个条件:杨开明必须低头认错,洗手不干,方可出狱。

当审判官把何键之意告诉杨开明时,杨开明大声地说:"我赤胆忠心为劳苦大众求解放,绝没有犯任何错误,错的是你们这些军阀、贪官污吏。我没有什么好说的,你们要杀就杀好了,共产党越杀越多。"

最后,他高呼口号:"杨开明精神不死!打倒蒋介石!打倒何键!你们是帝国主义走狗!"

杨开明被关押在福星街陆军署监狱时,意外地发现陈昌也关押于此。

原来,南昌起义后,潮汕一战,不仅郭亮与柳直荀被打散,陈昌也与部队失去联系,最后辗转流离,才脱险回到湖南,秘密回到浏阳土桥家中。因

一时无法找到党的组织,他就在家教女儿读书,以后又到上海以群治大学伦理学教师的职业作掩护,继续从事党的工作。1929年冬,他受党中央的派遣以中央特派员身分,前往湘西贺龙部队工作。1930年1月,在他途经湖南澧县时,澧县县长唐佑越,既是他的浏阳同乡,又是他的学生,他表面上假惺惺地为老师"接风洗尘",暗地却出卖陈昌,致使他被逮捕。陈昌被捕后,立即被何键派兵解往长沙。在长沙,何键和刘建绪首先以"北伐同事"的情谊对他百般拉拢,要请他当省参议员,月薪500块大洋。遭到拒绝后,又把陈昌移交"惩共法院"审讯,并因于福星街陆军署监狱。杨开明与陈昌相见,十分惊讶,但是,鉴于各自都不知道对方情况,怕相认引出麻烦,两人谁也没有打招呼,装作互不相识。

在狱中,杨开明坚贞不屈,决不低头认错,更不答应洗手不干。何键于是下令枪决。1930年2月22日下午3时,杨开明被押解至长沙浏阳门外,予以处决。

随后,省清乡司令部在长沙《大公报》上公布杨开明的"罪状":

> 查共党要犯杨开明,隶籍长沙,与共魁毛泽东为郎舅,曾于民国十五年经刘重民、陈素同介绍加入共产党,十七年充伪省委秘书,迨机关破获,该犯逃跑依朱、毛于井冈山,充当书记。迨井冈山击溃,该犯复潜居汉口,联络陈子峰、张益楷等,决议同赴共魁贺龙处工作……似此甘心从逆,依法处以死刑,以昭炯戒。

杨昌恺和向振熙两位老人闻讯杨开明被处决,顿时泪眼模糊,喃喃地说:"这不是真的!不是真的!"

杨开慧知道,杨开明壮烈牺牲毕竟是不可争辩的悲惨现实。她强忍悲痛,劝慰着叔父和母亲。

然而,当她回到卧室一个人时,也禁不住大哭起来。

在早两月写的遗书中,杨开慧一开始就这样写着:

  一弟，亲密的一弟……我无时无刻不在寻找我的依傍，你于是乎在我的心田里就占了个地位。此外，同居在一起(开)仁、(开)秀，也和你一样，你们一排站在我的心田里！我常常默祷着：但愿这几个人，莫再失散了啊！

  然而天不遂人愿，她可依傍的至亲骨肉英勇就义，这怎不叫她伤痛欲绝？！

  在杨开明牺牲的第二天，2月23日下午，陈昌也在长沙浏阳门刑场被枪杀。

2.红军攻打长沙又突然撤走了

  1930年7月下旬，有一个消息传来：红军又要攻打长沙城了！

  原来，1930年初夏，国内的政治形势发生了重大变化。5月，中原大战爆发，蒋、冯、阎三大军阀发生规模空前的大混战，这在客观上加重了敌人的危机，为革命力量的发展创造了条件。

  6月1日，毛泽东、朱德率红四军主力从寻乌出发，沿武夷山南端第三次进入闽西，占领武平、汀州。然后，直向上杭进发，准备把东江闽西赣西南三块大赤区联系起来，扩大政治影响于全国，率红四军主力会师闽西。

  6月11日，中共中央政治局会议召开，通过了李立三起草的《新的革命高潮和一省或数省的首先胜利》决议。决议指出：

  中国经济政治的根本危机，在全国任何一处都是同样继续尖锐化，没有丝毫根本差别，新的革命高潮已经逼近我们的面前！……因此共产党的当前任务，就是号召广大群众，以革命斗争来反对军阀战争，坚决准

备汇合各种革命势力的总暴动,来推翻军阀统治,彻底消灭军阀战争,争取革命的胜利。

这个决议迅速下发全国各级党组织。

7月,以李立三为首的党中央正式部署了南京兵暴、武汉暴动和上海总同盟政治大罢工。

此时,李立三的整个计划是:以暴动和罢工形成"革命高潮",调动红军向武汉、南昌进军,配合武汉暴动夺取武汉,以实现一省或几省的首先胜利,然后从武汉向东进军夺取蒋介石的统治中心——南京,实现全国革命胜利。在发出"争取三省总暴动胜利"的号召后,李立三又下令红四军、十二军、三军组成红一军团,在毛泽东、朱德指挥下,进攻南昌;红五军、八军、十六军全编为红三军团,由彭德怀、黄公略、滕代远指挥进攻武汉;广西的红七军、红八军,由邓小平、张云逸指挥攻占广州,然后北上合攻长沙;红十军进攻九江;湘西和洪湖区的红二军团和鄂豫皖的红四军会攻武汉。各路红军从7月起开始执行李立三和中共中央的命令,向指定目标采取军事行动。

其实,这时军阀混战虽有利革命形势的好转,但是,各方敌人的力量还十分强大,党的力量根本不具备夺取全国胜利的实力。李立三等人的决议是一种冒险主义,在实际中完全行不通。

红三军团军团长彭德怀奉命攻打武汉。然而,他在研究了攻打武汉的各方面条件后,认为这

李立三

时攻打武汉是很不利的,弄不好,红军会陷于极其危险的境地。于是,他有意识地改变了党中央的部署,对内提出了"占领岳州,作打长沙的实际准备"的通告;对外则极力宣传和作出打武汉的态度,把敌人的注意力吸引到武汉方面。7月初,他率部乘虚攻占了岳州,缴获了大量军用物资。然后,他又退兵湘东,在平江打败了进犯的何键部队。7月26日,他乘胜回兵,占领了长沙。

7月27日,红三军团胜利攻占长沙。这次战斗,彭德怀以8000余红军打败3万余优势何军,一时震动全国。彭德怀率军攻打长沙时,在司禁湾监狱的王淑兰和其他共产党员听到枪声打死狱卒,集体越狱,成功地找到了红军。

清泰桥、竹山铺和板仓地区的群众,一听红军占领了长沙,纷纷奔走相告。大革命失败后,原农协委员长陈伏泉跑到湘阴县的南州一龙姓熟人家暂避,改名刘桂林,以设馆授徒为掩护,住了大半年;后由于当地团防局追查,又返回家乡。杨开慧等人领导的清泰乡地下党又活跃起来后,陈伏泉与本乡地下党员黄鼎生联系,许多事情都由黄出面,遇到紧急情况,黄立即传递讯息,他因此躲避了敌人的许多追捕。

听到红军攻入了长沙,陈伏泉精神振奋,立即叫儿子出外打听消息。儿子在路口镇上看见由红三军团长彭德怀、湖南省临时政府主席李立三、湘鄂赣三省工农革命委员会委员长滕代远3人联名发布的告示时,立即奔告父亲。陈伏泉当即把乡间工作向同志们作了周密部署,然后,带着16岁的儿子拿起所藏枪支,赶到长沙增援。

彭德怀

这时,郑兆丙带领赤卫队担任进攻湘阴的任务。进攻湘阴,东乡是必经之路。为了支援郑部行动,杨开慧和地下党准备组织农会,成立赤卫队,斗争地主恶霸,支援红军作战。地下党的同志告诉她,通过板仓和飘峰山地区的电话线都砍断了。她高兴地点着头。缪三嫂从外面回来对她说,不知发生了什么事情,她做工那家地主正在翻箱倒柜,准备逃跑。杨开慧一听,会心地笑了。

但是,彭德怀的红三军团占领长沙后,敌人很快向长沙发起了反扑。何键由长沙逃到沅江后,集中15个团的兵力,从株洲、湘潭、宁乡、湘阴等地向长沙进攻。8月4日,何键进到长沙的南、西、北郊区。同时,蒋介石的第七十七师也气势汹汹地由鄂入湘,向长沙逼近。

在敌我力量过于悬殊的情况下,红三军团在进行了英勇抵抗后,迅速撤离了长沙。

3.何键挖了毛泽东的祖坟,又要抓杨开慧

红军一走,何键又杀进了长沙。

马日事变后,何键杀害了成千上万的共产党人和革命群众。这一次,红军突入城内,这个双手沾满革命人民鲜血的反革命头子,差一点被红军擒获。7月25日拂晓,红军占领全城,他仓皇逃到湘江西岸的第一纱厂。《彭德怀自述》写道:"何键这只狼狗只身逃于湘江西岸,没有活捉这贼,此恨犹存!"

何键遭到惨败,死里逃生后又打回长沙,更加疯狂地大开杀戒。在疯狂的反扑中,何键对"只身逃于湘江两岸"之"辱"犹不能解恨,又派出一连士兵去韶山,盗挖毛泽东的祖坟,并且四处派人千方百计侦察杨开慧的踪迹,妄图逮捕并杀害她。

一天,何键的副官来见何键:

"报告,长沙县送来一份传单,据共党反水过来的头目任卓宣说,可能是杨开慧他们散发的。"

何键接过传单,念道:

> 见欣赏人头而起的悲感……这一次杀朱德妻的事,才把我提醒过来!想不到前清时候灭诛九族的故事,现在还给我亲眼瞧到。原来还没有脱掉前清时候的文明风气,罪诛九族的道理,还在人们心里波动……

何键拍着桌子:"这明明是嘲弄我们杀朱德的老婆在司门口悬头示众嘛!写传单的人,学了鲁迅的文笔,骂我们不文明。"

他转头对副官说,"去,把任专员叫来。"

随即,一个戴眼镜穿西装的中年人走了进来。他就是前湖南省委书记任卓宣,叛变后在清乡司令部专门协助何键捉拿共产党人。

"任先生,你熟悉共党情况,你看这份传单出自何人之手?"

"据侦察队报告,传单在长沙东乡一带流传,根据杨开慧活动情况,可能是此人所为。"任卓宣连看都没看传单,就不假思索地说。

"何以见得?"

"我同她共过事,她的文章也一再拜读过。"

"拜读过?想不到你还是她的崇拜者!"何键带着讥讽的口吻说,"还不赶快把她抓来!"

任卓宣投靠何键快两年了,可是却时常还改不过在共产党内工作时的口气,这一下让何键训得心里发慌,他吞吞吐吐地说:"杨开慧的父亲杨昌济教授桃李满天下,许多同事、学生是社会名流。上次她表弟杨开明……"

"你!你就是怕。"何键不耐烦地挥了挥手,"你先出去,先出去!"

8月中旬的一个傍晚,湖南省长兼清乡司令部督办主任何键密令长沙警备司令部派密探前往板仓。此密探姓陈,名字不详。

消息传来,郑家奕、王维轩等人纷纷赶来劝说杨开慧:"你暂时离开板

仓,到长沙城外去找红军。"

但是,杨开慧坚定地说:"你们都还在战斗,我怎么能擅自离开自己的岗位呢?"

杨开慧不走,但是敌人追捕的危险却时时逼近。板仓的群众成为杨开慧的掩护者,一听到有什么风声,就预先告知她安全转移。

一次,姓陈的密探探知杨开慧回了板仓的家,立即出动,派侦缉队去捉杨开慧。然而,侦缉队刚离开长(沙)岳(州)古道就迷了路,好不容易来到清泰乡,找到了板仓,却不知杨家下屋在哪。正不知去向时,他们碰见了板仓的农民杨乐初,赶紧问道:

"杨开慧家住什么地方?"

杨乐初看见这帮凶神恶煞的家伙,身上背着长枪短枪,情急生智,便指着稍远处的朱家屋场说:"噢,就在那边。"

侦缉队一帮子人一阵跑步,奔朱家屋场而去。杨乐初急匆匆跑回板仓杨家下屋,通知杨开慧转移。

结果,侦缉队把朱家大屋围起来一查,才知搞错了屋场。队长想找指路的杨乐初来审讯,但他早已不知去向。此时,杨开慧已轻装快步地离开了家,行进在深山密林中。

侦缉队一走,杨开慧又回到家。

进家门后,杨开慧看见一家人都在为她担心,心情也很沉重。母亲向振熙流着泪说:"霞仔,听我的话,到井冈山去吧!"

杨开慧对母亲说:"妈,我哪能丢下这里的事情走呀!"

向振熙说:"侦缉队说不定明天又会来,你不去找红军,就和孙嫂一起,带上孩子到你舅舅家躲些日子,避避风头吧。"

杨开慧体贴母亲的心,加上平江那边正有事等她去,便答应了。

杨开慧到平江不久,又有消息传来,说红军要第二次打长沙了。这时罗家铺子的汪庆生听说红军已经开到了平江长江源一带,立即前往联系。谁知他路过天王寺时候,被杀人魔王梁振球抓住,当即就被杀害在天王寺前面。

红军要攻打长沙的消息不断传来。

原来,7月初彭德怀的红三军团撤离长沙后,毛泽东、朱德正率领红一军团在奉安、新义一带。毛泽东从报纸上得到何键部向红三军团反扑的消息,立即决定红一军团由江西进击湖南,支援三军团。

18日,红一军团到达万载黄茅时,即兵分三路,向文家市前进。

20日拂晓,红一军团各路红军按照预定计划,在当地赤卫队的配合下,向文家市之敌发起猛攻。经3个多小时激战,歼敌3个团又一个营,击伤敌1000余人,何键第三纵队司令戴斗垣、团长田应棠都被打死,戴斗垣全军覆没。

文家市战斗的胜利,对于打破敌人对红三军团的"追剿"起了重要作用。8月23日,红一军团按照先前和红三军团的联系,北进到浏阳县东北的永和市,同由长寿街南进的红三军团胜利会师。

会师后的第二天,两军团前委即在永和市举行联席会议,决定成立中国工农红军第一方面军,朱德任总司令,毛泽东任总政治委员,辖第一、第三军团。第一军团总指挥部由方面军总部代理,朱德、毛泽东分别兼任总指挥和政治委员,辖第三、第四、第十二、第二十、第二十二军;第三军团由彭德怀任总指挥,滕代远任政治委员,辖第五、第八、第十六军以及炮兵团。同时,成立中共第一方面军总前委和统一指挥红军和地方工作的中国工农革命委员会,毛泽东分别为书记和主席,毛泽东、朱德、彭德怀、滕代远、黄公略、林彪、谭震林等为总前委和中国工农革命委员会委员。红一方面军总兵力达3万多人。

红一方面军的成立,使活动于赣南、闽西和湘鄂赣根据地的两支主力红军汇合到一起,战略上兵力集中,红军由游击战转向运动战,这对土地革命战争的广泛开展,具有重要意义。

然而,新的矛盾又接踵而至。

李立三又从上海发来命令:红一方面军"再占长沙,夺取武汉"。这时,红三军团从长沙撤出后,长沙城内外敌人兵力猛增到30几个团,并挖壕筑垒,设置电网,布下了3道防线。毛泽东认为红军的装备和训练都不宜

于打阵地战,敌强我弱,红军进攻大城市的条件还不具备,于是反对攻打长沙。但是,一部分领导干部仍然坚持城市中心论的主张。三军团的一位领导干部在总前委会上说:"三军团一个军团也能打下长沙,现在两个军团会合了,还怕什么?!你们一军团不敢打,就站在一边看,我们三军团单独打。"

结果,毛泽东的意见被否决了。

8月24日,毛泽东、朱德发出向长沙推进的命令:"本方面军以消灭何键部队进占长沙之目的,决定三路向长沙推进。"

25日,各路红军以坚决执行命令的果敢精神,向长沙推进。

28日,红一方面军总部到达浏阳镇,毛泽东、朱德又发布了攻击长沙的命令。

29日,红一方面军进抵长沙近郊。总部进到新桥,发现何键主力陆续向易家湾集中。当日上午8时,毛泽东、朱德在新桥发布了消灭易家湾之敌乘胜强占长沙之命令。命令发出后,又得知敌人企图冲出堡垒群,从侧后袭击红军。30、31日,毛泽东、朱德又连续发出关于消灭出击之敌的命令、关于诱敌工事外消灭之然后乘胜攻入长沙的命令。

但是,敌人并没有立即出击。红军战士求战心切,9月1日,毛泽东、朱德下达向长沙总攻击的命令,规定2日晚全线向敌发起总攻。

命令发出后,又得知新的情况,敌人正集结10个团的兵力向我出击。于是,毛泽东、朱德立即改变全线总攻长沙的部署,决定在敌出击线上歼灭出击之敌。果然,3日下午,红军打了一个漂亮的围歼战,毙敌七八百人,俘敌官兵千余人。这是一个令人鼓舞的胜利。

9月4日和5日,毛泽东、朱德连续发出关于诱敌出击准备围歼的命令和关于诱歼两路之敌的命令。

但是,这一次敌人没有上当。一些领导干部又嚷着要实行强攻。

9月10日,毛泽东、朱德发出强攻长沙的命令:"方面军决强攻该城夺取城垣,并定于本晚8时向二里碑、乌梅岭、黄土岭一带之敌阵地施行总攻击。"

当晚,战斗打响后,红军青年将领、攻城总指挥林彪采用"火牛阵"的办法,将几百头牛一字排开,在牛尾绑上蘸了汽油的棉花,点燃后,使牛群向电网冲去。结果,乱冲乱闯的火牛,有些被敌人的机枪打死,有些反冲回自己的阵地,伤害了自己。强攻长沙失败。

这时,毛泽东已意识到攻打长沙毫无希望,但是部分将领却决意要打下长沙才罢休,在攻打长沙的日子里,几乎天天开会,天天争论,但是没有结果,围攻长沙的部队就是撤不下来。

机会终于来了。这时从中央军委长江局传来张发奎的桂军已进到株洲、萍乡的消息。于是,毛泽东当即提出先消灭张桂军再夺取长沙,进攻武汉,这样,就可以把红一方面军调到机动位置上。因为并没有放弃打长沙和武汉,此建议得到了主张攻打长沙的干部的赞同。

9月12日,毛泽东、朱德发布撤围长沙进占萍乡、株洲待机的命令。命令宣布,为实现"再夺取长沙进攻武汉之目的",方面军决定"占领萍(乡)、攸(县)、醴(陵)、株(洲)等处待机"。

这样,第二次攻打长沙实际上宣告结束。

9月13日,毛泽东、朱德发布红一方面军第一军团向吉安集中的训令——《关于夺取南昌的第一期方案》。毛泽东的高明之处在于,把撤离长沙待机萍、醴、攸作为"夺取南昌的第一期方案"提了出来。因为还是去攻打大城市,因此在红军中并无反对意见。

从9月14日起,红一军团开始向三县进发,并在三县筹款,发动群众,建立政权。

红军终于从久攻长沙不克的困境中走了出来。

对红军进攻长沙这一系列过程,杨开慧并不知晓,她在平江焦急地等待红军的佳讯。可是,事隔十几天后,红军很快撤出了长沙,并退到株洲、萍乡方面去了。杨开慧听到这个消息,不由得心里纳闷:红军远离根据地,打下了敌人重兵驻守的长沙,为什么马上又撤了呢?撤了又打,打了一阵又撤,打是为了什么?撤又是为了什么?一个问题接着一个问题,在她脑子里盘旋,搅得她吃不好饭,睡不稳觉。杨开慧心情焦虑万分,便匆匆地处理

完平江的工作,连夜赶回板仓。

从平江回板仓的路上,杨开慧碰见许多从长沙撤回来的赤卫队。有人告诉她,红军围城十多天,没有打下来,蒋介石又不断增援,红军便放弃了进攻,撤到湘赣一带去了。她意识到红军一走,敌人的反扑将会比前几次更疯狂。她为板仓地区的战友们担心,为广大的群众担心。果然,当她抄小路,穿树林,躲过敌人的搜捕回到板仓时,清乡队、团防局又在到处抓人。

长沙一带的形势变得更严酷了。当陈伏泉父子悄悄潜入长沙城时,何键正在组织反攻,入城红军经过激战后于当晚撤出,陈伏泉因脚跛行走不便,不能随军行动,只好躲入小古道巷的妹妹家里。

但是,不巧的是,他在妹妹家又被都总杨卓久的儿子发现。杨卓久曾被陈伏泉率领农协会斗争过,这时候他的儿子杨应九正好在长沙,他侦得陈伏泉的踪迹,立即密报军警,陈伏泉躲避不及,在妹妹家被捕。

陈伏泉被捕后,地下党员、何键四路总指挥部参谋郑云鹤,曾暗中极力营救,计划将陈伏泉和另一位红军团长乘机放走。但是没有成功。结果几天之后,陈伏泉就被枪杀于长沙小吴门外校场坪,时年37岁。侄子陈惠阳收尸,因无力购买棺木,就掩埋在刑场附近,坟前立一木牌。郑云鹤后来也因身分暴露被杀害。

杨开慧的心,变得越来越沉重。

4. "要记住郑姨是怎么牺牲的"

板仓属长沙县清泰乡第五区,在红军围攻长沙时,邻近的宁乡县警察局的梁振球,窜到长沙清乡司令部,受命成立了所谓清泰乡下五区"铲共义勇队"。清泰乡的乡长范觐溪,见"梁剃头"抱了头功,气红了眼,仗着自己原是何键湖南省国术训练馆的教官、儿子范裕厚又是长沙警备区司令

部副官的资本,连夜进城,向老上司何键献媚,紧接着,他在长沙县清泰乡上五区也成立了"铲共义勇队"。

结果,一个仅万余人口的乡,竟纠合了人数达500之徒的两个铲共义勇队的区队。铲共义勇队员由县清乡部和地方团防局派来的教官操训,施行"反共灭共"教育。梁振球杀人如麻,范觐溪草菅人命。红军一走,敌人开始疯狂反扑,板仓、白水一带地下党和群众被杀了460多人。

清泰乡天天杀人,鲜血染红了天王寺、福临铺、清泰桥、培基桥等地的稻田。

然而,铲共清乡队的血腥屠杀并没有把革命者吓倒,杨开慧和郑家奕等人仍旧带领同志继续战斗。

在彭德怀率部自平江进入长沙时,黄振彪与郑兆炳等人又在长平交界处鹅羊寨悄悄成立了党支部,黄振彪任侦探兼青年团团长,王维轩为联络员,汪振福为坐探。

王振彪负责搜罗敌人情报,他工作非常积极,常常一昼夜由鹅羊寨到水渡河,往返步行120多里路。红军撤退之后,郑兆炳、郑家奕、黄振彪、王维轩等人转入了地下。黄振彪带着当初和王维轩缴来散兵的步枪和100发子弹,潜回家中藏了起来,准备待机再行动。

这时,范觐溪、梁振球等人以"自首免死"、"窝藏同罪"等手段,分化瓦解地下党组织。结果,黄振彪的助手黄厚坤叛变,出卖黄振彪。8月18日清晨,铲共义勇队包围江堪上黄家。

围捕之前,黄振彪闻讯逃跑,躲入饶家坡后山密林中。他母亲黄九娓在他走后出门挑水,看见情况紧急,吓得连忙退回家,放兵进屋搜查。结果,全家大小八九口人全被捆绑起来,关在一间屋子里,团兵将黄九娓驰用绳子捆在西边的一个大石柱上,喝令她交出儿子。九娓驰始终不说话,团兵气得发疯了,揪住她的头发,将脑袋在石柱上猛撞,打得她4颗门牙落掉,血流满地。

清泰乡的一位排甲见状惨不忍睹,上来求情。排甲是长沙县地方上公家职位最低的巡士。但是,团兵不仅没有同意,反而把他臭骂了一顿。这时

已经黄昏了,黄九娭捆斗了一整天,奄奄一息,排甲担心她死去,便偷偷跑到山中把情况告诉躲起来的黄振彪。

黄振彪听到母亲为自己被折磨成这个样子,悲愤满腔,狂奔回家,然后跪在母亲前大哭。

结果,母亲虽然得救了,而黄振彪本人却被团兵抓了过去。黄振彪被押走后,先关在天王寺,后来解到福临铺。团兵对他严刑拷打,但是,始终没有得到一句口供。

黄振彪的坚强勇敢震撼了乡亲,同族的湾里屋、汀龙屋,大屋场等大户,一起联名出面出保。但是,范觐溪还是不同意放他。最后,黄振彪要求放松手臂写封信,直至破口大骂,团丁才同意他用左手写。最后,黄振彪用左手写了一封长达8页的信给族人,大意是说:

"我黄振彪生命可弃,革命意志不可毁,感谢族众深情,来生再图报答。"

次日,他被杀于石牯牛拱桥上。

黄振彪被杀害后,躲在家里的王维轩见有一诨名为"蓑衣狗"的人随时在窥伺他的动静,知道家里不能久留,于是,与住在狮冲三斗路的叔父黄俊清商量,偷得团总黄仕风的公章,盖了3张放行条子,与另外两位地下党员脱身逃出了板仓。

一个个共产党员被枪决,一批批革命群众被杀害,然而,范觐溪和梁振球的抓捕行为仍没有停止,屠杀仍在继续。

9月20日傍晚,郑家奕正在菜园里栽菜。突然,清泰乡铲共义勇队的团丁装成迎神队仪到乡下接菩萨,朝火烧坝的黄家走来。

郑家奕对铲共义勇队的伪装行动没有识破,结果在包围中被捕。

团丁们把她绑在杨柳坡门前的大石柱上,然后,一面派人抄她的家,一面对她进行威胁利诱。带队的说:"你要能交代活动情况和组织名单,就能得到宽大处理。"

郑家奕不理睬他。

于是,带队的又将郑家奕的母亲和她的3个孩子带到前面,威胁说:

"你要不交代,就将他们和你一起带走,不但你得不到宽大处理,同时还连累他们,老小都犯罪,那就会斩草除根。"

郑家奕怒目高声说:"我没有犯罪,没有什么交代,老小更没有犯罪,真正犯罪的是你们!"

铲共义勇队抄完家,在黄家门上贴上了封条。

这时已是沉沉的黑夜,那个带队的高声喊道:"将他们通通带走!"

郑家奕理直气壮地喊道:"黑夜里你们将老老小小捋到什么地方去?难道你们真不怕犯罪?"

这时候,另一个带队的转口说:"天很黑,抱着老小走路不方便,如果有人担保他们不跑,老小就留下来。"

这时,邻居贫农朱六爹挺身出来作保,于是,郑家奕的母亲和孩子才得以留了下来。当晚他们就住在朱六爹家。郑家奕则和刚刚来她家的五妹一起被带到了铲共义勇队的所在地天王寺。

这时,铲共义勇队长、杀人不眨眼的刽子手梁振球,早就坐在大殿上等着审讯。郑家奕刚被押进大门,梁振球就喊起来:"快将郑家奕带上来!"

郑家奕昂首挺胸走向审讯桌。开始时,梁振球对郑家奕说:"你还很年轻,你的丈夫黄则民已在悬赏缉拿,你又被抓来,家里上有老母,下有年幼儿女,你好好想想。"

"想什么?我没什么可想!"郑家奕说。

"只要你能老实交代活动情况和党组织的名单,就能得到宽大!这样对你、对全家都有好处。"

这时郑家奕两眼圆睁,怒喝一声:"住口!我从来没有搞什么活动,也没有什么组织,我没有什么交代!"

梁振球见目的达不到,就高声嚷叫:"来人,快给我用刑!"

于是,几个打手一拥而上,用筷子夹夹住郑家奕十指中间,两边人用力拉,经几次轮番紧压之后,郑家奕手指骨都拉碎了。梁振球再进行审问,但是,郑家奕还是闭口不言。

打手们见状,又改用尖竹签刺入郑家奕的十个脚指甲缝,刺得她两脚

鲜血直流。梁振球瞪着眼看着郑家奕:"你交代不交代!"

郑家奕仍然怒视不言。

梁振球气得发疯似的嚷叫:"快、快用大刑!"

于是,打手们又抬来广称和扛子等刑具。广称即吊半边猪,在杠子上吊着一只手,然后由人用力往下拉;踩扛子即用圆木条压在人身上,用人踩着圆木条在人体上滚来滚去。结果,大刑把郑家奕折磨得昏死过去。然后,梁振球又命人用冷水浇在她身上。郑家奕苏醒后,仍是一言不发。

梁振球没有办法,又叫打手们用线香和干辣椒烧烟熏。郑家奕被熏得口鼻鲜血直流,嘴巴全部裂开,又昏死过去。

在审讯郑家奕时,梁振球又把她的妹妹安排在审讯处的侧房,将门打开,一边让她看着审讯,一边逼问:"在黄家做客时,有没有看到来人开会?"

五妹说:"我来到这里几天,没有看到她家开过什么会。"

经过一夜的拷打,梁振球什么也没有得到,他恼羞成怒,宣布"判处"郑家奕死刑。

1930年9月21日早晨,天还未亮,梁振球指使团丁,将已被打得站不起来的郑家奕用箩筐抬到离天王寺几里路远的竹杉铺大有桥枪杀。行刑时,郑家奕高呼:"打倒国民党反动派!共产党万岁!"

郑家奕牺牲时,年仅30岁。

杨开慧得到战友郑家奕壮烈牺牲的消息时,流着泪,把孩子叫到跟前,对他们说:"要记住郑姨是怎么牺牲的,记住这个仇,记住这个恨,长大以后,要为郑姨报仇!"

就在这一天晚上,夜深人静时,杨开慧把文件、书信彻底清理了一遍,一部分用花瓷坛封好,埋在菜园里;一部分用油光纸一层层包好,分几处放在屋里的砖缝里。她把写的杂文、诗稿包好之后,在卧室床后的墙上,取下一口砖,把东西藏在里面,然后用泥巴原样封好。此时,杨开慧也作好了牺牲的准备。

15年后,邻居缪正和的两个儿子在挖沟挑土时,挖出了杨开慧埋在菜

园里的这个珍贵的瓷坛。但是,由于时日太长,里面的文件全都变成了酱红色的纸浆泥。

30年后,她藏在墙壁里的诗稿、杂文才被发现。

5."霞仔被捕了"

在白色恐怖的重围中,杨开慧依靠群众的保护,机警地同侦缉队、铲共义勇队周旋着,坚持着板仓地区的地下斗争。姓陈的密探找不到杨开慧的行踪,于是把任务交给范觐溪,范觐溪更挖空心思抓紧了对她的侦探。一天,范觐溪穿着长袍大褂,拄着自由棍,一副绅士派头,来到板仓下屋"攀亲戚"。他假惺惺地在杨老夫人向振熙前,称开慧叫"霞仔","霞仔"长、"霞仔"短的,然后,诡谲地打听杨开慧的去向。向振熙机敏地应酬着:"早一晌她舅妈病了,前两天又听讲她姨妈不好,去那了。"

"姨妈住哪?"范觐溪急不可耐地问。

"她大姨妈住平江西乡,三姨妈住长沙东乡,八姨妈住什么屋场?哎呀,我一下子都忘记了。"

范觐溪自讨没趣,只好说改日再来拜访,悻悻地走了。

其实,在这段日子里,杨开慧都是迎着晓星出屋,踏着夜色归家的。范觐溪几次扑空,连杨开慧的影子都未见到,十分恼火。于是,他又施一计,让铲共义勇队的人扮成"货郎担"、"卖布客"、"沙罐客"各种小商贩和"算命先生",在板仓一带窜来窜去,探听杨开慧的行踪。

但是,这些铲共义勇队吃饭喝酒还行,找杨开慧却找不到,十几天过去,全是空消息!正在范觐溪、陈密探为抓不到杨开慧而一筹莫展的时候,10月中旬,何键密令范、陈限期捕拿杨开慧到案。范、陈两人,接到这张催命符,更加焦急起来。于是,陈密探亲自出马,扮作"沙罐客",连日在板仓

附近叫卖。

这一天,陈密探在板仓下屋附近转了半天,还是不见人影。午后时分,他以口渴为由,鬼头鬼脑地闯进了杨老夫人的厨房。恰在这时,有个年轻妇女正从厨房提水走出,他判断很可能是杨开慧,便立即赶回清泰乡报知范觐溪。

原来,杨开慧巧妙地同敌人斗争了两个多月。这次,因党的工作需要,她是昨夜才回到板仓,准备第二天凌晨再走的。

范觐溪正在为前几次没有抓到杨开慧大为恼火,接到密报,马上吩咐团丁晚餐打"牙祭",上半夜睡一觉,下半夜出动,谁都不准请假外出。凌晨时分,范觐溪、姓陈的密探带着吃饱睡足的铲共义勇队出发了。

然而,走在半路上,范觐溪却有些胆怯,停在路边,命令驻扎在福临铺的铲共义勇队全部集合。他反复清点人数,见只有30多个,又都是乌合之众,感到难以成功。走到西冲的仰山庙时,又命令驻扎在那的清乡队前来集合,这样共凑集了80多个人。于是大家前呼后拥,如临大敌,直奔板仓。

当队伍来到离板仓只有4里路的黄甲坞时,范觐溪又命令队伍停下,把分队长和班长都叫到跟前,宣布了"只许前进,不准后退"的纪律,随后,把队伍分成8个小组和一个由8人组成的特务班,避开大道,通过树林往下板仓逼近。

这是一个月黑风高的夜晚,从稻田里吹来的风,都带着一股血腥味。几只乌鸦,在铲共义勇队员的头顶上飞,发出"嘎嘎"的叫声。凌晨2点左右,杨家下屋被一层一层地紧紧包围起来了。

山上山下都有梭镖在晃动,每一道侧门、每一个窗口外面都站了铲共义勇队员。带枪的铲共队员顶上了子弹,拿刀的举起了屠刀……然后,特务班的队员麻着胆开始打门。

一阵紧急的打门声把睡梦中的杨开慧惊醒。她听出声音不对头,立即披衣起床,向后门走去。她侧耳一听,门外有沉重的脚步声,于是转而奔向杂屋,窗外有两个黑影在晃动。她知道敌人已经包围了这所房子,于是立即取出身边两份尚未送出去的通知,划燃火柴,烧了起来。火光映照出她

那张镇静沉着的脸。

这时候,前门已被打破,铲共队员破门而入,满院子杂乱的脚步声和歇斯底里的叫喊声。冲进门来的铲共义勇队员首先闯进了杨老夫人向振熙的正房间,一见杨开慧不在,凶神恶煞地逼问道:"杨开慧在哪里?"

回答他们的是沉默。几个人冲上来推着杨老太太就往外走,向振熙带着他们往杨开慧住房相反的下屋走去。

然而,正在这时,姓陈的密探带着两个铲共队员直穿过厨房,扑向后房,一脚踏开房门,杨开慧正在屋内。

"嘿嘿,杨霞姑这次你跑不掉了吧!"姓陈的密探见到杨开慧,如获至宝,转头又对团丁说:"带走!"

这时,杨开慧早已穿上了那件破旧的灰底红格旗袍,从容地抹了抹旗袍的胸襟,轻蔑地扫视了匪徒一眼,说,"要走就走!"

然而,姓陈的密探却不放心,又喊道:"拿箩绳来!"

然后,他亲手把杨开慧五花大绑起来,几人七手八脚押着,把她带到了上堂屋。

铲共义勇队员们见抓住了杨开慧,立刻聚集在上堂屋,戒备森严地看守着。姓陈的密探还想从杨开慧住处获得党的机密文件,便带着特务班在她的房子里翻箱倒柜,里外搜查,结果,得到的却是一堆未冷的灰烬。

陈玉英

这时,范觐溪已用绳子绑起了陈玉英。

此时,附近的邻居、乡亲们全惊醒了,大家赶来了杨家下屋。杨开慧的一个邻居走过来质问道:"你们凭什么抓她?"

范觐溪恶狠狠地说:"她是毛泽东的堂客!"

邻居反驳道："十年前她跟毛先生结婚,现在才算犯罪吗?"

"她煽动群众,反对政府……"

"证据呢?"

"这……"

范觐溪瞪圆一双斗鸡眼,再也找不出理由,气急败坏地说:"你是什么人?竟敢来管老子的公事,快给我滚!"

他话声未落,马上几个团兵扑上来,把那个邻居拖出了门。范觐溪怕群众再来找麻烦,马上又在每道门口都加派了岗哨。

夜深了,远处的狗在汪汪乱叫。铲共义勇队的打手们,散布在屋里屋外。范觐溪怕赤卫队藏在附近的树林里,心虚胆怯,不敢在夜间离开板仓。杨开慧坐在上堂屋里,面对敌人的刺刀,无所畏惧,一脸镇静之色。

天蒙蒙亮时,"霞仔被捕了"的消息传遍了附近的农家,男女老少不顾一切地赶来,顿时,把板仓下屋围得水泄不通。

范觐溪和姓陈的密探见状,交头接耳了一阵,便要押着杨开慧和陈玉英走。

突然,一个团丁又转过身从向振熙怀里牵走年仅8岁的毛岸英。老人紧紧地拉岸英的手,骂道:"这8岁的小孩子有什么罪?!你们真是一伙没有人性的畜生!"

范觐溪阴阳怪气地说:"姨妈,带他进城去玩玩,免得霞仔心挂两头。"

杨开慧扫了他一眼,然后回过脸对母亲和乡亲们说:"妈,乡亲们,你们不要怕,今后要很好地继续革命,坚决跟共产党走,最后胜利一定是我们的!"

这时,几个邻居站出来了,说:"他们女人家、细伢子,走不得远路。你们不要拖着他们,他们没有罪,我们送他们去!"

几个人不顾个人风险,急忙搬出两个竹箩,推来一部独轮土车,让杨开慧和岸英坐在土车上,竹箩挑了一些她们的衣物,在七八十人的押送下向县城走去。

板仓的地下党组织闻讯,立即组织了20多个精干的赤卫队员和秘密

农会会员,带着开慧带领他们从敌人手里夺来的枪,扛着大刀、梭镖,打算中途抢救出开慧。但是狡诈的陈姓密探却中途改变了路线,致使营救没有成功。

最后,抓杨开慧的团丁,每人得了3块光洋和3斤肉。

6.狱中一月

杨开慧不幸被捕后,被送到戒备森严的长沙市警备司令部监狱。

何键如获至宝,以为捉住了杨开慧,不但能破获共产党的高级机关,还可以进一步跟踪追捕毛泽东和朱德,在蒋介石的面前邀功请赏。于是,把杨开慧由市警备司令部转到省清乡司令部,不久,又关进陆军署监狱,列为案情重大的"政治犯"。然后,他一面指使长沙各家报刊,发表杨开慧被捕的"新闻消息",进行大肆鼓噪;一面召开省清乡部、驻湘诸军参谋长及所部军师长会议,宣告"好消息",准备一举破获长沙地区乃至湘鄂赣边区地下党组织。

一时之间,长沙土豪劣绅和各类反共分子弹冠相庆。

一切布置好了之后,何键特地把省清乡司令部执法处长请到办公室,面授机宜,迫使杨开慧就范。

清乡司令部的执法处长叫李琼,人称"秃头猴",他虽只30开外年纪,头顶的毛发却已全脱光。他因铲共有功而被何键赏识,除任省清乡司令部执法处长外,还兼任湖南惩共特别法庭审判官、惩共法院审判官、清乡督办署执行法官等要职,是何键"督湘"期间手下一个对共产党人和革命志士敢"下狠手"的角色。

李琼受到何键召见,受宠若惊。一回司令部,马上对杨开慧进行提审。

杨开慧被押进来时穿着一件灰底带红格的旗袍,梳着短发。可是,从

她衣上的血迹、手上的伤痕、脸上的烙印,一看就知道在进陆军署监狱之前就已受了重刑。她牵着孩子的手,迈着蹒跚的步子,走进了审判法庭。

执法处长李琼见杨开慧走进"法堂",连忙起身,说道:

"杨开慧先生,对不起,使你受惊了!此次,我们请你来,不为别的,只要你来对几句话,完了就送你回去。"

"对几句话,要这样刀光剑影和五花大绑?"杨开慧带着嘲讽的口气说。

执法处长一听,连忙搔搔秃头,向两排背着短枪的狱卒喝道:

"快给杨先生松绑,你们来这么多人做什么,赶快给我退出堂去!"

他的话还没有说完,狱卒马上就给杨开慧松了绑,察言观色的录事也把审讯案卷送到了李琼的面前。

"我们宽松对话。"李琼嬉皮笑脸地说,然后,开始慢条斯理地问起来了:"杨开慧先生,你是长沙县东乡板仓人氏吧?"

"你说呢?"杨开慧反问他。

"嘿嘿,"李琼有些尴尬,似乎也觉得自己是在问蠢话,赶忙又为自己打圆场,"例行公事,例行公事。"

接着,他放下案卷:"你是不是共产党?"

"我是共产党!"杨开慧并不隐瞒自己的身分,目光直视李琼。

"那你在板仓一带成立妇女会,扩大红军女赤卫队,有多少人?"李琼开始顺藤摸瓜了。

"在国共两党合作时期有过女界联合会。现在有多少女赤卫队,我能告诉你吗?"杨开慧看着他又反问道。

"那你3次带兵攻打长沙未遂,隐居乡间,组织苏维埃,自称主席,属实的吗?"执法处长又继续问道。

杨开慧一看他根据道听途说之言进行审问,觉得有些好笑,但是仍不动声色地回答说:

"北伐军从广州攻克长沙,我随他们一道进城。"

"鄙人对你的气魄才干竭诚佩服,不过——"执法处长李琼眼珠子一

转,突然问道,"毛泽东先生现在哪里?"

敌人探问毛泽东的下落,这是杨开慧被捕后就意料到的事情,她不假思索地回答:"他在井冈山,在罗霄山脉!"说完,又轻轻反问一句:"这你们都不知道?"

"毛泽东与你通信没有?"

"通信自由,与你何干!"

"那地下党在哪里?名单呢?"

"这是我党的秘密,不能交给你!"杨开慧又硬邦邦地回答。

李琼一看杨开慧变了态度,强忍着火气,提高了些声音说:

"杨先生,今天我是以礼相待,识时务者为俊杰,事到如今,你应该要好生想一想!"

"早就想过了!"

"那你说,毛泽东到底在哪里呢?"

"……"

李琼审判过许多共产党人,知道他们个个都是难对付的,只得耐着性子又问道:"毛泽东在哪里?你们的地下党在哪里?你在东乡一带煽动农民搞了一些什么活动?"

"……"

杨开慧沉默着,最后,当执法处长问到第五遍的时候,她才冷冷地说:"不知道!"

"不知道?你们经常书来信往,毛泽东还来过长沙,你怎么会不知道?"

"不知道就是不知道!"

"那你们通过什么办法联系?"

"通过你们的报纸!"

"噢?"几个法官互相对望了一眼,这可是今天得知的新情况。

"通过哪一家报纸?"李琼马上追问。

"通过你们的《民国日报》,我知道他领导了秋收暴动,知道他上了井冈山,又知道他指挥红军,杀得湘赣军阀丢盔弃甲……"

这时,庭审录事飞快地记录着。

"住口!"《民国日报》是国民党中央的机关报,由国民党党棍戴季陶亲自任社长,李琼一听,气急败坏地拍着惊堂木,恶狠狠地说,"我最后问你一遍:你究竟怎样跟毛泽东联系的?"

杨开慧高高地昂起头回答:"不——知——道!"

李琼腮帮子上的肉在微微发抖。突然,他把惊堂木像擂鼓似的拍起来:"拉下去,打!"

马上,从那孔阴森森的门洞里,冲出来3个凶恶的法警,像一群虎狼,扑向杨开慧。杨开慧被扳倒,被绑在长凳上。顿时,一根根像针一样的竹签,从她的指甲盖内插了进去。杨开慧的手被捆着,法警一下一下地插着竹签。十指连心!杨开慧昏厥了过去。8岁的岸英见状哭得心都快碎了,一头倒在妈妈的血泊里。

突然,杨开慧睁开了眼,厉声说:"岸英,挺住!"

孩子猛然想起妈妈的嘱咐,止住了抽泣,挺身站立起来。他捏紧拳头,抹去眼泪,望着法警举起的竹片,望着竹片上那斑斑血迹,肚里憋满仇恨,嘴里喘着粗气。

这时,李琼走过来,扭转岸英的头,细声问:"伢崽,你爸爸在哪里?"

"不知道!"

"有人看见他从后门回家,带了一包糖,递到你手里。"

"我什么也没看见。只看见你们这帮强盗打我妈妈!"

李琼气歪了脸,走向杨开慧:"毛泽东到底在哪里?你到底说不说?"

杨开慧松开咬紧的嘴唇,一口鲜血涌上喉咙,"呸!"她把一口鲜血吐到这个执法处长的脸上。李琼气得大喊:

"上梭子!"

毒刑过后,杨开慧又被冷水浇醒。法庭上依旧坐着那几个人,只是岸英已被带回监狱。杨开慧看见自己的血,才知道自己还活着,还在敌人的法庭上。

审讯又开始了。接下去,执法处长李琼不再绕弯子了,开始直入主题:

"杨开慧,你是长沙、平江、湘阴边界共产党的负责人吗?"

一阵沉默。

"你的部下有哪些人?"

仍然是沉默。杨开慧挪动了一下身子,好让自己能够坐稳一点。

"听见没有?!把名单交出来!"

没有回答。

这时法庭上的几个审判官,小声交换了一下看法。随即,李琼恶狠狠地说:

"杨开慧,你应该明白,不交出地下共产党的名单,不讲出毛泽东的下落,你就别想活着出这监狱的门!"

杨开慧突然睁大两眼,挣扎着挺身站了起来,斩钉截铁地说:"你们要打就打,要杀就杀!要想从我的口里得到使你们满意的东西,妄想!"

李琼猛一怔,接着冷笑了一声,说:"你不怕死?"

杨开慧大义凛然地回答说:"砍头只像风吹过!死,只能吓胆小鬼,吓不住共产党人!"

"那你的意思是不讲了?"

"跟你们这帮衣冠禽兽,有什么可讲?!"

"来人呀!"执法处长大声地喊道,"动大刑,压!"

刽子手抬过木杠,又将杨开慧拖翻在地,腰上、膝弯上,压上了碗口粗的杠子。

然后,几个凶神恶煞的大汉,就像几条疯狗那样,扑上来踩着木杠。杨开慧骨头被压得吱吱响。她忍住钻心的疼痛,一大滴一大滴汗珠浸湿了头发,浸湿了她的整个身体。她咬牙忍受着,咬破了下唇,嘴角滴着鲜血,又昏厥过去了。

一桶桶冷水倒在身上,她躺在血泊里,昏迷不醒。

又一桶水泼在身上,她一动也没动。打手们着实慌了,用力扳开她的牙齿,排出口腔里的积血,她方才微微地睁开了眼。

执法处长像一只癞皮狗,对着她的耳朵喊:

"你说!毛泽东到底在哪里?"

一个微弱的,但很清晰的声音,从杨开慧的嘴里飞出来:

"他……在……我……心……里……"

在陆军监狱的一间女牢里,一个小小的四方形窗口,透进来一束惨淡的光。杨开慧还没有苏醒。破草席上围坐着几个难友,正在为杨开慧轻轻地擦拭着伤痕。

新的一天又开始了。院子里,看守高声喊着"犯人"的姓名,接着是铁门乒乓响,几个犯人拖着沉重的脚镣迈出牢房。随着声响,杨开慧发出了一声轻微的呻吟。

难友们摇着她,关切地呼喊着:"开慧,开慧!"

岸英也带着嘶哑的声音喊着:"妈妈,妈妈!"

杨开慧在呼唤中醒来,身上像有千万条虫子在咬,在爬,头部像灌了铅那样沉重。她微微睁开眼,难友的面孔在眼前一一呈现,然后,她用双肘撑着

毛岸英

地,勉强抬起了头,岸英跪下一条腿,帮她撑持着身子。西风从方形窗口吹进来,扑打着杨开慧的脸。她闭上眼睛养一会儿神,头脑逐渐清醒起来,开始能听清声音了,可是,身上的每根筋骨都像被折断了一样,腰上像有一把锯在拉,身体稍稍扭动一下,脑子便嗡嗡作响。她只好又躺下来,让伤口去接触冰凉的土地。难友们看见她身上新添的条条伤痕,听见她那紧一阵、慢一阵的呼吸,都默默地退到一边,让她静静养息一会儿。

忽然,杨开慧睁开了眼,轻轻叫道:"岸英,岸英呢?"

岸英爬到她身边,紧紧捧住妈妈的手。

"岸英,什么时候了?"

"妈,快分牢饭了。"

"把你的识字课本拿来。"

岸英从墙角里拿来一张破烂的毛边纸。这上面,是杨开慧用铅笔头工工整整地写上的几句话,这就是岸英的识字课本。于是,孩子趴在地上,把毛边纸摊在妈妈面前。杨开慧用红肿的食指,指着一个一个方块字,朗朗地读着:

"起来,饥寒交迫的奴隶!起来,全世界的罪人!满腔的热血已经沸腾,拼命作一最后的战争!"

整个牢房里没有一点杂音,大家都静静地听着杨开慧教毛岸英看书识字,暗暗佩服她惊人的意志力。

杨开慧被捕已经20多天了,遍体鳞伤。可是李琼等人依然一无所得。

这天,何键把李琼找去,狠狠地训了一顿。原来,杨开慧被捕后,按照地下党组织的意见,向振熙和杨开智赶赴南京,请在国民党政府担任要职的蔡元培、章士钊帮忙出面营救。章士钊年初为了援救杨开明,曾经乘飞机到长沙,面见何键,要他开释。这次章士钊与蔡元培商议,决定发动社会名流,打电报给何键,要求无罪释放杨开慧。于是,援救的函电,一封封飞向何键的"清乡督办公署",弄得何键难以下台。

何键训了一顿李琼后,说:"目前省内及上海、南京等地的各界知名人士,纷纷来人、来电保释杨开慧,舆论压力对我们实在太大了,搞得我越来越被动。你再不弄出口供,我都下不了台!"

"杨开慧已打得身上没一块好肉了,软的硬的都用过,对她不能抱什么希望。"李琼耷着头说。

"那就退而求其次吧!只要杨开慧同意登报与毛泽东脱离夫妻关系就行了,其他都不必审讯了。"

第二天,提审杨开慧的时间又到了。看守长赵而鸿为杨开慧亲解其缚,然后,带她拐过几条弄堂,来到了布置奢华的署长办公室。

杨开慧进门后鄙夷地扫视了一眼室内,只见"秃头猴"李琼陪着两个大官坐在里面。赵而鸿连忙向杨开慧介绍:"这位是监狱署的欧国贤署长,

那位是……"

欧国贤马上接过话头说:"这位是陶师长,找你特别谈话。"

这时,李琼抢先自我表白:"杨开慧,我们是老相识了。今天,陶师长、欧署长特意来看你,把省里何主席的意旨转告你!"

欧国贤仗着自己是署长,见杨开慧理都没有理他,便故作姿态在屋里踱了几步,然后开口道:

"杨开慧,你看,这房间同牢房可不一样吧!"

"一个反动派的天堂。"杨开慧冷冷地说。

"你们呀,一开口就是政治名词,其实世界上哪里有那么多政治!就说你们常鼓动的那个阶级斗争吧,还不是马克思捏造出来的。什么反动派呀?都是自己人!"欧国贤说。

杨开慧马上截住欧国贤的话,义正词严地痛斥说:"蒋介石杀了几千万共产党员和人民群众,这不是阶级斗争吗?你们把我们关进监牢,妄图镇压革命人民的反抗,这不是血淋淋的阶级斗争又是什么?"

李琼见状,知道杨开慧不好惹,连忙插话说:"好,好。这个问题今天暂且不谈,暂且不谈。"

欧国贤瞪了他一眼,似乎怪他多嘴,接着又背着手,边踱步,边说:"我有证据,就说你的保姆吧,她该是你们无产阶级的人了,可是她为什么要背叛你呢?"

说着这话时,欧国贤故意拉长语调,看着杨开慧,谁知杨开慧却把目光投向窗外的远山黛影。

"你不相信吗?"欧国贤掏出一张写满了字的纸片扬了扬,"看,这就是她的口供。"

接着,他正经八百地念下去:"7月初,杨开慧收到毛泽东的信,说要她配合红军攻打长沙。"

杨开慧一眼就看穿了他这是利用红军攻打长沙一事在编造谎言,她继续望着窗外不做声。

欧国贤见她没有作声,有点自觉没趣了。此时坐在一旁的陶师长乘隙

插入,装出一副关心的口气说:"开慧,我们都是本乡本土人,我素来敬仰怀中先生,我了解你,你要听规劝。你还年轻,上有老母,下有幼子,啊,何必落草造反?何必执迷不悟,有辱名儒家风呢?啊,不要固执,一个死胡同走到底!"

杨开慧还是一言不发。陶师长又搬出他的上司来:"省里何主席讲了,现在担保你的人很多,你何必跟着毛泽东跑呢?你在报上发表一个启事,公开宣布与毛泽东脱离夫妻关系,我马上就给你恢复自由。啊,不打你,不问你,就放你出去。"

杨开慧还是没有做声。

陶师长以为大功告成,禁不住脸上露出一丝笑容,然后轻轻问道:"开慧,我叫人拿文具来?"

"呸!"杨开慧突然说道,"我再一次正告你们,一个真正的共产党员是从来不会向他的敌人乞求自由的。你们要打就打,要杀就杀,要想我与毛泽东脱离关系,除非海枯石烂。我与毛泽东不仅是夫妻关系,更重要的是革命的同志关系,战友关系,要我背叛毛泽东,背叛革命,成为可耻的叛徒,你们是白日做梦,痴心妄想!"

"你……你……"陶师长一下气得说不出话来了。李琼见状,马上挥挥手,赵而鸿赶紧给杨开慧又上了锁,然后把她押回牢房。

杨开慧被捕后,长沙的18位著名人士要求公开释放她,板仓的乡亲两次集体去省里担保。住在长沙的七舅向定前、六舅向明卿和六舅妈严嘉等更是焦急。严嘉自杨开慧入狱后不几天,就经常给牢房的开慧送饭送菜。每次送菜,都是用一个菜碗盖着另一个菜碗,外面用一块大手巾包着提进去。两人隔一个小窗口站着。一天,严嘉给杨开慧送来了她平日爱吃的臭豆腐、酱牛肉,看到她被打成这样,双手颤抖,眼泪婆娑,哽咽着说:"霞仔,你受苦了!"

开慧安慰她说:"舅妈,不要伤心,不要哭。我没有事,我受得了。"

等六舅妈擦去眼泪,杨开慧又说:"我有一段白布,放在板仓。你想法给我做一件衣服送来吧。"

严嘉听了,心里发颤,急急忙忙地说:"霞仔,你莫着急啊!你妈妈到南京找保人去了,长沙也有人保你……"

"舅妈,你去对他们说:不要枉费精力了。"杨开慧十分平静地劝她说,"你告诉亲人们,我死不足惜,但愿润之革命早日成功!"

六舅妈走后,杨开慧又将她送来的臭豆腐、辣椒菜分送给同监的女犯吃,将酱牛肉留给当天受刑的同志。

这时,北平、上海、南京的一些名流还在活动,要求何键释放杨开慧。何键见事态越来越严重,担心难以收场,于是又把叛徒任卓宣叫来商量对策:"你说这咋办好?"

任卓宣想了许久,最后说:"对杨开慧没有更好的办法,惟一的办法还是动员她与毛泽东离婚,把离婚声明登在报纸上,这对毛泽东、对共产党地下组织,都是一颗重磅炸弹!政治上就是一大胜利。这对社会名流,也好应付过去。"

"欧国贤和陶师长都试过,还被她骂了一顿回来,行不通啊!那你再出马去劝劝?"何键说。

"这……这……"任卓宣有些为难。

"就这么办!"何键不等任卓宣推辞就下了命令,"晚上就去。"

当天晚上,任卓宣只好硬着头皮来到了陆军署监狱。一进门,他就皮笑肉不笑地说:

"开慧,开慧,我来看你啦!"

杨开慧一看是任卓宣,不禁一怔,猛然想起杨开明曾告诉她任卓宣叛变并出卖省委书记王一飞的事情,略为沉思一下,冷冷地说:

"哦!任先生,你如今大发了,来这种地方不怕有失身分?"

"见笑,见笑。开慧,我是来援救你的。看了报上的消息,大家都很着急,推我来见你,想个万全之策。"

"有什么万全之策?"杨开慧反问他道,"是不是像出卖王一飞那样又把我杨开慧出卖了?"

"唉,开慧,我也是不得已。"任卓宣仿佛受了委屈似的,"如今我在教

书,心还是向着过去的同志。"

"谁是你的同志!你这贪生怕死的叛徒,拿王一飞同志的头,换你的狗命!"杨开慧怒斥着。

任卓宣脸上一阵红,一阵白。

"其实我也是被逼没办法。浮生若梦,人生几何。谁都想活命啊!"任卓宣厚着脸皮说,"像你这样,还年轻啊,何必作陪葬品!"

"呸!收起你的叛徒哲学!"

"开慧,我是真心来救你的,各界人士看在昌济先生面上,都在出面保你出狱,已和清乡司令部谈好了条件,一不要你交共产党的名单,二不要你写悔过书,只要你在报上发表个声明,跟毛泽东脱离夫妻关系,马上就可以恢复自由。这也没背叛党呀!何必跟自己为难呢?"

杨开慧听说任卓宣要她跟毛泽东脱离夫妻关系,禁不住满腔怒火,大声地呵斥道:"这和你出卖同志出卖信仰,有什么区别?!"

任卓宣看到杨开慧怒气冲冲的样子,吓了一跳,退后一步,又伸长脖颈说:"开慧同志,你上有老母,下有孩子,何必执迷不悟?"

"你这卖身投敌的小人,谁和你是同志?滚!快给我滚!"

任卓宣恼羞成怒:"杨开慧,你放明白点,你不要死心塌地,说不定毛泽东已经……"

任卓宣还没有讲完,杨开慧已抓起枕头、布包,使尽平生气力,狠狠向叛徒掷去。

任卓宣慌忙逃出了牢门。

任卓宣灰溜溜回到督办公署,向何键报告了劝降的细节。何键知道杨开慧已心如铁石,于是又把执法处长李琼找来,无可奈何地对他说:"对杨开慧,你们准备执行吧。"

受刑之后,杨开慧多是躺在草席上。任卓宣被赶走后,她不由得怀念起母亲、哥哥、岸青和岸龙,怀念起板仓地区的战友,更怀念起她最亲密的战友毛泽东来。一连几天,狱方都没提审她,杨开慧知道来日不多了。

第二天,严嘉探监时,杨开慧又叫她买块大镜子,再买些胭脂。杨开慧

平素俭朴,不爱打扮,更不施脂粉。六舅妈知道杨开慧已知自己出狱无望,作好了牺牲的准备。

她含着泪水买来了镜子、胭脂。杨开慧接过来,嘱咐说:"我死后,不要作俗人之举!"

严嘉忍不住泪水涟涟,杨开慧说:"六舅妈,不要难过,要坚强些!杀死我一个,还有后来人。共产党人是杀不绝的,革命总有一天要胜利!"

最后,她对严嘉说:"六舅妈,请你转告母亲,不要难过,替我把3个孩子带大,教育他们继承母志。这样,我就可以瞑目了。"

7. 开慧之死,百身莫赎

1930年11月14日,清晨6点钟。北风在呜咽,江水在叹息。长沙司禁湾陆军署监狱的大门打开了。清乡司令部特务连的20多名匪兵,在一个中尉军官率领下,荷枪实弹,站列在大门两旁。

然后,陆军署监狱署长欧国贤走了出来,站在地坪中央,男女看守分别站在牢门口。10多个看守兵,杀气腾腾地监视着各个牢房。看守长赵而鸿发出一声狼嚎:

"提杨开慧!"

满地坪的喽罗都吆喝起来:"提杨开慧!"

难友们被喊声惊醒,一齐扑向木栅,一个个都把头伸出了窗口。

牢房的门打开了。杨开慧贴身穿了那件新做的白布衣,外面罩着她与毛泽东分手时穿的蓝旗袍,脚上穿着洁白的袜子,鞋子是黑色带绊的粗布鞋,显得更加朴素庄严。她走出牢门,用手理一理头上的短发,摸摸颈下的衣扣,昂然向大门走去。

这时候,牢房里飞奔出8岁的岸英。他满脸是泪,扑到妈妈的脚下,抱

着杨开慧的腿嚎啕大哭:"妈妈,妈妈!我舍不得你啊!妈妈——"

杨开慧强忍泪水,抬头举目,眼望东方。她仿佛看见了亲爱的母亲,正在南京街头徒劳地为她奔走呼救,她好像看见了毛泽东,站在巍巍的井冈山上,指挥着千军万马,驰骋万里,奋战沙场。她弯下身扶起岸英,紧紧搂在胸前,轻声安慰说:"孩子,如果你将来见到爸爸,就说我没有做对不起党的事。说我非常想念他……我不能帮助他了,请他多多保重!"

岸英含泪点头。

这时候,陈玉英从牢房里踉跄着奔出来:"杨先生,你不能走啊!"

杨开慧望着她,亲手把岸英交给她说:"孙嫂,我的3个孩子都还小,他们是润之的亲骨肉,是革命的幼苗,我不能承担抚养的责任了,全托给你们吧!"

陈玉英忍不住哭出了声。杨开慧又说:"孙嫂,你莫哭。你带岸英回去,等孩子长大以后,你们就会好的。"

然后,杨开慧抬起头,望了望眼含泪水的难友们,充满深情地大声说:"同志们,别难过,只要坚持斗争,总有一天会胜利的。永别了!"

在难友们的泪水中,她转身往外走。身后传来了陈玉英的痛哭声、岸英的呼喊声。她顶着凛冽的寒风,迎着敌人的刺刀走去。天是阴森森的天,地是黑沉沉的地。随后,她从司禁湾又押到了督军署。督军署,从前是府台衙门,现在是国民党湖南省政府的所在地。杨开慧抬眼望去,一切都是老样子,只是院子里三步一哨,五步一岗,刀光剑影,如临大敌。

在清乡司令部中厅特种刑庭的审讯室里,坐着执法处长李琼。他见杨开慧进来,弯着一对吊梢眉,身子呆板得像一根棍子,一字一顿地问道:

"杨开慧,你真的不愿意与毛泽东脱离夫妻关系么?"

"无须多问,早就回答你们了!"杨开慧斩钉截铁地说。

"你上有老母,下有孩子,年纪轻轻的,就不为自己的将来想?"

"这些事,我自己有主张,不用你们管!"

"你不怕死吗?"

"牺牲小我,成功大我!"

"好!"李琼把脸沉下,问道,"对你的亲属,有什么遗言?"

"你可以告诉他们,我死后,不要作俗人之举。"

刑庭上寂静下来。接着,李琼拿出一纸文书,捧着喊道:"……判处共党要犯,毛泽东之妻杨氏开慧死刑,立即绑赴识字岭刑场枪决!"

话音一落,几个法警便围了上来。杨开慧奋力推开绑她的敌人,高声斥道:"我自己走!"然后,转过身,大义凛然地走出了省清乡司令部的特种刑庭。

外面,天色越发灰暗了。杨开慧来到督军署大门口,马上被五花大绑

视死如归的杨开慧(画)

起来,推向街头。长沙上空,西风萧瑟,黑云滚滚,愈显得阴冷凄凉。一个瘦骨伶仃的吹鼓手,弓着背吹着杀人号开路,随后,是四五十个军警,提着上了刺刀的步枪,分做两路沿街高喊着:"滚开,滚开!行人滚开!"杨开慧被两个刽子手夹着走在中间,她后面还有一起就义的6个难友。在他们后头是骑在马上满脸杀气的监斩官。

已是中午时分。街两边的店铺忙着插板、关门,像怕遭匪兵抢劫一样。行人靠在滴水檐前,像木头人那样呆呆地看着他们。杨开慧注视着这一切,一路上她气宇轩昂地挺着胸脯。突然,她带头喊起了口号:

"劳苦大众联合起来,打倒国民党反动派!"

同赴刑场的难友听见口号声,一个个都昂头挺胸,齐声呼应:

"打倒国民党反动派!"

口号声在阴沉的街道上回荡着,店铺里的门一扇一扇打开。男的,女的,细伢子和老嫉驰从门缝里向街上张望。杨开慧又使劲喊着口号:

"打倒蒋介石!"

"中国共产党万岁!"

难友们都跟着喊。刽子手骂着,甚至用枪托砸杨开慧的脊背。但是,她全然不顾,继续高呼口号。

杨开慧不停地高呼口号,军警没办法,又把她打倒在地上,然而她爬起来又喊。难友们互相鼓励,互相声援,直喊得行人频频掉泪,法警们丧气低头。监斩官急得骑马团团转,只好叫来几部人力车,拉着杨开慧等人火速赶往识字岭刑场。

杨开慧等人来到了识字岭。她绕过一块又一块大石碑,冷眼看着石碑上那些八卦、太极图,背对着几丈高的天灯柱子,面向井冈山,面向她亲爱的故乡——板仓挺立着。附近庙宇里撞响了"幽冥钟",钟声低沉而凄怆。湘江在她身后静静地流淌,远方的山川被乌云笼罩。寒风轻拂着她的短发,抚摸着她的伤痕,她面带笑容,满怀深情地望着东方,眼神里充满着对祖国未来的向往。

下午1点钟,行刑的时间到了。一声枪响之后,杨开慧倒下了,流了很

多血,但是还没有死。她的双手紧紧抠入泥土,抠成了两个小坑。后来,行刑的人又补了一枪。

杨开慧英勇就义,年仅29岁。

第二天,《国民日报》发表了枪杀杨开慧的消息:

> 经清乡部审讯,对努力共党工作,煽惑妇女,扩大红军女赤卫队,扰害湘鄂赣各省地方不讳,已于昨十四日下午一时,监提女共匪毛杨氏一名,绑赴识字岭刑场,执行枪决。

杨开慧牺牲时,向明卿正在南县修湖堤,严嘉委托堂兄向树林前往长沙识字岭,帮助杨开慧族兄杨秀生收敛尸体。在向树林和杨秀生及板仓亲友的帮助下,杨开慧的遗体被连夜运回板仓,安葬在松树环绕的青松坡上。

毛岸英出狱后,由严嘉接到平江石洞调养了几天,然后换过衣服,送到板仓外婆杨家,由外婆向振熙、舅妈李崇德抚养。不久,毛岸英被党组织送往上海。

1930年12月,毛泽东在江西吉水县木口村,从报纸上惊悉杨开慧殉难的噩耗,十分哀痛。当即,他寄去30块光洋和一封信给杨开智,说:"开慧之死,百身莫赎。"

随后,板仓人遵照毛泽东给杨开慧修墓立碑的嘱托,铭刻"毛母杨开慧墓"、"男岸英岸青岸龙刊"、"民国十九年冬立"3块石碑立于杨开慧的墓前。

书中有些图片在出版过程中没有联系到版权持有人，望见到书后联系出版社，我们会酌情支付图片使用费。